KB118767

교육행정 및 교육경영

6판

주삼환 · 신봉섭 · 이석열 · 정일화 · 김용남 공저

EDUCATIONAL ADMINISTRATION

& MANAGEMENT (Sixth Ed.)

학지사

6판 머리말

저자들의 책『교육행정 및 교육경영』이 세상에 처음 나온 지 이미 20년이 넘어 4반세기에 이르렀다. 이 책의 긴 생명력은 수업의 과정에서 활용해 주신 교수님들과 학생들의 좋은 반응 때문이라고 생각한다. 이제 여섯 번째 개정판을 내놓으면서 그간 교사 양성과정에서 이 책을 교재로 활용해 주신 많은 교수님들과 이 책으로 열심히 공부하고 지금은 학교 현장에서 교사로서 학생들을 가르치거나 교육행정가로서 학교행정에 참여하시는 지도자 여러분께 먼저 감사의 인사를 드린다. 이 책으로 교육행정을 공부한 학생이 이제 교수가 되어 다시 이 책으로 학생들을 가르치는 걸 봤다는 출판사 관계자의 말을 듣고 저자들은 큰 감동과 동시에 무거운 책임도 느끼고 있다.

이 책이 새 옷을 갈아입는 지금 우리나라의 교육환경은 매우 좋지 않게 변하고 있다. 대표 저자(주삼환, 충남대학교 명예교수)는 제1장에서 '교육행정 환경'을 언급하면서 과거 경험을 바탕으로 그 변화를 예상한 것을 실감나게 말하고 있다.

(30년 전)1990년대 초 대학총장 모임에서 저자가 '대학의 생존 전략'이라는 제목의 강연에서 곧 고등학교 졸업생 수가 대학 정원보다 적어 대학의 위기가 온다는 이야기를 하였더니 그게 무슨 말인지도 못 알아듣는 눈치였다. "학생이 구름 떼처럼 몰려오는데 무슨 '생존(生存)'이냐?"는 태도였다. 교육과 교육행정의 환경인 동시에 중심인 주 고객 '학생'에 교육행정은 민감하고 예민할 필요가 있다(25쪽).

현재 우리나라가 직면하고 있는 국가 문제는 한두 가지가 아니겠지만, 인구 절벽 현상은 교육의 근본을 뒤흔들고 있다. 합계출산율이 OECD 국가 중에서도 유례를 찾기 힘들 정도로 내려가 버렸다. 2000년 초등학생이 400만 정도였는데 2022년엔 266만 명 정도(2022 간추린 교육통계)로 급격히 줄어들었다. 불과 몇 년 전까지만 해도 한 해 80여만 명이 수능시험을 치렀는데 최근엔 40여 만 명으로 줄어들었다. 그리고 2022년 출생아가 249,000명이다(국가통계포털, KOSIS). 이제 가르칠 학생 자체가 없어 대도시에서조차 유치원이 문을 닫고 있다. 초등학교도, 중등학교도, 대학교도 문 닫는 일이 벌어지고 있다. 우수한 인재들이 교사가 되겠다고 교육대학으로, 사범대학으로 몰려왔었는데 이제 교원임용이 확실하게 보장되던 교육대학조차도 입학정원 미달 현상을 걱정하고 있다. 급기야 정부에서는 2027년까지 교원정원을 30% 정도 줄이겠다고 설익은 정책을 내놓는 지경에 이르렀다.

우리나라가 교사의 사명감으로 인재를 육성하여 이만큼 잘살게 되었는데 이 또한 예전 같지 않다. 경력교사, 정교사들이 담임교사와 부장교사를 맡지 않으려 하니 기간제 교사가 학교 중책을 담당하는 일이 벌어지고 있다. 한국교총에서 스승의 날을 기념해 전국의 유·초·중·고·대학 교원 중 6,951명을 대상으로 조사한 바에 따르면 다시 태어나도 교직을 선택하겠다고 응답한 비율은 20.0%에 그쳤고, '교직에 만족한다'고 응답한 교원은 23.6%에 불과하였다. 이런 결과는 2006년부터 시작한 같은 조사에서 가장 낮은 것이다. 더 충격적인 일도 벌어지고 있다. 어느 국회의원실에서 교육부와 교육청의 자료를 취합하여 분석한 결과, 지난 1년(2022년 3월 1일~2023년 4월 30일) 사이 교육경력 5년 미만의 교사 중에 589명이 이직하였는데, 이는 전년도(303명)에 비해 약 2배로 증가한 것이다. 그 어려운 교원임용시험을 뚫고 교직에 진출한 교사들이 쉽게 이직을 한다니 국가공무원 신분으로 직업 안정성이 높은 교직에서 상상도 할 수 없었던 일이다. 이제 교사에게서 보람, 사명감, 헌신을 바라는 것이 어렵게 된 우리나라 교육현장과 교육행정 현실에 직면하고 있다.

학부모의 교육 욕구도 변하고 있다. 이제 우리나라 국민들은 공교육에서 채우지 못한 교육욕구를 사교육과 해외교육에서 찾고 있다. 코로나-19 감염증으로 학교가 문을 닫은 때에도 사교육에 대한 요구는 오히려 더 심해졌다. 통계청에 의하면 경제가 어렵다고 아우성치면서도 2022년 전체 사교육비는 계속 증가하여 연간 26조 원에 이르렀다. 삼성그룹의 R&D 투자가 연간 22조인 것에 비하면 이는 놀라운 액수라고 하지 않을 수 없다. 대기업의 연구투자는 생산성 향상으로 이어지고, 그것은 곧 국가경쟁력을 이끄는 힘이 되지만 엄청난 사교육비는 과연 우리에게 무엇을 가져다주는 것인가?

4차 산업혁명시대는 교육이 달라져야 하고 그러자면 교육을 뒷받침하는 교육행정은 혁명적으로 탈바꿈해야 한다. 교육정책과 교육행정에 인공지능을 바탕으로 한 빅 데이터가 활용되어야 한다. 지식 중심의 교육과정을 버리고 창의융합적 역량을 기르는 데 초점을 둔 교육과 교육행정 역량이 요구된다고 한다. 2024년부터 시행되는 2022개정 교육과정이 인구 문제, 고용 문제, 기후 문제 등으로 불확실한 시대를 살아갈 학생들에게 변혁적 역량과 학생행위주체성(student agency)을 기르도록 해야 하는데 그러려면 교육행정 중에서도 '교육과정 행정'과 '수업장학'을 어떻게 할 것인지에 대한 본질적인 고민이 요구된다.

다섯 번째 개정판을 낸 지 시간이 꽤 흘러 고칠 내용도 많아졌지만 교육행정의 환경이 급격하게 변하고 있다는 사실에 더 착안하여 제6개정판에서는 필진도, 책의 내용도 획기적으로 바꿨다. 이 책의 구성은 다음과 같다.

제1부 교육행정 서설 제1장 교육행정 개설	제2부 교육행정 행위론 제2장 학교조직론 제3장 학교조직의 리더십 제4장 교사의 직무동기 제5장 학교조직에서 인간관계
제3부 교육행정의 과업 제6장 교육기획과 교육정책 제7장 교육제도 제8장 교육재정과 학교시설 제9장 교육인사행정 제10장 교육과정 행정과 장학	제4부 학교경영과 학급경영 제11장 학교경영 제12장 학급경영

6판에서도 20여 년 동안 5판까지 이어 온 큰 흐름은 유지하여 4부 12장으로 구성하였고, 각 장의 편성도 5판의 골격은 그대로 유지하여 교재로 활용해 오신 교수님들에게 안정감을 주려고 노력하였다. 그렇지만 5판과 비교하여 달라진 점을 부(部)를 중심으로 살펴보면 다음과 같다.

첫째, 제1부(장)에서는 '교육행정의 환경'을 추가하였다. 교육행정은 진공 속에서 이루어지는 것이 아니라 거시적인 교육환경 속에서 수행되기 때문에 그 시대의 인구학적 변화, 교육 이해당사자의 욕구 변화, 정보처리 등 기술적 변화 등을 이해하는 것이 중요하다. 그리고 5판에서 교육행정 이론을 자세하게 기술하였는데, 수업시간의 제약이 있어 그 양을 대폭 줄였다. 이 책이 교직과목 이수를 위한 강좌에서 주로 활용되는 점을 고려하여 많이 변화를 주었다. 또한 교육행정의 이론 · 연구 · 실제에 대해 이해하는 틀을 추가하였다.

둘째, 제2부(교육행정 행위론) 제5장에 '학교조직에서 인간관계'를 추가한 것이 큰 변화다. 학교조직은 사람과 사람이 만나 사람됨을 가르치는 곳이기 때문에 인간관계를 중요시한 것이다. 특히, 교사가 학생의 성장과 발달을 돕는 과정에서 관계의 기술을 발휘해야 하고, 또 그 과정에서 학부모와 협력하고 상호작용하는 것이 매우 중요하다. 그래서 학교조직에서 의사소통, 갈등관리를 포함하여 인간관계 역량을 키우는 데 초점을 두고 새로운 장을 만들었다. 한편 5판에 있던 제2장~제4장에서 학생들이 구체적인 이론과 관련한 설문에 직접 반응하게 하여 실제적인 현장 감각을 익히는 기회를 만들었다.

셋째, 제3부(교육행정의 과업)는 변화의 폭이 컸다. 우선 5판의 제6장(교육제도론)과 제7장(교육자치론)을 하나로 묶어 '제7장 교육제도'라 이름 붙였다. 이 과정에서 교육제도는 법을 기초로 한다는 점을 강조하여 맨 앞에 법체계에 대해 이해할 수 있도록 하였다. 그리고 학교운영과 관련하여 일부 시도(市道)에서 조례로 정한 학부모회를 소개하였다. 제8장에서는 5판의 교육재정에 '학교시설'을 덧붙였다. 학교시설은 학생들의 교육환경의 중요한 요소로 생각하여 추가 보완했다. 제9장 교육인사행정에서는 '인력자원개발(HRD)'을 소개하여 인사행정이 더 넓은 개념 속에서 이해되어야 한다는 것을 강조하였다. 그리고 제10장 장학에 '교육과정 행정'을 추가한 것이 큰 변화이다. 교육행정의 주목적은 교육과정이나 교육 프로그램을 개발 운영하고, 수업개선을 지원하여 학생의 학업성취를 향상시키는 것인데 그동안 '교육과정 행정'과 '수업장학'을 가볍게 다루었던 것을 제6판에서는 보완하려고 노력하였다.

넷째, 제4부 학교경영과 학급경영은 5판과 비교하여 구성상으로 크게 달라진 점은 없다. 다만 각 주제에 대해 실제적으로 이해하여 학교 현장에서의 실무능력을 기르는 데에 강조점을 두었다.

5판과 비교하여 6판의 구성을 소개하면서 특별히 공유할 것이 있다. 이 책을 함께 지은 저자들은 우리나라에서도 제대로 된 지적 구조를 기반으로 교육행정학 책을 펴내야 한다는 생각을 오랫동안 해 왔다. 그러다가 2022년에 같은 출판사에서 『교육행정학』(주삼환, 신붕섭, 이석열, 김병윤, 김용남)을 신간으로 출판하였다. 이 책은 교육행정 전공자나 대학교수, 교육행정 전문가들을 위한 대학원용으로 저작하는 것이다. 그래서 주로 교사양성과정 학생들을 위한 교직과정용 『교육행정 및 교육경영』보다는 『교육행정학』이 더 깊이가 있다. 따라서 20년 이상 이어 온 『교육행정 및 교육경영』을 『교육행정학』이 대체하는 것은 아니지만 이번 6판을 내는 데는 많은 영향을 주었다. 6판에서 비교적 크게 바뀐 장(제5장-학교조직에서 인간관계, 제8장-교육재정과 학교시설, 제10장-교육과정 행정과 장학)은 『교육행정학』의 틀을 일부 가져온 것이다. 이 책 『교육행정 및 교육경영』에 이어서 교육행정학을 더 깊이 공부하고 싶은 사람은 『교육행정학』을 참고해도 좋을 것이다.

'5판 머리말'에도 있듯이, 학생들이 이 책을 읽을 때 순서대로 읽어도 좋지만 각 장의 도입부를 읽고 본문을 읽기 전에 결론부에 있는 '요약 및 적용'을 먼저 읽으면 배경지식을 가질 수 있어서 이해가 더 쉬울 수도 있다. '요약'을 가능한 자세하게 정리하고자 한 것은 이런 이유에서다. 그리고 '적용' 부분에도 주의를 기울이면 교사로서 학교행정에 참여할 때 필요한 실제적인 감각과 역량을 기르는 데에 도움이 될 것으로 본다.

책을 쓸 때마다 아쉬움은 남는다. 개정 작업을 마치고 나니 부족한 생각이 또 든다. 이번 개정판에서 고심을 했던 우리나라의 교육행정을 더욱 담아 보고자 했지만 아직도 미흡한 점이 있다. 5판에서 의사소통, 갈등론을 독립된 장으로 다루지 못하였던 아쉬움은 조금 극복하였지만 6판에서도 행정철학, 윤리, 가치, 교육정치, 교육행정가 양성과 교육 문제를 충분히 포함시키지 못하여 한쪽 구석이 빈 듯하다. 그렇지만 저자들은 새 옷을 입은 『교육행정 및 교육경영』이 교사가 되고자 공부하는 학생들과 교육행정을 실천하고 있는 분들, 그리고 교육계의 리더가 되고자 하거나 현재 교육 리더 역할을 하고 있는 분들에게 조금이라도 도움이 되기를 진심으로 바라고 또 이를 보람으로 삼을 것이다. 그리고 앞으로도 계속 개정·보완해 나갈 것이다.

마지막으로, 우리나라 교육학 관련 출판사 으뜸의 자리에 우뚝 선 학지사 김진환 대표님과 묵직하면서도 예쁜 책으로 만들어 준 임직원 여러분께 감사드린다. 무엇보다 그동안 우리 책을 아껴 주고 사랑해 주신 교수님들과 독자 여러분께 거듭 감사드린다.

2023년 8월
저자들을 대표하여 주삼환 씀

🔖 1판 머리말

　한국에서 교육행정이 독립된 학문으로 발전하여 학회가 성립되고, 학회 구성원들을 중심으로 저술과 연구활동이 활발하게 전개되어 온 지도 30년의 세월이 지났다. 이 과정에서 학부나 대학원 수준에서 활용할 수 있는 교육행정의 기본서는 많이 출간되었다. 특히, '교육행정 및 교육경영' 수업을 위한 교재는 대부분 공동 저서의 형식으로 출판되어 수업에 활용되고 있다.

　그럼에도 불구하고 새로운 『교육행정 및 교육경영』을 저술하기로 한 데에는 나름대로의 이유가 있다. 최근 우리의 교육과 교육행정의 환경, 그리고 관련 이론체계가 상당히 많이 변화되었다는 사실이 그것이다. 예컨대, 학교운영위원회의 제도화에서 알 수 있는 것처럼 학교수준에서 교육자율화가 실시되기 시작하였고, 학교장의 지도성에 관한 연구에서도 최근 몇 년간 새로운 이론체계가 발전하여 이에 관한 소개가 필요하게 되었다. 그리고 문민정부와 현재의 정부에서 추진하였거나 추진 중인 교육개혁의 중심적 패러다임이 기존의 관점과는 상당히 다른 측면을 보여 주고 있다. 나아가서 정보화 사회에서 우리 교육의 발전과제를 전망하는 것도 필요하게 되었다.

　이 책은 14개 장으로 구성되었는데 제1장의 '교육행정 개설'과 제14장 '한국 교육의 전망'을 제외한 나머지 12개 장은 크게 보아 세 부분으로 구분된다고 볼 수 있다. 우선 '행정'이라는 단어의 수식어에 관계없이 모든 행정은 인간의 협동적 행위라는 기본적 관점에 착안하여 교육행정의 협동적 행위에 관한 논의를 하였다. 여기에는 학교교육조직론(제2장)·학교조직의 지도성(제3장)·학교조직의 동기부여(제4장)·학교조직의 의사결정(제5장)이 해당된다. 다음으로 교육행정의 실제에 관한 정책과 제도를 다루었는데, 교육정책론(제6장) · 교육제도론(제7장) · 교육자치론(제8장) · 교육재정론(제9장) · 교육인사행정론(제10장) · 장학론(제11장)으로 구성되었다. 마지막으로, 교육이 전개되는 핵심적 단위로서의 학교경영(제12장)과 학급경영(제13장)을 한 부분으로 구성하였다.

이 책을 읽는 독자들은 각 장의 첫머리에 제시된 예화나 에피소드를 읽고 자신의 경험이나 생각을 정리한 후에 맨 뒤에 제시된 '요약'을 읽은 다음에 본론으로 들어가면 내용을 이해하는 데 도움이 될 것이다.

새로운 책을 저술한다는 것은 그 필요성에도 불구하고 여간 망설여지는 것이 아니다. 지금까지 좋은 책들이 나와 있는데 하나를 더 추가함으로써 오히려 혼란을 주지 않을까 걱정되기 때문이다. 더욱이 공동 저술일 경우 더 신경이 쓰인다.

비록 저자들의 능력의 한계로 여러 가지 부족한 점이 많지만 이 책이 교육행정을 공부하는 사람들에게 많은 도움이 되었으면 한다. 또한 이 책이 출판되기까지 애써 주신 학지사 김진환 사장님 이하 모든 직원 여러분의 노고에 감사드린다.

2000년 2월
저자 일동

🎵 차례

제1부 교육행정 서설

제1장 교육행정 개설   17

제2부 교육행정 행위론

제2장 학교조직론   61

제3부 교육행정의 과업

제4부　**학교경영과 학급경영**

제1부

교육행정 서설

제1부에서는 교육행정 및 교육경영의 안내 역할을 담당하는 의미에서 교육행정이란 무엇이며, 교육행정 이론의 발달과정과 교육행정의 실제의 예를 학습하게 된다. 제1부는 한 개의 장으로 구성되어 있지만, 한 학기 동안 학습하게 될 교육행정을 이해하는 데 중요한 지침이 될 것이다.

▌'행정'이란?

    '교육행정 및 교육경영'의 과목을 수강신청 할 때 여러분은 어떤 느낌이 들었는가? '행정' 하면, 평소에 여러분이 쉽게 접근하거나 관심을 가졌던 느낌으로 다가오지 않았을 것이다. 학교를 이해하고 학교 정책을 이해하기 위해서 한 학기 동안 '교육행정 및 교육경영'을 공부하기에 앞서 '행정'이 삶과 얼마나 밀접한 관련 있는지를 생각해 보자. 일반적인 수준에서 자신이 생각하고 있는 '행정'에 대한 느낌이나 이미지, 그리고 교육과 결부된 단어나 문장을 열거해 보자.

    과연 '행정'이란 무엇인가? 왜 '교육행정 및 교육경영'을 학습해야 하는지, 또한 학교와 관련된 교육행정의 이론이 어떻게 전개되었는지를 생각하면서 이번 학기에 공부하게 될 '교육행정 및 교육경영'에 대해 기대해 보자.

제1장

교육행정 개설

학
습
목
표

- 교육행정과 교육경영을 정의하는 여러 관점을 알 수 있다.
- 교육행정의 과업과 행정가의 자질을 알 수 있다.
- 교육행정 이론의 발달과정과 그것이 교육행정에 끼친 영향을 알 수 있다.
- 교육행정의 추구하는 다양한 가치를 통해서 행정 실제의 변화를 알 수 있다.
- 교육행정 이론 · 연구 · 실제의 관계를 알 수 있다.

학습내용

주요 개념

교육행정과 교육경영의 정의 및 유사 개념, 교육행정의 관점, 교육행정 이론의 발달 과정, 교육행정가, 교육행정 환경, 교육행정 과업, 교육행정 연구 · 이론 · 실제, 교육행정의 가치

1. 교육행정 및 교육경영의 정의

교육행정과 교육경영이 무엇인지 이해하려면, 먼저 교육 · 행정 · 경영의 의미를 파악하는 것이 중요하다. 이들 개념을 바탕으로 교육행정이나 교육경영의 의미를 보다 더 잘 이해할 수 있기 때문이다.

1) 교육 · 행정 · 경영

교육 교육은 오늘날 어느 나라를 막론하고 국가 차원에서 제도화되어 있다. 이것은 교육이 개인의 자아실현과 더불어 사회의 유지와 발전에 핵심적인 사업이라는 공교육(public education) 정신을 반영한 것이며, 학교가 설립 주체에 관계없이 공공의 가치 실현에 유익한 방향으로 운영되어야 한다는 것을 의미한다.

교육이 국가나 지방자치단체의 감독이나 지원을 바탕으로 설립되고 운영되고 있는 특징에 빗대어, 김종철(1985)은 교육을 "사회적 · 공공적 · 조직적 활동"으로 규정하였다. 교육을 이렇게 규정한 것은 교육행정을 정의하는 가운데 내린 것으로, '교육행정'이나 '교육경영'을 정의하고 이해하는데 도움이 될 것이다. 이를 간추리면 다음과 같다.

첫째, 교육은 사회적 활동이다. 즉, 교육의 목적은 사회적으로 규정되고, 사회의 변화에 따라 교육의 목적이나 교육내용은 변화하게 된다. 또한, 교육의 과정은 사회적 과정, 즉 교사와 학생, 학생과 학생 간의 인간관계 과정을 거쳐 이루어진다. 특히, 정규의 학교교육은 물론 학교 밖에서 이루어지고 있는 사회교육도 사회적 조직체 안에서 이루어지고 있으며, 사회제도의 한 부분을 이루고 있다는 사실에서 교육은 사회적 활동이라는 사실을 간파할 수 있다.

둘째, 교육은 공공적 활동이다. 교육의 공공성이란 교육은 어떠한 개인이나 사회적 소수 특권층의 이해관계를 떠나서 사회의 일반적 이익, 사회대다수의 이해관계와 결부되어 있음을 의미한다. 따라서 오늘날에는 교육

교육이란?
• 사회적 활동
• 공공적 활동
• 조직적 활동

이 국가에 의해 관리되는 '공교육'을 특징으로 한다. 또, 교육이 전체 국민의 인권 신장을 위한 중요한 작용을 하고 있다.

셋째, 교육은 조직적 활동이다. 오늘날의 교육은 방대하고 복잡한 조직 속에서 운영되고 있다. 그것은 대중화교육·보편화교육·대량교육이 낳은 필연적 소산이며, 교육내용과 방법의 정교화, 교육기술의 전문화, 재정의 효율화 추구 등이 가져다준 결과다.

김종철(金鍾喆, 1923~2005)
중앙대학교 교수 및 대학원장, 서울대학교 사범대학 교수, 한국교육학회 회장, 미국동서문화센터 연구교환교수, Phi Kappa Phi Honor Society 종신회원, 우석대학교 총장 등을 지냈다.

행정은 봉사다.

행정   행정이라는 말은 일상생활에서 자주 접하여 익숙하다. 그럼에도 불구하고 행정을 한마디로 정의하는 것이 쉬운 일은 아니다.

교육행정을 이해하기 위한 출발점으로 행정의 어원을 살펴볼 필요가 있다. 행정을 의미하는 영어 'administration'이라는 말은 ad(to)와 minister(serve)에서 왔다. 여기서 특히 후자는 행정의 당위적 본질을 이해하는 데 많은 도움이 될 것이다. 영어 사전에 보면 minister는 명사로는 '장관'도 되고 '성직자'이기도 하다. 그리고 동사로는 '봉사하다'와 함께 '다스리다'는 의미가 있다. '다스리다'는 말은 지배적이고 관료적인 뉘앙스를 풍기는 것으로 봉사하다(serve)라는 말과 어울릴 수 없는데, 왜 같은 어원적 뿌리에서 출발하였을까? 지역의 자치제도가 잘 발달한 미국의 역사를 통해 그 답을 찾을 수 있다. 한마디로 신앙의 자유를 찾아 아메리카 대륙에 정착한 청교도들이 공동체를 이루어 살면서 상하수도나 자녀교육 등 공동의 문제를 해결하는 과정에서, 신앙의 지도자인 성직자가 중심적인 역할을 차지한 데서 유래한 것이다. 이렇게 신에게 봉사하는 사람이 행정을 맡은 초기 청교도들의 삶의 방식에서 '행정의 본질은 봉사'라는 사실을 알면, 행정을 맡은 사람들이 어떤 태도를 가져야 하는지가 분명해진다.

경영   경영은 본래 기업의 생존과 성장, 발전을 위한 기업의 활동으로 이해되어 왔다. 그러나 공공행정에서도 지방분권 정신에 따라 지방자치가 본격화되면서 자율성과 효율성, 그리고 책무성을 높이기 위한 전략을 탐색하고 실천하는 과정에서 '경영'을 강조하고 있다. 교육에서도 '행정'을 '경영'과 구분하지 않거나 후자를 강조하는 경향마저 나타나고 있다. 학교중심경영(School-Based Management: SBM)이 그것인데, '제7장 교육제도' 중에 학교운영위원회제도와 학부모회를 통해 구현되고 있다.

그런데 이 책의 제목을 구성하는 한 개념인 경영의 의미는 행정의 의미와 비교하여 살펴보면 더 쉽게 이해할 수 있다.

첫째, 행정은 공공의 이익이나 편익(benefits)을 추구하는 데 중심 목적을 두지만, 경영은 이윤을 높이는 데 초점을 둔다.

둘째, 행정은 평등이나 형평성의 가치를 중시하지만, 경영은 효율성의 가치를 더 중시한다.

셋째, 행정은 정치권력을 기반으로 한 강제성을 띠지만, 경영은 그렇지 않다.

넷째, 행정은 법률적 제약을 많이 받고 합법성을 중시하지만, 경영은 상대적으로 법적 제약을 덜 받는다.

다섯째, 행정은 독점성을 가져 경쟁력을 갖기 어렵고 봉사의 질이 낮아지는 경우가 많지만, 경영은 자유로운 경쟁을 본질로 하므로 고객에 대한 봉사의 질을 높이는 데 더 관심을 기울인다.

여섯째, 최근에는 국가 전체의 교육행정에서 경영의 관점을 강조하는 제도적 변화가 나타나고 있다. 즉, 개별 학교들이 교육목적이나 비전을 특색 있게 설정하고, 목표 달성에 필요한 자원을 운용하는 데 있어 자율성을 더 누리도록 하고 있다. 나아가 학교 운영에서 교육 수요자(학생이나 학부모 등)의 요구에 민감하게 반응하는 조직으로 기능하고 있는지를 평가하는 제도가 등장하고 있다.

> 이 부분을 종합하여 '교육경영'을 정의해 보자.

2) 교육행정 · 학교행정 · 교육경영

교육과 행정, 경영에 대한 이해를 바탕으로, (교육행정을 구체적으로 정의하기에 앞서) 교육행정, 학교행정, 학교경영이 무엇인지 비교하여 알아보자.

학교행정   교육행정이 국가 수준의 법, 제도, 정책 등과 관련된 보다 포괄적인 수준의 행정을 말하는 반면에, 학교행정은 학교단위에 초점을 둔 교육행정이라 할 수 있다. 그러나 대부분의 교육행정이 초·중등학교에 관한 것이기 때문에 두 개념을 엄격하게 구분하기는 힘들다. 미국에서 교육행정은 거의 학교행정과 교육구(school district)행정에 초점이 맞춰져 있다.

교육경영　　일반적으로 행정은 공공기관의 운영에 많이 붙여졌고, 경영은 기업계에서 많이 사용되어 왔다. 또한 행정이 공공성이나 복지 같은 철학적 가치적 측면을 강조해 왔다면, 경영은 기술적이고 방법적인 측면을 더 중시하여 왔다고 볼 수 있다. 특히, management를 '관리'라고 번역하면 인사관리, 재무관리, 시설관리, 사무관리처럼 더 구체적이고 기술적인 뉘앙스를 풍긴다.

　　대학에서 '행정학'을 영어로 대개 'Public Administration', '경영학'을 'Business Administration'이라고 한다. 여기서 생각할 수 있는 것은 행정의 'Administration'과 경영의 'Management'와 거의 같은 것으로 볼 수도 있고, 경영은 행정의 'Administration'과 거의 같은 것으로 보더라도 'Business'가 강조되어 '기업(사업)행정'이라고 할 수 있다. 교육이나 학교에서는 'Business'적 요소가 있고 또 'Business'적 요소가 필요하다고 하더라도 이보다는 '교육'과 '교수-학습'이 주가 되기 때문에 '교육행정'이란 이름을 제쳐두고 '교육경영'이란 용어를 사용하는 것은 옳지 않다고 본다. 더구나 학교나 학급을 '기업경영'이나 '사업경영'하듯이 한다고 '학교경영', '학급경영'이란 용어를 사용하는 것은 주객이 전도된 느낌이다. 정 필요하다면 '학교운영', '학급운영' 정도까지는 허용할 수 있을지 모르겠다. 교직과목 이름이 '교육경영'으로 되어 있어 책의 뒷부분 '학교경영'과 '학급경영'에서 '경영'이란 제목을 붙였으나 '학교행정'과 '학급운영' 정도로 이해해도 좋을 것으로 본다.

　　한편 교육행정을 교육리더십, 교육제도, 교육정책, 교육기획 등과 비교이해하는 것도 필요한데, 이들과 이들을 다룬 각론(장)을 공부할 때 함께 생각해 보자.

학교(급)경영 → 학교(급)운영

3) 교육행정 정의의 관점

교육행정을 정의하기 위한 토대로 행정과 경영이 뜻하는 바를 비교하였다. 이제 교육행정을 정의하는 여러 관점을 살펴보자.

행정영역구분설　　행정영역구분설은 국가 운영의 삼권분립 정신에 근거하여 교육행정을 여러 행정 영역 가운데 하나로 보는 관점이다. 국가의 통치 작용은 입법·사법·행정으로 구분되는데, 이 중 행정은 내무·외무·군무·법무·재무 등 다섯 영역으로 나뉜다. 이 중 교육행정은 내무행정에 속한다. 그리고 내무행정은 다시 보육행정(保育行政)과 경찰행정으로 나뉘는데, 교육행정은 넓게 보육행정에 속한다고 보는 견해가 곧 행정영역구분설이다. 이 관점을 '교육에 **관한** 행정'으로 말하기도 하며, 법규해석적 정의, 공권적 해석 또는 공법학적 정의라 부르기도 한다.

기능주의설　　기능주의설은 조건정비설이라고도 하는데, 교육행정을 '교육을 위한 행정'으로 보는 입장이다. 행정보다는 교육 그 자체에 강조점을 두는 입장으로, 교육의 최일선인 학교에서 교수−학습활동이 원활이 이루어지도록 인적·물적 조건을 잘 마련해 주고 지원하는 것이 교육행정의 기능이자 책무라고 보는 관점이다.

몰맨(Moehlman)은 교육행정의 과정은 교수활동(teaching)의 필요에 의해서 발생하는 것이기 때문에 교육행정은 교수목표를 달성하는 데 있어 목적이 아니라 단지 수단으로 고려되어야 한다고 강조하였다. 또 교육행정은 본질적으로 교육의 과정(educational process)의 기본 목표들을 보다 효과적으로 실현하기 위한 봉사활동이라 하였다. 이러한 입장에서 보면 교육행정은 교육을 위해서 필요한 것이고 또 교육을 위해 존재한다. 결국 교육행정이란 교육목표를 설정하고, 목표를 달성하기 위한 교육과정과 프로그램을 개발하고, 또 이를 운영하기 위한 인적·물적 자원을 지원하고, 이 과정에서 리더십을 발휘하는 봉사활동이다. 이 책에서는 교육행정은 '교육을 위한 봉사·지원체제(service·supporting system)'(주삼환, 신붕섭, 이석열, 김병

교육행정 정의 관점
① 행정영역구분설
② 기능주의설
③ 행정과정설
④ 정책실현설
⑤ 협동행위설
⑥ 교육리더십설

기능주의설
교육목표를 설정하고, 목표를 달성하기 위한 교육과정과 프로그램을 개발하는 한편, 이를 운영하기 위한 인적·물적 자원을 지원하고, 이 과정에서 지도력을 발휘하는 지원적 봉사활동

윤, 김용남, 2022: 15)이고 교육행정의 최종 목적은 학생의 학업성취(student achievement)에 있다고 본다.

행정과정설   어떤 기관이나 조직에서 행정이 이루어지는 단계나 순서를 중심으로 행정을 정의하는 관점이다. 곧이어 '교육행정 과정'(31~34쪽)에서 자세하게 공부하자.

제6장 교육기획과 교육정책에서 더 공부하자.

정책실현설   '국가의 권력기관이 교육정책을 실현하는 과정'이 곧 교육행정이라고 보는 입장이다. 이 정의에서는 행정을 보다 적극적으로 해석하여, 정책을 결정하는 것은 입법 작용이고 결정된 정책을 집행하는 것이 행정이라는 정치·행정 이원론적 입장을 부정한다. 그 대신 교육행정의 본질을 정치적 과정으로 해석하여, 정책결정을 포함한 정책집행을 행정의 범주로 간주한다. 정책실현설은 정해진 교육목표를 달성하기 위한 수단이 곧 교육행정이므로 국가기관의 권력을 중요하지 않다고 보는 기능주의설과는 입장을 달리한다.

제2부 교육행정 행위론(제2장~제5장)에서 공부하자.

협동행위설   행정이란 조직의 목적 달성을 위해 구성원의 협력적 행위를 자극, 유도하고 조정하는 것이라는 관점이 있다. 이 관점에서 보면, 학교의 리더들은 교직원들이 서로 의사소통을 원활하게 하고 갈등이 없는 가운데 직무동기를 극대화하여 직무를 수행하고, 일하는 과정에서 만족하도록 리더십을 발휘하는 데 요구되는 철학, 이론, 실무적 능력을 갖추어야 한다.

교육리더십설   이 관점은 최근에 강조되는 입장인데, 기능주의설(조건정비설)을 확대하고 발전시킨 것이다. 교육의 목적을 효과적으로 달성하기 위해 여러 조건이나 환경을 조성하는 과정에서 발휘되는 리더십이 필요하다. 교육리더십설을 교육경영론의 관점이라고도 한다. 경영이라는 개념에서 포착되듯이 주어진 목표를 달성하는 데 필요한 조건만을 정비하는 데에 머무르지 않고 적극적으로 시대와 환경을 고려하여 교육(학교)이 나가야 할 방향이나 목표를 수립하고, 이를 달성하는 데 필요한 자원이나 방법을

모색하며, 결과에 대해 스스로 모니터링하고 평가하는 능동적인 리더십을
발휘하는 것을 교육행정으로 본다.

이 밖에 교육행정은 학교조직의 리더십(제3장), 교육기획과 교육정책
(제6장), 그리고 교육제도(제7장)와 개념적으로 비교 이해할 수 있다. 각 장
을 공부할 때 함께 생각해 보자.

2. 교육행정가와 교육행정 환경

교육행정은 행정가 리더가 교육행정 무대·환경에서 행정행위를 하여
행정목표인 동시에 교육목표 달성을 위한 봉사·지원을 하여 학생의 학업
성취를 향상 달성하는 것이라고 할 수 있다. 그래서 행정가(administrator)
리더(leader)와 행정환경·무대는 연극에 있어서 배우(actor)와 무대(stage)
처럼 아주 중요하다.

1) 교육행정가

교육행정가라고 하여 집 가(家)자를 쓸 수 있는 사람은 과장(課長) 이상으
로서 어떤 단위나 기관을 책임지고 있는 사람을 말한다. 행정가는 어떤 단
위와 기관을 책임지고 있기 때문에, 행정가가 어떤 사람이냐에 따라 목표
달성과 행정효과성에 엄청난 차이가 난다. 행정가는 단위조직이나 기관을
이끌어 나가기 때문에 행정가의 방향감과 철학·신념·소신 그리고 가치
관은 아주 중요하다. 교육행정가의 '교육'이라는 말 속에는 이미 가치가 들
어 있기 때문에 교육행정가의 철학은 아무리 강조해도 부족하다. 특히, 비
전을 제시하여 그 비전을 믿고 조직 구성원이 기꺼이 조직을 위하여 헌신
하도록 하여야 하기 때문에 교육행정가의 리더십이 중요하다.

또한 교육행정가의 윤리와 도덕성이 강조되고 있다. 교육행정가는 윤리
의 실천자라 할 수 있다. 리더의 윤리와 도덕의 바탕이 제대로 확립되지 않

교육행정가의 철학과 비전이
왜 중요할까?

은 상태에서는 조직 구성원들이 리더를 신뢰하고 따르지 않기 때문이다. 신뢰를 잃은 사람은 더 이상 리더이거나 행정가일 수 없다.

교육행정가는 교육행정에 관한 전문적 능력과 기술을 갖추고 있어야 한다. 우리나라 속담에 "알아야 면장을 하지."라는 말이 있는데 이것이 바로 행정가의 자질과 능력, 기술의 중요성을 대변해 주는 말이다. 소속 직원들은 좁은 범위의 일을 하기 때문에 전문성을 확보하기 쉬운 반면에 이들을 이끌어야 할 행정가는 더 넓은 범위에서 능력과 기술을 발휘해야 하므로 어려운데 그럴수록 더 많은 노력이 요구된다.

행정가에게 필요한 기술로는 흔히 실무적(기능적) 기술(technical skill)과 사람을 다루는 인간적 기술(human skill), 전체 파악과 아이디어를 내는 통합적 기술(conceptual skill)이 있는데, [그림 1-1]과 같이 하위 행정가에게는 실무적 기술이 많이 요구되는 반면에 최고행정가에게는 통합적 기술이 더 많이 요구되고 인간적 기술은 모든 수준에서 다 같이 중요하다.

학교조직을 예로 들면, 일반 교사들은 문서 기안 등 문서 작성 요령을 잘 알고 실천하는 데 더 초점을 두어야 하지만 부장교사나 교감은 실무적 기술뿐 아니라 구성원 간의 의사소통을 원활하게 하고, 갈등이 발생하지 않는 가운데 서로 협력하는 분위기를 만드는 능력을 보여야 한다. 반면에 교장은 학교를 둘러싼 사회적 변화나 정책 환경의 변화를 파악하고 이에 능동적이고 신속하게 대처하는 한편, 미래지향적인 교육의 비전을 설정하여 제시하는 능력과 같은 역량을 발휘해야 할 것이다.

우리나라에서는 행정가라는 말을 많이 쓰고 교사-교감-교장처럼 **연**

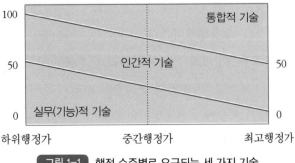

그림 1-1 행정 수준별로 요구되는 세 가지 기술

수·승진제를 채택하고 있지만 미국의 경우는 자치제를 철저히 하고 있어 주에 따라 조금씩 다르지만 교직경력 3년 이상에 석사학위 소지자 중에서 대학원 교장자격과정 등 전문자격과정에서 자격을 갖추도록 하는 **교육·양성제**를 채택하고 있다고 볼 수 있다. 교사 양성처럼 교육행정 전문 리더 양성교육을 하고 있는 것이다. 앞으로 우리나라에서도 유능한 교육행정가를 별도로 교육을 통해 양성하는 제도를 마련해야 할 필요가 있다.

2) 교육행정 환경

교육행정은 진공 상태에서 이루어질 수 없다. 조직 환경 속에서 행정행위가 이루어지는 것은 말할 것도 없고 경제·사회·문화, 역사·시대 환경 속에서 교육행정을 수행해야 한다. 여기서는 교육행정가에게 도전하는 교육환경 변화를 다섯 가지로 나누어 제시하니 독자 여러분이 더 많은 과제를 생각해 보기 바란다.

학생 인구 변화　　1960년대 1970년대에는 초등학교에서 콩나물 교실, 과밀학급, 과대학교라고 하고 학생이 너무 많아 국가가 미처 교육적 대처를 하기 어려웠다. 서울 시내 초등학교에 한 학급 120여 명을 수용하고 4부제 수업을 하는 학교까지 있었다. 국가에서도 "아들—딸 구별 말고 한 명만 낳아 잘 기르자"고 했었다. 이런 초등학생 인구가 중학교, 고등학교를 덮치고 대학교에까지 몰려갔었다. 그런데 2000년에 초등학생이 400만 정도였는데, 2022년엔 266만 명 정도(2022 간추린 교육통계)로 급격히 줄어들었다.

1990년대 초 대학 총장 모임에서 저자(주삼환)가 '대학의 생존 전략'이라는 제목으로 곧 고등학교 졸업생 수가 대학 정원보다 적어 대학의 위기가 온다는 이야기를 하였더니 그게 무슨 말인지도 못 알아듣는 눈치였다. "학생이 구름 떼처럼 몰려오는데 무슨 '생존(生存)'이냐?"는 태도였다. 교육과 교육행정의 환경인 동시에 중심인 주 고객 '학생'에 교육행정은 민감하고 예민할 필요가 있다. 학생 인권 가지고 떠들다가 가르칠 학생 자체가 없어진 셈이다. 합계출산율 0.78명! 대한민국 국민은 얼마나 정부 시책을 잘 따

교육행정의 환경 변화 요인
- 학생 인구 변화
- 교사 욕구 변화
- 학부모 욕구 변화
- 사회 변화

랐는가! 이걸 돈만 가지고 해결하려고 한다면 가능한 일인가?

교사의 욕구 변화   교육행정의 1차 대상자에 해당하는 교사집단도 변하고 있다. 당장 교대 지원율이 줄어들고, 교사들이 담임교사와 부장교사직을 맡지 않겠다고 한다는데 이러다가 이어서 교감 기피, 교장 지원자도 없어질 날이 다가올지도 모른다. 교육행정을 담당할 인적 자원 자체가 고갈될지도 모른다. 미국에서는 이미 교장 부족 현상이 오래전부터 있어 왔다. 학생이 없어지고, 학교가 없어지고, 교사가 없어지는데 교육행정은 어디에 존재할 것인가? 이제 교사에게서 보람, 사명감, 헌신을 요구하기는 어렵게 교육행정 환경이 변해 가고 있다. 교직 희망자들이 '철밥통' 때문에 교직을 선택한다면 교육행정에서 문제가 안 될 수 없을 것이다.

학부모의 교육욕구 변화   학생과 학부모의 욕구도 계속 급진적으로 변하고 있다. 한국교육과 교육행정이 학생과 학부모의 교육욕구를 충족시켜 주지 못하고 있다. 공교육에서 채우지 못하는 것을 사교육에서 찾고 있다. 극단적으로 말하면 입시는 학원과 입시컨설팅업소에 의존하고 공교육은 졸업장 발행소로 전락할지도 모른다. 입시에 지치고 취업에 지친 젊은이들은 취업에 성공을 해도 직장생활을 견딜 수 없어 직업도 결혼도 모두 포기하고 말게 된다. 어두운 단면을 말하는 것 같지만 희망을 주는 교육과 교육행정 방안을 찾아야 한다.

4차 산업혁명에 따른 사회 변화   거대 사회는 4차 산업혁명시대가 닥쳐왔다고 하는데 1, 2차 산업사회 공장식 학교 모델에 의하여 탄생한 현대학교와 교육행정 체제를 가지고 어떻게 교육과 교육행정을 할 것인가가 문제가 될 것이다. 초등학교, 중학교, 고등학교로 엄격하게 칸막이로 구분하고, 학생을 학년과 학급으로 나누고, 지식을 교과목으로 잘게 쪼개 놓는 것도 의미가 없을지도 모른다. 학교의 형태가 4차 산업시대에 맞게 변해야 할 것이다. 유치원에서 고등학교까지의 통합학교가 필요하고 또 가능할지도 모른다. 교육의 개별화가 가능해지면 학생은 어디에서나 배울 수 있다. 이제는 자동차의 차체를 부품을 조립하여 만들지 않고 3D 프린터로 통째로 찍어내어 만들 수 있다. 교육행정도 디지털 AI시대 환경에 맞게 변해야 한다.

　교육행정 교육내용과 교육행정 교과서도 4차 산업사회에 맞게 바뀌어야 할지도 모른다. 행정에서 제일 중요하다고 하는 교육행정가의 의사결정에 빅데이터와 딥러닝에 의한 고도의 AI의 도움을 받으면 최선의 선택을 하게 될 것이다. 그렇다면 교육행정가 교육과 연수에도 의사결정 역량과 함께 AI 활용법 교육이 더 중요하게 요구될지도 모른다. 예를 들면, 교육행정에서 교육행정과 함께 STEM(Science, Technology, Engineering, and Mathmatics) 교육도 필요할지도 모른다. 또 인문학 교육과 4차 산업사회 윤리, 가치관 교육도 더 요구될 것이다.

행정 환경, 행정 무대의 중요성에 대해서는 '주삼환 외 『교육행정학』(학지사, 2022) 제3장 교육행정의 무대와 환경'을 참고하기 바람

3. 교육행정의 과업 · 과정

　이제 교육행정은 어떤 일(tasks)을 하며, 어떤 과정을 거쳐서 이루어지고, 교육행정을 맡은 사람들은 어떤 자질을 가져야 하는지 살펴보면서, 교육행정의 본질을 좀 더 파악해 보고자 한다.

1) 교육행정 과업

　교육행정의 범위와 대상, 과업을 여러 각도에서 살펴볼 수 있다. 우선 교육의 대상에 따라 유아교육행정, 초등교육행정, 중등교육행정, 고등교육행정, 교원교육행정, 특수교육행정, 사회교육행정 등으로 나누어 볼 수 있다. 또 교육조직의 단계에 따라 학교행정, 지방교육(자치)행정, 중앙교육행정으로 나누어 볼 수도 있다.

　한편, 행정의 내용을 중심으로 교육행정의 과업을 살펴볼 수 있다. 첫째, 교육목표를 설정하고 교육과정과 프로그램을 선정 · 조직하고 교육자료와 교육방법을 결정하며, 교육내용을 다루는 일을 한다. 둘째, 이런 일을 해낼 수 있는 사람, 즉 인적 자원을 확보하고 배분 · 조직하는 교직원 인사에 관

내용 중심의 교육행정 과업
① 교육내용
② 교직원 인사
③ 학생 인사
④ 교육시설
⑤ 교육재정
⑥ 사무와 정보관리
⑦ 대외관계와 홍보
⑧ 장학과 지도
⑨ 연구와 평가

한 일을 한다. 셋째, 교육의 대상인 학생을 어떻게 조직하고 복지와 후생, 상벌 등을 어떻게 할 것인가를 다루는 학생 인사에 관한 일을 한다. 넷째, 교육에 관한 여건을 조성해 주고 지원해 주는 교육시설에 관한 일을 한다. 교육시설은 다른 시설과 달라야 교육의 효과를 올릴 수 있을 것이다. 다섯째, 사람이 되었든 시설이 되었든 돈이 있어야 교육을 할 수 있기 때문에 이를 확보하고 배분하고 회계하는 교육재정에 관한 일을 한다. 여섯째, 교육내용, 교직원 인사, 학생인사, 교육시설, 교육재정에 관한 일을 하는데 이를 기록하고 정리·보관하는 사무와 정보관리도 행정의 주요 과업에 속한다. 일곱째, 어떤 교육기관이나 교육행정조직이 되었든 대외관계와 홍보 (public relations)에 관한 일이 행정의 과업으로 중시된다. 여덟째, 교육내용에서 별도로 분리하여 교육의 질 향상을 위하여 집중적으로 노력하는 장학과 지도에 관한 것을 강조할 수 있다. 아홉째, 교육과 교육행정에 관한 연구와 평가에 관한 일도 별도로 떼어 강조할 수 있다.

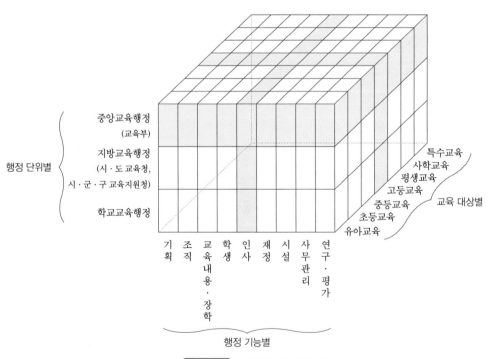

그림 1-2 교육행정의 영역 구분

출처: 윤정일 외(2021). **교육행정학원론(7판)**. 학지사, p. 24.

한편, 윤정일 등은 [그림 1-2]처럼 교육행정학의 영역을, ① 행정 단위, ② 행정 기능, ③ 교육 대상을 기준으로 3차원 모델로 개념화하였다.

이 책의 교육기획과 교육정책, 교육제도, 교육재정과 학교시설, 교육인사행정, 교육과정 행정과 장학 등은 행정에서 해야 하는 과업(task)을 염두에 두고 구성한 것이다.

2) 교육행정 과정

모든 일에는 순서와 절차, 과정이 있다. 행정에도 행정을 해 나가는 과정이 있다. 행정이 이루어지는 순서, 단계, 과정을 중심으로 조직관리나 행정의 효율화, 합리화, 과학화를 추구한다.

(1) Fayol의 산업관리론

페욜(Fayol)은 원래 탄광 기사였지만 일반행정과 기업경영에 관심을 가지고 연구를 계속하였다. 그는 행정이란 몇 사람의 권위의식이나 책임의식에 의해 이루어지는 것이 아니라 조직 구성원 모두의 협력과 협조에 의해 이루어지는 것이라 주장하면서, 관리 과정에 초점을 두고 행정의 과정을 다섯 가지 요소로 제시하였다.

Henri Fayol(1841~1925)
관리이론을 정립하였으며, 경영의 일반적인 14가지 원칙을 제시하였다.

① **기획**(planning): 미래를 예측하고 행동 계획을 수립하는 일
② **조직**(organizing): 인적 · 물적 자원을 조직하고 체계화하는 일
③ **명령**(commanding): 구성원으로 하여금 과업을 수행하도록 하는 일
④ **조정**(coordinating): 모든 활동을 통합하고 상호 조정하는 일
⑤ **통제**(controlling): 정해진 규칙과 명령에 따라 일이 이루어지고 있는가를 확인하는 일

(2) Gulick과 Urwick의 행정관리론

굴릭(Gulick)과 어윅(Urwick)은 1937년 미국의 루스벨트 대통령의 일반적 직무를 기능적으로 분석하여 POSDCoRB라는 합성어로 표현되는 행정

과정을 제시하였다. POSDCoRB란 다음에 제시된 행정 요소의 첫 번째 철자를 모아 만든 것이다.

① **기획**(planning): 조직의 목적을 달성하기 위하여 행동의 대상과 방법을 개괄적으로 확정하는 일

② **조직**(organizing): 공동의 목적을 달성하기 위하여 공식적 권한 구조를 설정하고 직무 내용을 배분, 규정하는 일

③ **인사배치**(staffing): 설정된 구조와 직위에 적격한 직원을 채용, 배치하고 작업에 적합한 근무조건을 유지해 주는 일

④ **지휘**(directing): 조직의 장이 의사를 결정하고 그것을 각 부서에 명령과 지시 등의 형태로 구체화하는 일

⑤ **조정**(coordinating): 각 부서별 업무수행의 관계를 상호 관련시키고 원만하게 통합, 조절하는 일

⑥ **보고**(reporting): 작업 진척 상황에 대한 기록, 조사, 연구, 감독 등을 통해 조직의 장이 자신과 하위 직원들에게 정보를 제공하는 일

⑦ **예산편성**(budgeting): 조직의 목표 달성에 소요되는 제반 예산을 편성하고 회계, 재정통제, 결산 등을 하는 일

(3) 교육행정의 과정

앞에서 제시한 페욜이 말한 행정의 과정, 굴릭과 어윅의 행정관리론을 종합해서 교육행정의 과정을 일곱 가지로 제시할 수 있다.

기획   행정의 모든 활동은 기획하는 일로부터 시작한다. 교육의 목표를 설정하고 목표 달성에 필요한 최선의 방법과 절차를 마련하는 사전준비 과정을 기획이라 할 수 있다. 기획은 미래에 대한 지적 활동이기 때문에 불확실한 미래를 정확하게 예측하는 일이 중요하다. 철저하고 정확한 기획을 하고 이를 실천한다면 목표 달성의 가능성은 그 만큼 높아진다.

의사결정   행정의 핵(core of administration)은 곧 의사결정(Simon, 1958)

이라고 할 수 있을 만큼 행정에서 의사결정은 중요하다. 행정 현상에서 '결재'라고 하는 것이 바로 의사결정이다. 의사결정은 곧 가치의 선택이라 할 수 있다. 여러 가지 갈림길, 대안들 중에서 가장 가치 있다고 생각되는 최선안을 선택하는 일이 의사결정이다. 이 책을 읽는 독자 여러분도 지금까지 살아오는 동안 수많은 의사결정을 한 결과 현재의 위치에서 '교육행정 및 교육경영'이란 공부하고 있는 것이다.

조직　기획에 의하여 목표가 설정되었으면 이 목표를 달성하기 위한 기구(機構)를 조직하고 사람을 배정하여 책임을 분담하고, 시설과 재정을 배정하는 인적 · 물적 · 재정적 조직을 해야 한다. 행정에서 조직력은 가장 중요하며 조직없이 행정을 수행할 수는 없다.

의사소통　조직 내에서 원활한 의사소통이 이루어질 때 행정은 효과적으로 이루어져 목적 달성이 용이해진다. 의사소통이란 송신자와 수신자 사이에 메시지 또는 정보가 전달되어 공유 관계가 형성되는 것을 의미한다. 조직 구성원 사이에 의사소통이 제대로 이루어져야 공동의 목표 달성을 위해서 최선의 노력을 기울이게 된다. 그래서 의사소통은 행정의 과정에서 인체의 신경계통, 혈맥(血脈)과 같은 기능을 하고 있다.

리더십　행정의 전체 과정에서 행정가는 조직 구성원에게 리더십을 발휘해야 한다. 리더십이란 조직 구성원으로 하여금 조직의 목표 달성을 위하여 노력하도록 영향력을 발휘하는 것이다. 조직 구성원을 자극하고(stimulating) 동기유발하여(motivating) 조직을 위하여 헌신(commitment)하도록 하는 일이 행정에서 중요하다. 다른 학자들이 지시나 지휘라고 표현한 것을 다 여기에 포함시켰다.

조정　조정은 여러 부서 간의 활동을 통합하고 조절하는 행위를 말한다. 교무부, 연구부, 학생부 등 각 부서에서 하겠다는 일을 때로는 통합하고 때로는 우선순위에 따라 조절해야 학교행정이 원활하게 돌아갈 수 있다. 그렇지 않으면 학교가 배가 산으로 올라가는 경우처럼 되기 쉽다. 행정가는 조정의 명수(名手)가 되어야 한다.

평가　가치 판단하는 일을 평가라고 한다. 행정활동을 시작하기 전에 실시하는 진단평가, 행정활동이 진행되는 도중에 실시하는 형성평가, 행정과정의 최종 단계에서 실시하는 총괄평가를 통하여 기획과 목표 달성의 정도를 확인하고, 이를 피드백함으로써 행정의 성과를 극대화하기 위한 행정행위를 해야 한다. 진단평가 · 형성평가 · 총괄평가라는 말을 투입평가 · 과정평가 · 산출평가라는 말로 바꾸어도 좋을 것이다. 성장하고 발전하려면 자신이 하는 일을 계속 반성하고 평가하여 수정 · 보완해 나가야 한다.

지금까지 행정의 일곱 가지 요소를 제시하였는데 이를 압축하면 'Plan-Do-See: PDS'의 과정이라고 할 수 있다. 계획하고 이 계획을 실천하고 계획과 실천을 평가하여 새로운 행정에 반영하는 순환적 과정이 중요하다.

이 책의 제2장 학교조직론, 제3장 학교조직의 리더십, 제4장 교사의 직무동기, 제5장 학교조직에서 인간관계의 장(章)은 교육행정의 과정과 교육행정의 행정행위를 염두에 두고 구성한 것이다.

4. 교육행정 이론 · 연구 · 실제

교육행정은 이론(Theory), 연구(Research), 실제(Practice)의 세 측면에서 볼 수도 있다. 교육행정의 이론화 운동으로 하나의 학문 분야로 발전하면서 이론도 발전하고 과학적 연구가 활발해지고 또 교육행정의 실제도 한층 정교화되고 있다. 구체적인 감각−개념−구인(상위 개념)−명제(의 과정을 거쳐 추상적인)−이론으로 발전하고 또 이론을 바탕으로 하여 연구의 개념적 틀을 형성하여 연구를 하게 된다. 그래서 연구보고서를 보면 '이론적 배경', 또는 '문헌연구' 부분이 나오게 된다. 이론에 근거하여 연구가 출발한다는 뜻이다. 이번에는 거꾸로 연구에 의하여 이론이 더욱 발전하고 또 새로운

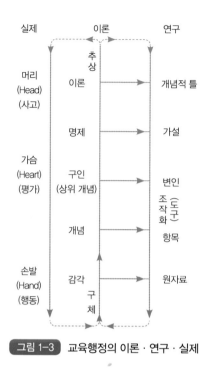

그림 1-3 교육행정의 이론 · 연구 · 실제

이론이 정립되기도 한다. 교육행정가는 이론이 제시하는 방향에 근거하여 실제 교육행정을 수행하고, 실천 경험에 의하여 이론을 수정하고 발전시킨다. 행정 실제에서 연구가 출발하기도 하고 또 연구 결과에 근거하여 교육행정 실제에 적용하기도 한다. 이렇게 교육행정 이론 · 연구 · 실제는 서로 영향을 주고 조화를 이루면서 발전하게 되는데, 교육행정 이론과 연구는 최종적으로 교육행정 실제로 나타난다.

1) 교육행정 이론

이론은 행정 실제의 길잡이가 되고 안내자가 된다. 행정가들은 이론을 바탕으로 실제 행정 행동을 한다. 교육행정 이론은 교육조직 내에서의 인간행위의 규칙성을 체계적으로 기술하고 설명해 주는 일단의 근거를 제공해 준다.

교육행정 이론은 과학적 관리론-인간관계론-행동과학론-체제론-대안적 행정이론 순으로 발달하였다.

(1) 과학적 관리론

Frederick Winslow Taylor
(1856~1915)
미드베일 철강회사에서 기계공으로 출발하여 수석기사(chief engineer)로 성장 → 25세(1881년)에 선반공의 작업능률(하루 작업 표준량)에 관심을 갖고 시간연구에 몰두 → 1883년 스티븐 공과대학에서 기계공학사 학위 취득(일과 학업의 병행) → 1901년 베들레헴 철강회사를 퇴직하고 대학에서 강의와 저술에 몰두(성과급제도, 1895; 공장관리, 1903; 과학적 관리의 원리, 1911) → 1911년 미국기계사협회 회장으로 선출됨

배경과 원리　과학적 관리(scientific management)란 조직을 과학적으로 하여 관리하여 인간의 생산성을 증대시키려는 일련의 연구로부터 비롯되었는데, 1910~1930년대 테일러(Taylor)가 주창하였다. 산업혁명, 즉 기계의 발달과 증기기관차의 발명은 대량생산과 유통의 혁명을 가져왔다. 특히, 기계의 발달은 종래의 수공업 체제를 공장을 중심으로 한 대량생산 체제로 바꿔 놓았다. 그런데 이처럼 생산방식이 변화하자 조직(공장)에 속한 사람들을 관리하는 문제가 생겼다.

테일러는 연구를 통해 기업경영을 효율적으로 하는 데 필요한 관리의 원칙을 도출하였는데, 이를 과학적 관리론이라 한다. 테일러가 제시한 과학적 관리는 **인간을 효율적으로 작동하는 기계**(man as a machine)와 같이 프로그램화하면 최고의 생산성을 올릴 수 있으며 노동자는 경제적 요인, 즉 임금에 의해 직무동기가 조절된다고 가정하였다.

① **시간 · 동작 연구**(time and motion study): 숙련된 작업자 10~15명을 찾아내어 이들이 기본 동작을 수행하는 데 드는 시간을 스톱워치로 측정하고, 가장 빠르고 쉬운 작업 방법을 골라내 이를 기준으로 표준 시간과 표준 동작을 정한다.

② **표준화된 조건**(standardization of tools): 노동자들이 가장 빠르고 편하게 일을 할 수 있는 표준화된 작업 조건과 작업 방법을 정해 따르게 한다. 흔히 말하는 작업 매뉴얼이 이것이다.

③ **1일 표준 생산량**(task management, 과업관리): 시간 및 동작 연구를 통하여 노동자에게 요구하는 1일 작업량을 정하고, 이를 기준으로 임금을 책정하거나 보너스를 지급한다.

④ **차별적 성과급제도**(differential piece-rate system): 직접적이고 신속한 동기 부여의 효과를 위해 일류 작업자가 양호한 조건에서 할 수 있는 표준 작업량을 정해 놓고, 그 표준에 도달할 때까지는 낮은 비율의 성과급을 지급하고, 그 표준을 넘어서면 보다 높은 비율의 성과급을 지급

하는 제도를 적용한다. 현재 적용되는 성과급 보수제의 효시이다.

⑤ **관리**(management)**와 수행**(performance)**의 분리**: 공장의 전체적인 기획이나 생산 설계를 담당한 사람과 실제 생산을 담당하는 사람을 분리한다.

⑥ **기능적 관리제**(functional foremanship)**의 도입**: 실무지식과 숙련도를 기준으로 각 부서의 현장 책임자를 두어 공장 안에서 작업원을 돌보고 지휘하며, 시범을 보여 주고 구체적이고 능률적인 작업 방법을 제시한다.

이 밖에도 노동자를 과학적인 기준에 의해 선발하고 훈련할 것을 강조하였는데, 그렇게 함으로써 조직과 인간관리가 과학화되고 능률성을 높일 것으로 보았기 때문이다.

교육(행정)에의 적용과 비판　　보비트(Bobbit)는 학교가 단순히 교육기관으로만 인식되어서는 안 되고, 학생은 가공되어야 할 '원료'이고 교사는 '노동자'이며, 학교행정가는 그 활동을 감독하는 '관리자'로서 역할을 수행하는 기업체처럼 인식되어야 한다고 강조하면서 학교를 하나의 **공장**에 비유하였다(노종희, 1992). 교육(행정)에 과학적 원리가 적용된 사례는 쉽게 찾을 수 있다.

첫째, 교육과정을 표준화하여 개발하고 운영하고 있다. 과학적 원리에서 표준화된 조건과 방법이 이에 해당한다. 나라마다 다르지만, 우리나라의 경우 국가에서 교육과정을 개발하여 하나로 고시하고, 교과서 발행 등에서 국가가 발행권을 갖거나(국정교과서), 심의 · 인정권(검인정교과서)을 갖는 것은 **교육생산의 표준화**라 할 수 있다.

둘째, 수업목표의 명세화와 시험제도를 들 수 있다. 교수-학습과정안을 작성할 때 학습목표를 명세(세분)화하고, 학생의 행동으로 진술하고 시험을 강조하는 것은 작업에서 정품과 불량품을 구분하는 것처럼 교육의 결과를 객관적으로 확인하는 데 초점을 두는 것이다.

셋째, 관리직과 교수직을 구분하고, 부장교사를 두는 한편 교과 담당이나 행정 업무를 분담하고 있다. 우리나라의 서당교육 체제에서 알 수 있듯

과학적 관리가 교육에 적용된 예
- 표준화된 교육과정의 개발과 운영
- 수업목표의 명세적 설정과 측정
- 학급 편성과 시험 제도의 도입
- 교원의 자격 명시, 과학적 선발과 체계적인 훈련
- 교과, 업무 조직의 분화와 분담
- 학교회계의 발전을 통한 낭비의 제거
- 관리직과 교수직의 분화

이 학교교육이 현재처럼 규모가 크지 않던 시기에는 딱히 관리직과 교수직이 나누어지지 않았다. 그렇지만 학교의 규모가 커진 상태에서는 그렇게 할 수가 없다. 교장을 뜻하는 영어 'The Principal'은 여러 명의 교사 중에 나이도 많고 경력도 많은 우두머리 교사(Principal teacher)에서 온 것이다. 직접 가르치는 사람(교수직, teacher)과 직접 가르치지 않는 대신에 학교 운영의 전반을 관리하는 사람(관리직)을 구분한 것은 앞에 말한 관리와 수행의 분리에 해당한다. 이렇게 되면 관리자와 교수자 간에 의사소통이 잘 되지 않으니 업무 경험이 많은 교사를 최일선(fore)에 두어 관리자와 교수자들의 가교 역할을 하도록 하는 부장교사제(⑥ 기능적 관리제), 그리고 교과나 행정 업무를 분담하여 수행하는 것은 분업화의 원리를 따른 것이다.

넷째, 효율적인 임금체계를 만들고, 회계제도를 발전시켜 재무관리를 체계화하였다. 과학적 관리에서 1일 표준 작업량에 따라 차별적으로 임금체계를 정하도로 하는 것은, 비록 교사 보수체계에서는 호봉제를 따르기 때문에 엄격하게 적용되지는 않지만 성과와 보상을 연결하는 바탕이 된다. 그리고 전반적으로 교육현장에서도 낭비 요인을 제거하고, 투입에 대한 산출의 효과를 높이려는 노력은 과학적 관리의 원리에서 비롯된 것이다. 특히, 최근에 학교평가 등 교육 책무성을 높이려는 정책은 재정의 효율성을 높이려는 맥락을 반영한다.

교육(행정)에 대한 비판   과학적 관리론에 입각한 20세기 산업사회의 교육을 **공장제 모델**(factory model)이라고 비판한다. 공교육과 대량교육을 통해 교육기회를 신장시켰으나 교육목표와 교육내용 등이 규격화되고 획일화되어 개성과 다양성이 빛을 잃었기 때문이다. 학교조직에서는 성과급 보수제도와 계량적인 학교평가 등에 거부감을 나타내는 것도 같은 맥락이다.

(2) 인간관계론

배경과 주요 실험   1930~1950년대의 인간관계론(human relation)은 실험 연구를 통해 얻은 결과를 종합하여 붙인 이름이다. 미국의 시카고에 있

부장교사는 자격제도는 아니지만 교장의 리더십 권한을 위임받음. 고로 합리적인 이유 없이 그 권한을 거부할 수 없음

제5장 학교조직에서 인간관계

는 웨스턴 전기회사(Western Electric Company)의 호손(Hawthorne) 공장에서 1923년에 자체 연구진으로 과학적 관리론의 기본 가정(물리적 조건과 생산성의 관계)이 과연 맞는 것인지를 검증하는 연구를 시작하였다. 연구 가정이 맞지 않는 것으로 잠정 결론이 나자, 하버드대학교 경영학 교수인 메이요(Mayo)와 그의 동료 뢰스리스버거(Roethlisberger)를 초빙하여 조직 내의 인간적 요인에 의해 생산성이 어떻게 달라지는지를 밝히는 8년간(1924~1932)의 연구를 추진하였다. '호손실험'이라고 불리는 이 연구는 조직관리의 인간화를 모색할 수 있는 연구 결과를 도출하여 인간관계론을 낳았다.

여러 실험(전화계전기 조립실험, 건반배선 조립 관찰 실험)에서 밝혀진 바로, 작업능률에 큰 영향을 미치는 것은 물리적 작업 조건(휴식이나 간식의 제공, 봉급 인상 등)보다는 심리적 만족도, 집단에의 소속감과 참여 등 인간적 · 사회적 조건이다. 특히, 작업집단 내의 사회적 관계성이 생산성 향상의 요인일 수 있다는 것을 밝혀 주었다. 또 조직에서 구성원의 행동은 공식적 규범이나 제도보다는 비공식적 집단 규범에 의해 이루어지고 있다는 사실도 알려 주었다. 결론적으로 인간관계론은 인간은 경제적 존재가 아니라 심리사회적 존재임을 강조한다.

교육(행정)에 적용과 비판   인간관계론이 교육에 어떻게 적용되는지를 알려면 교육철학에서 공부한 진보주의 교육운동을 생각하면 된다. 인간관계론은 진보주의 교육운동과 결합되면서 개성 존중, 사기 앙양, 학생과 교원의 상호 신뢰감 등을 강조하고 민주적인 교육행정, 인간주의적 장학을 위한 방법적 원리로 크게 부각되었다. 민주적 교육행정에서는, ① 교육행정가는 교직원의 사기와 인화를 촉진하는 사람이며, ② 교육행정은 봉사활동이고, ③ 의사결정은 광범한 참여를 통해 이루어져야 하고, ④ 행정적 권위는 집단에 의해 주어져야 한다. 따라서 민주적 교육행정에서는 인간관계론적 관점이 크게 각광을 받을 수밖에 없었다.

결국 인간관계론은 학교조직에서 민주적인 행정이란 곧 인간관계와 동의로 쓰일 수 있으며, 평등주의적이고 탈권위적이며, 의사결정의 책임을 공유하며, 학교경영에서 교사들의 참여와 협력을 이끌어 내는 것이라는 교

> 호손실험의 예를 공부해 보자.

> 인간 = 심리사회적 존재

> 제5장 학교조직에서 인간관계, 제6장 중 '참여적 의사결정'에서 더 공부하자.

훈을 주었다.

한편 호손실험은 조직의 관리자들에게 인간의 사회적·심리적 요인의 중요성을 알고 이를 중시하도록 하였으나, 조직운영의 문제를 보다 큰 틀에서 진지하게 다루는 데는 실패하였다는 지적도 많다. 즉, 조직 내의 인간적 측면에만 지나치게 집착하여 조직의 구조적 측면과 생산성 문제를 등한시하고, 조직을 개방체제보다는 폐쇄체제로 간주하여 조직과 환경 간의 상호작용 관계를 제대로 다루지 못하였다.

(3) 행동과학론

Herbert Alexander Simon
(1916~2001)
미국의 사회과학자이자 경영학자. 행동과학적 조직론의 창시자 중 한 사람. 조직의 체계적 이론화를 확립하여 의사결정자의 모델이론을 전개한 연구 업적으로 1978년 노벨 경제학상을 수상하였다.

배경과 관점　행동과학론이란 인간의 행동을 과학적으로 이해하자는 것으로, 심리학 경영학 교육학 등 인간의 행동을 대상으로 하는 학문을 포괄한다. 과학적 관리론도 조직이 주먹구구식으로 운영되는 것을 탈피하여 체계적으로 경영하도록 도와주었지만, 아직도 체계적인 이론체계를 갖춘 것은 아니었다. 그래서 보다 체계적인 경영이론이 필요하였는데 그것이 '이론화 운동'을 촉발하였다.

교육(행정)에 적용: 교육행정의 이론화 운동　1950년대에 태동한 행정의 이론화 운동(theorizing movement)은 그간 주먹구구식으로 운영되던 교육행정에 대한 연구와 이론의 개발을 촉발시켜 사회과학적 관점에서 교육행정 현상을 기술, 설명하고 그 실제를 진단·처방하는 계기를 마련하였다. **신운동**(New Movement)이라고도 부르는 이론화 운동은 실제적 처방 중심의 교육행정학을 다른 사회과학처럼 이론 중심의 학문으로 발전시키기 위한 노력이었다. 따라서 그들은 교육행정 연구에 과학적 방법을 적용하고 현장 중심의 사실 그대로의 관찰을 통해 교육행정 이론의 개발을 모색하였다.

이론화 운동은, ① 교육행정을 연구하는 데 이론의 역할이 중요함을 인정하고 이론에 근거한 가설 연역적 연구방법을 통해 교육행정을 연구해야 하며, ② 교육행정을 일반행정이나 기업경영 등과 다르게 보는 편협한 관점을 버리고 행정 앞의 형용사와는 관계없이 행정은 행정 자체로서 연구되어야 하고, ③ 교육은 사회체제로서 가장 잘 이해될 수 있는 것이므로 교육행정 연구는 행동과학적인 접근방법에 크게 의존하지 않을 수 없다는 것이다.

　교육행정의 이론화 운동은 교육행정 연구와 실제에 많은 공헌을 하였지만, 조직 내의 변인에만 관심을 두었을 뿐 조직을 둘러싼 외부 환경을 고려하지 않았다는 비판을 받아 왔다. 최근에는 교육행정에 대해 논리실증주의적 접근만을 취하여 철학적 · 윤리적 측면을 간과했다는 비판을 받고 있다.

행동과학론(이론화 운동)
–협동행위설
–조직론 · 조직행위론(제2장
　～제5장)

(4) 체제론

배경과 관점　　체제론(system theory)은 행동과학론과 거의 동시에 나났는데 주로 1960년대와 1970년대에 학교조직을 이해하기 위한 방법으로 각광을 받았다. 체제란 희랍어 '시스테마(systema)'에 어원을 두고 있는데, 생물학자 버타란피(L. Bertalanffy, 1901~1972)가 처음 사용하였으며 '여러 부분으로 이루어진 전체 혹은 여러 요소의 총체'를 체제라고 한다. 그중에서 환경과 비교적 자유로운 상호작용을 할 때, 그 체제를 개방체제(open system)라고 하고, 그렇지 못한 체제를 폐쇄체제(closed system)라고 한다. 학교 사회는 일반적으로 국가 사회의 정치, 경제, 사회, 문화 등 다른 체제와 긴밀한 관계 속에서 활동이 이루어지기 때문에 개방체제라고 한다.

　학교조직을 개방체제라는 관점에서 보면 [그림 1-4]와 같다.

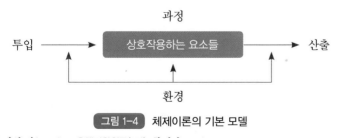

그림 1-4　체제이론의 기본 모델

출처: 윤정일 외(2021). **교육행정학원론(7판)**. 학지사, p. 47.

투입(input)은 상호작용하는 요소들이 체제의 목적을 달성할 수 있도록 체제의 밖에서 안으로 들어가는 모든 요소를 말한다. 이는 체제에 투입되는 자원과 정보 등 체제 내의 작용을 통해 체제의 유지나 산출을 가능하게 하는 요소들이다. **과정**(process)은 체제가 목적 달성을 위해 여러 자원과 정보를 활용하여 산출로 만들고 가치를 창조하는 과정이다. 또한 **산출**(output)은 체제가 환경이나 인접한 체제로 내보내는 자원과 정보로서, 체제가 의도적이나 무의도적으로 생산해 내는 모든 것을 말한다. 이는 체제에 투입된 것이나 체제가 처리한 것을 체제가 내부의 작용을 통해 변환시켜 내보내는 것들이다. 마지막으로 **환경**(environment)은 체제와 일정한 접촉을 유지하고 그것에 일정한 영향을 주는 경계 밖의 주변 조건이나 상태를 말하는데, 체제 외의 모든 다른 체제를 통칭하며 체제와 영향을 주고받는 인접체제들이다.

[그림 1-4]의 각 요소에 해당하는 예를 적어 보자.

B = 행동(Behavior)
f = 함수(function)
P = 인성(Personality)
R = 역할(Role)

역할과 인성의 상호작용 모델   체제론을 보다 체계를 갖추어 학교조직 연구에 활용된 것이 사회체제이론이다. 특히, 조직을 개인들의 집합으로 이루어진 사회적 단위라고 보고 사회체제 속에서 인간이 어떠한 행동을 보이는지를 연구하는 것이 사회과정이론이다. 사회과정이론은 사회체제로서의 조직 내에서 인간 행위를 인성과 역할의 상호작용, 즉 $B=f(P \cdot R)$라는 공식으로 표현하였다. [그림 1-5]에서 관료조직과 전문조직의 특성을 다 갖고 있는 학교조직에서는 인성과 역할이 골고루 영향을 미친다는 것을 알 수 있다.

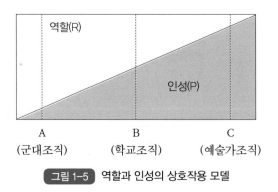

그림 1-5 역할과 인성의 상호작용 모델

사회과정 모델   겟젤스(Getzels)와 구바(Guba)는 역할과 인성의 상호작

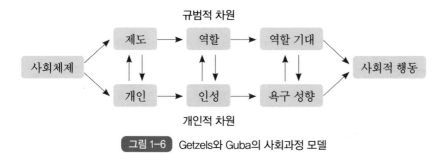

그림 1-6 Getzels와 Guba의 사회과정 모델

용을 기반으로 사회체제를 개인의 집합으로 이루어진 사회적 단위로 보고 사회체제 속에서 인간의 행동은 규범적 차원(nomothetic dimension)과 개인적 차원(idiographic dimension)의 상호작용으로 나타난다고 보았다. 이 중에서 규범적 차원은 조직(제도)적 차원을 말하는데, 체제의 목적을 달성하기 위한 과업 분담 체제는 제도, 역할, (역할) 기대로 구체화된다. 한편 개인적 차원은 심리적 차원이다. 사회체제에서는 제도적으로 규정된 지위를 차지하고 역할을 수행할 개인이 있다. 그들은 개인적으로 고유의 욕구와 인성을 가지고 있으며, 제도에 의해 규정된 역할과 기대를 수행하는 독특한 방식을 가지고 있다. 사회체제 속에서 이루어지는 개인들의 사회적 행동을 이해하기 위해서는 두 차원에 속하는 요소들의 상호작용을 잘 고려해야 한다.

(5) 내반석 행성이론

배경과 관점   앞에서 살펴본 교육행정에 관한 과학적 관리론, 인간관계론, 행동과학론 그리고 체제이론은 서로 다른 것 같지만 크게 보면 동일한 인식론적 패러다임에 속한다. 객관적이고 자연적인 실체로 파악하는 실증주의적 관점에서 조직 현상을 이해하고, 조직목적을 주어진 것이고(givens) 정당한 것으로 보았다 그래서 행정을 수단과 방법의 효율성에만 관심을 두는 구조기능주의 패러다임에서 바라보았다. 이를 정(전)통적 행정이론 또는 기능주의 행정이론이라 하는데 현상을 유지하는 데 초점을 두는 보수주의적 관점을 갖는다.

오랫동안 조직관리와 교육행정을 연구하는 틀로 자리 잡아온 **구조기능주**

의적 패러다임은 1970년대 말에 들면서 비판을 받기 시작하였다. 지금까지와는 다른 관점에서 조직 현상을 바라보기 시작한 것이다. 이것을 '신생 비전통적 이론'이라 하기도 하고, 대안적 관점이라 하기도 한다.

대안적 교육행정 관점
• 해석학적 관점
• 비판적 관점
• 포스트모더니즘 관점

교육행정에의 적용　　첫째, 해석학적 관점은 조직이 합리적·합목적적 체제라는 전통적 생각을 신랄하게 비판하면서 조직은 객관적인 실체가 아니고 개인적 합의의 산물이라고 보았다. 즉, 조직이란 인간에 의해 창조되고 의미가 부여된 사회문화적 가공물이다. 가설 연역적 체제나 정교한 통계적 방법만으로는 이해할 수 없다. 그래서 교육행정가들은 조직 속에 사람이 있는 것이 아니라 사람의 마음속에 조직이 있다고 생각해야 한다. 특히, 학교장은 교육적 가치, 감정과 직관을 중요하게 여기는 '인본주의자로서의 행정가'로 역할을 수행하여야 한다. 또한 '대화(talk)가 곧 직무(work)'라는 인식하에 대화를 통해 구성원의 의도와 의미를 파악하려고 노력하는 것이 중요하다.

둘째, 기능주의적 정통적 행정이론은 프랑크푸르트학파를 중심으로 한 **비판이론**(critical theory)은 행정에서 가치−사실 분리와 가치중립성에 대한 비판, 기능주의의 행정에 스며 있는 도구적 합리성에 대한 비판, 그리고 행정의 관심사로서의 의사소통과 권력, 해방에 관심을 기울인다(주삼환 외 역, 2011: 73).

교사노조운동을 비판이론의 관점에서 생각해 보자.

비판적 행정이론은 해석적 관점과 유사하지만 조직의 비합리적이고 특수한 측면, 즉 주변적이고 소외된 측면에 초점을 맞추어 조직 문제를 객관적으로 파헤치고 미래의 가능성을 제시하는 데 초점을 둔다. 또 비판을 통해 신비화된 허위의식을 파헤치고 새로운 변화를 모색하려 하며, 현대 조직이 지배계급의 이익을 위해 어떠한 기능을 수행하는지를 드러냄으로써 사회적 실재를 해체하려고 한다. 즉, 비판이론은 인간의 소외와 억압, 불평등을 야기하는 사회구조 및 조직을 변혁하려 한다.

셋째, **포스트모더니즘**(post-modernism)이란 계몽사상으로 대표되는 근대 사회의 보편적·합리적·절대적·객관적·총체적 지향성을 비판하는 이론이다. 구체적으로 포스트모더니즘은 모더니즘 사상의 바탕이 되는 이성과 진리, 합리성과 절대성을 비판하고 기존 것들의 해체(deconstruction)와 상대성, 다양성, 탈정당성을 표방한다. 문화 비평에서 시작된 이 관점은 자아가 이성적 주체라는 생각을 부인하며, 삶의 다양성과 우연성을 그대로 받아들이고 탈정형화(destereo)를 추구함으로써 부정과 변화를 위한 새로운 사상으로 확산되고 있다.

포스트모더니즘은 획일적이고 보편적이며 규격화된 공교육은 파편화되어 해체되어야 할 대상으로 본다. 해체주의는 보편적인 교육목적의 거부, 거대서사로 경전화된 교과서의 거부, 획일화된 강의식 교육방법의 해체, 교사와 학생들의 권위적인 수직관계의 해체, 제도화된 학교교육 중심의 교육해체를 주장한다(김천기, 2008: 329). 대안학교나 홈스쿨링의 출현, 수요자 중심의 교육과정 등은 포스트모더니즘을 반영한 것으로 해석될 수 있다. 또한 중앙집권적 교육행정구조에서 벗어나 지방교육자치제를 강화하고, 학교별로 학교운영위원회를 설치하여 자율적으로 의사결정을 하게 하는 것도 포스트모더니즘의 한 표현이라 할 수 있다.

제7장 교육제도에서 심화학습하기

2) 교육행정 연구

앞에서 말한 것처럼 이론과 연구, 그리고 실제 이 세 측면은 상호작용하면서 교육행정 발전에 기여한다. 연구란 일정한 문제 또는 주제에 대해 체계적으로 조사하고 분석하여 새로운 지식을 발견하거나 기존 지식을 발전시키는 과정을 말하는데 교육행정 이론과 실제에서 문제점을 찾아 과학적 연구를 하여 그 결과를 이론과 실제에 반영되어 교육행정은 발전을 돕게 된다. 여기서는 간단하게 연구의 과정과 연구방법의 일부만 소개한다. 더 깊은 것은 교육 · 심리연구방법, 또는 사회과학 연구방법론 책이나 연구법 강의를 통해 더 공부해 보자.

연구의 과정
- 연구문제 확인
- 문헌고찰(연구)
- 연구질문(가설) 설정
- 연구방법(설계)
- 자료 수집 및 분석
- 결과(해석) 보고
- 요약, 결론, 제안

(1) 교육행정 연구의 일반적 과정

연구의 순서는 연구 내용과 연구자에 따라 다양할 수 있으나 일반적인 연구과정을 단계별로 간단히 소개하고자 한다.

① 연구문제의 확인

연구의 첫 단계는 교육행정 이론과 실제에서 나타나는 문제(problem)를 확인하는 것이다. 다른 말로 하면 연구할 필요가 있고 또 연구를 통해서 답을 찾아낼 수 있는지 밝혀야 한다. 그래야 실질적인 연구를 하게 된다. 그렇지 않으면 연구를 위한 연구, 답을 찾아낼 수 없는 연구가 되기 쉽다. 이 부분은 연구계획서를 쓰거나 연구가 끝난 다음 연구보고서를 쓸 때 서론 부분에서 맨 앞에 쓰게 되는 '문제의 제기', 또는 '문제의 진술(problem statement)'이 될 것이다. 문제 자체를 인식하지 못하면 연구가 출발할 수 없다는 의미이다. 연구는 문제(problem)에서 출발한다. 그리고 연구의 필요성(needs to be investigated)이 있어야 한다. 연구의 필요성은 곧 연구의 목적과도 연결된다. 최종적으로는 '연구제목' 또는 '연구주제'가 될 것이다. 연구는 우선 얼마나 신선하고 새로운 것이며, 또 얼마나 교육행정 이론, 연구, 실제에 가치가 있는지 깊이 고려해야 한다. 아무리 좋은 주제라도 연구할 방법이 없거나 연구자의 능력으로 해낼 수 없으면 안 될 것이다.

② 문헌고찰(연구)

연구문제가 확인되면 그다음 단계로 이 연구문제와 관련된 문헌을 고찰하게(review) 된다. 기초 이론부터 파고들어 다른 사람들이 이미 연구했을 선행연구(先行研究)까지 고찰해야 한다. 선행연구를 하다 보면 이미 누군가가 '나'와 같은 생각으로 똑같은 연구를 했을 수도 있으니 철저를 기해야 한다. 문헌고찰을 잘 해야 내 연구의 바탕과 체계가 튼튼할 수 있다. 대개 최근 것에서부터 파고들어가는 경우가 많다.

③ 연구질문(가설) 설정

이제는 튼튼한 문헌고찰에 의하여 맨 앞에서 제기했던 연구문제를 한 단계 더 깊이 들어가 구체적인 연구질문(questions) 또는 가설(假說, hyphotheses)을 형성해야 한다. 학생들 중에는 첫 번째 단계의 문제(problem)와 세 번째 단계의 질문(questions)를 구분 못하고 두루뭉술하는 경우가 많은데 저자는 이를 꼭 구분하길 바란다. 연구질문이란 첫 단계의 문제점에 대한 답을 찾기 위한 구체적인 '질문'을 연구자가 던져놓고 답을 찾기 위한 연구에 들어가는 것이다. 연구자가 던진 이 질문들의 답은 어디에 나와야 할까? 뒤에 나오는 '연구 결과(results)' 또는 '연구 발견(findings)'에 나와야 할 것이다. 그런데 종종 여기서 질문을 던져놓고 뒤에 결과에서는 엉뚱한 이야기를 써놓는 경우를 많이 보게 된다. 연구자가 연구질문을 던져 났으면 이에 대한 답을 해야 할 것이 아닌가? 이렇게 문제-문헌-질문-결과(답)으로 일관성 있게 논리적으로 연결되게 때문에 논리적인 (연구) '논문(論文)'이라고 하는 것이다. 연구가설은 연구질문을 가설 형식으로 표현한 것이고, 가설을 검증하는 형식으로 표현하게 된다.

④ 연구방법(설계)

여기서는 연구는 자료에 근거하여 증명으로 보여 주어야 하기 때문에 연구질문에 대한 답을 증명하기 위한 자료(data)를 어떻게 수집(collect)하고 어떻게 분석(analyze)할 것인가를 연구계획, 설계 단계에서는 제시하고 연구보고서 작성 단계에서는 그렇게 수집하고 분석했다고 보고해야 한다. 연구 방법에 따라 다르겠으나 자료 수집 연구 대상 표집, 사용 도구, 자료 처치, 자료 분석 방법에 더하여 연구 일정, 연구 비용을 제시하기도 한다.

어떻게 보면 여기까지가 연구계획서에 제시되어야 하고 이 계획서가 확정(승인) 되면 계획서대로 자료 수집 분석하여 앞에서 제기했던 질문에 대한 답을 하는 결과를 제시하고, 분석했던 것을 다시 종합하여 결론을 낼 수 있으면 결론을 제시하는 보고서를 작성하게 된다. 그러므로 연구계획이 치밀하고 정확해야 헤매지 않게 된다. 그러면 다음 단계로 가보기로 한다.

⑤ 자료 수집 및 분석

연구자가 연구계획한 대로 자료를 수집하면 된다. 연구질문에 대한 답을 찾을 수 있는 자료 수집 방법으로 흔히 질문지에 의한 조사(survey), 면접(interview), 관찰(observation), 실험(experiment) 등 다양한 방법이 있는데 이때에 이 자료 수집 도구가 얼마나 타당하고 믿을 수 있고 얼마나 쉽게 사용할 수 있느냐하는 타당도, 신뢰도, 실용도 등이 중요시된다.

수집된 자료는 알맞은 방법으로 분석하게 되는데 흔히 많이 사용하는 계량적인 통계적 방법(statistical method)과 질적 분석방법(qualitative method), 두 가지를 합한 혼합연구(mixed method)가 있다.

⑥ 결과(해석) 보고

앞에서 자료를 분석한 결과를 나온 그대로 제시하면 된다. 그런데 연구질문에 따라 분석한 결과를 그대로 제시하면 되는데 보고서를 읽는 사람에게 좀 더 친절하게 나온 결과가 무엇을 의미하는지 '해석'까지 해 주어야 한다는 사람이 있는가 하면 어떤 사람은 '해석'은 독자에게 맡기라고 주장하는 사람도 있다. 저자는 후자 쪽에 비중을 두는 편이다. 결과는 있는 그대로 객관적으로 제시하고 연구자의 해석이나 하고 싶은 이야기는 뒤에 가서 '논평(comments)'을 통해서 하는 것이 좋지 않을까 생각된다. 이런 문제는 연구자에게 맡겨도 좋을 것 같다.

⑦ 요약, 결론, 제안

이제는 모든 것을 정리해야할 마지막 단계다. 요약에서는 연구문제의 제기에서부터 결과 보고까지 전 과정을 간략하게 정리하여 주고, 연구에서 나온 결과를 종합하여 결론으로 묶을 수 있으면 결론을 내리는 것이 좋겠다. 학생들 중에는 앞에서 제시한 '결과'와 여기서 해야 할 '결론'을 구분하지 못하고 '결론'이라고 제목을 붙여 놓고 '결과'를 반복해서 써놓는 경우를 많이 보게 되는데 '결과'는 분석이고 '결론'은 결과를 종합해서 맺는말이다. 요약의 요약, 결론의 결론 즉 최종 결론은 아마도 논문의 제목이 될 것이다.

(2) 교육행정 연구방법

교육행정 연구방법
• 양적 연구와 질적 연구
• 연역적 연구와 귀납적 연구

① 양적 연구와 질적 연구

양적 교육연구 방법   수치나 숫자로 표현할 수 있는 정량적인 데이터를 수집하고 분석하는 방법인데, 대개 대규모의 샘플을 대상으로 설문조사, 실험, 기록 등을 통해 데이터를 수집하여 수학적인 모델링이나 통계적인 분석을 통하여 결과를 도출한다. 대규모로 조사하는 경우가 많은데 표집할 때 연구 대상의 대표성이 중요시되고 또 정확하고 적확한 통계적 방법이 요구된다. 여기에는 조사연구, 실험연구, 실행연구 등이 있을 수 있다.

질적 교육연구 방법   주로 비정형적인 데이터를 수집하고 분석하는 방법인데 개인의 경험, 태도, 인식 등과 같이 측정이 어려운 현상을 연구할 때 유용할 것이다. 질적 교육연구 방법은 인터뷰, 관찰, 콘텐츠 분석 등을 통해 데이터를 수집하고, 주관적이고 개인적인 해석과 분석을 통해 결과를 도출한다. 주로 소규모의 샘플을 대상으로 하는 경우가 많으며, 연구 대상의 개인적인 것을 연구할 때 적용하기 쉽다. 문화기술적 연구, 민속학적 연구, 역사연구 등이 이에 속한다.

② 연역적 연구와 귀납적 연구

연역적 연구   일반적인 원리나 법칙, 이론 등 좀 추상적인 데에서부터 출발하여 구체적인 사례로 내려오는 사고를 하는 연구 접근방법이라고 할 수 있다. 이 (가설)연역적 연구는 가설을 검증하거나 이론을 확인하고, 기존 연구 결과를 확장하는 데 사용되는데 이론(theory) 수준에 해당하는 연구의 개념적 틀(conceptual framework)에서 출발하여 이론의 명제(propositions)에 해당하는 가설(hypotheses, 연구하는 동안의 잠정적인 이론)을 설립하고 이론의 구인(constructs, 상위 개념)에 해당하는 변인(variables)을 설정하고 변인을 측정할 수 있는 항목(items)을 정하여 도구를 작성하여

원자료를 수집하는 연구의 사고 과정을 거치는 추상 → 구체의 연구방법이라고 할 수 있다. 이런 사고과정은 주삼환 외의 『교육행정학』(학지사, 2022: 27-28)에도 조금 나와 있다.

귀납적 연구　　연역적 연구와 반대로 개별 사례나 관찰에서 출발하여 일반적인 원리나 법칙, 이론을 도출하는 사고과정의 연구방법이다. 즉, 구체적인 감각(sense)·사실(fact)로부터 출발하여 개념, 구인, 명제, 이론의 추상성으로 옮겨 가는 사고과정으로 연구 대상을 자세히 관찰하고 이를 통해 일반적인 이론이나 원리, 법칙을 도출하려는 연구방법이다. 귀납적 연구는 새로운 가설을 발견하거나 이론을 개발하는 데 사용될 수 있다.

예를 들면, 연역적 연구는 기존 이론이나 가설을 검증하려고 하는 반면에, 귀납적 연구는 교육행정가의 행정행위 등 개별적인 사례를 분석하여 새로운 이론이나 가설을 발견하거나 기존 이론을 보완하는 데에 도움이 될 수 있다. 따라서 연역적 연구와 귀납적 연구는 서로 보완적인 것으로, 두 방법을 적절히 조합하는 것이 좋다.

3) 교육행정 실제

교육행정의 이론과 연구도 결국은 교육행정 실제(practice)를 잘 하기 위한 것이다. 그리고 이론과 연구대로 실천하기 어려운 점도 많다. 이론과 연구가 과학성이 강하다면 실제는 예술적 측면도 많이 강조된다.

교육행정 실제의 고려 사항
• 이론과 실제 차이
• 교육행정 소비자
• 교육행정 가치
• 교육행정 가치의 적용

이론과 실제의 차이　　교육행정은 응용 학문이기 때문에 이론과 실제가 밀착되어야 한다. 원래 좋은 이론은 실제와 사실에 뿌리를 두고 있지만 실제를 통해서 이론을 계속 정교하게 다듬는 노력을 기울여야 한다. 그러면서도 우리는 흔히들 "이론과 실제는 다르다"는 식으로 표현한다. 하지만 엄밀히 말하면 이론과 실제가 다른 것이 아니라 이론에 따라서 실제가 다르게 나타날 수 있다. 예를 들어, 계란(달걀)에 대해서 생각해 보자. 계란에는 이론적으로 콜레스테롤과 단백질이 많다. 한 사람은 콜레스테롤이 많아서 계란을 안 먹을 수도 있고, 다른 사람은 단백질이 많아서 계란을 안 먹을 수도 있다. 계란에 콜레스테롤과 단백질이 많다는 두 가지 입장의 이론은 모두 맞지만 실제에서는 한 사람은 계란을 먹지만 다른 한 사람은 계란을 먹지 않음으로써 다른 모습을 보일 수 있다. 즉, 교육행정의 실제에서는 어느 이론이나 가치를 추구하느냐에 따라 실제가 다르게 나타날 수 있음을 이해해야 한다.

이론적 토대에서 연구주제를 잡아 교육행정 연구를 하여 이론을 발전시키기도 하고, 교육행정 실제에서 교육행정을 연구하게도 되어 이론−연구−실제의 3박자 화음을 맞춰 상호 발전하게 된다.

교육행정의 소비자　교육의 일차적 소비자(primary consumer)는 학생이고 2차적 소비자는 학부모, 주민, 지역사회가 된다. 그렇다면 교육행정의 1차적 소비자는 누구인가? 조직 구성원, 즉 교원이 된다. 교육행정의 1차적 영향은 교원이 받게 된다. 또 이들의 협조 없이는 교육행정의 목적을 달성할 수 없다. 2차적 소비자는 학생, 3차적 소비자는 학부모, 주민, 지역사회(예: 기업체 등 직장)가 될 것이다.

여기서 여러분은 '교육행정 및 교육경영'을 공부하는 이유를 생각해 볼 필요가 있다. 교육행정은 교육목적을 달성하기 위하여 필요한 인적 · 물적 · 재정적인 자원을 투입하고, 그 기능을 최적화해서 교육활동이 쉽게 잘 이루어질 수 있도록 하는 봉사활동이다. 다시 말해, 교육행정은 교사들의 교육활동이 쉽게 잘 이루어질 수 있도록 도와주는 봉사적 기능이 있다. 하지만 교육행정의 실제는 교육적 상황이나 학교조직의 특성, 교육정책 등에 의해서 다양한 형태로 교사들의 교육활동에 영향을 미치게 된다. 결국 교사들은 자신들의 교육활동이 이루어지는 학교조직의 특성을 알고 교육정책이나 방향에 대한 이해가 있어야만 교육활동을 제대로 할 수 있고, 그에 필요한 지원을 받을 수 있을 뿐만 아니라 시행착오를 줄일 수 있다. 이런 점이 바로 교육행정의 1차적 소비자가 교원이고, 여러분이 교육행정 및 교육경영을 공부하는 이유다.

효과성과 효율성의 차이를
정리해 보자.

교육행정에서 추구하는 가치　　행정에서 추구하는 가치는 여러 가지가 있을 수 있다. 우선 행정가는 조직과 기관을 유지해야 한다. 조직과 기관이 지구상에서 사라진 다음에는 행정이란 있을 수 없기 때문에 '유지'는 행정 최고의 가치가 되어야 한다. 조직이 지구상에 살아남아야 하기 때문에 유지와 생존은 행정의 제1의 법칙이다. 또 행정을 '효과성(effectiveness)', '효율성(efficiency)' 있게 해야 한다. 효과는 결과에 치우치고 양적이며 조직과 기관에 비중이 주어진다. 반면에 효율은 과정에 치우치고 질적이며 개인에 비중을 둔 것이다. 투입과 산출, 과정과 산출의 비교를 효율성에서 따진다. 행정은 쉽게 표현하면 일을 '쉽게' 그리고 '잘'하는 것이다. 여기서 '쉽게'에 해당하는 것이 효율성이고, '잘'에 해당하는 것이 효과성을 의미한다고 볼 수도 있다. 두 가지의 가치 중에서 무엇을 더 우선시해야 하는지는 행정에서 매우 중요하다. 자칫 행정에서 두 가지 가치 중에서 효과성보다는 효율성을 더 강조했을 때 행정의 결과가 어떻게 될 것인지 생각해 볼 필요가 있다.

교육행정에서 추구하는
가치의 예시
① 효율성
② 다양성
③ 평등성
④ 수월성

교육행정에의 가치의 적용　　교육행정에서 추구하는 가치에 기대어 교육정책이 추구하는 가치에 대하여 조금 더 논의해 보기로 한다. 교육정책에서 추구하는 가치를 통해서 교육행정이 이루어지는 실제가 어떻게 다르게 나타나는지를 이해할 수 있다.

교육행정에서 추구해야 할 가치를 종합해 보면 크게 [그림 1-7]과 같이 두 가지 축에 의해서 이해될 수 있다. [그림 1-7]에서 보는 것처럼 '평등성'과 '수월성'이 반대 방향으로 가고, '효율성'과 '다양성'이 또 반대 방향으로 간다. 각각 다른 방향으로 달아나는 네 마리의 토끼를 교육행정 실제에서 동시에 잡아야 한다는 데 어려움이 있다. 평등성에 의하여 모든 사람에게 똑같이 교육기회를 주고 같은 교육의 과정을 거치게 하고 같은 교육적 성취를 얻게 하다 보면 교육의 질이 떨어져 수월성이 떨어지고, 반대로 수월성을 추구하다 보면 그늘진 곳이 가리어지고 교육의 혜택을 골고루 나누어 주기 어려워 평등성에 위배되기 쉽다. 효율성을 추구하다 보면 관료제에 의하여 중앙집권화되어 국민에게 다양한 교육 프로그램을 제공하는 충분

제6장 교육기획과 교육정책
중 '2. 교육정책'에서 심화하기

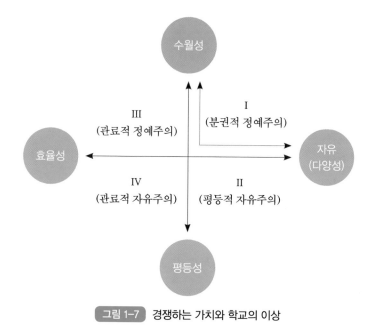

그림 1-7   경쟁하는 가치와 학교의 이상

한 선택의 자유를 보장해 주기 어렵게 되고, 그렇다고 다양성에 의하여 분권화되어 선택 대안이 많은 선택의 자유에 치중하다 보면 교육행정의 효율성이 떨어지게 된다. 결국 교육행정의 실제에서 갈등하는 이 네 개의 가치 간의 조화를 이루고 그 시대, 그 지역의 상황과 실정에 맞는 가치를 추구하는 일을 항상 염두에 두어야 한다.

우리나라 교육에서 어느 정도 교육기회의 평등이 이루어졌다고 판단된다면 앞으로는 질을 우선시하는 수월성을 추구해야 하고, 지금까지 시간적 · 재정적 압박 때문에 효율성에 급급한 나머지 관료제와 중앙집권적 교육행정을 해 왔다면 앞으로는 분권과 선택의 폭을 넓히는 방향으로 나아가야 한다.

5. 요약 및 적용

1) 요약

① 교육행정은 한마디로 교수-학습을 목적으로 설립된 기관을 관리하는 일이라 할 수 있다. 즉, 교육행정은 교육목표를 설정하고 이 목표를 달성하기 위한 교육과정과 프로그램을 개발하고 또 이를 운영하기 위한 인적·물적 자원을 지원하고, 이 과정에서 리더십을 발휘하는 봉사·지원활동이다. 기본적으로 교육행정은 교육목적의 효율적인 달성을 위한 지원활동, 봉사활동, 수단활동이라는 사실을 염두에 두는 것이 중요하다.

② 교육행정은 정의하는 관점에 따라 행정영역구분설, 기능주의설, 행정과정설, 정책실현설, 협동행위설, 교육리더십설로 나눈다. 그런데 이러한 정의는 각각 장점과 단점이 있는 것으로, 어느 하나를 선택하고 나머지는 폐기할 성질의 것은 아니다.

③ 교육행정가에게 요구되는 자질은 행정 수준에 따라 다르다. 하위 행정가는 기술적인 과업을 능수능란하게 처리하는 실무적인 능력이 더 필요하고, 중간 수준의 직위에 있는 행정가는 집단을 관리하는 능력, 즉 의사소통, 인간관계, 갈등관리에 관한 지식과 기술이 더 필요하다. 반면에 최고 수준의 직위에 있는 행정가는 조직의 전체적 관점에서 환경의 흐름을 파악하고 조직의 비전과 목표, 방향을 설정하는 혜안이 더 필요하다.

④ 교육행정 이론은 1910~1930년대의 과학적 관리론, 1930~1950년대의 인간관계론, 1950~1970년대의 행동과학론과 체제론, 그리고 1970년대 말부터 나타난 해석학적 관점, 비판론적 관점, 포스트모더니즘적 관점을 포함하는 대안적 관점으로 발전해 왔다.

⑤ 과학적 관리론은 교육행정에 비용을 적게 들이고 성과를 높게 하는 능률적인 원리를 가르쳐 주고, 관리직과 교수직의 구분, 교육과정의

체계적인 개발과 운영, 성과에 따른 보수체계 등에 대한 사고체계를 발전시켜 주었다.

⑥ 인간관계론은 조직 구성원은 조직의 공식적인 규범보다는 비공식적 규범에 의해 영향을 받으며, 인간은 경제적 존재라기보다 사회심리적인 존재라는 것을 깨우쳐 주었다. 따라서 교육행정과 장학을 민주적으로 하고, 조직관리, 특히 의사결정 과정에 구성원을 참여시키는 것이 중요하다는 점을 일깨워 주었다.

⑦ 행동과학론은 고전적 조직이론과 인간관계론의 장점을 통합하고 단점을 극복하기 위한 사고체계였다. 특히, 행동과학론은 교육행정을 논리실증주의적 철학에 입각하여 이론화하는 데 공헌하였다.

⑧ 사회체제론은 조직관리나 행정의 효과는 조직을 둘러싸고 있는 환경과의 상호작용에 의해 결정된다는 사실을 알게 해 주었다. 특히, 조직에서 구성원들의 행동은 조직적 차원과 개인적 차원이 상호작용하면서 나타난다고 주장하였다.

⑨ 교육행정의 대안적 관점은 전통적 이론들이 자연과학에 기반을 둔 논리실증주의적 사고체계라고 비판하면서 교육행정 현상을 주관주의적 방법으로 접근하고, 철학적·윤리적 속성을 강조하였다.

⑩ 교육행정 연구의 일반적 과정은 연구문제의 확인, 문헌고찰, 연구질문(가설), 연구설계(방법), 자료 수집 및 분석, 결과 (해석) 보고, 요약, 결론, 제안의 순서라고 할 수 있다.

⑪ 교육행정 연구방법은 여러 형태로 나눌 수 있으나 여기서는 양적 연구와 질적 연구, 연역적 연구와 귀납적 연구로만 분류하여 간단히 설명 하였다.

⑫ 교육행정에서 이론과 실제가 밀착되도록 계속 노력하고 연구해야 할 것이다.

⑬ 교육행정을 직접적으로 영향을 받게 되는 1차적 소비자는 교원이고 그 영향이 학생, 학부모, 주민, 지역사회, 기업체, 국민으로 마치 파도처럼 퍼져 나가게 되는데 교육행정가는 이 행정 영향을 사전에 신중하고 철저하게 고려하여 교육행정 실제를 수행해야 한다.

⑭ 교육행정의 실제에서 추구하는 가치는 유지, 성장, 효율성, 효과성이 있으며, 교육정책이 추구하는 네 가지 가치로 효율성, 다양성, 평등성, 수월성에 대해서 알아보고, 이들 네 가지 가치가 추구하는 방향에 따라 교육행정의 실제가 다르게 나타날 수 있다는 점을 제시하였다. 이로써 이론과 실제가 다른 것이 아니라 어떤 가치(이론)을 지향하느냐에 따라 실제가 다르게 나타나는 것이란 점을 이해해야 한다.

2) 적용

■ 서술형 문제

1. '교육행정 및 교육경영'을 자세하고 깊이 있게 공부하려면 각종 법규를 직접 찾아보고, 정리할 필요가 있다. 법제처에서 다음 순서로 현행 법이나 시행령 등을 직접 찾아 정리하면 도움이 된다. 다음과 같은 순서로 「헌법」 31조와 「교육기본법」을 한글 파일로 저장하여 정리해 보시오.

> 법제처(http://www.moleg.go.kr/) → 국가법령정보센터(http://www.law.go.kr/) → 현행 법령(찾고자 하는 법령 직접 쓰기) → 제1조의 네모 칸 클릭 → '디스크' 표시 클릭 → 선택 저장 클릭 → HWP 파일 선택 → 저장 클릭

2. 교육행정 이론의 발달과정에서 과학적 관리론과 인간관계론은 조직의 성과를 올리는 데 있어 강조점에서 차이가 있다. 각각의 강조점과 비판점을 열거해 보시오.

1) 강조점

① 과학적 관리론

② 인간관계론

_____

2) 비판점
① 과학적 관리론

_____

② 인간관계론

_____

3. 우리가 사용하는 용어 중에 효율성과 효과성이 있다. 이 용어들은 행
　정에서도 많이 사용하고 중요한 의미를 갖는다. 효율성과 효과성의
　특징을 비교해 보시오.

	효율성	효과성
1		
2		
3		
4		

4. 교사로서 현장연구를 할 때 거쳐야 할 과정을 정리하자.

■ 토의 · 토론 문제

1. 교육행정을 정의하는 관점에 대해 각자의 장점과 단점에 대해 토론해
　보시오.

2. 교육행정의 실제에서 교육환경 변화에 대한 인식이 필요하다. 그중에
　서 향후 학생 수의 인구 변화에 따른 학교의 변화가 예상된다. 향후 학
　생 수 변화에 대한 추이를 찾아보고, 이로 인해서 발생할 수 있는 문제
　점이 무엇인지, 또한 이를 위한 교육행정의 대처 방안에 대해서 의견

을 종합해 보시오.

3. 학교조직을 체제론의 입장에서 투입, 과정, 산출 요인은 무엇인지를 제시하고, 학교를 둘러싼 환경은 어떤 것이 있으며 환경 변화의 특징은 무엇인지 제시하시오.

4. 교육행정에서 추구하는 가치를 설명하고, 여기에 고교 평준화 정책을 적용하여 본인이 실제적으로 추구하고자 하는 가치와 방향 그리고 그 이유를 제시하시오.

제2부는 교육행정이 일어나는 행정 행위에 관한 것이다. 교육행정 행위가 이루어지는 기관(그릇)인 학교조직에 대해서 알아보고, 학교조직에서 핵심 인물인 리더와 리더십에 대해서 학습하게 된다. 또한 교육행정이 교육목적을 달성하기 위해서 학교 구성원에게 동기 부여를 하는 방법과 인간관계의 중요성을 바탕으로 의사소통과 갈등관리에 대해서 학습하게 된다.

학교의 이미지

여러분이 다녔던 학교나 주변의 대학에 대해 알고 있는 내용을 이야기하면서 느껴지는 분위기를 서로 논의해 보자. 이야기 내용은 학교에 들어갈 때 느낌, 학교의 상징적인 인상, 학생들의 태도 등 여러 가지 측면에서 논의해 보자. 그리고 여러분이 있는 학교의 학생들이 다른 대학의 학생들과 다른 특징이나 자랑이 있으면 찾아보자. 여러분이 느끼는 학교의 이미지가 바로 조직을 이해하는 출발점이 될 것이다.

학교는 어떤 특징을 가지고 있는가? 학교는 기업이나 군대 등과 다른 특징을 가지고 있다고 생각하는가? 학교에서 담당 과목이 영어 과목인데 수업시수가 부족하다고 국어 과목을 수업하라고 한다면 여러분은 어떻게 할 것인가? 반면에 기업에서 기획팀에서 근무하고 있는데 영업팀으로 인사이동이 있다고 한다면 여러분은 어떻게 하겠는가? 두 가지를 비교하면서 학교와 기업의 차이점을 이야기해 보자.

제2장

학교조직론

학
습
목
표

- 조직의 유형을 구분하고 학교가 어느 조직 유형에 속하는지를 제시할 수 있다.
- 학교조직은 어떤 성격이 있는지를 알아보고, 학교조직의 특징을 비유적인 표현으로 정리해 보고, 학교조직을 움직이는 힘은 무엇인지 그리고 다른 조직과의 차이점을 제시할 수 있다.
- 학습조직의 의미를 이해하고, 학습조직의 원리를 실현하기 위한 방안을 제시할 수 있다.
- 학교조직에 깊이 내재되어 있는 학교조직문화를 이해하는 방법을 이해하고, 자신이 속한 학교의 조직문화를 파악할 수 있다.

학습내용

주요 개념

조직, 조직의 구조, 조직의 유형, 관료적 성격, 전문직적 성격, 조직화된 무정부로서의 학교, 이완결합체제, 조직문화, 학습조직, 전문 학습공동체

1. 조직의 개념

1) 조직의 정의

'조직'이란 용어는 교육행정에서 자주 언급되는데, 무엇을 의미하는지 알아보기 전에 우리 일상생활이 조직과 얼마나 밀접한 관련성을 가지고 있는지 인식할 필요가 있다. 예를 들면, 우리는 출생부터 병원이라는 조직의 지원을 받고, 죽음에 이르러서는 장의사라는 조직의 도움을 받게 된다. "인간은 사회적 동물이다"라고 한 아리스토텔레스의 말처럼 우리는 조직을 떠나서는 생활할 수 없다. 이처럼 인간은 조직 속에서 각자의 욕구를 충족하면서 공동의 이익을 추구한다. 조직은 이러한 공동의 이익을 효과적으로 달성하기 위하여 구성원들 간의 상호 협력과 협동 행위가 잘 이루어지도록 하는 터전이다. 따라서 조직은 '행정이 이루어지는 그릇'으로 비유할 수 있다.

조직의 개념은 학자에 따라 다양하게 정의되고 있는데 일반적으로 조직의 속성은 세 가지로 요약할 수 있다.

첫째, 조직은 달성하고자 하는 공동의 목표를 갖고 있는 집합체다.

둘째, 조직은 조직목표를 달성하기 위한 소속 구성원들의 행동을 조정·통제하는 규정과 규칙이 있다.

셋째, 공동목표를 합리적으로 달성하기 위해 사람들은 주어진 역할 범위에서 상호 협력적인 관계를 유지한다. 조직을 이루고 있는 사람들은 각자 역할·의무·과업·책임·권한 등이 분담되고, 보다 효과적으로 목표를 달성하기 위해서 상호 협력한다.

이러한 조직의 속성을 바탕으로 조직의 정의를 내려 보면 "공동의 목표를 달성하기 위하여 둘 이상의 구성원들이 규칙과 규정에 따라 서로의 역할을 분담하여 상호 협력하는 체제"라고 할 수 있다.

조직의 이해
서울에서 부산까지 가는 관광열차에 있는 승객은 조직인가? 종족, 가족, 교육학과 A반, 엘리베이터를 탄 10명, 대형마켓의 사람들도 조직인가? 공동의 목표를 가진 사람들은 모두 조직이라고 할 수 있는가?

조직의 속성
- 달성하고자 하는 공동의 (목표)를 갖고 있는 집합체
- 조직 구성원들의 행동을 조정·통제하는 (규칙)과 (규정)
- 주어진 역할 범위에서 (상호 협력적) 관계를 유지

조직의 정의
공동의 목표를 달성하기 위해 둘 이상의 구성원들이 규칙과 규정에 따라 서로의 역할을 분담하여 상호 협력하는 체제

2) 조직의 구조

집을 지을 때 콘크리트 건물인지 목조 건물인지에 따라 집을 지는 방식과 사용 방식이 다르며, 집의 구조가 달라진다. 마찬가지로 학교를 비롯한 모든 조직은 목적을 달성하기 위해 과업을 맡은 개인이나 집단들이 어떻게 연결되어 있는지에 따라 **조직구조**(organizational structure)가 달라진다. 이러한 연결을 그림으로 그려 놓은 것이 **조직도**(organizational chart)다. 조직도를 보면 그 조직의 구조를 쉽게 파악할 수 있다. 가장 기본적인 형태로는 공식조직과 비공식조직, 계선조직과 참모조직, 그리고 집권화 조직과 분권화 조직으로 분류할 수 있다.

공식조직과 비공식조직

구분	공식조직	비공식 조직
발생	인위적	자연발생적
강조점	조직체계적 측면 중시	사회심리적 측면 중시
성격	공적 성격	사적 성격
형태	합리성에 의한 대규모	인간관계에 의한 소규모

공식조직과 비공식조직   **공식조직**(formal organization)은 그 조직의 기구표에 나타나는 조직이다. 공식조직은 직무, 책임, 권한을 중심으로 구성원 혹은 작업집단들을 나누고 권한의 계통과 기능적 분업에 따라 조직의 목표를 효과적으로 달성하기 위해 제도화하여 조직의 체계를 갖게 된다. 이는 교육행정 이론의 발달과정에서 과학적 관리시대에 강조한 내용이다.

이에 비해 **비공식조직**(informal organization)은 조직 속에서 조직 구성원들 간의 소속감과 정서적 유대 등에 의해 형성되는 자연발생적 집합체다. 이러한 비공식조직은 학연, 혈연, 지연, 동호회 등 다양한 형태가 있다. 이는 교육행정 이론의 발달과정에서 인간관계론 시대에 강조한 내용이다.

조직의 구조는 의사결정과 구성원 행동 통제에 공식조직의 힘이 강하냐 아니면 비공식조직의 힘이 강하게 작용하느냐에 따라 다르다. 또한 공식조직과 비공식조직의 관계가 어떤 관계에 있느냐에 따라서 조직의 효과도 달라진다. 공식조직과 비공식조직이 조화를 이루어 순기능을 한다면 집단의 단결력이 생겨서 의사소통이 쉬워지고, 개인의 정체감과 자존심을 높여 줌으로써 조직의 활력소가 된다. 반면에 역기능으로 작용할 때는 공식조직의 의사소통을 차단하거나 왜곡하여 비합리적인 의사결정이나 편파적인 행정행위 등으로 조직의 혼란이 일어날 수도 있다.

계선조직과 참모조직　　조직도를 보면 위에서부터 수직적으로 내려간 라인과 수평적으로 옆으로 퍼져 있는 라인이 있다. 수직적으로 내려간 라인을 계선조직이라고 한다. **계선조직**(line organization)은 상하 위계 속에서 지휘와 명령계통에 따라 움직인다. 따라서 구성원 상호 간의 권한과 책임의 한계가 명백하고, 조직의 간결화로 의사결정이 신속하게 이루어지며 경비절감의 효과를 가져올 수 있다. 하지만 계선 부분이 지나치게 강조되면 최고관리자의 업무량이 과중하게 되고, 전문가의 지식이나 경험이 활용되지 못해 독단적인 의사결정이 이루어져 조직의 경직성을 초래할 수 있다.

반면에 수평적인 라인은 **참모조직**(또는 막료조직, staff organization)이다. 참모조직은 계선조직이 원활하게 목적을 달성하도록 지원·보조해 주는 조직이다. 따라서 계선조직의 의사결정이나 업무를 추진하는 데 필요한 정보나 아이디어를 제공하고, 필요한 사항에 대해 자문·지원하는 역할을 담당한다. 참모조직을 잘 활용하면 계선조직에서 일을 처리하는 데 필요한 정보를 제공하여 효과적으로 추진할 수 있지만, 지나치게 참모조직을 활용하다 보면 일의 진행이 늦고 자원의 낭비를 초래할 수가 있다.

집권화 조직과 분권화 조직　　조직의 성격을 이해하는 데 중요한 요인 중의 하나가 집권화와 분권화다. **집권화**(centralization)란 권한 및 의사결정권이 상부 조직에 집중해 있는 현상을 말하고, **분권화**(decentralization)란 반대로 하부 조직에 분산되어 있거나 위임되어 있는 현상을 말한다. 조직의 권한과 의사결정권이 집권화되어 있느냐 분권화되어 있느냐 하는 문제는 조직구조에 많은 영향을 미친다. 일반행정뿐만 아니라 교육행정에서도 집권화와 분권화 사이에 적절한 정도의 권한 배분과 균형을 유지해야 한다는 입장에서 '적도집권(適度集權)의 원리'가 요구되고 있다.

집권화를 할 경우는 통일된 정책을 수행할 수 있으며, 신속하게 업무를 처리하는 데 용이하다. 또한 통합적 조정이 쉽고 행정기능의 중복과 혼란을 피할 수 있다. 반면에 지나친 집권화는 획일주의에 빠져 개별의 특수성과 적시성을 고려하지 못하며 권위주의적이고 형식적인 행정 병폐를 초래할 수 있다.

계선조직과 참조조직

구분	계선조직	참모조직
형태 면	계층적 구조 또는 수직적 구조	횡적 지원을 하는 측면 조직
기능 면	실제 집행하는 기능	지원·보조하는 기능
능력 면	일에 대한 권한적 책임	지식·기술·경험 등의 전문성
태도 면	현실적·실제적·보수적	이상적·이론적 비판·개혁적
핵심 용어	결정·명령·지휘·집행·실시	권고·조언·지원·보조

적도집권의 원리
집권화와 분권화 사이에 적절한 정도의 권한 배분과 균형을 유지해야 한다는 입장

3) 조직의 유형

학교와 기업은 각각 다른 조직 유형에 속하고 있다. 조직 유형을 비교하여 이들 간 차이를 알아보는 것이 중요하다. 이를 위해 **조직유형론**(typology)을 활용하여 조직을 분류할 수 있다. 〈표 2-1〉은 학교조직이 속하는 유형을 보여 주고 있다.

표 2-1 학교조직의 유형

학자	분류기준	조직 유형	조직의 예시
Blau & Scott	조직의 수혜자가 누구인가?	① 호혜조직 (조직 구성원)	정당, 노동조합, 종교단체, 학생회, 교원단체
		② 사업조직 (조직의 소유자)	사기업체, 무역회사, 금융기관, 도·소매상
		③ 봉사조직 (고객, client)	병원, **학교**, 사회사업기관, 법률상담소
		④ 공공복리조직 (일반 대중 전체)	군대, 경찰, 소방서, 국세청 등 공공관공서
Katz & Kahn	조직의 본질적 기능이 무엇인가?	① 생산적·경제적 조직	1차 산업(농업, 어업 등) 2차 산업(제조, 건설 등) 3차 산업(서비스, 통신 등)
		② 유지조직	학교, 병원, 종교단체, 문화기관 등
		③ 적응조직	대학, 각종 연구소나 조사기관, 문화·예술연구소 등
		④ 관리적 또는 정치적 조직	정부의 각 기관, 정당, 노동조합, 각종 압력단체
Etzioni	조직이 사용하는 권력과 개인이 조직에 참여하는 형태	① 강제적 조직	형무소
		② 공리조직	기업
		③ 규범적 조직	**학교**
Carlson	조직의 고객선발권과 개인의 참여 선택권 여부에 따라	① 유형 I (야생조직)	대학이나 병원, 일반 복지후생 기관
		② 유형 II	-
		③ 유형 III	미국에 있는 주립대학이나 지역사회대학
		④ 유형 IV (온상조직)	의무교육기관인 **학교**나 교도소 등

봉사조직에서 주요 수혜자인 고객(client)의 의미는 자신의 문제해결 방법을 모르기 때문에 전문가에게 전적으로 맡기는 사람이다.

학교조직은 사회의 안정성 유지와 인간의 사회화 기능을 하는 유지조직이다.

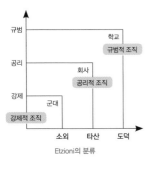

Etzioni의 분류

고객의 참여선택권

	유형 I 조직 고객 모두 독자 선택권 있음. 생존경쟁, **야생조직**, 대학	유형 II 조직의 고객선택권만 있음. 군사조직
조직의 고객선택권	유형 III 고객의 참여선택권만 있음. 고객이 선택하면 무조건 조직은 받아들여야 함. 미국 주립대학교	유형 IV 선택권 모두 없음. 법에 의해 조직이 고객을 받아들여야 하고 고객도 의무적으로 참여. **온상조직**, 학교

Carlson의 분류

2. 학교조직의 성격

1) 학교조직의 두 가지 성격

앞에서 학교조직이 어느 유형에 속하는지를 알아봄으로써 학교조직을
어느 정도 이해했다. 여기서는 학교조직이 갖는 이중적 성격을 이해하기
위해 우선 〈표 2-2〉의 설문을 작성해 보기로 하자.

표 2-2　학교조직의 성격 측정도구

	다음 내용은 학교조직의 관료성과 전문성을 측정하기 위한 예시 문항입니다. 아래의 각 문항에 대하여 공감하는 정도는 어느 정도입니까? **우리 학교에서는**	매우 그렇다	대체로 그렇다	그저 그렇다	대체로 그렇지 않다	전혀 그렇지 않다
1	교사들이 담당 교과목의 전문적 지식을 중요시한다.	⑤	④	③	②	①
2	교사들이 교장으로부터 지시 · 명령을 받아서 움직인다.	⑤	④	③	②	①
3	교사들이 대학원 학위 과정 이수(자)를 존중한다.	⑤	④	③	②	①
4	교사들이 연수나, 비공식 모임이 규제되는 편이다.	⑤	④	③	②	①
5	교사의 봉사활동을 중요하게 생각한다.	⑤	④	③	②	①
6	학교운영에서 형식적인 절차를 중요시한다.	⑤	④	③	②	①
7	교사들의 자율성이 존중된다.	⑤	④	③	②	①
8	일과시간 중 교사들의 개인 사정이 고려되지 않는다.	⑤	④	③	②	①
9	교사들이 독창적으로 학급운영을 할 수 있다.	⑤	④	③	②	①
10	모든 일이 정해진 규칙과 규정에 따라 수행된다.	⑤	④	③	②	①
11	교사들의 교사직에 대한 소명의식을 중요하게 생각한다.	⑤	④	③	②	①
12	비교적 교직경력이 많은 교사가 더 중요한 일을 맡게 된다.	⑤	④	③	②	①
13	교사들이 교수-학습활동을 중요시한다.	⑤	④	③	②	①
14	모든 학교업무가 결재 단계를 거쳐서 수행되고 있다.	⑤	④	③	②	①

※ 홀수 문항과 짝수 문항을 합산해 보시오. 홀수 문항은 전문성, 짝수 문항은 관료성의 정도
　를 나타내고 있음.

(1) 관료적 성격

학교조직은 관료적 성격을 갖고 있다. 학교조직에서 관료제의 개념은 베버(Weber)의 모델에 따라 설명될 수 있다. 베버는 **관료제**(bureaucracy)의 특징으로 분업과 전문화(division of labor and specialization), 몰인정성(impersonal orientation), 권위의 계층(hierarchy of authority), 규칙과 규정(rules and regulations), 경력지향성(career orientation)을 들고 있다.

표 2-3 　관료제의 순기능과 역기능

역기능		관료제적 특징		순기능
권태감	←	분업	→	숙련된 기술
사기 저하	←	몰인정지향성	→	합리성
의사소통 단절	←	권위의 계층	→	훈련된 준수와 조정
경직성과 본말전도	←	규칙과 규정	→	계속성과 통일성
업적과 연공제 간의 갈등	←	경력지향성	→	유인

첫째, 분업과 전문화는 조직의 과업을 보다 효율적으로 수행하기 위하여 구성원들이 각자 맡을 업무를 적정하게 배분함으로써 맡은 분야에 대한 전문성이 생기게 된다. 그러나 분업은 맡은 일만 반복적으로 계속하다 보면 업무의 단순화와 단조로움으로 인해 일에 흥미를 상실하여 권태감(boredom)이 생기는 역기능을 초래할 수도 있다.

둘째, 몰인정지향성은 무사지향성(無私指向性)이라고도 하는데 개인적인 감정이나 편견에 치우치지 않고 주어진 원칙에 따라 조직을 운영하는 원리다. 개인적인 편애가 아닌 나타난 사실이나 결과에 기초하여 차별 없이 균등하게 처리함으로써 의사결정의 합리성이 높아진다. 그러나 개인적인 감정이나 개인 간의 편차 등을 전혀 고려하지 않고 지나치게 합리성만을 강조하다 보면 오히려 조직 구성원의 사기를 저하시킬 수도 있다.

셋째, 권위의 계층은 조직의 서열에 따라 공식적 명령계통을 중심으로 조직운영이 이루어진다는 것이다. 권위의 계층이 강조되면 지휘계통과 보고체계가 확립되어 조직운영에 있어 상사의 지휘에 따라 조직이 운영되며,

부서 및 개인의 조직 활동을 조정하고 통제하는 데 용이하다. 그러나 지나치게 계층화가 강조되면 상사의 지시나 명령에 문제점이 있다고 해도 이의를 제기하지 않게 되어 상향적·상호적인 의사소통이 이루어지지 않는다.

넷째, 규칙과 규정은 과업수행의 계속성과 일관성을 유지하도록 하고, 또 구성원들의 행동에 있어 통일성과 안정성이 확보되도록 한다. 교육조직도 각종 법률과 시행령 및 각종 훈령 그리고 각종 규칙과 세칙 등에 의하여 이루어지고 있다. 그러나 규칙과 규정에 지나치게 얽매이게 되면 융통성이 없어 조직 운영이 경직되거나 **목적 전도**(goal displacement) 현상이 일어나게 된다. 규칙과 규정도 목표를 달성하기 위해서 반드시 필요하지만 결국은 목표를 달성하기 위한 수단에 불과하다는 점을 인식해야 한다.

학교에서 나타나는 목적 전도 현상을 찾아보자.

다섯째, 경력지향성은 조직 구성원들의 직무경력을 중요하게 여기는 것이다. 경력지향성은 조직 구성원으로 하여금 한 조직에 오랫동안 남게 하는 유인책(incentive)으로 작용하는 장점이 있으나 조직효과성을 고려할 때 실적 중심을 소홀히 다룰 수도 있다는 문제점도 있다.

학교가 관료제적 성격을 띠게 되는 이유는 학교 규모의 대형화 추세, 학교의 조직과 기능의 복잡화, 행정업무의 계속적 증가, 상급 기관의 개개 학교에 대한 압력 증가와 학교의 획일화 경향, 학부모와 지역사회집단이 학교정책의 수립과 학교가 달성해야 할 책임성에 대한 평가에 깊이 참여하는 경향 때문으로 볼 수 있다(주삼환, 1999).

(2) 전문직적 성격

교사가 전문직(profession)인지 여부에 대해 논의하기 전에 전문직의 기준을 알아보는 것이 필요하다. 다양한 학자들은 전문직의 기준에 대해 각자 나름의 견해를 제시하고 있다. 김성열(1987)은 전문직의 기준을 [그림 2-1]과 같이 모델로 요약하여 제시하였다. 이를 기준으로 교사의 전문성 여부를 명확하게 구분해 볼 수 있다.

93쪽에 있는 '토의·토론 문제 5'를 실천(참고)하기

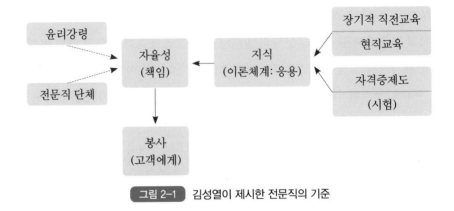

그림 2-1 김성열이 제시한 전문직의 기준

전문적 성격
- 장기전 직전교육과 현직
  교육
- 자격증제도(시험)
- 지식(이론체계)
- 자율성(책임)
- 윤리강령
- 전문직적 단체
- 봉사(고객에게)

자율성
직무를 수행하는 데 불필요
한 외부의 통제나 간섭을 받
지 않으며, 스스로의 판단에
의해서 행동하며 이에 대한
책임을 스스로 지는 것

우선 전문직이 되기 위해서는 오랜 기간 동안 전문성을 갖추기 위한 교육이 필요하다. 전문직에 입문하기 위해서는 오랜 시간을 투자한 준비 교육이 필수적이다. 또한 전문직을 수행하는 과정에서도 전문성을 높이기 위해 계속적으로 교육이 이루어져야 한다. 교사가 되기 위해서 이루어진 준비교육과 교사가 된 이후에 현직교육이 이에 해당한다. 교육을 받고 나서 시험이나 자격증을 통해서 전문지식을 갖추었다는 인증을 받게 된다. 이러한 전문지식을 갖춘 전문직은 그 일을 수행하는 데 고도의 자율성을 갖게 된다. 자율성이란 직무를 수행하는 데 불필요한 외부의 통제나 간섭을 받지 않으며 스스로의 판단에 의해서 행동하며 이에 대한 책임을 스스로 지는 것이다. 다만 이때 자율성은 자신을 위한 자율성이 아닌 반드시 고객(client)을 위한 자율성이어야 한다. 자신을 위한 자율성이 아닌 고객을 위한 자율성을 행사하기 위하여 스스로 다짐과 지침을 강령으로 정해서 이를 준수해야 한다. 반면에 전문직에 대한 권익과 자율성을 보호하기 위해 전문직 단체를 구성하게 된다. 이런 기준에 비추어 볼 때 교직도 전문직인지를 검토해 볼 필요가 있다.

교직은 교사가 되기 위한 장기간의 직전교육(preservice education)과 교사가 된 이후의 현직교육(inservice education)을 통해 이루어진다. 이런 과정을 통해서 전문적 지식을 갖추고 자율성을 발휘하게 된다. 또한 스스로를 통제하는 사도강령과 사도헌장을 지키면서 한국교원단체총연합회와 전국교원노조연합회 등 교직단체를 결성하고 있다. 교직이 전문직으로 기본적인 조건은 갖추고 있으나 아직은 다소 미흡하다는 지적이 있다. 따라서 교직의 전문화를 더욱 촉진하기 위한 노력이 필요하다.

관료적 · 전문적 성격의 이중구조　　앞에서 응답한 〈표 2-2〉의 점수를 합산해서 비교해 보면, 전문직성과 관료성 정도가 모두 나타날 것이다. 그 이유는 학교조직은 교육활동이 이루어지는 과정에서 관료적 성격과 전문직적 성격을 모두 갖게 되는 '이중적 구조'의 성격을 보여 주기 때문이다. 우선 학교는 교장-교감-부장교사-업무 담당자(계원) 등으로 그 층이 많지는 않지만, 계층구조를 보여 준다. 이들 계층구조는 교장, 교감, 교사 등 직무 수준을 달리하여 학교 행정상의 명령과 복종의 관계가 이루어진다. 또한 학교조직은 분업화가 이루어져 있어서 교무부 · 연구부 · 교육정보부 · 생활부 · 체육부 · 서무과 그리고 각 교과별 조직과 학년별 조직이 있다. 각 조직마다 주어진 업무가 있고, 이들 업무를 처리하기 위해서는 계층구조에 의한 관료적 특성이 나타날 수밖에 없다.

학교조직의 운영은 「교육법」(「교육기본법」, 「초 · 중등교육법」, 「고등교육법」), 「교육공무원법」, 「사립학교법」, 교육과정령, 교(학)칙, 각종 예규 및 지침 등 각종 법규에 기초하여 운영된다는 점에서도 관료제적 특성을 보여 준다. 교사들의 승진도 아직은 대체로 연공서열이 중요하게 작용하고 있다는 섬노 관료제의 특성을 보여 준다.

하지만 교사가 수행하는 업무의 성격이 복잡하고 전문직적이기 때문에 자율성과 민주성이 보다 요청되는데, 관료제 이론만으로는 학교조직을 설명하는 데 한계가 있다. 교사들의 교수활동은 물리적으로 독자적인 공간인 교실에서 전문적인 활동이 존재한다. 학교조직은 학교의 조직 목적을 달성하기 위해 교육계획을 세우고, 이를 분담하여 학교행정을 추진하는 측면에서 교사들에게 관료제 구조를 요구하지만 실제 그러한 일을 수행하기 위해서는 교사들에게 고도의 전문성을 요구하고 있다. 다시 말해 교사들은 교무분장에 의해서 자신이 맡은 업무는 관료제적 성격에 의해서 수행하지만 수업에 대해서는 교사의 고도의 자율성이 요구되므로 전문적인 성격을 갖게 된다. 그래서 학교라는 조직은 관료적 성격과 전문직적 성격이 동시에

〈표 2-2〉의 측정 결과에서 관료성과 전문성의 정도에 따른 반대 입장을 이해해 보자.

존재한다.

결국 학교라는 조직을 움직이는 사무행정은 관료적 성격이지만 교사들이 학생들을 가르치는 교육활동은 전문직적 성격을 갖는다. 학교조직 내에도 이 두 측면(관료적 성격과 전문적 성격)이 동시에 존재하기 때문에 내부적으로 갈등을 초래하기도 한다. 조직 내에서 교사들로 갈수록 전문화되지만 직위가 올라갈수록 지위계층에 따라 관료화가 요구되고 있다. 학교가 두 가지 성격을 모두 가지고 있다는 사실을 이해해야만 구성원들의 행동 특성을 이해할 수 있다.

2) 학교조직의 은유적 표현

조직화된 무정부로서의 학교
조직을 움직이는 목표나 기술(technology) 그리고 구성원들 간의 관계가 전통적 조직이론에서 지적하는 바와 같이 명백히 기능적이지 않다는 점

조직화된 무정부의 특성
• 목표의 모호성
• 불분명한 과학적 기법
• 유동적 참여

조직화된 무정부로서의 학교   조직화된 무정부에서 '무정부'라는 의미는 조직화는 되어 있지만 그 조직이 구조화되어 있거나 합리적·과학적·논리적·분석적으로 파악될 수 없는 측면이 있음을 강조하기 위해서 사용한 용어다. 조직을 움직이는 목표나 기술(technology) 그리고 구성원들 간의 관계가 전통적 조직이론에서 지적하는 바와 같이 명백히 기능적이지 않다는 점에서 비유적으로 '무정부'라는 표현을 사용하고 있다.

코헨(Cohen) 등은 '조직화된 무정부'의 특성으로, ① 목표의 모호성, ② 불분명한 과학적 기법, 그리고 ③ 유동적 참여를 들고 있다. 첫째, 목표의 모호성은 교육조직의 목적이 구체적이지 못하며 또 분명하지도 않다는 것이다. 예를 들어, 학교조직의 목적이 무엇인지를 묻게 되면 쉽게 대답이 나오지 않는다. 만약 '수월성'과 '교육의 질'을 높이자고 합의를 한다고 해도, 이러한 용어들이 구체적으로 무엇을 의미하는지를 정의하고자 할 때는 또다시 심각한 논쟁에 직면하게 된다. 왜냐하면 교육조직의 목표는 추상적인 단어 또는 구로 진술되어 있고, 그 뜻이 모호하여 분명한 방향을 제시하지 못하기 때문이다. 하지만 기업의 목적이 무엇인지 묻게 되면 '이윤추구'라는 말이 바로 나오게 된다. 둘째, 불분명한 과학적 기법은 목적을 달성하기 위해서 사용하는 방법이 과학적으로 분명하지 않다는 것이다. 예를 들어, 교사, 행정가, 장학요원들이 사용하는 기술은 명확하지 못하고 또 적용하는 사람에 따라 개인차가 있다. 사실상 교사가 가르치는 방법과 기술도 교수이론에 근거한다고 하지만 과거 경험으로부터 얻는 기술을 바탕으로 교사마다 적용하는 방법에 차이가 있다. 셋째, 유동적 참여는 학교조직의 구성원들인 학생, 교사, 행정가 등이 고정적이지 못하고 유동적이라는 것이다. 유동적인 참여로 인하여 조직의 중요한 의사결정에 일관성이 있기보다는 그때 누가 참여하느냐에 따라 다른 결정을 내릴 수도 있다.

어떤 조직이 목표도 모호하고, 그것을 달성하는 방법도 불분명하며 참여하는 사람도 유동적이라고 할 때, 연상되는 조직의 모습은 어떠한가? 이와 같이 조직은 하나의 조직으로서의 체계를 갖추고는 있으나 그 내부는 목표, 기술, 참여의 측면에서 매우 혼란스럽고 무질서한 양상을 보이고 있다. 만약 군대나 기업이 이러한 특성을 가지고 있는 조직이라면 제 기능을 발휘할 수 있을까? 그럼에도 학교조직은 이러한 특성을 가지고 있다. 이러한 관점에서 학교는 '조직화'와 '무정부 상태'라는 모순되는 것처럼 생각되는 두 개념에 의해서 은유적으로 묘사되고 있다. 이러한 학교조직에서 군대나 기업에서와 마찬가지로 통제와 복종을 강조한다면 과연 바람직한 조직운영이 될 수 있을 것인가를 생각해 보아야 한다.

이완결합체제의 성격　모든 조직은 목표를 달성하는 데 보다 효과적으로 일하기 위해서 여러 사람들이 과업을 분담해서 일을 한다. 이러한 조직활동은 과업을 수행하는 사람들 간에 상하관계가 있고, 업무를 구조화하여 기능적으로 이루어진다. 하지만 학교조직은 질서정연하게 구조화되거나 기능적으로 분명하게 연결되지 않는 측면이 많다. 예를 들어, 교장이나 교감 그리고 교사들 간의 연결체제는 지식·명령체계가 엄격하게 지켜지는 기업이나 군대와는 다른 조직 특성을 보이고 있다. 왜냐하면 학교조직을 구성하고 있는 부서들 간에 상호 관련되어 있지만 각자의 자주성과 개별성을 유지하고 있기 때문이다.

웨이크(Weick)는 이러한 학교의 모습을 비유적으로 '이완결합체제(loosely coupled systems)'라고 묘사했다. 즉, 서로 연결은 되어 있으나 각자가 독자성을 유지하면서 어느 정도 분리되어 있는 모습을 표현한 것이다.

학교소식의 이완결합체제적 예를 찾아보자.

이는 구조화되고 기능적으로 탄탄하게 연결된 모습이 아니라 기능적 또는 논리적으로 분리되어 조직의 하위 체제와 활동들이 느슨하게 결합되어 있는 상태를 의미한다. 학교조직이 그러한 특징을 가지고 있다는 것이다. 학교는 기업이나 군대와는 달리 구조적 느슨함을 특징으로 한다는 새로운 인식을 갖게 되었다. 학교조직은 특성상 자율성과 자유재량권을 가지고 있으며, 때로는 교사도 형식적인 교장의 지시와 통제를 받을 뿐이라는 것이다.

실제 학교에서 조직 직제상 모든 부서는 연결되어 있지만 이들 연결관계는 상호작용이 자주 일어나지 않고, 반응도 매우 느슨하며 이들의 연결관계는 비교적 약하다. 예를 들어, 교장이 이번 학력고사에서 학교 전체 성적을 상위 수준에 목표를 둔다고 해서 상담교사가 즉각적인 반응을 보일 내용은 거의 없다. 대학에서도 마찬가지다. 각 학과(부)에서 강의, 실험, 실습 등 교육활동은 사실상 행정조직의 통제에서 벗어나서 독립적으로 이루어지고 있다. 따라서 학과나 학부의 방향을 일방적으로 통제하거나 조정하기는 어렵다. 이러한 조직에서 지나치게 감독이나 평가를 통해서 조직을 운영한다면 학교조직 내의 부서 또는 개인 간의 갈등이 심해지고, 업무도 지나친 형식주의로 빠질 우려가 있다. 이러한 조직에서는 조직의 비전과 목표를 공유하고 상호 간의 신뢰를 바탕으로 조직이 운영되어야 한다.

메이어(Meyer)와 로완(Rowan)은 학교조직이 가지는 이완결합성은 모든 참여 주체들 간에 상호 신뢰가 이루어진다는 것을 전제로 한다고 가정했고, 이것을 **신뢰의 논리**(logic of confidence)라고 했다(1977). 결국 신뢰의 논리만이 통제의 기제가 되는 것이다.

'신뢰의 논리'의 의미를 사회적 자본과 결부하여 생각해 보자.

3. 학교의 조직문화

1) 조직문화의 정의

문화를 이해하기 위해 도시문화와 시골문화를 비교해 보자.

조직문화도 학교조직의 특성에 포함되지만 중요하게 강조되고 있어 별도의 절로 구분해 보고자 한다. 우리는 일상생활 중에 '문화'란 용어를 아주

흔하게 사용하고 있다. 특히, '문화가 다르다'는 표현을 사용하여 문화 간의 비교를 나타내기도 한다. 예를 들어, 지역에 따라 도시문화와 시골문화, 국가에 따라 우리나라 문화와 외국의 문화 등으로 표현하기도 하고, 기업문화, 군대문화, 학교문화 등 조직 간에도 문화라는 개념을 비교해서 적용하고 있다. 그만큼 문화라는 용어는 우리와 아주 밀접하고 친밀한 용어다.

문화라는 용어는 인류학이나 사회학에서 그 기원을 찾아볼 수 있는데, 사회단위에 속한 사람들 간의 전통적 신념, 기대, 가치, 규범, 행동양식, 생활습관 등이 오랫동안 내재되어 형성되는 것이다. 그래서 문화는 내부 구성원들이 어떻게 행동해야 하는지 하나의 암묵적 지침이 된다. 따라서 조직마다 이러한 문화가 독특하게 형성되기 때문에 다양한 조직문화가 존재하고, 그 정의도 다양하다. 조직문화의 개념에 대한 몇 가지 공통점을 요약해 보면 다음과 같다(이석열, 1997).

첫째, 조직문화는 조직이 외부 환경에 적응하고 조직 내부의 문제를 해결하는 과정을 반복하면서 오랜 시간이 흐르면서 형성된다.

둘째, 조직문화는 가정, 신념, 가치, 규범과 관습, 의례와 의식, 상징, 전통, 언어 등의 중심 개념으로 표현되고, 조직 구성원들이 보편적으로 공유하고 있으므로 조직 구성원 간에 일체감을 형성해 준다.

셋째, 조직문화는 조직 속에서 조직 구성원들이 어떻게 행동해야 하는가를 규정하는 지침으로서 무의식적이고 당연하게 받아들인다.

결국 **조직문화**는 "조직 구성원들이 내외적인 문제를 해결과정에서 반복된 경험을 통해 무의식적으로 당연하게 공유하게 된 기본 가정, 신념, 가치, 행동규범 등의 결합체"라고 할 수 있다.

조직문화
조직 구성원들이 내외적인 문제를 해결과정에서 반복된 경험을 통해 무의식적으로 당연하게 공유하게 된 기본 가정, 신념, 가치, 행동규범 등의 결합체

2) 조직문화의 수준

조직문화는 여러 가지 구성 요소 중에서 구체적인 것에서부터 추상적인 것으로 나누어 묵시적 가정, 공유된 가치, 규범으로 수준을 나눌 수 있다. 그림으로 나타내면 [그림 2-2]와 같다(Hoy & Miskel, 1996).

문화의 수준
• 묵시적 가정
• 가치
• 규범

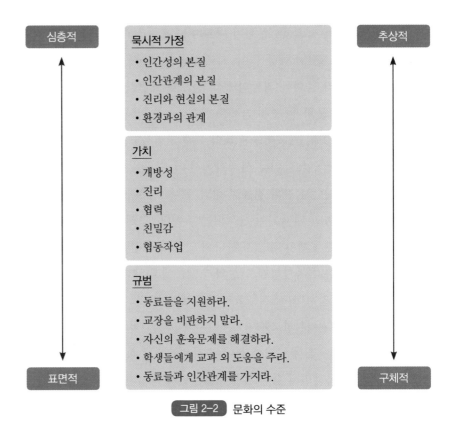

그림 2-2 문화의 수준

묵시적 가정으로서의 문화   묵시적 가정이란 조직 구성원들 사이에 공공연하게 이야기하거나 거론하지 않아도 당연한 것으로 받아들이는 수준으로 문화의 수준 중 가장 심층적이고 추상적인 것이다. 예를 들어, 조직 구성원들이 인간 · 진리 · 인간관계 · 환경 등을 어떠한 관점으로 보느냐에 따라 조직문화는 달라질 것이다. 조직 구성원들이 인간을 선천적으로 선하다고 보느냐 아니면 악하다고 보느냐, 진리라고 하는 것이 외부의 권위자에 의해 결정된다고 보느냐 아니면 개인적인 탐구과정과 검증에 의해서 밝혀진다고 보느냐, 또한 인간관계를 위계적으로 보느냐 아니면 평등하다고 보느냐, 환경도 인간이 통제할 수 있다고 보느냐 아니면 환경에 의해 지배를 받는다고 보느냐에 따라 조직문화의 특성은 크게 달라질 것이다. 조직문화를 이해하기 위한 요체는 조직 구성원들이 공유하고 있는 기본 가정이 무엇인가를 알아내는 일이지만 가장 심층적이고 추상적이기 때문에 쉽게 발견하기 어렵다.

공유된 가치로서의 문화   문화의 중간 수준은 조직 구성원들이 공유하고 있는 가치다. 가치는 바람직한 것에 대한 개념이고 이는 문화에 대한 기본적 가정을 반영한다. 구성원들이 공유하고 있는 가치에 따라서 구성원의 행동이 달라질 수 있다. 예를 들어, 기업이 추구하는 가치와 군대가 추구하는 가치는 분명히 차이가 있을 것이다. 이러한 가치에 따라 모든 의사결정도 달라질 것이다. 결국 구성원들이 공유하는 가치는 조직 구성원이 그 조직의 일원임에 대하여 자부심을 느끼고, 그 조직에 근무하는 것에 중요한 의미를 더 쉽게 가질 수 있도록 한다(Hoy & Miskel, 1996: 130-131).

> '내'가 다니는 대학(근무하는 학교)의 조직문화를 세 수준에 비추어 생각해 보자.

공유된 규범으로서의 문화   규범은 문화의 수준에서 가장 표면적이고 구체적이기 때문에 가시적이다. 규범은 성문화되어 있지 않지만 일반적으로 구성원들이 그렇게 행동하도록 한다. 예를 들어, "수업시간에 떠들어서 수업을 방해해서는 안 된다"라는 말은 학교의 학칙이나 규정에는 성문화되어 있지 않다. 하지만 모든 학생들은 수업시간에 떠들어서는 안 된다는 기대 속에서 행동한다. 이와 같이 규범은 조직 구성원들이 조직의 성격에 부합하도록 마땅히 따르도록 하는 원리나 법칙이다. 그래서 규범은 구성원들의 행동이나 조직생활의 측면을 이해하는 데 중요한 수단이자 방법을 제공한다.

규범의 특징은 조직 구성원들이 승인하면 할수록 더욱 강화된다. 다시 말해서 사람들이 조직의 규범에 따랐을 때 보상이나 격려를 받는다든지, 또는 규범을 어겼을 때 곤란을 당한다든지 하게 되면 그 규범은 더욱 강화되는 경향이 있다.

3) 학교조직문화의 이해

학교의 조직문화를 실증적으로 연구하고 확인하는 일은 쉬운 문제가 아니다. 일반적으로 문화를 확인하기 위해서는 세 가지 상징체제인 이야기(stories), 삽화(icons), 의식(rituals) 등을 통해서 이해할 수 있다. 여기에 제시된 세 가지 상징체계를 토대로 학교조직문화를 유추해 보도록 하자.

> **조직문화의 이해**
> • 이야기
> • 삽화
> • 의식

현재 자신이 속해 있는 조직 (대학, 기관 등)과 관련된 이야기, 삽화와 상징, 의례와 의식을 정리해 보자.

이야기　어느 조직이든 그 조직과 관련된 이야기들이 있기 마련이다. 이야기란 조직의 과거 역사 속에서 만들어진 것으로서 대개는 희생적·영웅적·도덕적인 것들로서 전해 내려오기 마련이다. 예를 들어, 학교의 설립자의 이야기나 아니면 학교의 선배 중에서 입지적인 인물이나 학교의 전통과 관련하여 내려오는 이야기다. 이러한 이야기는 실제 사건에 기초한 것, 상상적으로 꾸며 낸 것 또는 실제 사건과 상상적인 내용이 혼합된 이야기일 수도 있다. 예를 들어, 졸업한 선배 중에 노벨문학상을 수상한 사람이 있다고 할 때, 그 학교에서 문학에 대해 가지는 의미는 엄청날 것이다. 이와 같이 조직에 관련된 이야기는 어느 조직에나 있기 마련이다.

삽화와 상징　어떤 학교에서는 교사들이 모두 정장을 하고 다니며 넥타이도 양복 색깔도 단색이 많으며 흰색 와이셔츠만 입는다. 이러한 복장 스타일은 그저 우연이 아니라 학교 교사들에게 흐르는 보이지 않는 규범이 있기 때문이다. 또한 인사법, 전화 받는 말씨 그리고 수업에 임하는 태도까지 학교마다 다르다.

뿐만 아니라 학교는 로고, 슬로건, 건물장식 등을 통해서 학교 이미지를 홍보하고, 구성원들에게 일체감을 심어 준다. 광고나 매스컴뿐만 아니라 학교의 청사진, 계획서, 원칙들을 만들어 내외에 공표하고 따르게 한다. 이를 위해 학교의 교육이념, 교훈, 교목, 교화, 상징물을 정해 놓기도 한다. 이 모두가 학교의 특성과 정체성을 드러내는 징표(signs)다.

만약 어느 학교의 복도에 역대 교장의 사진이 줄지어 걸려 있다고 하자. 그리고 교장실에 들어갔더니 그동안 졸업생들이 국내외 대회에 나가서 받은 트로피가 장식되어 있다고 하자. 이러한 모든 것은 그 학교의 전통을 나타내는 조직문화의 중요한 매체가 된다. 조직 구성원들은 상징물과 징표를 보고 그 학교에 근무하거나 다니는 것에 대해 자부심과 긍지를 느끼게 된다. 결국, 상징물과 징표도 오랜 시간을 거치면서 학교의 조직문화를 전달하는 중요한 매체가 되는 것이다.

의례와 의식　조직 내의 어떤 행사나 행동은 규정과 관습에 따라서 특별한 상징적 의미를 지닌 채 규칙적으로 지켜진다. 이를 의례(rites)라고 하고 특별한 공개 행사는 의식(rituals, 예식)이라고 한다. 어느 학교에서는 매주 월요일 아침마다 전체 조회를 하는 학교가 있는가 하면, 어느 학교는 1년에 3~4회 정도밖에 조회를 하지 않는 학교가 있다. 또한 교직원 회의도 마찬가지다.

이러한 의식을 아주 소중히 하는 조직과 형식으로 하는 조직 간에는 조직문화에 많은 차이가 있을 수 있다. 이러한 의식은 조직 구성원으로서 일체감을 불러일으키기도 하고, 조직의 단합을 유도하는 힘이 될 수 있다. 이와 같이 한 학교의 조회, 교직원 회의, 운동회, 봉사활동 등 많은 의식은 문화 형성에 중요한 매체다.

4) 학교조직문화의 유형

학교조직문화를 유형화하기 위해서는 유형을 구분하는 개념적 기준과 맥락에 대한 이해가 필요하다. 학교조직문화 유형의 기준과 맥락은 여러 가지 형태로 나타날 수 있지만 학교조직문화를 유형화하기 위해서 외부 환경에 대한 대응 차원과 내부 문제해결 과정 차원으로 나누어 볼 수 있다(이석열, 1997: 31-32). 외부 환경에 대한 대응 차원은 적극적-소극적으로 구분할 수 있다. **적극성**은 외부 환경의 변화에 대해 당연하게 여기고 능동적으로 받아들이는 경우이고, **소극성**은 외부 환경의 변화를 일시적인 현상으로 보고 당시의 상황을 모면하기 위해 마지못해 수동적으로 받아들이는 경우이다. 내부 문제해결 과정 차원은 유연성-경직성으로 나눌 수 있다. **유연성**은 문제해결에 자율성과 전문성을 부여해 권한위임과 해결방법의 융통성을 갖는 경우이고, **경직성**은 조직구조에서의 공식화와 집권화가 강조되어 상급자의 지시를 존중하고 업무추진 절차에 따르기 때문에 구성원의 재량권이 제한적이다. 학교조직문화 유형을 적극적-소극적, 유연성-경직성 차원에 따라 혁신문화, 합리문화, 집단문화, 위계문화로 [그림 2-3]과 같이 구분할 수 있다.

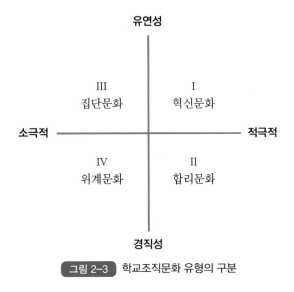

유연성

III 집단문화	I 혁신문화
IV 위계문화	II 합리문화

소극적 ─────────────── 적극적

경직성

그림 2-3 학교조직문화 유형의 구분

혁신문화를 가진 학교조직에서는 교사들이 외부 환경의 변화에 적극적으로 반응하고 문제해결 과정에 유연성을 보인다. 그러므로 외부 환경의 변화에 두려움을 갖기보다는 의욕적이고 모험적으로 아이디어나 교육프로그램을 개발하려는 창의성을 발휘한다. 그리고 이러한 과정에서 교장이나 교감의 의견과 반대되는 것이라도 교사 상호 간에 의견 교환이 자유롭게 이루어진다. 그러므로 학생들의 학습효과를 높이기 위해서는 결과가 다소 불확실하더라도 새로운 교수방법을 적용한다. 그리고 이러한 교수방법에 대해 교사들의 수용정도가 높아 혁신적으로 환경 변화에 반응한다.

합리문화를 가진 학교조직의 교사들은 외부 환경의 변화에 대해 적극적으로 반응하나 문제해결 과정에 경직성을 보인다. 그러므로 학교운영과 조직의 편성은 체계적이고 일관된 관리체제를 바탕으로 교육목표 달성만을 강조한다. 일을 처리하는 데에 있어 가능한 최소한의 투입에 최대한의 산출인 효율성이 중요한 규범으로 작용한다. 따라서 교사들 상호 간의 인간관계보다는 과업 달성을 위해 실리적인 관계가 유지된다. 결국 인간관계나 주어진 여건보다는 성공 여부에 대한 결과를 중요하게 여긴다.

표 2-4 조직문화의 유형

다음 내용은 학교조직문화의 유형을 측정하기 위한 문항입니다. 아래의 각 문항에 대하여 공감하는 정도는 어떠합니까? **우리 학교에서는**	매우 그렇다	대체로 그렇다	그저 그렇다	대체로 그렇지 않다	전혀 그렇지 않다
1 창의적인 아이디어나 교육 프로그램을 개발하려고 한다.	⑤	④	③	②	①
2 교장이나 교감의 의견과 반대되는 것이라도 자유롭게 의견 교환이 이루어진다.	⑤	④	③	②	①
3 스스로 정한 기준에 따라 융통성 있게 문제해결을 하려고 한다.	⑤	④	③	②	①
4 학생들의 이익을 위해서는 결과가 다소 불확실하더라도 새로운 교수방법을 적용한다.	⑤	④	③	②	①
5 학생들의 학업성취도가 매우 중요하다.	⑤	④	③	②	①
6 업무처리에서 인간관계보다는 실리적으로 처리한다.	⑤	④	③	②	①
7 교육목표 달성만을 강조하여 학교운영과 조직을 편성한다.	⑤	④	③	②	①
8 인간관계나 주어진 여건보다는 결과의 성공 여부를 중요하게 여긴다.	⑤	④	③	②	①
9 교사들 상호 간의 팀워크나 협동이 강조된다.	⑤	④	③	②	①
10 학교는 마치 가족과 같이 교사들 간의 결속력이 중요하다.	⑤	④	③	②	①
11 교장이나 교감은 친근한 직상선배로서 느껴진다.	⑤	④	③	②	①
12 다른 교사의 개인적인 사정이나 어려움에 대해 자신의 일처럼 관심을 갖고 받아 준다.	⑤	④	③	②	①
13 교장, 교감, 교사들 간에 서열의식이 강조된다.	⑤	④	③	②	①
14 엄격한 결재 과정을 통해서 조직 전체의 통솔·통제가 이루어진다.	⑤	④	③	②	①
15 업무처리에 관련된 절차나 규정이 세심하게 정해져 있고 변경이 어렵다.	⑤	④	③	②	①
16 새로운 방법을 모색하기보다는 규정을 철저히 따르면서 실수 없이 수행하는 것이 강조된다.	⑤	④	③	②	①

※ 1~4번은 혁신문화, 5~8번은 합리문화, 9~12번은 집합문화, 13~16번은 위계문화의 유형의 정도를 나타내고 있음.

출처: 이석열(1997). 학교조직문화 · 교장의 수업지도성 · 교사의 전문적 수용권 간의 관계. 충남대학교 박사학위청구논문, p. 175의 내용을 수정하였음.

집단문화를 가진 학교조직은 조직 구성원들이 외부 환경의 변화에 대해 소극적으로 반응하며 문제해결 과정에 유연성을 보인다. 외부 환경에 대해 능동적이지 못하지만 교사 상호 간에 협조적이다. 따라서 학교운영의 중요한 지표도 마치 가족과 같이 교사들 간에 결속력을 강조한다. 그러므로 교사들 사이에 업적 위주의 경쟁보다는 교사들 상호 간의 팀워크나 협동이 강조된다. 그래서 교사들은 서로의 개인적 사정이나 어려움을 자신의 일로 받아들이고 관심을 갖는다. 또한 교장이나 교감은 위계적인 상사이기보다는 친근한 직장선배로서 느껴진다.

위계문화를 가진 학교조직은 조직 구성원들이 외부 환경의 변화에 대해 소극적으로 반응하며 문제해결 과정에 경직성을 보인다. 조직 구성원인 교장과 교감 그리고 교사들 간에 서열의식이 강조된다. 조직 내부적으로 엄격한 결재 과정을 통해서 매우 체계적이고 일관된 관리체제가 형성되며 조직 전체의 통솔과 통제가 이루어진다. 그러므로 업무처리에 관련된 절차나 규정이 세밀하게 정해져 있고 변경하기가 어렵다. 새로운 방법을 모색하기보다는 규정을 철저히 따르면서 실수 없이 수행하는 것이 강조된다. 따라서 교사들은 독자적으로 일을 처리하기보다는 일일이 교장이나 교감의 지시를 받아서 처리한다.

여기서 조직문화의 유형을 혁신문화, 합리문화, 집단문화, 위계문화로 구분을 했지만 조직문화의 유형을 변화시키는 일은 쉽지 않다. 실제 이석열의 연구(1997, 2015, 2020)에서 세 차례에 걸쳐 학교조직문화의 유형에 대한 연구가 이루어졌다. 연구결과를 보면, 1997년과 2015년만 해도 위계문화가 가장 높게 나타났지만, 2020년에는 혁신문화가 높게 나타났다. 이는 각 시·도별로 혁신학교가 강조되면서 이런 영향으로 학교문화가 점차 바뀌고 있음을 알 수 있다(주삼환 외, 2022: 297). 구성원들은 기존 문화에 익숙해서 새로운 것을 받아들이는 일이 쉽지 않다. 일반적으로 문화는 변화를 감지하는 순간 변화를 바이러스로 취급하는 속성이 있다. 문화의 속성은 새로운 변화에 저항하고 방어막을 치려고 한다. 따라서 조직문화를 바꾸기 위해서는 소수의 사람이라도 뭔가를 하려고 함으로써 시작된다. 이런 노력 중에 하나가 리더십에 다루게 되는 문화적 리더십과 연관성이 있다.

4. 학습조직으로서의 학교

1) 학습조직의 개념

오늘날 학교개혁의 핵심은 학교단위의 자율과 창의를 최대한 보장하면서도 적정한 책무를 요구하는 것이다. 이러한 접근에서 중요한 방향은 관료적 통제의 학교풍토에서 벗어나서 개별 학교가 처한 특수한 상황에서 자율적인 학교경영 방식을 모색하는 시도다. 즉, 개별학교가 처한 제반 여건을 진단하고 그 속에서 새롭고 합리적인 학교조직의 방향을 학교조직 구성원들이 함께 모색해 나가는 것이다. 이제는 환경이 급변하고 있는 학교조직에서는 기존의 조직관리 방식에서 벗어나 교사들이 스스로 역동적으로 움직임의 주체가 되어 그 변화를 주도해 나가는 새로운 경영 패러다임이 적용되지 않으면 안 된다(이석열, 이미라, 2006). 이와 같이 교사의 학습능력과 학습 자발성을 신뢰하고 존중하며 주체적 학습활동을 정당화하는 패러다임의 전환에는, 바로 학교조직에 학습조직 개념을 적용하는 것이 필요하다. 학습조직의 개념을 정립하는 데 크게 기여한 대표자는 셍게(Senge)다. 학습조직이란 학교 내외적으로 정보를 교사들이 공유하고, 협력적인 학습활동을 전개하여 지속적으로 새로운 지식을 창출하여 학교의 환경 변화에 적응해 나가는 조직이다. 학습조직의 개념은 교사들에게 교육에 대한 본질적인 질문과 상호 간의 협력을 통해서 전문적 능력의 제고하도록 강조하고 있다. 결국 학습조직은 교사들이 정보를 공유하고, 협력적인 학습활동을 전개하여 지속적으로 새로운 지식을 창출함으로써 학교조직의 변화를 시도하게 한다.

> **학습조직의 정의**
> 학교 내외적으로 정보를 교사들이 공유하고, 협력적인 학습활동을 전개하여 지속적으로 새로운 지식을 창출하여 학교의 환경 변화에 적응해 나가는 조직

2) 학습조직의 원리와 적용

학습조직의 원리는 셍게 등(2000)에서 다섯 가지 원리를 제시했는데 이를 설명하고 학교조직에 적용해 보고자 한다.

개인적 숙련(personal mastery)   개인적 숙련은 개인이 추구하는 지식 · 기술 · 태도를 형성하기 위해 개인적 역량을 지속적으로 넓혀 가고 심화시켜 가는 행위를 의미한다. 한 개인이 자신의 꿈과 비전과 현재의 상태를 자각하고, 이 차이를 줄이기 위해 끊임없이 학습활동을 전개하는 행위를 의미한다. 따라서 개인적 숙련은 개인의 비전을 구체화 · 명료화하는 과정이다.

개인의 비전을 명료화하는 방법은 자신이 스스로 비전을 선택하고, 선택한 비전에 대한 타당성을 탐색하는 일이다. 개인의 비전을 명료화하기 위해서 교사는 우선 자신의 삶에서 진정으로 성취하고자 하는 결과를 상상해 보고 직접 적는다. 예를 들어, 미래에 성취하고자 하는 것은 무엇인지 그리고 어떤 교사가 되기를 원하는지 등 미래의 자신이 원하는 모습이 무엇인지를 분명히 기술한다. 다음은 현실을 직시해 보는 것이다. 학교 현실, 교실 환경, 학생 문제, 학교 변화 등에 대해서 실제적인 현실을 파악하는 것이다. 개인적 숙련은 교사들이 스스로 전문적 신장의 필요성을 인식하게 도와줄 것이다. 결국 이와 같은 연습을 통해서 교사들은 경험하고 있는 정체감의 위기와 상실해 가고 있는 교직의 삶과 일의 의미를 재음미하는 기회가 될 것이다.

정신 모델(mental model)   정신 모델은 주변에서 발생하는 현상들을 이해하는 인식체계다. 개인이 무엇을 어떻게 보느냐를 결정하고, 어떻게 행동할지를 이끄는 인식의 틀이다. 교사들은 하나의 상황에 대해서도 자신의 정신 모델에 따라 각기 다르게 해석하고 판단한다.

정신 모델은 교사들이 자신의 생각과 관점들을 성찰하고 객관화하여 자신의 행동과 선택에 영향을 미치는 사고의 틀을 새롭게 하는 훈련이다. 정신 모델은 교사들이 같은 사건을 두고 그것을 왜 다르게 설명하는지를 알려 준다. 정신 모델의 훈련을 위해서는 성찰과 탐구라는 두 가지 연습이 필요하다. 성찰은 개개인의 신념체계나 교직에 대한 가정이 어떻게 형성되었는지 인식하고 반문해 보는 과정이다. 탐구는 자신의 세계관과 기본 가정 및 신념체계를 타인과 공유하고, 타인의 다양한 관점과 사고를 수용하면서 새로운 통찰력을 얻어 가는 과정이다. 정신 모델을 새롭게 변화시키는 것

개인적 숙련의 출발점
• 미래의 자신이 원하는 모습
• 현재의 자신의 모습
• 차이(gap)를 확인

정신 모델
• 성찰: 개개인의 신념체계나 교직에 대한 가정이 어떻게 형성되었는지 인식하고 반문해 보는 과정
• 탐구: 자신의 세계관과 기본가정 및 신념체계를 타인과 공유하고, 타인의 다양한 관점과 사고를 수용하면서 새로운 통찰력을 얻어 가는 과정

은 쉬운 일이 아니다. 대부분의 사람은 새로운 경험을 이해하고 받아들이기보다는 기존의 정신 모델을 강화하는 정보만을 기억하기 때문이다. 셍게는 정신 모델을 한 장의 유리창에 은유적으로 비유하여, 유리창을 깨끗하게 해 주는 것처럼 우리의 사고체계를 더 나아지도록 해 주는 작용이라고 했다. 따라서 성찰과 탐구의 과정을 거치면서 교사들은 자신의 교직관을 새롭게 정립하는 기회를 갖게 될 것이다.

공유 비전(shared vision)   공유 비전은 조직이 추구하는 방향이 무엇이며, 그것이 왜 중요한지에 대해 모든 구성원들이 공감대를 형성하는 것이다. 공유 비전은 조직 구성원들이 공동적으로 가지고 있는 것을 바탕으로 각기 갖고 있는 열망을 한 방향으로 정렬하는 일련의 기술이다. 공유 비전은 사람들이 함께하는 공감대를 형성하게 되고, 조직 구성원들이 함께 만들기 원하는 미래에 대한 이미지를 개발하는 것이다(Senge et al., 2000: 72).

공유 비전은 학교의 관례를 바꾸는 방법과 밀접한 관련이 있다. 공유 비전을 위한 방법은 보다 본질적인 방법으로 사람들에게 구체적인 질문을 해서 설득하는 방법이다. "현재의 상황이 올바르다고 생각합니까?", "그것은 공정합니까?", "만약 그렇지 않다고 생각한다면, 그렇게 되기 위해 우리는 어떤 방향으로 가야 합니까? 그리고 우리는 그것에 대하여 무엇을 할 수 있습니까?" 이와 같은 방법은 도덕적 설득이라고 할 수 있다. 예를 들어, "내가 만일 교장이라면 성공적인 학교를 만들기 위해서 어떻게 할 것인가" 하는 내용을 갖고 스스로 진단해 보고 토의하는 자세가 필요하다. 이런 과정을 통해서 교사들은 성공적인 학교의 이미지를 공유하게 될 것이고, 이는 교사들에게 목표를 설정하고, 이를 향한 추구적인 행동을 하도록 활력이 될 것이다.

팀 학습(team learning)   팀 학습은 구성원들이 팀을 이루어 학습하는 것으로 개인 수준의 학습을 증진시키고, 조직 학습을 유도하게 한다. 팀 학습은 구성원들 간의 대화와 공통 사고로부터 시작되며, 대화와 토론을 통한 학습으로 인해서 학습의 시너지가 발생한다. 개인이 해결할 수 없는 복

공유 비전
비전은 누구에 의해서 만들어지는가?

팀 학습
구성원들이 팀을 이루어 학습하는 것으로 개인 수준의 학습을 증진시키고, 조직 학습을 유도

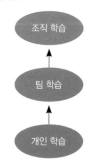

잡한 문제나 핵심적인 문제를 해결할 수 있고, 서로의 학습을 촉진하는 효과가 있다. 학교는 팀 활동이 풍부한 조직이다(Senge et al., 2000: 73).

팀 학습의 조직은 교사들의 연수의 형태와 밀접한 관련이 있다. 연수조직의 형태는 크게 학교단위 차원, 학교 간의 교류, 시·군·구 교육청의 연수, 시·도 교육청의 연수 네 가지로 나눌 수 있고, 이처럼 형태에 따라 팀 학습조직도 달라질 수 있다. 가장 기본적인 출발은 학교단위 차원의 팀 학습조직으로 개별학교가 스스로의 인적·물적 자원에 비추어 교과별·학년별에 초점을 맞추어 학습조직 팀을 구성하고 교사의 공동체 학습을 형성하는 경우다. 이 경우 교사들의 자율적인 공동체 형성과 모임 절차의 간소화를 통해서 비공식적 모임을 활성화하는 노력이 필요하다.

시스템의 의미
시스템의 의미는 p. 46 체제를 참고(투입–과정–산출)

시스템 사고(system thinking)   시스템 사고는 현상을 이해하고, 이를 바탕으로 문제를 해결하는 수단으로 이용한다. 조직에서 일어나는 여러 가지 사건들을 부분적으로 이해하고 해결하기보다는 전체적으로 인지하고 이에 포함된 부분들 사이의 순환적 인과관계 또는 역동적인 관계로 이해하고 사고하는 접근 방식이다.

시스템적 사고는 교사들이 학교교육의 문제를 전체적 관점에서 볼 수 있도록 유도한다. 학교조직에서 의사결정을 할 때, 예상하지 못한 문제에 직면하게 되는 경우가 많다. 이는 시스템적 사고를 하지 못했기 때문이다. 교사들은 학생들의 요구에 어떠한 변화가 있는지를 생각하고, 학교 자체의 변화와 학교와 관련된 학부모 및 지역사회의 요구에도 관심을 가져야 한다. 교사들은 이와 같이 학교에서 일어나는 여러 가지 문제에 대한 의사결정 과정에서 단편적인 입장이 아닌 거시적 관점으로 생각할 필요가 있다. 이런 과정을 통해서 교사들은 현실적인 문제에 대한 해결능력이 신장될 수 있다.

3) 전문 학습공동체

학교를 전문 학습공동체로 전환하기 위한 방법은 무엇인가?

앞에서 언급한 학습조직의 원리를 학교 현장에 적용하여 논의된 것이 바로 교사의 **전문 학습공동체**(professional learning community: PLC)다. 전문 학습공동체란 개인이 학습하여 획득한 새로운 지식을 조직 차원에서 공유함으로써 조직의 문제 해결력을 끊임없이 향상시켜 나가는 조직을 의미한다. 이는 학습조직의 의미와 맥락이 같다. 학습조직의 개념이 교사의 전문성을 제고하기 위한 방안이 되어 교사가 동료와의 협력적 학습을 통해 전문성을 개발해 나간다는 의미에서 교사의 전문 학습공동체가 강조되었다. 전문 학습공동체의 주체는 교사이고, 지향점은 학생의 학습 증진을 목표로 하고 있으며, 이를 위해 교사들이 교수–학습 개선을 위해 협력하면서 실천을 한다는 의미를 갖고 있다. 전문 학습공동체는 교사가 학생들의 성장과 학습 증진에 목표를 두고 교사들과 능동적 학습과 협력을 통해서 교수–학습 활동을 지속적으로 개선해 나가는 공동체를 의미한다(이석열, 2018). 하지만 학교 현장에서 전문 학습공동체를 강조하는 정도에 비해서 정착하는 데 어려움이 있다. 학교를 개선하는 방법은 학교의 행정구조를 바꾸는 것으로는 부족하고 구성원들의 의식인 신념체제를 바꾸는 것이 중요하다. 전문 학습공동체를 만든다는 것은 단순히 교사들의 팀 학습활동을 조장하거나 작동시키는 그 이상의 의미가 있다. 다음은 전문 학습공동체의 수준을 진단해 보기 위해서 〈표 2–5〉의 설문을 작성해 보기로 하자. 이를 통해서 전문 학습공동체를 형성을 안내해 줄 개념적 체제(framework)를 생각해 보고, 학교를 전문 학습공동체가 기능하도록 운영해 나아갈 수 있는 방법을 생각해 보자.

전문 학습공동체를 대학 생활 중 학습공동체와 결부지어 생각해 보자.

표 2-5 전문 학습공동체 진단 척도

다음 내용은 전문 학습공동체를 측정하기 위한 문항입니다. 아래의 각 문항에 대해서 공감하는 정도는 어떠합니까? **우리 학교에서는**	매우 그렇다	대체로 그렇다	그저 그렇다	대체로 그렇지 않다	전혀 그렇지 않다
1 교사들은 학생의 성장과 학습 증진을 목표로 하는 비전과 가치를 공유한다.	⑤	④	③	②	①
2 교사들은 학생들의 학습과 성장에 가치를 둔다.	⑤	④	③	②	①
3 교사들은 '학습'에 어려움을 겪는 학생들에게 필요한 시간과 지원을 제공한다.	⑤	④	③	②	①
4 교사들은 학생의 전인적 성장을 위해 노력한다.	⑤	④	③	②	①
5 교사들은 수업개선을 위해 서로 협력한다.	⑤	④	③	②	①

6	교사들은 서로 간에 조언을 듣거나 도움을 받을 수 있다.	⑤	④	③	②	①
7	교사들은 학생의 학습 및 학생지도에 필요한 평가기준과 방법을 공유한다.	⑤	④	③	②	①
8	교사들은 서로 간에 상호 존중과 협력적인 관계를 형성하고 있다.	⑤	④	③	②	①
9	교사들은 전문성 개발을 위해 동료교사와 함께 탐구한다.	⑤	④	③	②	①
10	교사들은 교수-학습 전략을 동료교사와 함께 개발한다.	⑤	④	③	②	①
11	교사들은 학생들의 학습과 성장을 위한 공동의 방법을 함께 연구한다.	⑤	④	③	②	①
12	교사들은 학생의 인성교육과 생활지도를 위한 방법을 함께 구상한다.	⑤	④	③	②	①
13	교사들은 학습공동체에서 배우고 익힌 내용을 수업에 적용한다.	⑤	④	③	②	①
14	교사들은 학생들의 성장과 학습 증진을 위해 다양한 시도를 한다.	⑤	④	③	②	①
15	교사들은 학생의 성장과 학습상태를 점검하고 부족한 부분을 개선해 나간다.	⑤	④	③	②	①
16	교사들은 학습공동체의 나아갈 방향을 고찰하기 위해 계속 노력한다.	⑤	④	③	②	①

구분	학생의 성장과 학습 증진	협력문화	집단탐구	실천과 지속적 개선	합계
번호	1, 2, 3, 4	5, 6, 7, 8	9, 10, 11, 12	13, 14, 15, 16	
점수					

학생 성장과 학습 증진	학생들의 성장과 학습 증진에 비전과 목표를 두고 이를 달성하기 위해서 노력한다.
협력문화	공동 목표를 달성하기 위해 협력하고, 소통하며, 지식과 정보 등을 공유한다.
집단탐구	팀 학습을 통해 새로운 기술과 능력을 개발하며, 전문적인 경험과 태도를 발전시켜 나간다.
실천과 지속적 개선	학생의 성장과 학습 증진을 위해 실천하고, 결과를 높이기 위해 지속적으로 개선해 나간다.

출처: 이석열(2018). 교사의 전문학습공동체 진단 척도 개발 및 적용. 교육행정학연구, 36(2), p. 228.

4) 학교조직의 혁신

어느 조직이든 급변하는 환경에 적응하기 위해서 변화는 불가피하다. 그럼에도 학교조직은 특성상 온상조직이고 느슨한 조직이기 때문에 조직 변화가 느리다고 볼 수 있다. 그래서 혹자는 세상이 하루가 다르게 변하고 있으나 예나 지금이나 거의 변하지 않고 있는 것이 학교라고 지적하기도 한다. 하지만 학생 수의 급격한 감소로 인해서 이미 대학은 생존을 위한 노력과 더불어 대학 정원을 줄이거나 통폐합이 현실로 다가오고 있다. 초·중등학교도 이제 학생 수 감소에 따른 교직사회의 변화가 현실이 되었다. 교초 · 중 · 고등학교 학생 수의 변화에 따른 학교조직의 변화에 대해서 조사해 보자.

육부는 2024년부터 2027년까지 새로 채용하는 초 · 중등 교원 수를 2023년 기준으로 최대 30% 가까이 줄이는 내용의 '중장기(2024~2027) 교원 수급 계획'을 발표했다. 학령인구 감소 추세와 새로운 교육수요를 반영한 계획이지만 교직사회의 변화를 단적으로 보여 주는 것이다. 학령인구의 급속한 감소가 예상되는 학교도 변화를 명확하게 인식하고, 환경에 적응하고 주도하는 대비를 해야 한다.

예를 들어, 학습조직의 적용은 교사들이 자신의 교수행위에 근거가 되는 신념이나 다양한 개인적 삶, 이론적 지식 등을 재점검하고 재충전하는 기회를 갖게 할 것이다. 나아가 개인 차원을 넘어 조직의 공동체적 접근을 통해 학교조직이 적극적으로 환경 변화에 적응하게 될 것이다.

5. 요약 및 적용

1) 요약

① 조직은 "공동의 목표를 달성하기 위하여 둘 이상의 구성원들이 서로 역할을 분담하고, 규칙과 규정에 따라 상호 협력하여 그 역할을 수행하는 사회체제"라고 할 수 있다. 조직의 형태는 공식조직과 비공식조직, 계선조직과 참모조직, 집권화 조직과 분권화 조직 등으로 나눌 수 있다.

② 조직의 유형은 학자에 따라 여러 가지 유형으로 구분된다. 블라우와 스콧은 누가 조직의 주된 수혜자인가에 따라 호혜조직, 사업조직, 봉사조직, 공공복리조직으로 나누었다. 카츠와 칸은 조직의 본질적 기능에 근거하여 생산적 또는 경제적 조직, 유지조직, 적응조직, 관리적 또는 정치적 조직으로 구분하였다. 에치오니는 조직을 조직에서의 권력의 사용과 구성원의 참여로 하여 아홉 가지 유형이 있는데 이 중에서 가장 특징적인 유형으로 강제적 · 공리적 · 규범적 조직으로 나누었다. 또한 칼슨은 조직 중에서 봉사조직을 고객선발 방법에 따라

더 세분화하여 유형을 제시하였다. 학교조직은 봉사조직이고 유지조직이며, 규범적 조직이고 온상조직의 성격을 가지고 있다.

③ 학교조직은 관료적 성격과 전문직적 성격을 모두 갖고 있는 이중적 성격의 조직이다. 행정조직이라는 관료적 성격과 학생들을 교육하는 데 고도의 전문성이 필요하다는 전문직적 성격을 모두 가지고 있다.

④ 학교조직을 가장 잘 표현하는 용어가 바로 무정부로서의 학교와 이완 결합체제라는 표현이다. 무정부로서의 학교는 조직을 움직이는 목표나 기술(technology) 그리고 구성원들 간의 관계가 전통적 조직이론에서 지적하는 바와 같이 명백히 기능적이지 않다는 점을 지적하는 것이다. 이완결합체제도 조직 내의 구조가 서로 연결은 되어 있으나 각자가 독자성을 유지하면서 어느 정도 분리되어 있는 모습을 표현한 것이다. 이런 조직은 신뢰의 논리만이 통제의 기제가 된다.

⑤ 학교조직이 발전하기 위해서는 적절한 변화 전략이 필요하다. 조직도 인간과 마찬가지로 독특한 분위기인 조직풍토(개방적-폐쇄적)와 조직성과 조직유지, 성장과 변화와 관련한 조직건강이 요구된다.

⑥ 최근 들어 학교조직에서도 학교조직문화를 어떻게 창출할 것인가의 문제가 교육행정의 중요한 관심사가 되고 있다. 조직문화는 "조직 구성원들이 내외적인 문제를 해결과정에서 반복된 경험을 통해 무의식적으로 당연하게 공유하고 있는 기본 가정, 신념, 가치, 행동규범 등의 결합체"다. 그리고 조직문화의 수준은 규범, 공유된 가치, 묵시적 가정으로 나누어 이해할 수 있다. 이야기, 삽화, 의식 등을 통해 실제 학교조직문화를 이해할 수 있다. 조직문화의 유형으로는 혁신문화, 합리문화, 집단문화, 위계문화가 있다.

⑦ 학습조직이란 학교 내외적으로 정보를 교사들이 공유하고, 협력적인 학습활동을 전개하여 지속적으로 새로운 지식을 창출하는 조직이며, 학습조직의 원리에는 개인적 숙련, 정신 모델, 공유 비전, 팀 학습, 시스템 사고가 있다. 이러한 원리를 적용하면 자신의 교수행위에 근거가 되는 신념이나 교사로서의 개인적 삶, 전문적 지식 등을 재점검하면서 교사의 소명을 재충전하는 기회가 된다.

2) 적용

■ 서술형 문제

1. 다음은 김 교사가 학교에서 맡고 있는 일과 동아리 활동에 대한 내용이다. 공식조직과 비공식조직에 대해 기술하시오.

> 김 교사는 일요일에 교회에서 성가대 지휘를 맡았고, 오후에 교회에서 같은 나이의 사람들 여덟 명이 만든 '섬김' 동아리 활동으로 독거노인을 방문하는 봉사활동을 했다. 다음 주 토요일에는 같은 학교의 배드민턴 동아리 교사들과 NSU 대학교 교사배드민턴 대회에 참석하기로 했다.

1) 김 교사가 속해 있는 공식조직과 비공식조직은 무엇인지 기술하시오.
① 공식조직:
② 비공식조직:

2) 공식조직과 비공식조직의 특성은 다르다. 공식조직과 비공식조직의 특성을 구분해 보시오.

구분	공식조직	비공식조직
발생		
강조점		
성격		
형태		
자신이 속한 조직		

3) 자신이 속한 공식조직과 비공식조직을 제시하고, 공식조직과 비공식조직에서 자신의 행동을 기술해 보시오.

2. 다음은 언급한 관료제 이론의 특징 중 '규칙과 규정'이 학교조직에 미치는 순기능 2가지, 역기능 1가지를 제시해 보시오(2023학년도 중등학교교사 임용후보자 논술 문제).

> 학교운영 전반에 대한 교사의 만족도가 전년도에 비해 상승했다. 학교의 외부 환경 변화와 내부 구성원의 변동이 있었음에도 불구하고 함께 이루어낸 성과였다. 이는 교사의 서술식 응답에서 볼 수 있듯이 기본에 충실한 학교문화가 형성되었고, 학교 구성원 간 공동의 약속이 준수된 결과라 할 수 있다. 즉, 베버(M. Weber)가 제시한 관료제 이론의 특징 중 하나인 '규칙과 규정'이 학교조직에 잘 적용된 것으로 판단된다. 앞으로도 이러한 결과가 유지될 수 있도록 '규칙과 규정'의 순기능을 강화하고 역기능을 줄여야 할 것이다.

3. 다음은 A중학교 교감이 학교교육계획서 작성을 위한 워크숍에서 발표한 내용이다.

> 내년에 우리 학교는 학생들의 학업성취도와 학습동기를 향상하는 데 좀 더 세심한 관심을 가지면서 인성교육에 충실하고자 합니다. 이 일의 성공 여부는 교사가 변화의 주체로서 자발적인 노력을 얼마나 기울이는가에 달려 있습니다. 그래서 우리 학교는 교사 모두가 교육활동에 능동적으로 참여하여, 지식과 학습 정보를 서로 공유하면서 변화해 가는 학습조직(learning organization)을 구축하고자 합니다(2015학년도 중등교사 임용시험 중에서 일부 내용을 발췌하여 수정하였음).

1) 앞에서 말한 학습조직의 원리를 4가지 이상 설명하시오.

_____

_____

_____

_____

2) 자신이 학습조직을 구축한다면 어떻게 할 계획인지 기술하시오
   (100자 이내).

■ 토의 · 토론 문제

1. 각자 나름대로 조직에 대한 정의를 내려 보고, 일상생활에서 자신이
   속해 있는 조직과 앞으로 속하게 될 조직을 이야기해 보시오.

2. 학교조직문화 이해의 근거로 이야기, 삽화, 의식 등에 대해 알아보았
   다. 이를 바탕으로 자신이 속해 있는 학교의 조직문화를 유추하여 보
   시오.

3. 학습동아리를 만들고자 할 때 어떻게 하는 것이 바람직한지와 학습동
   아리를 성공적으로 추진하기 위한 조건에 대해서 논의해 보시오.

4. 학습조직 원리에 비추어 현재 자신이 교사가 되고자 하는 예비교사로
   서 개인적 숙련에 대한 현실과 이상을 논의해 보시오.

5. 초 · 중등학교를 다닌 경험에 비추어 '교직은 전문직인가'라는 주제로
   토의학습을 해 보시오(토의학습을 통하여 얻은 지식을 바탕으로 이를 논
   술로 발전시키면 중등교사 임용시험을 대비하는 효과가 있을 것이다). 다음
   의 순서로 진행해 보시오.

1) 다음의 토의 시트를 만든다.

교직은 전문직인가

팀명: 　　　팀원: 　　　점수:

전문성 요소(추출)	판정	이유/근거–실제 분석
종합 의견		

2) 토의 진행 순서와 요령

① 4~5명씩으로 토의 모둠을 만든다(모원으로 둘러앉아 모둠의 명칭을 정하고, 사회자와 기록자를 정한다. 이때 모둠의 명칭은 같은 범주 내에서 정한다).

② 교직의 '전문적 성격'에 대해서 다 함께 읽는다(수업시간에 활용하는 경우는 한 주 전에 각자 읽어 오도록 준비시킨다).

③ 모둠별로 읽은 내용과 학교 다닐 때의 경험, 그리고 현재 알고 있는 지식을 바탕으로 '교직은 전문직인가'에 대한 의견을 교환한다.

④ 의견을 교환한 후, 다음과 같이 토의 시트에 기록한다.

　㉠ 읽은 내용에서 전문직의 요소 5개를 추출하여 정한다.

　㉡ 현재 교직의 현실(교사들이 하는 일 등)이 추출한 요소에 어느 정도 부합하는지를 상의하여 정한다. 우리나라 교직의 현실을 판단해 각각의 요소에 점수['완전 일치' = 5점(○), '부분 일치' = 3점(△), '불일치 일치' = 1점(×)]를 매긴다. 이때 점수의 높고 낮음이 중요한 것이 아니라는 점을 강조한다.

　㉢ 왜 그렇게 점수를 부여하였는지(이유/근거)를 상의하여 적게 한다. '~하여야 하기 때문'이 아니라 '실제로 ~하니까'라는 관점

에서 그 이유나 근거를 개조식으로 적어야 한다.

ⓔ 각 요소를 종합하여 종합 의견란에 기술한다.

⑤ 모둠별로 토의하여 정리한 내용을 대표가 발표한 후 전체 토론을 한다.

⑥ 모둠별로 점수를 부여하여 성적에 반영한다.

⑦ 토의한 내용을 바탕으로 '교직전문성'에 대해 논술한다.

이상한 선생님

어느 중학교에 새로운 선생님이 부임하게 되었다. 그러나 수업을 들어가자 바닥에는 쓰레기와 먼지가 흩어져 있어 정말 어수선한 분위기였다. 그 선생님은 다음 수업부터 교실 뒷문으로 들어가 쓰레기를 줍고 환기를 시킨 후 수업을 시작하였다. 하지만 이 일은 다음 수업에서도 반복되었고, 학생들은 그 선생님을 이상한 선생님이라고 생각했다. 그러나 시간이 지나니 쉬는 시간에 학생들끼리 청소와 환기를 하기 시작했다. 결국 그 선생님의 청소가 학생들의 청소로 바뀌게 되었는데, 그 선생님은 청소의 '청'자 한마디도 말하지 않았다. 그러나 학생들은 자발적으로 청소를 하게 되면서 청소와 환기는 제대로 이루어졌다.

선생님은 학생들에게 리더십을 발휘했다고 볼 수 있는가? 리더십을 발휘했다면 어떤 리더십을 발휘했다고 볼 수 있는가? 만약 리더십을 발휘하지 않았다고 생각한다면 선생님의 행동은 무엇이라고 할 수 있는가? 여러분의 생각을 비교하면서 리더십의 의미와 유형을 이야기해 보자.

제3장

학교조직의 리더십

학
습
목
표

- 리더십에 대한 연구의 흐름을 통해서 리더십 이론의 발달과정을 정리해 보고, 리더십의 새로운 이론들이 지향하는 바를 설명할 수 있다.
- 리더십의 상황적 접근 이론들을 설명하고 이를 적용할 수 있다.
- 최근의 리더십 이론에 대해 이해하고, 이를 학교에 적용할 수 있는 전략들을 찾아낼 수 있다.

학습내용

1. 리더십 이론의 발달

2. 전통적인 리더십 이론   1) 특성론적 접근

                                               2) 행동적 접근

                                               3) 상황적 접근

3. 새로운 리더십 이론   1) 변혁적 리더십

                                               2) 문화적 리더십

                                               3) 도덕적 리더십

                                               4) 감성 리더십

                                               5) 분산적 리더십

4. 요약 및 적용   1) 요약

                                               2) 적용

주요 개념

특성론, 행동론, 상황론, 변혁적 리더십, 문화적 리더십, 도덕적 리더십, 감성 리더십, 분산적 리더십

1. 리더십 이론의 발달

많은 학자들이 리더십에 대한 연구를 해 오고 있지만, 아직까지 리더십에 대한 합의된 정의를 내리지 못하고 있다. 이는 리더십이 매우 복잡한 상호작용 현상임을 보여 준다. 리더십은 영어 'Leadership'으로 단어를 풀어 보면 'Lead'는 '이끌다, 인도하다'는 의미를 가지고 있다. 이를 위해서는 이끄는 사람과 이끌림을 받는 사람이 기본적으로 존재해야 하는데, 그것이 리더와 추종자이다. 이 둘이 리더십의 가장 기본적인 요소이며, 이 둘 간의 상호작용이 리더십의 핵심이다. 또한 그들이 처한 환경 등 다양한 요인들이 이들 관계에 영향을 주게 된다.

리더십은 조직의 성공과 생존을 결정하는 중요한 요인이다. 리더십에 대한 연구는 그동안 학자에 따라 다르지만 크게, ① '효과적인 리더는 그렇지 못한 리더와 다른 일련의 특성을 지니고 있다'는 가정에서, 리더와 리더가 아닌 사람을 구분하고 효과적인 리더와 비효과적인 리더를 구분하는 것이 무엇인가를 탐구하는 '특성론(特性論)', ② '가장 효과적인 리더의 행동 유형이 있다'는 가정에서 리더의 행동이 부하에게 어떤 반응을 일으키는가를 연구하는 '행동론(行動論)', ③ '모든 상황에 적합한 최선의 리더십은 존재하지 않는다'는 가성에서 리더의 행농과 부하의 반응, 그리고 상황의 차이에 따른 리더십 효과를 연구하는 '상황론(狀況論)'으로 발전하여 왔다.

'리더십을 과업을 성취하는 과정에서 소집단을 관리하는 능력'으로 보거나 '단순히 생산을 높이는 수단'으로 보는 기존의 관점은 한계가 있다. 만약 리더십을 관리의 측면에서만 규명하고 과업성취에 초점을 두어 추종자의 요구와 그 요구 조건을 다루지 않는다면 리더십에 대해 근본적으로 오도된 접근을 취하는 것이다'(Foster, 1986: 169). 뿐만 아니라 특성론, 행동론, 상황론의 세 가지 관점은 그 성격에 있어서도 리더십을 심리학적 현상에 국한시키고 있다. 이 때문에 1980년대 초기까지 지배적이었던 이들 이론에 대해 비판적인 입장이 제기되었고, 최근 들어 연구자들은 이들 이론을 확장하고 수정하는 연구를 계속하게 되었으며, 더욱 복잡하고 동태적인 환경

리더-추종자

속에서 리더십의 역할을 보다 철저히 탐색하게 되었다(Bovee et al., 1993: 489). 이러한 리더십 연구의 발달 과정을 호이(Hoy)와 미스켈(Miskel)의 관점에 근거하여(1991: 253-256) 정리하면 〈표 3-1〉과 같다.

표 3-1 리더십 연구의 발전 과정

기간	접근이론	주요 내용
과거~1950년	특성론	리더십은 리더의 개인적 특성이 중요함
1950~1970	행동론	리더십의 효과는 리더 행동에 따라 달라짐
1970~1980	상황론	리더십의 효과는 상황에 따라 달라짐
1980년~현재	뉴리더십이론	리더십은 추종자를 셀프 리더로 만들고 조직을 변화시키는 비전임

2. 전통적인 리더십 이론

초기의 리더십 연구들은 효과적인 리더를 나타내는 리더의 특성(자질), 행동, 상황 등에 초점을 두고 있으며, 이러한 전통적인 리더십 이론은 특성론적 접근, 행동적 접근, 상황적 접근의 세 가지로 구분하여 정리될 수 있다.

1) 특성론적 접근

특성론적 접근은 리더의 개인적 특성에 초점

1950년대까지의 리더십 연구를 주도해 왔던 특성 이론은 리더 개인의 육체적, 심리적 또는 사회적 특성을 확인하는 데 주로 관심을 갖는 접근방법이다(남정걸, 1984: 207). 이 접근에서는 리더가 지능, 창의력, 신장, 적응력 등의 영역에 있어서 선천적으로 높은 수준의 능력을 타고난다고 본다. 그리고 위인들에게서 리더의 자질을 발견하려 했기 때문에 위인론이라고도 한다.

특성론적 접근은 스토그딜(Stogdill), 버드(Bird), 젠킨스(Jenkins), 마이어즈(Myers) 등에 의해 연구되어 왔다(Newell, 1978: 228-229). 특히, 스토그

딜은 1904년부터 1947년 사이에 수행되었던 120개의 리더의 특성에 대한 연구를 고찰하면서 리더십과 관련된 인간의 특성을 분류하였다(Stogdill, 1948: 35-71). 그동안 특성론에서 논의된 효과적 리더십과 관련된 특성과 기술의 예시를 보면 〈표 3-2〉와 같다.

표 3-2 효과적 리더십과 관련된 특성과 기술의 예시

재능	인성	동기	책임감	참여
지능	자신감	성취지향	신뢰	활동성
기민성	스트레스 인내	권력 욕구	솔선	사교성
판단력	정서적 성숙	기대	인내력	협동성
독창력	성실	인기	적극성	적응성

리더가 갖추어야 할 기본적인 특성을 5가지만 제시하고 비교해 보자.

　특성론은 효과적인 리더는 어떤 특성을 갖고 있는가를 밝혀 보고자 했다. 효과적인 리더가 갖추어야 할 특성은 무엇이라고 각자 생각해 보고 비교해 보면 어느 정도 공통된 것이 나타나고 있는가? 만약 효과적인 리더는 사교적이고 상냥하며, 성실하고, 감정적으로 안정되어 있으며 새로운 체험에도 개방적이다라고 했을 때 어느 정도 동의를 할 수 있는가? 리더십에 대한 특성론적 관점은 리더가 구비해야 할 자질과 능력이란 측면에서 일부 호응을 얻었지만, 오늘날 특성 이론의 타당성에 의문점을 던지는 많은 연구들이 제기되고 있다(Newell, 1978: 228). 특성론에서의 어떤 특징, 특성들이 리더로서의 효과적인 직무수행을 보장하는 것은 아니며 그것들이 결여되었다고 해서 효과적인 직무수행을 저해하는 것도 아니다(Kimbrough & Nunnery, 1976: 141).

2) 행동적 접근

　행동적 접근은 리더의 특성에 대한 탐구가 '리더의 행동'으로 방향을 전환하면서 새로이 제기된 리더십 이론들이다. 여기서는 성공적인 리더의 행동 방식을 알아내기 위한 방법으로 효과적인 리더와 비효과적인 리더의 행동을 비교하여 리더가 나타내는 행동 양식을 유형화하였다. 리더십에 대한

• 일차원적 접근: 아이오와 대학교의 연구, Tannenbaum & Schmidt의 연구, 미시간 대학교의 연구
• 이차원적 접근: 오하이오 주립 대학교의 연구, Blake & Mouton의 관리망

행동적 접근으로는 아이오와 대학교(권위적, 민주적, 자유방임적), 탄넨바움(Tannenbaum)과 슈미트(Schmidt)의 연구(관리자 중심-구성원 중심), 오하이오 주립 대학교(배려성과 구조성), 블레이크(Blake)와 머튼(Mouton)의 연구(인간에 대한 관심, 생산에 대한 관심)가 있다.

아이오와 대학 연구에서
리더
• 권위적 리더
• 민주적 리더
• 자유방임적 리더

아이오와 대학 연구　　　레빈(Lewin), 립피트(Lippitt), 화이트(White)는 10세의 소년들로 구성된 한 클럽을 대상으로 리더십 형태의 변화에 따라 소년들이 어떠한 행동을 보이는가를 실험하였다. 이 연구에서는 리더의 행동을 권위적 리더, 민주적 리더, 자유방임적 리더로 구분하였다. 권위형 리더는 명령적이고 참여를 허용하지 않으며, 칭찬이나 비판을 개인적으로 행하되 중립적인 태도를 취하였으며, 민주형 리더는 집단의 결정을 권장하고, 칭찬이나 비판 시에는 객관적 입장을 취하였으며, 방임형 리더는 집단에게 완전한 자유를 주었다. 이 중에서 민주적인 리더를 가장 선호하는 리더 유형으로 보고하였다(Lewin, Lippitt, & White, 1939: 271-299). 아이오와 대학의 연구는 리더십과 생산성과의 관계를 설명하지는 못하였지만 민주적 리더십과 구성원의 만족 간의 긍정적 관계를 밝혀냈다. 이러한 연구의 전통은

여러분은 어떤 리더십을 발휘할 것인지 체크해 보자.
• 과업지향적 → 과학적 관리론
• 관계지향적 → 인간관계론

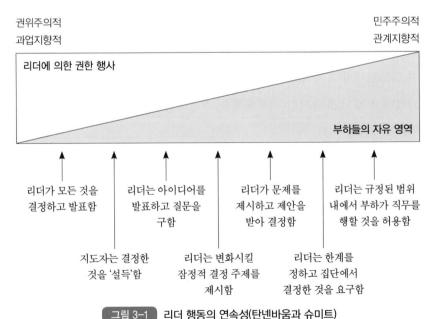

그림 3-1 리더 행동의 연속성(탄넨바움과 슈미트)

이후 탄넨바움(Tannenbaum)과 슈미트(Schmidt)의 연구에도 반영되었다. [그림 3-1]에서와 같이 양극단의 권위주의형과 민주주의형 사이에는 다양한 리더십 행동이 연속체를 이루고 있다. 이러한 연속체에서 자신의 리더십 행동은 어디에 해당하는지를 찾아보도록 하자.

오하이오 주립대학 연구　　리더십을 **구조주도성**(initiating structure) 차원과 **배려성**(consideration) 차원으로 분류하였다(Stogdill & Coons, 1957). 여기서 구조주도성은 리더가 조직목표 수행을 중시하여 과업을 조직하고 설정·할당하며, 과업집단의 성취를 높게 평가하는 차원이다. 그리고 구조주도성을 중시하는 리더는 구성원 각자에게 기대되는 역할을 분명히 하고, 임무를 배정하고, 사전에 계획을 세우고, 일처리 방법과 절차의 확립을 중시한다.

반면에 배려성은 리더가 신뢰, 존경, 온화, 지원, 집단 구성원에 대한 관심을 나타내는 것을 중시하는 차원이다. 그래서 배려성 차원을 중시하는 리더는 구성원의 아이디어를 청취하고, 친절하고, 사람들과 만나는 것을 즐기며, 모든 직원에 대하여 관심을 갖고, 부하들의 아이디어에 귀를 기울이는 등의 행동을 보인다.

오하이오 대학의 연구는 이 두 가지 리더 행동을 연속체로 본 것이 아니라 두 개의 독립된 별개의 연속체로 보았다. 즉, 이 연구에서는 이들 두 차원의 조합에 의해 네 가지의 리더십 행동 유형으로 분류하였다. 헬핀(Halpin)은 네 가지 리더십 유형 중 I 상한에 있는 리더십 유형이 가장 효과적 유형이라는 연구결과를 발표하였다(1955: 18-32).

특히, 헴필(Hemphill)과 쿤즈(Coons)는 이러한 리더십 행동을 실증적으로 측정하기 위하여 **리더 행동 기술 척도**(Leader Behavior Description Questionnaire: LBDQ)를 개발하였다(1950). 〈표 3-3〉의 리더 행동 기술 척도(LBDQ)에서 자신의 행동 또는 교사(교장)로서 행동을 측정(평균)하고 이를 [그림 3-2]의 4차원(분도)에 표시를 하고, 분석해 보면 의미 있을 것이다.

구조주도성/배려성
• 구조주도 → 과학적 관리론
• 배려성 → 인간관계론

LBDQ 관련 홈페이지
http://fisher.osu.edu/offices/fiscal/lbdq

표 3-3 리더 행동 기술 척도(LBDQ)

구조주도형 리더십	
1	집단의 일원으로 구성원들에게 기대되는 것이 무엇인지를 알려 준다.	5 4 3 2 1
2	상사는 정형화된 절차의 활용을 장려한다.	5 4 3 2 1
3	상사의 아이디어를 집단에 적용시키려 한다.	5 4 3 2 1
4	집단에 대한 상사의 태도를 명확히 한다.	5 4 3 2 1
5	과업을 할당하고, 구성원들로 하여금 그 과업을 처리하도록 한다.	5 4 3 2 1
6	상사는 빈둥거리는 구성원들에게 전력을 다해 일하도록 한다.	5 4 3 2 1
7	집단 내에서 상사의 역할이 구성원들에게 이해받고 있다고 확신한다.	5 4 3 2 1
8	상사는 과업이 수행되도록 계획을 짠다.	5 4 3 2 1
9	상사는 작업 수행에 대한 명확한 표준을 유지한다.	5 4 3 2 1
10	집단 구성원들에게 표준 규칙과 규정을 따르도록 요청한다.	5 4 3 2 1

배려형 리더십	
1	나의 상사는 정감 있고 가까이 하기 쉽다.	5 4 3 2 1
2	상사는 집단의 일원이 되는 것을 즐겁게 해 주는 사소한 일들을 한다.	5 4 3 2 1
3	상사는 집단에서 건의한 제안을 실행한다.	5 4 3 2 1
4	상사는 모든 구성원들을 평등하게 대우한다.	5 4 3 2 1
5	상사는 변화에 대해 미리 주시한다.	5 4 3 2 1
6	상사는 정보를 남에게 알려 주지 않는다.(R)	5 4 3 2 1
7	집단 구성원의 개인적 복지에 주의를 기울인다.	5 4 3 2 1
8	나의 상사는 변화를 추구한다.	5 4 3 2 1
9	상사는 그의 행동(조치)에 대해 구성원들에게 설명하지 않는다.(R)	5 4 3 2 1
10	상사는 집단 구성원의 의견을 묻지 않고 행동한다.(R)	5 4 3 2 1

* 'R'은 역산, 5: 매우 그렇다, 4: 그렇다, 3: 그저 그렇다, 2: 아니다, 1: 전혀 아니다

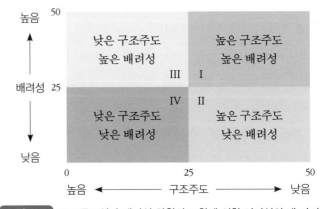

그림 3-2 구조주도성과 배려성 차원의 조합에 의한 리더십의 네 가지 유형

블레이크와 머튼의 관리망(Managerial Grid)   블레이크와 머튼(1964)은 리더십을 새롭게 개념화하였는데, 생산에 대한 관심과 인간에 대한 관심 두 가지의 차원을 가지고 리더십 유형을 분류하였다. 이론상으로는 81개의 리더십 유형이 가능하지만 전형적인 리더십 스타일로 다섯 가지를 제시하고 있다.

인간에 대한 관심은 리더가 목표 달성을 위해 노력하고 있는 종업원을 위해 얼마나 마음 쓰고 배려하는가를 가리키며, 여기에는 조직을 위한 헌신과 신뢰의 구축, 종업원들의 개인적 가치의 실현, 좋은 작업환경의 제공, 공정한 임금구조의 유지, 좋은 사회적 관계의 촉진 등과 같은 행동을 포함한다. 생산에 대한 관심은 리더가 조직의 과업목표 달성을 위해 어떻게 노력하는가를 가리키며, 여기에는 정책결정, 신제품 개발, 생산과정상의 문제해결, 작업분담, 판매량 등과 관련된 행동을 포함한다.

무기력형 리더는 업무에 대한 지시만 하고 방치하는 유형이고, 과업형은 생산성에 대한 관심만을 보이며, 중도형은 절충에 신경을 쓰며, 원만한 방법으로 업무를 수행시키고 때에 따라 우유부단하게 비춰질 수 있다. 컨트리

• 생산에 대한 관심
  → 과학적 관리론
• 인간에 대한 관심
  → 인간관계론

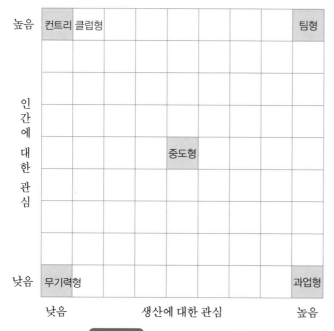

그림 3-3 관리망과 리더십 유형

클럽형은 구성원들의 욕구나 동기를 충족시키면 그들 스스로 업무를 수행할 것이라고 가정하고 행동하는 리더형이며, 팀형은 조직의 공동목표와 구성원들과의 상호 신뢰 등을 통해 업무를 달성하고자 하는 리더 유형이다. 관리망 모델은 궁극적으로 가장 이상적인 리더형으로 팀형을 지향한다. 그러나 이러한 유형이 항상 효과적인지에 대해 많은 의문을 제기된다. 즉, 근본적으로 조직이 처해 있는 상황이나 환경에 대한 고려 없이 항상 효과적인 리더의 행동이 존재할 것이라는 것에 대한 의문이 제기된다.

행동적 접근은 교육행정 이론에서 논의한 과학적 관리론과 인간관계론으로 연결시켜 볼 수 있다. 테일러 등 과학적 관리론은 리더의 기능을 조직목표 달성을 위한 분명한 과업수행 기준을 설정하고 그것을 달성하는 데 주안점을 두었다. 반면에 메이요를 중심으로 한 인간관계론은 리더를 구성원들에게 개인적 관심이나 배려를 통해서 구성원들과 상호 협력하여 조직의 목표를 달성하도록 조장하는 데 주안점을 두었다. 즉, 리더의 행동을 직무나 생산을 강조하는 **과업주도성**(initiating structure) 차원과 인간과 종업원을 중시하는 **배려성**(consideration) 차원으로 분류하여 이들 두 차원의 조합에 의해 네 가지 행동 유형으로 분류하는 것으로 요약될 수 있다. 1950년대부터 1970년대까지의 리더십 연구를 지배하였던 리더십에 대한 행동적 접근은 리더십 행동을 구성원들이 지각한 행동만을 강조할 뿐, 행동에 대한 원인 구명을 등한시하고, 특정 상황에서 관찰된 리더십 행동이 다른 상황에서도 그렇게 적용되지 않는다는 한계를 노출하게 된다.

리더의 행동 유형
- 사람, 대인관계, 집단유지 범주 → 인간관계론
- 생산, 과업완성, 목적성취 범주 → 과학적 관리론

3) 상황적 접근

리더십에 대한 행동적 접근에서 모든 상황에 적용할 수 있는 최선의 리더 특성과 리더의 행위를 발견하려는 노력은 효과적인 리더십을 완벽하게 설명하지는 못하였다. 상황적 접근은 행동적 접근의 이러한 한계점을 극복하려는 노력이다. 다시 말해, 효과적인 리더십 행위는 상황에 따라서 다르다는 전제에서 새로이 제기된 리더십 연구의 경향이 바로 리더십에 대한 상황적 접근이다. 이 입장은 다양한 상황에서 운영되고 있는 조직이나 집단에서 어느 하나의 리더십 행동이 이상적이거나 효과적이라고 할 수 없다는 인식에 기초해 리더십을 유동적이고 변화하는 요인들의 상호작용적 관점에서 접근하고 있다.

상황적 접근에 의하면 효과적인 리더십은 리더의 개인적 특성, 리더의 행위, 리더십 상황 요인들 간의 상호작용에 의해서 결정된다. 이러한 리더십에 대한 상황적 접근은 피들러(Fiedler), 허시(Hersey)와 블랜차드(Blanchard), 그리고 레딘(Reddin) 등에 의해 이루어졌다. 이들의 기본적 입장은 사람에 따라 상황을 설명하는 방법에 있어 다소간의 차이가 있다.

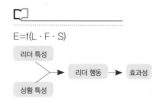

피들러의 상황론　피들러는 리더의 효과성을 리더와 구성원의 관계, 과업구조, 리더의 지위 권력을 조합한 **상황의 호의성**(situational favorableness)을 통해 설명하였다(Fiedler, 1967: 13). 그는 '가장 싫어하는 동료 척도(Least Preferred Coworker scale: LPC)'를 활용하였는데, LPC 점수가 높은 리더는 관계지향적 리더로, LPC 점수가 낮은 사람은 과업지향적 리더로 보았다. 상황의 호의성에 따라 효과적인 리더가 달라진다는 것을 다음의 [그림 3-4]와 같이 설명하였다.

상황의 호의성
• 리더와 구성원의 관계
• 과업구조
• 리더의 지위 권력

[그림 3-4]에서 보면, LPC 점수가 낮은 과업지향적 리더는 상황이 호의

상황 Ⅰ, Ⅱ, Ⅲ, Ⅶ, Ⅷ: 과업지향형 리더가 효과적
상황 Ⅳ, Ⅴ, Ⅵ: 관계지향형 리더가 효과적

그림 3-4　피들러의 상황에 따른 효과적인 리더십 유형

적이거나(I, II, III), 비호의적인 경우(VII, VIII)에는 효과적이며, LPC 점수가 높은 관계지향적 리더는 상황의 호의성이 중간 수준(IV, V, VI)인 경우에 효과적인 것을 알 수 있다. 〈표 3-3〉의 LPC 척도의 리더 행동에서 자신의 행동 또는 교사(교장)으로서 행동을 측정하고 관계지향적 리더인지 과업지향적 리더인지를 알아보고 자신의 리더십 행동을 성찰하는 기회를 가져보자.

표 3-4 LPC 척도(Least Preferred Co-Worker Scale)

작성 요령: 개인이 함께 일을 수행하기에 가장 어려웠거나 어려운 사람을 생각하고, 그 사람의 여러 가지 측면에 대해서 〈표 3-3〉의 해당된 점수를 기입하면 된다. 최종 LPC 점수는 18개의 척도상에 있는 숫자들을 모두 합계한 것이다.

			점수
쾌활한 사람	8 7 6 5 4 3 2 1	쾌활하지 못한 사람	_____
친절하고 다정한 사람	8 7 6 5 4 3 2 1	불친절하고 다정하지 못한 사람	_____
거부적인 사람	1 2 3 4 5 6 7 8	수용적인 사람	_____
긴장하고 있는 사람	1 2 3 4 5 6 7 8	긴장을 풀고 여유 있는 사람	_____
거리를 두는 사람	1 2 3 4 5 6 7 8	친근한 사람	_____
냉담한 사람	1 2 3 4 5 6 7 8	다정한 사람	_____
지원적인 사람	8 7 6 5 4 3 2 1	적대적인 사람	_____
따분해하는 사람	1 2 3 4 5 6 7 8	흥미 있어 하는 사람	_____
싸우기 좋아하는 사람	1 2 3 4 5 6 7 8	화목하고 잘 조화하는 사람	_____
우울한 사람	1 2 3 4 5 6 7 8	늘 즐거워하는 사람	_____
서슴지 않고 개방적인 사람	8 7 6 5 4 3 2 1	주저하고 폐쇄적인 사람	_____
험담을 잘하는 사람	1 2 3 4 5 6 7 8	너그럽고 관대한 사람	_____
신뢰할 수 없는 사람	1 2 3 4 5 6 7 8	신뢰할 만한 사람	_____
사려 깊은 사람	8 7 6 5 4 3 2 1	사려 깊지 못한 사람	_____
심술궂고 비열한 사람	1 2 3 4 5 6 7 8	점잖고 신사적인 사람	_____
마음에 맞는 사람	8 7 6 5 4 3 2 1	마음에 맞지 않는 사람	_____
성실하지 않는 사람	1 2 3 4 5 6 7 8	성실한 사람	_____
친절한 사람	8 7 6 5 4 3 2 1	불친절한 사람	_____
계			_____

57점 이하: 과업지향적 리더, 58~63점: 독립적인 리더, 64점 이상: 관계지향적 리더

출처: Fiedler, F. E., & Chemers, M. M. (1984). *Improving leadership effectiveness: The leader match concept* (A Wiley self-teaching guide) Paperback.

허시와 블랜차드의 상황론   조직 구성원의 성숙도를 상황적 요인으로 설정하여 구성원의 성숙도에 따라 리더십 유형이 달리 적용될 때 그 리더십의 효과가 높아진다고 하였다. 조직 구성원의 성숙도는 직무수행능력이 반영된 **직무성숙도**와 의지가 반영된 동기수준인 **심리적 성숙도**를 의미한다.

그들은 삼차원 리더 효과성 모델과 리더십 상황이론을 통합하여 [그림 3-5]와 같은 리더십 이론을 개념화했다. 여기서 그들은 **구성원의 성숙도**(Maturity의 M을 사용하였으나, 후에 헌신도 Commitment의 C를 쓰기도 하고, 준비도 Readiness의 R을 쓰기도 했다)에 따라 리더십 유형을 네 가지로 분류하였다.

① 성숙도 낮을 때(M₁), 지시적 리더십: 높은 과업, 낮은 관계성 행동
② 성숙도 중간일 때(M₂), 지도적 리더십: 높은 과업, 높은 관계성 행동
③ 성숙도 중간일 때(M₃), 지원형 리더십: 낮은 과업, 높은 관계성 행동
④ 성숙도 높을 때(M₄), 위임적 리더십: 낮은 과업, 낮은 관계성 행동

구성원의 성숙도
직무성숙도: 직무수행능력
심리적 성숙도: 의지가 반영된 동기수준

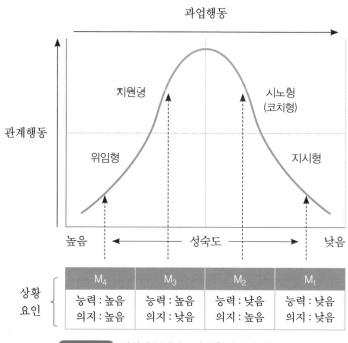

그림 3-5 허쉬와 블랜차드의 상황적 리더십 모델

레딘의 3차원 리더십 모델　　레딘(1967)은 과업수행 기술, 조직 철학, 상급자, 동료, 부하직원 등 다섯 가지 상황적 요소에 따라 리더십의 효과가 달라진다고 하였다.

[그림 3-6]을 보면, 중간은 기본적 리더십으로 관계지향성과 과업지향성에 따라 관계형, 통합형, 분리형, 헌신형으로 구분하였다. 레딘에 따르면, 이들 리더십은 상황에 적절할 경우 효과적이고 그렇지 않을 경우 비효과적이라고 하였다.

이와 같이 리더십에 대한 상황적 접근은 상황의 중요성을 통해 리더십을 설명하려 한다. 리더십 행동이 상황에 따라 그 효과성에 상당한 차이가 있기 때문에 상황에 따른 적합한 리더십 행동을 통해서 리더십의 효과를 높일 수 있다고 간주한다. 그러나 지금까지 언급한 리더십에 대한 전통적 연구는 다음에 논의하게 될 변혁적 리더십에 대비되는 교환적 리더십의 형태라고 할 수 있으며, 이러한 변혁적 리더십은 기대 이상의 직무수행을 할 수 있는 새로운 연구로 리더십 연구의 방향을 전환하게 된다.

리더 유형이 적절한 경우 효과적
부적합할 경우 비효과적

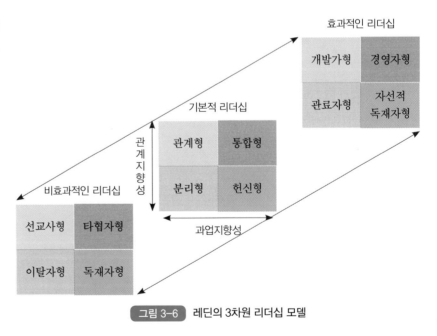

그림 3-6　레딘의 3차원 리더십 모델

3. 새로운 리더십 이론

오늘날 리더십 연구에서 제기되고 있는 새로운 리더십 이론에는 변혁적 리더십, 카리스마적 리더십, 문화적 리더십, 슈퍼리더십, 도덕적 리더십, 감성 리더십, 분산적 리더십이 있다.

1) 변혁적 리더십

변혁적 리더십(transformational leadership)은 교환적 리더십(transactional leadership)과 대비되는 새로운 리더십 이론으로, 1980년대 이전의 리더십에 대한 관점을 보완한다. 좁은 의미에서의 변혁적 리더십은 번즈(Burns, 1978)와 배스(Bass, 1985a)가 말한 리더십의 한 형태로, 기대 이상의 직무수행을 가능하게 하는 리더십을 말한다.

교환적 리더십은 리더가 부하에게 순종을 요구하고 그 대가로 보상을 제공하는 것에 비해, 변혁적 리더십은 리더가 부하의 잠재능력을 계발하도록 도움을 주고 내재적 만족감을 촉진한다. 배스는 "교환적 리더십은 부하들에게 목표를 달성할 수 있도록 도와줄 뿐 아니라, 조건을 구체화하여 부하들에게 일을 할 수 있는 확신을 수는 것에 비해, 변혁적 리더십은 과업의 중요성과 가치의 증대를 강조하여 팀과 조직의 이익을 초월하도록 동기를 유발시키고, 부하들의 욕구를 자아실현의 욕구와 같은 고차원의 수준으로 높인다"고 말한다(이한검, 1994: 456). 즉, 변혁적 리더십은 공유된 가치와 미래에 대한 비전을 제시할 수 있는 리더의 능력이 강조된다.

구체적으로 변혁적 리더는 추종자의 신념, 가치관, 목적과 조직문화를 변혁시켜 그들로 하여금 기대 이상의 직무수행을 하도록 동기를 유발시킨다. 이를 위해 변혁적 리더는, ① 추종자의 욕구목록을 확대시키고 과업의 중요성과 가치를 인식시키며 추종자의 고급 욕구를 자극함으로써, ② 추종자의 과업 달성에 대한 유인가를 높이고 나아가, ③ 조직문화를 변화시킴으로써, ④ 추종자가 과업 달성을 위한 동기 수준을 높이도록 자극한다. 이

이 장의 첫 페이지에 제시된 '이상한 선생님'은 리더십을 발휘했는가. 발휘했다면 어떤 리더십을 발휘했는지 말해 보자.

변혁적 리더십은 기대 이상의 직무수행을 가능하게 하는 리더십

교환적 리더십과 변혁적 리더십을 비교해 보자.

변혁적 리더십의 특징
• 이상적 영향
• 영감적 동기 유발
• 지적 자극
• 개별적 배려

변혁적 리더의 역할
• 윤리적·도덕적 행동의 기준을 높임
• 목적 달성에 수반되는 위험을 구성원과 공유
• 다른 사람들의 요구를 고려
• 반드시 필요한 경우에만 권력을 사용

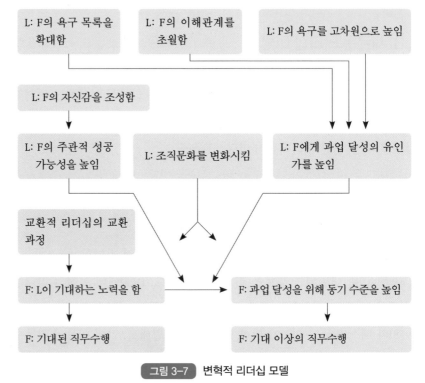

그림 3-7 변혁적 리더십 모델

출처: Bass, B. M. (1985, winter). "Leadership: Good, Better, Best." *Organizational Dynamics*,
       8(3), p. 32.

러한 변혁적 리더십의 과정을 제시하면 [그림 3-7]과 같다.

〈표 3-5〉의 변혁적 리더십 측정도구(MLQ Form-6)에서 자신의 행동(평균) 또는 교사(교장)으로서 행동을 측정(평균)해서 자신의 변혁적 리더십 행동을 성찰하는 기회를 가져보자.

즉, 변혁적 리더십은 추종자들의 욕구와 능력을 인정하고 그들의 잠재력을 일깨워 "사람들로 하여금 보다 더 훌륭한 사람으로 향상시키는(Burns, 1978: 462) 리더십"이며, 리더십의 과정을 통하여 "리더(L)와 추종자(F)들이 상대방을 더 높은 수준의 동기유발과 도덕성을 갖도록 고양시킨다. 그러한 리더십은 궁극적으로 리더와 추종자 모두의 인간적 행위와 열망의 수준을 높인다는 점에서 도덕적인 것이 된다. 그래서 그것은 양측 모두에게 변혁적 효과를 갖는다"(Burns, 1978: 20). 배스(1985)는 번즈의 이러한 관점을 수용하면서 변혁적 리더십을 주로 기대 이상으로 직무를 수행하게 하는 영향

표 3-5 변혁적 리더십 측정도구(MLQ Form-6)

0=전혀 그렇지 않다, 1=이따금씩 그렇게 한다, 2=때때로 그렇게 한다, 3=꽤 자주 그렇게 한다, 4=항상은 아니지만 빈번하게 그렇게 한다

1. 나는 다른 사람들이 내 주위에 있는 것을 기분 좋게 느끼도록 한다.
2. 나는 우리가 무엇을 할 수 있고 또 무엇을 해야 하는지를 몇 마디 짧은 말로 명확하게 표현한다.
3. 나는 다른 사람들이 낡은 문제들을 새로운 방식으로 생각하도록 할 수 있다.
4. 나는 다른 사람들이 자신을 스스로 개발해 나가도록 돕는다.
5. 나는 다른 사람들이 자신의 업무성과에 따른 보상을 받기 위해 무엇을 해야 하는지를 말해 준다.
6. 나는 다른 사람들이 합의된 업적 기준을 충족시켰을 때 만족한다.
7. 나는 다른 사람들이 항상 같은 방식으로 계속 일하도록 하는 것에 만족하고 있다.
8. 다른 사람들은 나를 완전히 신뢰하고 있다.
9. 나는 우리가 무엇을 할 수 있는지에 대한 호소력 있는 표현을 하고 있다.
10. 나는 다른 사람들에게 복잡하고 어려운 문제를 보는 새로운 방법을 제공한다.
11. 나는 다른 사람들로 하여금 자신들이 하고 있는 것을 내가 어떻게 생각하고 있는지 알도록 한다.
12. 나는 다른 사람들이 그들의 목표에 도달했을 때 인정해 주고 보상을 제공한다.
13. 일들이 잘 되어 가고 있는 한, 나는 어떤 것도 바꾸려고 시도하지 않는다.
14. 다른 사람들이 무엇을 하려고 원하든 나는 좋다.
15. 다른 사람들은 나와 함께하고 있는 것을 자랑스럽게 생각한다.
16. 나는 다른 사람들이 자신의 일에서 의미를 찾도록 돕는다.
17. 나는 다른 사람들로 하여금 자신이 이전에 전혀 의문을 갖지 않았던 일들에 대해 다시금 생각하도록 만든다.
18. 나는 소외당하고 있는 듯한 사람들에게 개인적인 관심을 보인다.
19. 나는 사람들이 그들의 업적에 대해 받고 있는 보상에 주의를 기울인다.
20. 나는 다른 사람들에게 그들이 자신의 일을 수행하기 위해 알아야 할 원칙들을 말해 준다.
21. 나는 다른 사람들에게 꼭 필요한 것만을 요구한다.

구분	① 이상적 영향력	② 영감적 동기부여	③ 개별적 고려	④ 지적 자극	⑤ 상황적 보상	⑥ 예외 관리	⑦ 위임적 리더십	변혁적 리더십
문항 번호	1, 8, 15	2, 9, 16	4, 11, 18	3, 10, 17	5, 12, 19	6, 13, 20	7, 14, 21	전체
점수								

점수 범위: 높음 9~12, 중간 5~8, 낮음 0~4

주: MLQ(Multifactor Leadership Questionnaire), Bass에 의해 개발되어 새로운 버전이 개발되고 있음.

출처: 김남형(2001). **리더십(3판)**. 경문사, pp. 261-263.

력 행사의 과정으로 보았다.

2) 문화적 리더십

□
문화와 리더십은 동전의 양면
과 같이 밀접한 관계가 있다.

□
조직문화의 정의를 생각해
보자(제2장).

앞에서 조직문화는 조직 구성원들이 내외적인 문제를 해결하는 과정에서 반복된 경험을 통해 무의식적으로 당연하게 공유하게 된 기본 가정, 신념, 가치, 행동규범 등의 결합체라고 했다. 학교는 구조적 의미에서 이완결합이지만 문화적 의미에서는 확고하게(tightly) 결합되어 있다(Sergiovanni, 1990: 10). 따라서 학교는 다른 조직들과는 달리 모호한 목적과 넓은 통솔범위를 가진 이완구조의 특성을 갖기 때문에, 관리 원칙을 그대로 학교에 적용할 경우 "효과성은 감소되고, 사람들은 혼란을 경험하며, 일은 이루어지지 않는다"(Weick, 1982: 673). 이러한 학교조직에서 문화가 그만큼 중요하다고 볼 수 있다.

문화적 리더십은 리더가 조직의 문화인 가치, 관습, 신념 등을 통제하고 개선하여 구성원의 행동과 태도를 조직목적 달성에 부합하도록 유도하는 리더십이다. 이는 단순히 조직의 구조나 업무를 관리하는 것이 아니라 조직 구성원들이 공유하는 가치관, 신념, 관심 등을 바탕으로 조직 내의 상호작용, 의사소통, 업무 수행 등을 조정하는 것이다. 컨닝햄(Cunningham)과 그레소(Gresso)는 리더십에 대한 구조적 접근의 대안으로 문화적 접근을 제시하였다(1993: 32-35). 문화는 교직원 개개인에게 수용될 수 있는 방법을 규정하며 그들이 생활하는 기초가 되어 사람들의 마음에 영향을 주고 그들의 관리, 업무 그리고 자기 자신을 지각하고 결부시키며, 해석하는 모델이 된다. 따라서 학교교육을 개선하기 위해서는 규범, 집단의 관습, 신념의 유형, 가치, 사회화 과정, 사회적으로 구조화된 실체의 이미지와 같은 문화적 측면을 반드시 고려해야 한다.

□
서지오바니의 문화적 리더십

그리고 지속적으로 조직효과성을 개선하는 데 있어, 조직문화는 모든 행정적 노력의 구심점이 되어 조직구조, 조직행동 그리고 조직의 직무수행에 영향을 주고 직무수행을 개선하기 위한 기제가 된다. 그래서 조직행동과 조직구조는 직무수행 개선을 위한 교정적 행위를 통해 적절한 조직문화

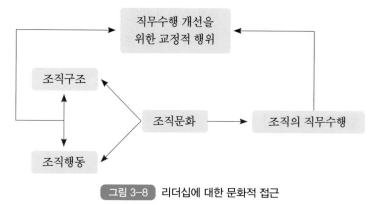

그림 3-8 리더십에 대한 문화적 접근

그림 3-8 리더십에 대한 문화적 접근

출처: Cunningham, W. G., & Gresso, D. W. (1993). *Cultural Leadership: The Culture of Excellence in Education*. Boston: Allyn & Bacon, p. 20.

를 자연스럽게 발전시키고 지원하게 된다. 역으로 그 행동과 구조를 직접 바꾸는 것은 기껏해야 직무수행에 대한 우연적이고, 일시적이며, 임의적인 영향력만을 가지며, 그에 상응하는 변화에 대한 지원이 그 문화에서 일어나지 않으면 그러한 행동과 구조는 오래 지속될 수 없다. 컨닝햄과 그레소가 제시한 리더십에 대한 문화적 접근 모델은 [그림 3-8]과 같다.

따라서 이러한 학교조직에서 효과적인 문화를 형성할 수 있는 구성 요소로서 컨닝햄과 그레소는 "버티컬 슬라이스(vertical slice), 결핍보다는 비전, 동료 관계, 신뢰와 지원, 권력과 지위보다는 가치와 흥미, 폭넓은 참여, 지속적 성장, 장기적 전망에 따른 현재의 생활, 질 높은 정보에 대한 용이한 접근, 개선의 유지와 지속, 그리고 개인적인 권한 부여"를 들고, 이러한 문화의 형성을 통해서 학교조직의 수월성을 높일 수 있다고 보았다(1993: 41-51). 여기선 버티컬 슬라이스는 조직에서 직위에 관계없이 허심탄회하게 토론하고 조정하는 의사소통 방법이다. 성공적인 리더는 학교를 이완된 구조로 파악한다. 교사들은 고립되어 제각기 다른 수업을 함으로써 교사 간의 상호작용이 빈번하지 않을 수 있다. 이러한 특성 때문에 성공적인 리더는 교사들을 자율성을 바탕으로 고도의 전문성 신장이 요구되는 전문 직업인이 될 수 있도록 문화를 형성하는 문화적 리더십을 발휘할 필요가 있다.

그러나 거시적 관점의 문화에 의한 리더십 접근은 일단 확립된 문화가 조직 구성원들을 수동적 행위자로 만들고 능동적인 조직 행위자의 가능성

버티컬 슬라이스
조직에서 각 계층 대표자들이 직위에 관계없이 허심탄회하게 토론하고 조정하는 의사소통 방법

을 제한할 수 있다는 점에서 문제점이 제기된다. 따라서 조직 구성원들의 잠재 가능성을 계발할 수 있는 미시적 관점을 포함하는 새로운 리더십이 요구된다.

3) 도덕적 리더십

	예 ↑ 선의 ↓ 아니요		
	I 도덕적인 학교	II 도덕적이고 효과적인 학교
	III 비도덕적이고 비효과적인 학교	IV 정략적인 학교

아니요 ← 성공 → 예
출처: Sergiovanni, T. J. (1992).

도덕적 측면에서 선의와 관리적 측면에서 성공이 조합

도덕적 리더십의 선구자인 서지오바니(1992)는 문화의 개념을 통하여 도덕적 리더십을 설명하면서, 학교를 도덕적 측면에서의 **선의**(善意, good-will)와 관리적 측면에서의 **성공**(成功, success)이란 두 가지 차원을 조합한 네 가지 유형을 통해서 설명하고 있다.

학교는 선의와 성공의 두 가지 차원의 조합에 의하여 네 가지 유형의 학교로 분류되었다. I 상한의 **도덕적인 학교**에서 교직원들은 선의에 의해 동기가 유발되지만 목적의 성취에 있어서는 성공적이지 못하다. 반면에 IV 상

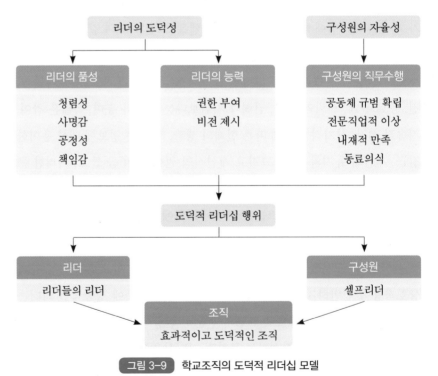

그림 3-9 학교조직의 도덕적 리더십 모델

출처: 명제창(1998). 학교조직에서의 도덕적 지도성 측정에 관한 연구. 충남대학교 대학원 박사학위 청구논문, p. 93.

한의 **정략적인** 학교에서 교직원들은 선의에 의해 동기가 유발되지 않았지만 목적 성취에 있어서는 성공적이다. 여기서 I 상한의 도덕적인 학교는 교직원들이 선의에 기초한 교장의 리더십을 이해하게 되면서 성공할 가능성이 증대될 것이다. 단기적으로 성공을 지향하는 IV 상한의 정략적인 학교보다는 선의를 강조하는 I 상한의 도덕적인 학교가 장기적으로 IV 상한의 학교가 될 가능성이 더 높게 된다. 결국 교장이 지향해야 할 도덕적 리더십은 성공보다는 선의를 중시하는 I 상한과 II 상한의 학교를 만드는 리더십이라고 할 수 있다.

이러한 도덕적 리더십을 리더가 자신의 도덕적 품성과 능력을 바탕으로 추종자의 존경과 신뢰를 획득하고 나아가 추종자의 능력을 개발하고, 추종자의 자율적 직무수행을 조장하여 추종자들을 '셀프리더'가 되도록 자극하

표 3-6 도덕적 리더십 기술 질문지(MLDQ)

영역	소영역		문항
교장 행동 특성	품성	청렴성	사생활에 있어서 교사들에게 모범을 보인다.
		사명감	교직을 최고의 천직으로 알고 행동한다.
		공정성	개인적 연고보다는 합리적 절차에 따라 직원 인사를 한다.
		책인감	학교 내의 잘못된 정책과 관행을 과감하게 고쳐 나간다.
	능력	권한 부여	교사들의 능력을 인정해 주고 높은 직무수행을 기대한다.
		비전 제시	교사들에게 자신이 지향하고 있는 학교의 모습을 설명한다.
교사 직무수행 특성		공동체 규범 확립	문제해결을 위한 각종 협의회에 진지하게 참여한다.
		전문직업적 이상	자신에게 맞는 수업 모델을 개발하려고 한다.
		내재적 만족	성의를 다하여 학생생활지도에 임하고 있다.
		동료의식	가족과 같은 화목한 분위기를 경험하고 있다.

도덕적 지도성 기술 질문지
(Moral Leadership Description
Questionnaire: MLDQ)

출처: 명제창(1998). 학교조직에서의 도덕적 지도성 측정에 관한 연구. 충남대학교 대학원 박사학위 청구논문, p. 136.

Daniel Goleman(1946~   )
세계적인 심리학자이자, 가
장 영향력 있는 경영 사상가
중 한 사람이다. 하버드 대학
교에서 박사학위를 받고 겸
임교수를 역임했다. 12년 동
안 『뉴욕 타임스』에 뇌와 행
동과학에 관한 글을 기고했
으며, 『타임』에 기고한 글로
두 번의 퓰리처상 후보에 올
랐다. 현재 미국과학진흥회
의 특별회원으로 있고 미국
심리학회의 평생공로상을 수
상한 바 있다. 2008년 『월스
트리트 저널』의 '가장 영향력
있는 경영사상가'로 선정되었
다. 대표작으로 『SQ 사회지
능』, 『마음의 리더십』, 『감성
의 리더십』(공저) 등이 있다.

는 리더십이다. 리더 자신은 '리더들의 리더'가 되어 궁극적으로 효과적이고
도덕적인 조직이 될 수 있도록 하는 리더십 기제인 것이다(명제창, 1998: 93).

서지오바니는 I 상한과 II 상한의 학교를 만들기 위한 전략으로 전문직
업적 사회화, 목적 설정과 공유가치, 동료의식과 상호 의존성을 제시하고,
이러한 전략을 통해서 추종자들로 하여금 일에 헌신하도록 하는 데 필요
한 규범적 권력을 제공함으로써 이완구조를 가진 학교에서 통제 문제를 해
결할 수 있고, 이러한 전략들이 성공할 경우 그것들은 교사들을 추종자에
서 자기관리자로 변혁시킬 수 있다고 보았다(Sergiovanni, 1992: 92-98). 결
국 전문 직업적 사회화, 목적 설정과 공유가치, 동료의식과 상호 의존성이
강조될 경우, 이것들은 리더십을 대신할 수 있으며 리더의 지도력은 그만
큼 필요가 없게 된다. 수업이 교사들 자신의 지혜와 동료들에 의존하여 자
율적으로 해결되고 그에 따라 행정가들에 대한 업무 부담은 완화될 것이
다. 그래서 행정가들로부터의 지시적 리더십은 약화되고 훨씬 더 비공식적
인 것이 되며, 통제와 조정의 문제는 교사와 행정가들의 내면화된 힘에 의
해 자연스럽게 해결된다고 보았다. 행정가들은 지시적인 대인적 리더십을
발휘하는 대신 교사들로 하여금 리더가 되도록 자극하고 조건을 확립하는
데 노력을 투자할 수 있게 될 것이다. 결국 학교 리더는 교사들을 셀프리더
(self leader)로 변혁시킬 수 있는 리더십의 대안을 강구하는 지도력을 발휘
해야 할 것이다. 도덕적 리더십은 이러한 조직운영을 효율적으로 달성할
수 있는 전략이다.

4) 감성 리더십

골먼(Goleman)은 감성지능이 리더십 유효성에 중요한 요소이며, 특히
팀을 이끄는 리더에게 더욱 중요하고, 조직의 상위계층으로 가면 갈수록
감성지능이 더욱 중요하다고 주장하였다(Goleman et al., 2002). 이들을 토
대로 생각해 보면, 리더십에 대한 보다 광범위한 접근과 감성을 고려한 리
더십에 대한 연구가 필요하다는 결론을 얻을 수 있다. 리더의 감성능력은
자기 자신과 주변과의 인간관계를 효과적으로 관리하는 능력을 말하며, 자

기인식, 자기관리, 사회인식, 사회적 기술 등의 영역으로 묶을 수 있다. '감성적 리더'는 자기인식능력, 자기관리능력, 사회인식능력, 사회적 기술 능력이 뛰어난 리더를 가리키며, 이러한 감성적 리더들이 발휘하는 리더십을 감성 리더십이라 부른다(Goleman et al., 2002).

감성 리더십은 "리더가 자신이 가지고 있는 감성적이고 사회적 능력을 개발하고, 구성원들의 감성을 이해하고 배려함과 동시에 비전을 제시하고 자연스럽게 조직 구성원들에게 영향력을 행사하는 것"으로 정의할 수 있다. 감성 리더십의 구성 요인은 개인 역량과 사회적 역량으로 나뉘고, 개인 역량의 하위 변인으로 자아인식능력과 자기관리능력을 사회적 역량으로 사회적 인식능력과 관계관리능력으로 구성된다. 개인 역량은 자신의 장점과 한계를 알고, 자신의 가치와 능력에 대해 긍정적으로 생각하는 등 자신에 대한 명확한 이해능력과 학교목표를 위해 희생과 헌신하고, 주도적으로

감성 리더십의 정의

표 3-7 감성 리더십의 구성 요인

구성 요인	세부 요인	정의	하위 요인
개인 역량 (Personal Competence)	자기인식능력 (Self-Awareness)	자신의 감성을 명확하게 이해하는 능력	감성이해력 정확한 자기평가 자신감
	자기관리능력 (Self-Management)	자기 자신의 감성을 효과적으로 관리하는 능력	자기통제력 신뢰성, 자기관리 및 책임의식, 적응력 성과달성 지향, 주도성
사회적 역량 (Social Competence)	사회적 인식능력 (Social-Awareness)	다른 사람의 감성을 명확하게 이해하는 능력	감정이입, 조직 파악력 고객 서비스 정신
	관계관리능력 (Relationship Management)	다른 사람의 감성을 효과적으로 관리하는 능력	영감을 불러일으키는 능력 영향력, 타인지원성, 연대감 형성 커뮤니케이션, 변화촉진력, 갈등관리능력

출처: Golman, D. et al. (2002). *Primal leadership: Learning to lead with emotional intelligence.* Boston: Harvard Business School Press를 인용한 이미라(2007). 교장의 감성리더십과 학교의 조직감성과 조직학습의 관계. 충남대학교 대학원 박사학위논문, p. 13.

표 3-8 감성 리더십 측정도구 사례

다음 내용은 감성 리더십 행동을 측정하기 이한 문항입니다. 아래의 각 문항에 대해서 공감하는 정도는 어떠합니까?	매우 그렇다	대체로 그렇다	그저 그렇다	대체로 그렇지 않다	전혀 그렇지 않다
1	추구하려는 가치나 목표가 분명하다(자기인식능력).	⑤	④	③	②	①
2	자신의 장점과 약점을 잘 알고 있다(자기평가능력).	⑤	④	③	②	①
3	바람직한 의사결정을 내릴 수 있다는 자신이 있다(자기확신능력).	⑤	④	③	②	①
4	여러 사람으로부터 참신한 아이디어를 찾아낸다(혁신성).	⑤	④	③	②	①
5	자신의 목표를 성취하기 위해 노력하는 결과지향적이다(성취력).	⑤	④	③	②	①
6	더 큰 학교 목표를 충족하기 위해 개인적인 희생을 감수한다(헌신성).	⑤	④	③	②	①
7	요구되거나 기대되는 일 이상의 목표를 추구한다(진취성).	⑤	④	③	②	①
8	다른 사람의 요구와 감정에 맞게 도와주려고 한다(감정이입).	⑤	④	③	②	①
9	다른 사람의 말에 귀 기울이고, 상대방의 요구를 충족시켜 주기 위해 노력한다(서비스 정신).	⑤	④	③	②	①
10	학교에서 편견이나 편협함을 해결하기 위해 노력한다(다양성 활용).	⑤	④	③	②	①
11	무엇인가를 발표할 때 청중에게 잘 어필하는 편이다(영향력).	⑤	④	③	②	①
12	잘 듣고 상호 이해를 추구하며, 충분하게 정보를 공유하는 것을 좋아한다(의사소통).	⑤	④	③	②	①
13	다른 사람이 책임감을 가지고 성취를 이룰 수 있도록 안내해 준다(리더십).	⑤	④	③	②	①
14	변화를 옹호하고, 다른 사람이 변화를 추구하는 데 참여한다(변화촉진).	⑤	④	③	②	①
15	상호 간에 이익을 얻을 수 있는 관계를 찾아낸다(갈등관리).	⑤	④	③	②	①
16	다른 사람과의 친근한 라포를 형성하고 있다(유대형성).	⑤	④	③	②	①
17	계획, 정보, 자원을 공유하는 데 협력한다(협동능력).	⑤	④	③	②	①
18	모든 구성원이 적극적이고 활동적으로 참여하도록 유도한다(팀 역량).	⑤	④	③	②	①

구분	① 감성 인식능력	② 감정 관리능력	③ 사회적 인식능력	④ 관계 관리능력	감성 리더십
문항 번호	1~3	4~7	8~10	11~18	전체
점수					

출처: 이석열(2006). 교장의 감성리더십 진단척도 개발. **교육행정학연구**, 24(3), pp. 75-77.

나서고, 기회를 포착할 수 있는 관리능력을 포함하고 있다. 사회적 역량은 다른 사람의 감정을 이해하고, 관심을 보이며, 요구를 감지하는 능력, 즉 다른 사람의 감성을 명확하게 이해하는 능력과 설득하는 능력, 다른 사람들과 함께 일하는 능력, 새로운 방향을 제안하고 관리하는 능력 등 관계관리 능력을 의미한다.

〈표 3-8〉의 감성 리더십 측정도구에서 자신의 행동(평균) 또는 교사(교장)로서 행동을 측정(평균)해서 자신의 감성적 리더십 행동을 성찰하는 기회를 가져 보자.

5) 분산적 리더십

분산적 리더십은 엘모어(Elmore)에 의해 한 사람이 조직 변화에 책임을 지는 가정에서 벗어나 다양한 개인과 집단이 리더십을 대체하거나 공유할 수 있다고 보는 가정에서 시작되었다. 앞으로 우리 학교의 문제해결을 위한 리더십은 한 개인이 갖고 있는 능력이나 특성을 중시하는 기존의 리더십 개념을 갖고는 해결되지 않을 것이다. 예를 들어, 교장과 같은 한 사람만을 학교효과성에 '주요 인물'로 강조하는 경향에서 벗어나 분산적 리더십은 리더뿐만 아니라 조직 구성원 모두가 환경과의 상호작용을 통해 새로운 권점의 리더십을 형성하는 것이나. 하시만 분명한 사실은 분산적 리더십은 단순히 권한위임과 동일시하려는 것이 아니라는 점과 교장의 역할을 약화시키려는 것이 아니라는 점이다.

분산적 리더십의 핵심은 리더십이 어떤 특정인의 영역이 아니라 조직 안에서 여러 지위에 놓여 있는 구성원들의 환경과의 다양한 상호작용의 결과라는 개념이 자리 잡고 있다(이석열 외 역, 2011). 분산적 리더십은 "리더들, 교사들, 그리고 이들이 수업실행에 영향을 미치는 상황 간의 상호작용을 통해 구성되는 것"이다(Spillance & Sherer, 2004). 따라서 분산적 리더십은 많은 조직 구성원들을 포함하는 리더십 실행의 한 형태이고, 리더 개인의 역량이나 지위권력 안에 머물러 있는 것이 아니다. 분산적 리더십은 교장, 교사 그리고 학교 상황, 교사의 상호작용에 의해 리더십이 분산되어 발

분산적 리더십의 가정

휘되는 것이다(문성윤, 2013). 분산적 리더십은 규모와 복잡성 그리고 다양한 여러 과제를 해결하기 위해서는 조직 내 다양한 자원을 적극 활용하는 것을 강조한다. 학교조직이 너무 복잡하고 과제도 광범위하기 때문에 개인이 이와 같은 모든 문제를 처리하기에는 역부족이라서 분산적 리더십이 필요한 것이다.

해리스(Harris)는 분산적 리더십 실행과 관련된 사례들을 제시하였고, 이 사례들을 통해 분산적 리더십의 몇 가지 공통된 원리들을 발견하였다(이석열 외 역, 2011).

- 광범위한 리더십이다.
- 의사결정에서 다양한 수준의 참여가 요구된다.
- 주로 교실에서의 실행 또는 수업개선에 초점을 맞추고 있다.
- 공식적 · 비공식적인 리더를 모두 포함한다.
- 수직적 · 수평적인 리더십 구조와 관련된다.
- 학생들에게까지 확대되는 리더십이고 학생들의 의사표현을 장려한다.
- 영구적으로 지속하는 집단이 없기 때문에 리더십 구조가 탄력적이며 변화하기 쉽다.
- 유동적이며 호환적이다.
- 궁극적으로 교수−학습에 영향을 주기 위한 리더십 실행의 개선에 관심을 둔다.

문성윤(2013)은 분산적 리더십의 영역과 측정 문항을 개발하였는데, 일부 내용을 보면 〈표 3-9〉와 같다. 분산적 리더십은 학교 상황, 학교장, 교사, 교사의 상호작용 등 4개 영역으로 다루고 있다. 앞으로도 학교 현장에서 요구되는 분산적 리더십을 구성하는 요인은 무엇이며, 각 요인 간의 영향은 어떠한지를 분석하여 우리나라 학교 현장을 이해하는 분산적 리더십에 대한 연구가 필요하다.

표 3-9 분산적 리더십 진단 척도

다음 내용은 분산적 지도성을 측정하기 위한 문항입니다. 아래의 각 문항에 대해서 공감하는 정도는 어떠합니까? **우리 학교에서는**	매우 그렇다	대체로 그렇다	그저 그렇다	대체로 그렇지 않다	전혀 그렇지 않다
1 학교비전과 목표가 공유되고 있다.	⑤	④	③	②	①
2 학기 초부터 교육목표를 설정해서 제시한다.	⑤	④	③	②	①
3 창의적이고 혁신적인 조직이다.	⑤	④	③	②	①
4 업무분장을 중심으로 학교가 운영된다.	⑤	④	③	②	①
5 교장은 교사들의 높은 업무 수행을 요구한다.	⑤	④	③	②	①
6 교장은 교사들에게 자율적인 교육과정 운영권을 부여한다.	⑤	④	③	②	①
7 교장은 교사들의 능동적 참여와 의견 제시를 인정하고 지원한다.	⑤	④	③	②	①
8 교장은 팀워크를 활용하여 업무를 수행한다.	⑤	④	③	②	①
9 교사들은 스스로가 학교의 공동 지도자란 인식을 가진다.	⑤	④	③	②	①
10 교사들은 학교에 창의적인 교육프로그램 아이디어를 제시 한다.	⑤	④	③	②	①
11 교사들은 우리 학교에서 공식적인 책임을 가진다.	⑤	④	③	②	①
12 교사들은 업무 결과를 평가하여 다음 업무에 반영한다.	⑤	④	③	②	①
13 학교교육 활동과 업무에 관하여 동료 교사의 도움을 쉽게 받을 수 있다.	⑤	④	③	②	①
14 교사들은 업무에 관련된 자료를 상호 공유한다.	⑤	④	③	②	①
15 동료 교사와 협력을 잘한다.	⑤	④	③	②	①
16 동료 교사들 간 의견을 존중한다.	⑤	④	③	②	①

구분	학교 상황	학교장	교사	교사 상호작용	합계
번호	1, 2, 3, 4	5, 6, 7, 8	9, 10, 11, 12	13, 14, 15, 16	
점수					

출처: 문성윤(2013). 분산적 리더십 진단 도구 개발 연구: 학교조직을 중심으로. **교육행정학연구**, 31(1), pp. 180-181.

4. 요약 및 적용

1) 요약

① 리더십 연구는 특성론, 행동론, 상황론으로 발전하였고, 이러한 초기의 리더십 연구를 질적으로 변화시키는 변혁적 리더십, 카리스마적 리더십, 문화적 리더십, 슈퍼리더십, 도덕적 리더십, 감성 리더십, 분산적 리더십 이론 등이 새로이 개발되고 있다.

② 초기의 리더십 연구에서는 리더십을 조직에서 과업을 성취하는 과정에서 집단을 관리하는 능력으로 간주하고, 추종자의 타율적 조직 참여를 전제로 환경적 요소를 리더십의 중요한 요소로 보았다.

③ 새로운 리더십 이론으로 제기되고 있는 변혁적 리더십은 추종자들에게서 기대 이상의 직무수행을 이끌어 내기 위한 리더십 전략이다.

④ 문화적 리더십은 구성원의 의미 추구 욕구를 만족시킴으로써 그 구성원을 학교의 주인으로 만들고, 조직의 제도적 통합을 가능케 하는 리더십 전략이며, 도덕적 리더십은 학교구성원들을 '리더들의 리더'로 변혁시킴으로써 추종자를 리더로 변혁시키는 리더십 전략이다.

⑤ 감성 리더십은 자기인식능력, 자기관리능력, 사회인식능력, 사회적 기술 능력이 뛰어난 감성적 리더들이 발휘하는 리더십을 의미한다.

⑥ 분산적 리더십은 리더들, 교사들, 그리고 이들이 수업실행에 영향을 미치는 상황 간의 상호작용을 통해 구성되는 것으로, 교장, 교사, 그리고 학교 상황, 교사의 상호작용에 의해 리더십이 분산되어 발휘되는 것이다.

2) 적용

■ 서술형 문제

1. 두 교장이 자신의 학교에서 어떻게 리더십 발휘하고 있는가에 대한

대화를 하고 있다. 박 교장이 말하고자 하는 것을 기술하시오.

> 김 교장: 요즘 우리 학교 선생님들은 인화를 강조하는 저의 지도방식에 대한 불만을 가지고 있습니다. 그래서 저는 선생님들에게 교사로서의 과업을 강조하는 리더십을 발휘하려고 애쓰고 있습니다.
>
> 박 교장: 우리 학교 선생님들은 전반적으로 성숙도 수준이 매우 높은 것으로 판단됩니다. 그래서 저는 요즘 위임적인 리더십을 발휘하려고 노력하고 있습니다.

1) 박 교장이 발휘하고 있는 리더십 유형:
_____

2) 박 교장이 발휘하고 있는 리더십의 핵심 내용:
_____

2. 다음 내용을 잘 읽고 물음에 답하시오.

> (가) 는 리더십에 대한 전통적인 연구들은 교환적 리더십에 대비되는 리더십 형태라 할 수 있고, 이들의 관점을 보완하는 새로운 리더십 이론을 의미한다. 좁은 의미에서는 기대 이상의 직무수행을 가능하게 하는 리더십을 말한다.

1) (가)에 알맞은 리더십 이론을 쓰시오.

2) (가)를 발휘하는 리더의 행동을 3개 이상 쓰시오.
_____
_____

3. 리더십에 관한 이론은 상당히 많이 있다. 이 교재에서 다루지 않은 리더십을 한 가지씩 조사해 보고 적용 방법을 설명하시오(예: 수업리더십, 서번트리더십 등).

■ 토의 · 토론 문제

1. 어떤 학교에서 교사들이 가급적 수업은 적게 맡고, 담임은 기피하며, 사무분장은 부담이 적은 것을 맡으려 하는 분위기로 팽배해 있다. 여러분이 이런 학교에 교장으로 부임한다면 어떠한 리더십 전략을 전개할 것인지 토의해 보시오.

2. 당신이 교감으로 새로이 학교에 부임해 관찰해 보니 교사들 간에 상호작용을 하지 않고 협력적 전문 학습 공동체가 이루어지고 있고 있다. 교감의 입장에서 아쉬운 마음이 들었다. 교사들은 크게 관심을 두지 않는 것 같았다. 당신이 이 문제 해결을 위한 실천 프로그램을 어떻게 구성할 것인지 토의해 보시오.

3. 여러분이 속해 있는 조직에서 개별 리더들과 그들의 역할을 정리하고, 그들은 어떤 리더십 기능을 수행하고 있는가를 설명해 보시오. 또한 여러분이나 여러분 팀의 리더십은 얼마나 조화로우면서도 효과적인지를 설명하고, 그 근거를 토의해 보시오.

"왜 교사의 삶을 살려고 하는가?"

왜 교육대학이나 사범계 학과에 진학하였는가? 또 전공 공부를 하면서 교직과정을 이수하고 있는 이유는 무엇인가? 대개 대학에 진학하거나 교직과정 이수를 신청하는 과정에서 "나는 왜 교직을 직업으로 삼으려 하는가?" 자문하였을 것이다. 이 질문은 교사를 준비하는 과정이나 실제로 교직에 진출하여서도 항상 품어야 한다.

다른 직업에 비해 정년이 길고, 안정적이라서 교직에 진출하려 하는지, 아니면 아이(학생)들과 생활하는 것이 좋아서 그런가? 사람을 잘 가르쳐서 자기실현을 하도록 도와주는 것이 '나'의 인생 사명이라고 생각해서 교사가 되려고 마음먹었는가? 교사가 되려는(된) 목적, 이유에 따라 교직수행에서 직무동기나 직무만족이 달라진다. 특히, 직무수행에 대한 태도가 달라진다.

이 단원을 공부하면서 다시 질문하고 답해 보자. 나는 왜 교사의 삶을 살려 하는가?

제**4**장

교사의 직무동기

학
습
목
표

- 교사 직무동기의 의미와 과정을 알 수 있다.
- 직무동기에 관한 내용이론과 과정이론의 주요 내용 및 시사점을 알 수 있다.
- 교사 동기부여의 전략을 알고 적용할 수 있다.
- 학교조직의 경영에 적용할 수 있는 직무동기 관리기법을 알고 실천할 수 있다.

학습내용

주요 개념

교사의 직무동기, 직무동기의 내용이론, 직무동기의 과정이론, 욕구계층이론, 동기-
위생이론, 생존-관계-성장이론, 기대이론, 성과-만족이론, 공정성이론, 목표설정
기법(이론), 직무재설계(직무풍요화)

1. 직무동기의 과정과 유형

교사들이 열의와 만족감을 갖고 학생들을 가르치게끔 동기를 부여하는 일은 학교경영에서 중요한 관심사다. 교사는 학교조직의 가장 본질적인 기능인 교수활동을 맡아 실천하기 때문이다.

1) 직무동기의 정의와 과정

직무동기의 정의　직무동기(work motive)란 직무환경에서 직무와 관련이 있는 행동을 개시하고 목표를 지향하는 한편, 이를 지속적으로 유지시키는 내적인 힘이다. 이 정의로부터 직무동기를 세 가지 측면에서 이해할 수 있다. 첫째, 인간행동을 활성화(energize)한다. 즉, 사람들로 하여금 일정한 방식으로 행동하도록 힘을 솟게 하는, 개인 내의 활성적인 힘이 곧 동기다. 둘째, 인간행동의 방향을 설정하거나 목표를 지향하는 통로(channel)가 된다. 어떤 목표를 향하여 행동하는, 즉 동기가 지니는 방향이나 목표의 차원을 의미한다. 셋째, 인간행동을 유지하고 지속하게 한다. 이는 동기가 지니는 지속성 또는 행동적인 속성을 의미한다.

식무동기의 의미에 비추어, **교사의 식부농기**란 "교사들이 학교조직의 목적 달성을 위한 행동을 개시하고, 그 행동을 활성화화며 이를 유지시키는 내적 상태"다.

> **직무동기 의미**
> • 행동의 활성화
> • 목표의 채널
> • 행동의 유지

동기화의 과정　조직 속에서 구성원이 조직목표의 달성을 향해 동기화(motivation)되는 과정은 [그림 4-1](송화섭, 1992: 202)을 통해 알 수 있다. 우선, 일반적으로 사람들은 충족되지 않은 욕구, 즉 욕구결핍을 줄이기 위한 방안을 탐색는 과정에서 하나의 행동안(行動案)이 선택되면 목표지향적인 행동이 발생한다. 그런 다음에 일정기간이 지나면 어떤 식으로든 자신이 수행하여 나타난 성과가 평가되고 이를 바탕으로 외부로부터 보상 또는 벌이 주어지는데, 이를 자신이 지각하는 수행의 결과와 비교하여 욕구결핍

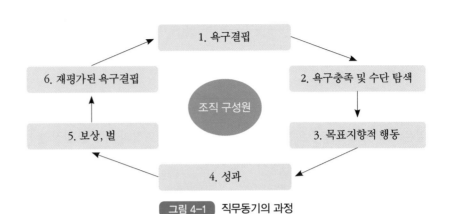

그림 4-1 직무동기의 과정

을 재평가하게 된다. 이러한 동기화 과정은 순환하여 반복된다.

동기화의 과정

[그림 4-1]은 조직 속에서 개인이 직무동기를 일으키고 유지하는 과정을 잘 설명해 주고 있으나, 직무동기가 일어나는 과정을 개인의 욕구와 목표에만 한정하여 설명하는 한계가 있다. 조직 구성원의 동기화 과정을 제대로 설명하려면, 개인의 욕구와 목표 외에, 개인의 성격과 능력, 다양한 조직변수(직무특성 등), 그리고 환경적 변인 등이 서로 어떻게 복합적으로 상호작용하는지를 설명하여야 한다.

2) 직무동기이론의 유형

조직에서 구성원의 직무동기가 어떻게 발동하는지 구체적으로 설명해 주는 이론은 크게 내용이론과 과정이론으로 나눌 수 있다. **내용이론**(content theory)은 "사람들은 무엇 때문에 열심히 일을 하는가" 하는 물음에 답을 준다. 한편 **과정이론**(process theory)은 "사람들은 인지적으로 어떤 과정을 거쳐 열심히 일하려고 결정하고 이를 실천하는가" 하는 물음에 답을 준다. 즉, 직무동기의 발동과 유지에 작용하는 여러 변인들의 관계를 파악하는 데 초점을 둔다.

학생들이 학습하는 행동이나 성인들이 조직에서 일하는 것 모두 동기와 관계된 것이라면, 내용이론은 행동주의 학습이론과 맞닿아 있고, 과정이론은 인지주의 학습이론에 비추어 볼 수 있다. 두 가지 직무동기의 유형에 속

직무동기 유형
• 내용이론
• 과정이론

내용이론과 과정이론
• 내용이론 → what
• 과정이론 → how

내용이론
- 욕구계층이론
- 동기-위생이론
- 생존-관계-성장이론

과정이론
- 기대이론
- 성과-만족이론
- 공정성이론
- 목표설정이론

그림 4-2 직무동기에 관한 이론들

하는 하위 이론을 보면 [그림 4-2]와 같다.

교육심리학 과목에서 공부한
학습이론의 패러다임을 떠올
려 보자.

2. 직무동기의 내용이론

조직 구성원들의 동기를 유발시키는 요인이 무엇인가에 관심을 갖는 내용이론에는, ① 매슬로(Maslow)의 욕구계층이론, ② 허즈버그(Herzberg)의 동기-위생이론, ③ 알더퍼(Alderfer)의 생존-관계-성장(ERG)이론이 있다.

내용이론
① 욕구계층이론
② 동기-위생이론
③ ERG 이론

1) 욕구계층이론

매슬로는, 인간행동의 동기는 계층적으로 이루어진 다섯 가지 욕구를 충족하기 위해 발동한다고 설명하였다. 이를 **욕구계층이론**(need hierarchy theory)이라고 일컫는데, 조직에서의 직무동기를 체계적으로 알려 주는 대표적 이론 중 하나다. 욕구계층이론은 다음과 같은 전제를 바탕으로 한다.

- 인간은 항상 무엇인가를 필요로 하는 존재다. 즉, 충족되지 못한 어떤 욕구를 충족시키기 위해서 동기가 유발된다.
- 인간의 욕구는 다섯 가지가 계층을 이루는데, 생리적 욕구 → 안정의

Abraham Harold Maslow
(1908~1970)

위스콘신 대학교 졸업 후 컬럼비아 대학교에서 카네기 특별연구원으로 활동(1935~1937)하였다. 유명한 학습 이론가인 손다이크(Throndike)의 연구 조교로 일하였다. 오랜 기간의 임상 연구 결과를 바탕으로 인간의 욕구를 5단계로 구분, 서열화하고 각 단계로의 이동을 결정하는 요소를 분석한 욕구단계이론을 발표하였다. 주요 저서에는 『가능성의 심리학』(1966)이 있다.

욕구 → 사회적 욕구 → 존경의 욕구 → 자아실현의 욕구가 그것이다.

- 일단 충족된 욕구는 약해져 동기유발 요인으로 작용하지 않고, 그 다음의 욕구가 지배적인 동기요인으로 부각한다.
- 인간은 궁극적으로 자아를 실현하려는 존재다.

(1) 욕구의 단계

① **생리적 욕구(physiological need):** 인간의 삶 그 자체를 유지하기 위해 필요한 의식주·성·수면 등 생리적 균형을 유지하는 데 관련된 기본적 욕구다. 배고픈 아이는 학교에 가더라도 공부에는 흥미를 기울이기 힘든 것이 예다.

② **안정의 욕구(safety need):** 사람들이 신체적 위험과 위협으로부터 보호, 불안과 공포로부터 심리 정서적인 안정, 혼돈과 무질서로부터 해방 등을 추구하는 것을 말한다. 조직 구성원들의 안정욕구는 신분보장, 직업 안정성, 의료혜택, 연금제도 그리고 산업재해 예방 및 보장책에 대한 관심으로 나타난다.

③ **사회적 욕구(social need):** 인간은 사회적 존재이기 때문에 대인관계를 통해 친교와 우정을 나누고 집단이나 조직에 소속되기를 원하는 욕구를 갖고 있다. 학생들이 학교에 가는 이유도 지식만을 추구하는 것이 아니라 친구들과 사귀고 어울리려는 욕구가 있기 때문이다.

④ **존경의 욕구(esteem need):** 인간은 자존심을 유지하고 타인으로부터 인정이나 존경을 얻고 싶은 욕구를 갖고 있다. 존경의 욕구는 타인으로부터의 존경(인정, 명예, 지위 등)과 자기존중(자기가치감, 자기효능감 등)로 구분된다. 교사가 교감으로, 교감이 교장으로 승진하는 것은 존경의 욕구와 관련이 있다.

⑤ **자아실현의 욕구(self-actualization need):** 자신의 잠재능력을 최대로 발휘하여 자기완성을 이루려는 욕구다. 자신이 가치 있게 여기는 대상에 헌신하여 목표를 이루려는 욕구가 그것이다. 교직을 천직으로 알고 학생들을 가르치는 과정에서 삶의 보람을 찾는 경우가 이에 해당한다.

표 4-1 욕구계층의 수준과 조직 요인

일반 요인		욕구 수준	조직 요인
복잡한 욕구	성장 성취 진보	자아실현의 욕구 (5)	도덕적인 직무 조직 내에서의 발전 일의 성취
	자기 존경 타인의 존경 인정	존경의 욕구 (4)	직책 지위 상징 승진
	애정 수용 친선	사회적 욕구 (2)	감독의 질 경쟁적인 작업 집단 전문적인 친선
	안전 안심 안정	안정의 욕구 (2)	안전한 근무조건 특별급여 직업안정
기본적 욕구	물 음식 은신처	생리적 욕구 (1)	냉난방 시설 기본급여 근무조건

출처: 윤정일 외(2021). **교육행정학원론(7판)**. 학지사, p. 73.

이렇게 살펴본 다섯 가지 욕구를 하나로 나타내면 〈표 4-1〉과 같다.

(2) 비판점

욕구계층이론이 인간의 욕구를 체계적으로 설명해 주고 있지만, 다음과 같이 비판할 수 있다.

욕구계층이론의 문제나 한계는 무엇인가?

첫째, 일반적으로 인간의 욕구가 하급의 욕구로부터 상급의 욕구로 이행하면서 순차적으로 나타나기는 하지만 욕구의 '순차적 계층성'이 항상 고정적인 것은 아니다. 어떤 사람은 생리적 욕구나 안정의 욕구가 충족되지 않은 가운데에서도 자아실현을 위한 활동에 에너지를 쏟기도 한다.

둘째, 인간의 행동은 여러 욕구 요인이 상호 복합적으로 작용하여 행동을 결정하기도 한다. 교사들이 방학 중에도 쉬지 않고 자발적으로 연수를 받는 이유는 자신을 계발하기 위한 자아실현의 욕구와 함께 승진(존경의 욕구)을 위한 욕구를 충족하기 위한 노력일 수 있다.

셋째, 인간의 욕구와 동기를 정태적으로 파악하였다는 한계가 있다. 욕구요인의 상대적 중요성은 사람에 따라 다를 뿐 아니라, 개인적으로도 상황에 따라 상대적인 선호(강도)가 다르다. 그래서 인간의 행동을 제대로 이해하려면 조직의 변인(구조와 과정, 리더십), 환경 변인(정책이나 제도의 변화 등)을 두루 고려할 필요가 있다.

넷째, 자율욕구를 강조하지 않은 한계가 있다. 교사들은 교직을 수행하는 과정에서 전문적인 판단 기준과 양심에 비추어 자유롭게 학생들을 가르치기 원하는 경우가 있다. 자율욕구란, 자신의 환경이나 운명을 통제하고자 하는 욕구로, 자신의 직무와 관련된 의사결정에 참여하고 영향력을 행사하려는 것을 말한다.

제2장 학교조직론의 '교직전문성'과 관련지어 보자.

포터(Porter)는 매슬로가 자율(autonomous)욕구를 강조하지 않은 한계에 착안하여 생리적 욕구를 제외하는 대신 자율욕구를 자아실현의 욕구 밑에 설정하여 욕구만족 측정질문(Need Satisfaction Questionnaire: NSQ)을 만들었다.

시사점을 개조식으로 요약해 보자.

(3) 시사점

첫째, 학교조직의 경영자들에게 구성원들의 직무동기에 대해 체계적으로 설명해 준다. 조직의 구성원들은 조직의 목표에 공헌하는 대가로 조직으로부터 어떤 보상을 받기를 원한다. 이 점에서, 학교경영자들은 교사들이 충족하기를 바라는 욕구의 내용을 체계적으로 알아야 한다. 그렇게 하면 교사들이 가르치는 일에 만족하여, 학교조직의 목적 달성에 더 헌신할 수 있도록 지원할 수 있다.

둘째, 인간의 욕구가 단계적이면서 복합적으로 작용한다는 사실에서, 교사들의 동기 유발을 위한 복합적인 접근이 필요하다. 교사들에게는 안정적으로 직무에 전념할 수 있도록 보수 등 경제적 지원을 적정하게 해 주는 동시에 사회적으로 그 권위가 훼손당하지 않도록 교권을 세우는 등 존경의 욕구도 필요하고, 교직에 종사하는 보람을 갖고 학생을 가르치도록 사회적·제도적 장치를 만드는 일도 중요하다. 교사들의 직무동기를 유발하고, 높이기 위해서는 종합적인 접근이 필요하다.

셋째, 학교조직에서는 '인간 중심 경영'이 그 어느 조직보다 중요하다. 매슬로가 가정하는 인간의 욕구체계에서 맨 위에 있는 자아실현의 욕구는 그 자체가 교육의 중요한 목표이기도 하다. 교사들이 자기 스스로 성장하고 있고 발전하고 있다는 확신을 갖지 못한다면, 학생들의 자아실현을 위해 노력하는 데 한계가 있을 것이다. 이 점에서 학교경영자들은 교육의 주체인 교사들이 직무를 통하여 자아실현의 욕구를 충족하도록 '인간 중심'의 조직문화와 풍토를 가꾸어야 한다.

넷째, 교사들이 긍정적인 자아개념을 갖고 고차적인 요구를 충족하도록 배려하는 것이 필요하다. 일반적으로 실패회피자는 낮은 자아개념을 갖고 자기보호와 자아방어를 위하여 에너지를 소모하지만, 성공추구자는 자기존중감과 자아실현의 욕구를 갖고 자신의 역량을 개발하려 노력한다. 따라서 교사들이 긍정적인 자기 이미지를 가져야만, 발전하려는 욕구를 더 갖게 되고 학생들에게도 역할 모델이 될 것이다.

2) 동기-위생이론

(1) 주요 내용

허즈버그는 200명의 기술자와 회계사들을 대상으로 일을 하면서 즐거웠던 시간이나 사건, 또는 불쾌했던 시간이나 사건을 회상하게 한 다음 왜 그런 감정을 느끼게 되었는지, 그리고 그것들이 직무성과에 어떤 영향을 미쳤는지를 조사하였다. 이런 실증적인 연구 결과를 바탕으로, 직무상황에서 '만족을 주는 요인'과 '불만족을 주는 요인'은 서로 다르다는 사실을 보고하였다. 그래서 허즈버그의 이론을 **동기-위생이론**(motivation-hygiene theory)이라 한다.

동기-위생이론은, 직무만족과 직무불만족은 서로 독립(분리)된 별개의 차원이며, 각 차원에 작용하는 요인 역시 별개라는 관점을 취한다. 즉, 허즈버그는 직무상황에서 만족의 반대는 불만족이 아니라 '만족이 없는' 무만족(no satisfaction)이며, 불만족의 반대는 만족이 아니라 '불만족이 없는' 무불만족(no dissatisfaction)이라는 사실을 발견하였다. 이를 기초로, 허즈버그는 직무만족을 가져다주는 것으로 밝혀진 요인들을 동기요인(motivators) 또는 만족요인(satisfiers)이라 부르고, 직무불만족을 가져다주는 것으로 밝혀진 내용들을 위생요인(hygiene factors) 또는 불만족요인(dissatisfaction

Frederick Herzberg
(1923~2000)
'동기-위생이론'이라는 직무확대이론을 주창한 미국의 경영심리학자. 「종업원에 대한 동기부여 방법」이라는 논문으로 주목받았다.

매슬로는 직무만족과 직무불만족을 연속선상의 개념으로 파악하였다.

factors)이라 불렀다. 두 가지 차원으로 설명하며, **이요인설**(二要因說) 또는 **양요인설**(兩要因說, two factor theory)이라고도 한다.

동기요인　　동기요인은 직무상황에서 사람들에게 만족을 가져다주는 요인인데, '직무 그 자체'와 관련된 것들이다. 사람들은 일을 하는 과정에서 성취감이나 책임감, 그리고 발전하고 있다는 느낌을 갖도록 직무를 설계하고, 일의 목표나 수행방식 등을 스스로 결정하도록 자유재량권을 주면 만족을 느낀다.

동기요인에 속하는 것들은 충족되지 않아도 불만은 없지만, 일단 충족하게 되면 직무태도와 직무만족에 긍정적인 영향을 줄 수 있다. 동기요인은 매슬로가 말한 욕구계층 중에 상위 욕구(자기존경과 자아실현)와 일치한다.

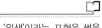
왜 '위생'이라는 표현을 썼는 지 생각해 보자.

위생요인　　위생요인이란 직무를 수행하는 환경과 관련된 요인으로, 회사의 정책과 행정, 감독, 임금, 대인관계, 작업조건 등을 말한다. 위생요인은 그것의 충족이 단지 직무에 대한 불만족의 감소만을 가져올 뿐이지 적극적으로 직무만족에 작용하지는 못한다. 이는 매슬로가 말한 생리적 욕구, 안정의 욕구, 사회적 욕구 그리고 존경의 욕구 중 타인으로부터의 존경

표 4-2 동기요인과 위생요인의 구분

+	0	+
위생요인		**동기요인**
• 대인관계		• 성취
• 승진(타인으로부터 인정)		• 인정(자기존중)
• 감독(기술적)		• 일 그 자체
• 정책과 행정		• 책임감
• 근무조건		• 발전감
• 사생활		
↓		↓
(충족되지 않으면)		(충족되면)
불만족		만족

과 관련이 있다.

(2) 비판점

동기-위생이론은 조직에서의 직무동기를 잘 설명해 주고 있으나, '허즈버그 논쟁'이라고 불릴 만큼 비판도 받고 있다.

동기-위생이론의 한계는 무엇인가?

첫째, 동기-위생이론은 개인차를 무시하고 두 요인을 서로 배타적으로 본 것은 현실을 제대로 반영하지 못할 수도 있다. 이 이론은 직무만족과 불만족에 대한 개인의 반응은 유사할 것이라는 가정을 취하는데, 동료들과 우정(사회적 욕구)을 쌓으면서 일을 하는 과정에서 만족을 느끼는 사람도 많이 있다. 이처럼 어떤 요소가 개인에 따라 만족요인이 되기도 하고 불만족요인이 되기도 하기 때문에 두 요인을 엄밀하게 상호배타적인 것으로 보기는 어렵다.

둘째, 만족과 불만족을 분류하는 방식에도 문제가 있을 수 있다. 사람들은 자기가 통제할 수 있는 요소에 대해서는 자연히 즐거운 경험을 언급할 가능성이 있는 반면에 자기통제를 벗어나는 직무환경에 대해서는 기분 나쁜 경험을 말할 가능성이 높다.

셋째, 공개적인 면담을 하였기 때문에 응답자들이 사회적으로 수용할 수 있는 응답, 즉 면담자가 듣기를 원한다고 생각하는 대답을 했을 가능성이 높다.

넷째, 이 연구는 실제적인 동기와 성과의 관계를 탐구하기보다는 종업원의 만족에 초점을 두었다. 즉, 직무에 대해 만족스러운 경험을 한 사람이 직무성과가 높은지, 그리고 직무불만족을 더 많이 경험한 사람은 그렇지 않은 사람에 비해 직무성과가 더 낮은지에 대해 깊이 있는 연구를 바탕으로 한 결론은 아니다.

(3) 시사점: 직무재설계

동기-위생이론은 교사들로 하여금 직무만족과 직무성과를 제고하는 방안에 대한 철학적 토대를 제공하고 있는데, 직무재설계(work redesign) 프로그램으로 구현된다.

직무풍요화   교사의 동기화 전략으로 일 그 자체와 관련된 **직무재설계**(job redesign)가 있다. 이에 따르면 교사들은 보수나 근무조건의 개선보다는 가르치는 일 그 자체를 통한 발전감, 책임감, 도전감 등을 경험하면 동기가 활성화되기 때문에 직무의 수행 방식 등을 변화시키는 것이 필요하다. 직무재설계를 통한 효과적인 동기화 전략으로 **직무풍요화**(job enrichment) 전략을 들 수 있다.

직무풍요화는 직무수행에 다양한 작업내용이 포함되고, 보다 높은 수준의 지식과 기술을 필요로 하고, 작업자에게 자신의 성과를 계획 · 지휘 · 통제할 수 있는 자율성과 책임을 많이 부여하고, 개인적 성장과 의미 있는 작업경험에 대한 기회가 제공될 수 있게끔 직무의 내용을 재편성하는 것을 말한다(신유근, 1985: 258-259). 직무풍요화는 행동과학자들이 작업자의 동기 부여에 많은 관심을 기울이고 있었던 직무확대(job enlargement)나 직무교체(job rotation)의 개념과 차이가 있다. 이것은 작업의 지나친 단순화를 해결하기 위하여 작업자가 여러 가지의 다양한 일을 더 하게 되면 직무에서 더욱 만족을 얻을 수 있을 것이라는 가정에서 이루어진 것이다. 그러나 직무풍요화는 단순히 종업원에게 작업을 더 하게 하는 것이 아니라 그의 재능과 기술을 더 발휘할 수 있게 하여 자기실현의 기회를 제공하자는 데 있다(김창걸, 1992). 결국 **직무풍요화**는 교사들로 하여금 직무수행상의 책임을 증가시키고, 권한과 자유재량권을 부여하며, 구성원들로 하여금 자신의 능력을 발휘할 수 있는 기회를 갖도록 하여 직무수행의 과정에서 도전 · 보람 · 흥미 · 심리적 보상을 얻도록 해 준다(노종희, 1992: 130-131).

> 직무확대와 직무풍요화의 다른 점은 무엇인가?

> **직무특성이론**
> 욕구계층이론 + 동기−위생이론 + 기대이론

직무특성이론   해크먼(Hackman)과 올드함(Oldham, 1980)에 의해 제안된 직무특성 모델(job characteristic model)은 매슬로의 욕구계층이론과 동기−위생이론, 그리고 앞으로 공부할 기대이론을 기초로 한 것이다. 이 모델은, 직무에 내재된 특성이 구성원의 심리상태를 변화시키고, 이러한 심리상태가 개인의 직무동기와 만족, 나아가 직무효과까지 높여 주는 과정을 설명하고 있다.

경력 단계 프로그램　　교사들의 직위체계가 어떻게 구조화되었는지를 살펴보면 경력 단계 프로그램이 무엇인지 짐작할 수 있다.

교직에서 경력 단계 프로그램의 중요성은 무엇인가?

교직은 다른 직종에 비해 직급이나 직위구조가 단순(납작)하다. 정교사의 경우 2급과 1급으로만 분류되고, 직위도 교사 → 교감 → 교장으로 이어지는 단순한 체계를 갖고 있다. 이런 현실로 인해 교사들은 소수만이 승진의 기회를 갖게 되고, 대부분의 교사들은 경력이 쌓여 가도 직위권력을 갖지 못해 조직에 영향력을 행사하기가 어렵다. 또 중·고등학교의 경우 한 과목만을 가르치기 때문에 교과를 통한 도전감이나 발전감을 경험하기도 쉽지 않다.

교직의 이런 현실에 착안하여 교직의 경력 단계를 도입하자는 주장이 제기되어 왔고 실제 적용되기도 한다. 교직에서 경력 단계 프로그램은 일반적으로 교사들의 자격과 단계를 보다 세분화하여 교사들이 지속적으로 새로운 지식과 기술, 전문성을 계발할 수 있는 기회와 보상을 제공하고, 직무의 다양성과 책임을 증가시켜 궁극적으로 교직의 보람과 만족을 경험하게 하려는 것이다.

교직에서 경력 단계 프로그램은 직위 단계를 다단계(다층구조)로 재설계

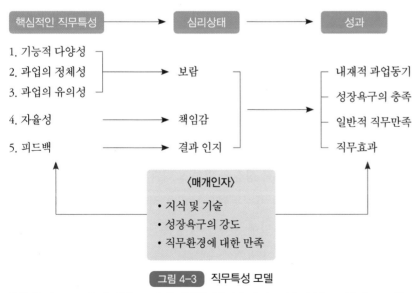

그림 4-3　직무특성 모델

출처: Hackman, J. R., & Oldham, G. R. (1980). *Work Redesign*. MA: Addison-Wesley, p. 83.

제9장에서 수석교사제의 자격과 역할을 자세하게 알아보자.

하는 것을 말하는데, '수석교사제'가 그 예일 수 있다. 수석교사란 일정한 경력과 능력을 가진 교사들 중에서 일정 인원을 선발하여, 학생을 직접 가르치는 일 외에 학교 · 교육청 단위에서 수업코칭을 하거나 교육과정 · 교수-학습 · 평가 방법을 개발하고 보급하며, 신임교사를 지원하고 지도하는 역할을 수행한다. 수석교사제는 교사들이 한정되어 있는 교감이나 교장직으로의 진출을 최종 목적으로 삼지 않고, 계속적인 자기연마와 전문성 개발을 통해 교직수행 능력을 증진하고, 그 결과 교직의 보람(만족)을 얻을 수 있도록 하는 데에 목표가 있다.

3) 생존–관계–성장이론

(1) 주요 내용: 욕구계층설과 비교

알더퍼(Alderfer)는 욕구계층이론을 확장하여 생존–관계–성장이론 (Existence-Relatedness-Growth Theory: ERG)을 제안하였다. 즉, 알더퍼는 매슬로가 제시한 욕구계층이론에 대해 저차적인 욕구와 고차적인 욕구 간에는 근본적인 차이가 있다고 보고, 생존욕구–관계욕구–성장욕구로 나누었다. 각각을 욕구계층이론과 연결하여 살펴보면 다음과 같다.

첫째, 생존욕구는 인간이 생존을 유지하기 위해 필요한 욕구다. 매슬로가 생리적 욕구(배고픔, 목마름 등)와 안정의 욕구 중 일부(보수, 작업환경 등)로 분류한 내용들이 존재의 욕구에 포함된다.

둘째, 관계욕구는 사회적 존재로서 타인과 인간관계를 맺으려고 하는 욕구다. 욕구계층 중에 대인관계의 욕구, 애정 및 소속의 욕구 그리고 존경의 욕구에 해당하는 타인으로부터의 존경 등이 여기에 포함된다.

셋째, 성장욕구는 개인적 성장을 위한 노력과 관계된 모든 욕구를 말한다. 성장욕구는 한 개인이 자기능력을 최대로 이용할 뿐 아니라 새로운 능력의 개발을 필요로 하는 일에 종사할 때 충족된다. 자아실현의 욕구와 존경의 욕구 중 자기존경이 이 범주에 속한다.

이제 ERG 이론이 욕구계층이론과 다른 점을 알아보자.

ERG 이론과 욕구계층이론의 차이점을 정리해 보자.

첫째, 매슬로는 하위 단계의 욕구가 충족되면 그다음 단계의 욕구로 진행한다고 하여 '만족-진행 접근법'을 주장하는 데 반해, 알더퍼는 욕구가 충족되지 않을 경우 그보다 낮은 단계의 욕구로 이행한다는, '좌절-퇴행 접근법'을 주장한다. 이는 상위 욕구가 충족되지 않거나 좌절될 때 그보다 낮은 하위 욕구의 중요성이 커지는 상황을 말해 준다. 어떤 교사들은 관리직으로 승진을 하거나 전문직으로 진출할 목적으로 대학원에 진학하지만, 교감이나 교장이 될 수 없다거나 전문직으로 진출할 수 없다고 판단한 교사는 취미활동에 더 관심을 기울이는 현상을 예로 들 수 있다.

둘째, 매슬로는 강도가 더 큰 욕구만이 동기요인으로 작용한다고 주장하였으나, 알더퍼는 세 가지 욕구가 강도의 차이는 있을지라도 동시에 나타날 수 있다고 주장하였다.

셋째, 알더퍼는 매슬로와는 달리 하위 단계의 욕구가 충족되지 않아도 상위 단계의 욕구가 발생할 수 있다고 주장한다. 예컨대, 생존욕구가 충족되지 않았다 하더라도 일 자체를 흥미롭고, 도전감 있게 느끼도록 동기 부여하고 성장욕구를 자극하면 조직효과를 올릴 수가 있다.

(2) 비판점

어떤 연구자들은 ERG 이론이 욕구개념에 근거를 둔 동기화 과정으로서는 가장 타당성이 있고 연구가 가능하다는 결론을 내리는가 하면, 욕구계층이론이나 동기-위생이론보다 훨씬 쓸모 있고 현실적인 방안이 될 가능성이 있다고 설명한다.

그럼에도 ERG이론을 검증한 실증적 연구가 별로 없고, 이 이론이 어떤 조직에는 들어맞지만 어떤 조직에서는 맞지 않는다는 한계가 있다. 따라서 이 이론에 대한 결론이 성급하게 내려졌으며, 더 심도 있는 이론화의 과정이 필요하다는 견해도 있다.

(3) 시사점

알더퍼는 두 가지 이상의 욕구가 동시에 작용할 수 있다고 주장한다. 교사들이 직무수행의 과정에서 생존욕구가 완전히 충족되지 않더라도 일 자

그림 4-4   내용이론 간의 관계

체를 흥미롭고 도전감 있게 제시해 주면 성장욕구를 충족하게 되어 동기부여가 될 수 있다. 이는 동일한 직무상황에서 하나의 동기요인이 다른 동기요인을 대체하여, 전체적으로 보면 직무수행의 동기나 열의가 높아질 수 있음을 의미한다. 따라서 학교조직에서 교사들이 자아실현의 욕구를 충족시키는 기회가 제한되어 있다고 할지라도, 직무를 수행하는 데 있어서 자존심이나 자율감을 경험하도록 할 때 교사들은 만족감을 갖고 직무를 성공적으로 수행할 수 있다는 사실을 중시해야 할 것이다.

지금까지 논의한 매슬로의 욕구계층론, 허즈버그의 동기-위생이론, 알더퍼의 생존-관계-성장이론의 관계를 [그림 4-4]로 종합하였다.

매슬로의 욕구계층 중에 인정욕구는 허즈버그의 동기요인과 위생요인에 다 걸쳐 있는데, 자기존중(인정)은 동기요인에 속하는 반면 '타인으로부터의 존경'(승진 등)은 위생요인에 해당된다는 점에 주목할 필요가 있다.

3. 직무동기의 과정이론

직무동기의 과정이론은 인간의 동기화(動機化, motivation)가 어떤 과정을 거쳐 이루어지는지에 초점을 둔다. 즉, 과정이론은 동기화 과정에 관련 있는 여러 변인과 이들 변인들 간의 상호작용을 설명해 준다.

과정이론에는 ① 브룸(Vroom)의 기대이론, ② 포터와 로울러(Porter & Lawler)의 성과−만족이론, ③ 애덤스(Adams)의 공정성이론, ④ 로크(Locke)와 그의 동료들이 제안한 목표설정이론(goal setting theory)이 있다.

1) 기대이론

(1) 내용체계

기대이론(期待理論)은 인간은 사고와 이성을 지닌 존재로 현재와 미래의 행위에 대해 의식적인 선택을 한다고 가정함으로써, 동기화 과정에서 개인의 지각이 중요함을 강조한다. 따라서 동기란 여러 자발적인 행위들 가운데에서 개인의 선택을 지배하는 과정으로 정의된다(신유근, 1985: 239). 기대이론을 잘 이해하려면 먼저 이를 구성하는 주요 개념과 개념들 간의 상호 관계성을 알아야 한다.

1차 및 2차 수준의 성과   1차 수준의 성과란 어떠한 일을 한 직접적인 결과(예: 직무성과나 생산성 등)를 말하며, 2차 수준의 성과란 1차 수준의 성과로 인해 초래되는 사상(事象) 혹은 결과(예: 승진이나 보수 인상 등)를 말한다. 예를 들어, 학생이 열심히 공부하면 좋은 학점(1차 성과)을 받고, 그로 인해 장학금(2차 성과)을 받는 경우다.

유의성   특정의 목표, 결과, 보상, 유인체제 등에 대한 선호(選好)를 유의성(또는 誘引價, 有意性, valence)이라 한다. 예를 들어, 어떤 교사가 교감 승진을 원한다고 할 때, 그는 이 목표를 달성하기 위해 '좋은 근무평정'을 받는 것이 중요하다고 생각할 것이다. 이때 '좋은 근무평정'에 대한 선호의 강도는 적극적으로 얻고자 할 경우(상 또는 +), 중간(립)적인 경우(중 또는 0), 그리고 소극적으로 피하는 경우(하 또는 −)로 분류될 수 있다.

성과기대   어떤 행위나 노력을 하면 어떤 결과가 나올 것이라는 주관적 믿음이 성과기대(expectancy)다. '내'가 노력을 하면 성과를 얻어 낼 수

기대이론의 구성개념
① 성과(1차·2차)
② 유의성
③ 성과기대
④ 보상기대
⑤ 힘
⑥ 능력

있을 것이라고 믿는 확실성의 정도를 말한다. '노력'과 '성과'의 관계에 대한 개인적 지각은, 0에서 1까지의 값을 가질 수 있는데, 0은 성공(성과)에 대한 완전한 의심을, 1은 완전한 확신을 의미한다. 예를 들어, 열심히 노력하면 A학점을 받을 수 있다는 가능성 혹은 확률에 대한 믿음은 0~1까지의 값을 가질 수 있다.

보상기대　　1차 수준의 성과가 2차 수준의 성과를 가져오게 되리라는 주관적인 믿음인 보상기대는 수단성(手段性, instrumentality)이라 한다. 어떤 수준의 성과를 산출해 내면 유의성을 가진 보상이 주어질 것이라고 지각된 확률을 말한다. 보상기대는 −1에서부터 1까지의 값을 갖는다. 예를 들어, 열심히 공부하면 좋은 학점(1차 성과)을 받고 그렇게 되면 반드시 장학금(2차 성과)을 받을 수 있다고 믿는다면, 보상기대는 그만큼 높은 것이다. 따라서 보상기대는 '성과'와 '보상' 간의 관계에 대해 어떻게 지각하는가를 의미하는 것으로 −1 ~+1 사이의 값을 갖는다. 학생들의 면학풍토를 조성하기 위해서는 장학금제도를 잘 마련해 놓아야 한다는 것은 이와 관련이 있다.

힘　　힘(force)은 동기 부여와 동의어로, 개인이 이용할 수 있는 여러 행동 대안(代案) 가운데서 행위의 방향을 정하는 역할을 한다.

능력　　능력(ability)이란 어떤 과업을 성취할 수 있는 잠재력을 의미한다.

지금까지 살펴본 기대이론을 [그림 4-5]로 정리할 수 있다.

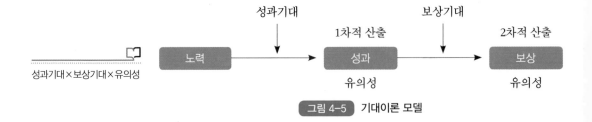

그림 4-5　기대이론 모델

이 모델에 비추어 가장 강력한 동기를 유발할 수 있는 상황은 세 가지 요인, 즉 ① 높은 긍정적 유의성, ② 높은 성과기대, ③ 높은 보상기대가 조합된 경우다. 이 요소들 간의 상호 관련성을 다음과 같이 정리할 수 있다.

첫째, 성과(P)는 동기(M)와 능력(A)의 곱의 함수(f)다.

$$P = f(M \times A)$$

둘째, 기대이론의 핵심, 즉 동기의 정도(M)는 1차 수준의 성과에 대한 유의성(Vj)과 일정 행위가 1차 수준의 성과를 가져오리라고 믿는 기대(E)의 곱의 함수다.

$$M = f(Vj \times E)$$

셋째, 1차 수준의 성과에 대한 유의성(Vj)은 2차 수준의 성과에 대한 유의성(Vk)과, 1차 수준의 성과가 2차 수준의 성과를 가져다줄 것이라는 보상기대(I)의 곱의 함수다.

$$Vj = f(Vk \times I)$$

2) 성과-만족이론

(1) 내용체계

포터(Porter)와 로울러(Lawler)는 브룸의 기대이론을 토대로 하면서, 몇 가지 변수들을 추가하여 독자적인 동기부여이론을 발전시켰는데, 성과가 직무만족에 영향을 미친다는 사실을 강조하여 성과-만족(performance-satisfaction)이론이라 한다. 이 모델은 [그림 4-6]과 같다(Porter, Lawler, & Edward, 1968: 165).

성과-만족이론
① 보상 가치
② 노력에 대한 보상 확률
③ 노력
④ 능력과 자질
⑤ 역할 지각
⑥ 성과
⑦ 보상
⑧ 보상의 공정성
⑨ 만족

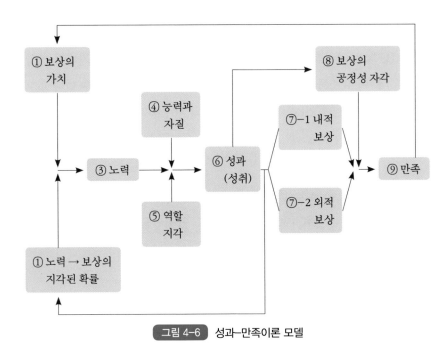

그림 4-6   성과–만족이론 모델

① **보상의 가치**: 기대이론에서의 유의성과 같은 개념으로, 하나의 결과가
   어느 정도 매력적인가 하는 것을 말한다.

② **노력 대 보상의 확률에 대한 지각**: 기대이론에서의 성과기대와 보상기
   대(수단성)의 개념을 합한 것이다. 이는 노력–성과(성과기대)와 성
   과–보상(보상기대) 요소로 구분될 수 있다.

③ **노력**: 어떤 과업 수행에 드는 에너지(힘)을 말하는데, 보상의 가치와
   노력 대 보상의 확률에 대한 지각의 곱이 노력(즉, 모티베이션)을 구성
   한다.

이상의 요소들은 앞에서 설명한 기대이론의 기본적인 뼈대와 같다. 성
과–만족이론의 특징은 다음과 같다.

기대이론과의 공통점과 다른
점을 정리해 보자.

④ **능력과 자질**: 한 개인이 갖고 있는 장기적인 관점에서의 특성을 의미
   한다.

⑤ **역할 지각**: 효과적인 직무수행을 위해 요구되는 자신의 역할에 관한

정확한 인식을 말한다.

⑥ **성과**: 여러 과업들에 대한 개인적 성취를 말한다.

⑦ **보상**: 직무성과를 통해 얻을 수 있는 바람직한 사상(事象)을 의미하는데, 내적 보상과 외적 보상으로 구분된다.

⑧ **보상의 공정성 지각**: 공정하다고 생각하는 보상의 양(정도)을 말한다.

⑨ **만족**: 받을 보상이 지각된 공정성 수준에 부합되거나 아니면 이를 초과하는 정도를 의미한다.

이상에서 제시된 요소들 간의 관계성을 파악하여 성과—만족이론을 종합해 보자. 우선 처음 두 변수에 의해 셋째 변수, 즉 노력이 결정된다. 그렇다고 노력이 성과에 직접적으로 연결되는 것은 아니다. 성과에는 노력뿐 아니라 능력과 자질, 역할지각이라는 두 변수가 영향을 미친다. 예를 들어, 직무수행에 필요한 능력이 구비되지 않았거나 자신의 역할에 관한 정확한 지각(이해)이 부족하다면 그 노력은 충분한 성과를 낼 수가 없다. 나아가서 성과에 기초하여 보상(내재적 · 외재적)이 수반되는데, 이 과정에서 보상에 대한 공정성의 지각이 중요하다. 보상의 양뿐만 아니라 그 보상에 대해 공정하다고 지각하는 정도도 만족을 결정한다.

성과—만족이론의 모델에는 두 가지 중요한 피드백 과정이 있다. 하나는 만속이 보상의 가치에 연결된다. 예컨대, 만족의 내용이 결핍욕구에 해당되는 것이라면 보상의 가치는 하락할 것이고, 그 내용이 자아실현과 같은 성장욕구에 해당되는 것이라면 보상의 가치는 더 크게 지각될 것이다. 그리고 또 하나의 피드백 과정인 성과에 따라 보상이 제대로 주어졌는가는 차후의 노력에 대한 보상의 확률의 지각에 영향을 미치게 될 것이다. 이 이론의 구성 요소 중에 뒷부분의 변수들과 그 변수들 간의 관계성은 뒤이어 소개하는 애덤스(Adams)가 제시한 공정성 이론의 설명체계와 깊은 관계가 있다.

성과—만족이론은 다음과 같이 요약할 수 있다(송화섭, 1992: 222).

첫째, 직무수행 능력은 과업성취와 거기에 결부된 보상에 부여하는 가치, 그리고 어떤 노력이 보상을 가져다줄 것이라는 기대에 의해 좌우된다.

[그림 4–6]을 '나'의 말로 표현해 보자.

둘째, 노력에 의한 직무성취가 개인에게 만족을 줄 수 있는데, 만족을 주는 힘은 거기에 결부된 내재적 및 외재적 보상에 의하여 강화된다.

셋째, 내재적 및 외재적 보상이 있더라도 그것이 불공정하다고 지각되면 개인에게 만족을 줄 수 없다.

(2) 비판점

기대이론의 문제점을 검토하면 다음과 같다(신유근, 1985: 245). 첫째, 이론의 내용체계가 복잡하여 검증하기가 힘들다. 둘째, 변수를 조작적으로 정의하기 애매하며 기대이론 주장자들 간에 통일성이 결여되어 있다. 셋째, 가장 만족이 큰 쪽으로 인간의 행동이 동기화된다는 기대이론의 쾌락주의(hedonism) 가정은 인간 행위의 올바른 설명이 되지 못한다. 넷째, 과연 인간이 이처럼 복잡한 계산과정을 거쳐 행동하는지 의문이 간다.

(3) 시사점

제9장 교원인사행정에서 적용해 보자.

기대이론과 성과－만족이론이 학교조직의 경영에 주는 시사점을 종합해 보자.

첫째, 학교경영자는 교사들이 노력만 하면 성과를 얻을 수 있다는 큰 믿음을 주어야 한다. 이를 위해 교사를 위한 훈련 프로그램이나 안내, 지원, 후원 그리고 결정에 참여하는 것 등이 중요하다. 교사들이 긍정적인 자기 이미지를 갖게 하는 것도 중요한데, 특히 초임교사들을 지원해 주는 학교 차원의 멘토링(mentoring) 프로그램 등은 좋은 예가 될 것이다.

멘토링이 무엇인지 알아보자.

둘째, 보상기대, 즉 성과와 보상의 연결 정도를 분명히 하고 이를 구체화해야 한다. 열심히 가르치면 무엇을 얻을 수 있을 것인가를 명료화하고, 보상체계의 공정성을 증진시켜야 한다. 이런 점에서 학교조직에서 직위배분 결정에 교사들의 참여와 투명한 결정 과정이 중요하다.

셋째, 교사들이 생각하는 보상에 대한 유의성, 즉 보상에 대한 매력의 정도를 증진시켜야 한다. 이를 위해 교사들이 더 매력적으로 생각하는 보상 내용이 무엇인가를 생각해야 한다. 흔히 교사들의 사기 진작을 위해 보수 인상을 들고 있는데, 그것이 전부는 아닐 수 있다. 한마디로 경영자는 교사들이 바라는 바의 보상을 적절하게 제공하는 것이 중요하다.

넷째, 역할기대를 분명히 할 필요가 있다. 자신이 해야 할 역할이 분명하면 노력을 집중시킬 수 있고, 성과가 높아져 보다 나은 보상을 받을 수가 있다.

3) 공정성이론

(1) 내용체계

애덤스(Adams)가 제안한 공정성이론(公正性 理論, equity theory)은 **사회적 비교이론**(social comparison theory)을 토대로 직무동기를 설명한다. 사회적 비교이론은, 사람들은 한 개인이 다른 사람에 비해 어느 정도 공정하게 대우 받고 있는지에 관한 지각을 바탕으로 행동한다는 사실을 강조한다.

공정성이론은 조직 속에서 개인은 자신이 투자한 투입(inputs)과 여기서 얻어지는 결과(outcomes)를, 다른 개인이나 집단의 그것들과 비교한다고 가정한다. 그래서 자신이 투자한 투입 대 결과의 비율이 타인의 그것과 동일하면 공정하다고 느끼며 만족하게 된다. 그러나 이에 대해 불공정성을 지각하게 되면, 공정성을 회복하는 쪽으로 행동한다.

조직 속에서 사람들은 어떤 경우에 공정성 또는 불공정성을 지각하게 되는가? 어떤 개인의 투입을 Ai, 결과를 Ap라고 하고, 다른 사람의 투입과 결과를 각각 Bi, Bp라고 가정하자. 그러면 $Ap/Ai = Bp/Bi$일 때 공정하다고 지각할 것이다. 반면에 $Ap/Ai > Bp/Bi$이면 타인의 노력에 비해 자신이 더 많은 보상을 받고 있다고 지각할 것이고, $Ap/Ai < Bp/Bi$이면 자신의 노력에 비해 더 적은 보상을 받는다고 느껴 불만족을 경험할 것이다.

그런데 공정성이론에 의하면, 과대보상(overpayment)이든 과소보상(underpayment)이든 불공정성을 지각한다. 즉, 개인들은 부족한 보상에 대해서는 불만족을 느끼고, 과도한 보상에 대해서는 부담감을 지각하게 된다. 그리고 이러한 긴장감은 불공정성의 정도에 따라 달라지는데, 불공정성을 감소시키는 방향으로 동기화(motivation)가 작용한다.

```
┌──────────┐      ┌──────────┐      ┌──────────┐      ┌──────────┐
│  불공정성  │  ▶  │  개인 내의 │  ▶  │ 긴장 감소 쪽으로│  ▶  │   행위    │
│   지각    │      │   긴장    │      │  동기부여  │      │          │
└──────────┘      └──────────┘      └──────────┘      └──────────┘
```

그림 4-7 　공정성이론의 논리

한편, 직무수행자가 불공정성을 감소시키기 위해 활용하는 행동은 대체적으로 다음과 같다(신유근, 1985: 249).

투입의 변경　　개인들은 불공정성이 유리한 것이냐 불리한 것이냐에 따라 투입을 증가시키거나 감소시킨다. 과소보상의 경우, 개인은 노력을 덜할 것이고 과다보상의 경우는 노력을 더 할 것이다.

결과의 변경　　결과 증가의 예는 노조의 압력 등으로 임금인상이나 작업조건을 개선하는 경우, 특히 이것이 다른 산업이나 조직과의 불공정성을 없애기 위한 것일 때에 볼 수가 있다.

자신의 투입, 결과의 왜곡　　사람들은 실제로 투입이나 결과를 변경시키지 않고도 이것들을 인지적으로 왜곡시킴으로써 같은 결과를 얻을 수 있다. 불공정한 대우를 받았다고 느꼈더라도 직무에 부착된 지위라는 결과를 의도적으로 증대시킬 수 있다. 즉, '내가 맡고 있는 일이 더 중요하니까'라고 생각할 수 있다. 또 대학을 나온 사람이 고등학교를 나온 사람보다 월급이 적을 때 '그는 업무능력이 나보다 나으니까'라고 여기거나 '그가 보수는 많더라도 승진의 기회는 내가 더 많으니까'라고 생각할 수도 있다.

직장 이동　　불공정성을 줄이는 또 하나의 방법은 근무하고 있는 직장을 떠남으로써 아예 불공정성을 없애 버리는 것이다. 이는 극단적인 예로 불공정성이 극히 클 때, 또는 개인이 이를 감당할 수 없을 때 나타난다.

타인의 투입이나 결과의 왜곡　　인지적 왜곡(cognitive dissonance)은 자기 자신만이 아니라 비교 대상에 대해서도 행해질 수가 있다. 예를 들어, 비교 대상이 실제보다도 열심히 일하고 있으므로 많은 보상을 받는 것은 당연하다고 믿을 수도 있다. 또는 그의 보상이 실제보다도 적은 것으로 지각할 수도 있다.

비교 대상의 변경　　비교 대상을 변경함으로써 불공정성을 줄일 수가 있다.

(2) 시사점

첫째, 학교조직에서 교사들은 사회적 비교과정을 통해 만족과 불만족을 경험한다는 사실에 비추어, 학교경영자들이나 정책집행자들은 교사들을 공정하게 대우하도록 노력해야 할 것이다. 예를 들어, 성과급을 결정할 때 교직의 특성상 그 성과를 객관적으로 정하기 곤란하다는 사실을 염두에 두고, 교사들이 최대한 합의할 수 있는 안을 만드는 노력을 들 수 있다.

둘째, 학교조직에서 교사들은 자신들이 받는 보상을 교직 내의 다른 사람뿐만 아니라 교직 이외의 직종에 종사하는 사람들과도 비교할 수 있다. 이러한 점에서 호봉이 올라갈수록 타 직종에 비해 상대적으로 급여 수준이 떨어지는 교사들의 보수체계는 교사들의 직무만족과 사기진작을 위해 국가적인 차원에서 정책적 배려가 필요하다.

셋째, 학교경영자는 교사의 동기부여에 있어서 지각의 중요성을 고려하여 합리적인 조직풍토나 문화를 구축할 필요가 있다. 지각은 행위자 개인의 소산일 수 있으나, 인간 행동을 사회적 과정 속에서 이해하게 될 때 구성원이 상호작용하여 만들어 내는 조직풍토나 문화는 개인의 환경에 대한 지각과정에 크게 영향을 미칠 수 있다. 따라서 냉소적이거나 적대적인 학교풍토가 형성되면, 그에 속한 교사들은 서로에 대해 부정적으로 지각하며 이것이 동료의 성과를 왜곡되게 지각하도록 하는 요인이 될 수 있다.

가장 중요하다고 생각하는 시사점은 무엇인가?

제9장 교원인사행정에서 더 알아보자.

4) 목표설정이론과 목표관리기법

(1) 목표설정이론

직무동기 향상을 위한 구체적인 사고 체계로는 로크(Locke)와 라탐(Latham)이 개발한 목표설정(goal setting)이론을 들 수 있다. **목표설정이론**은 인간의 행위(동기)란 두 가지의 인지, 즉 가치와 의도(혹은 목표)에 의해 결정되는 것으로 파악한다.

[그림 4-8]에서 보듯이, 인간은 자신이 갖고 있는 가치가 바탕이 되어 정서(emotion)와 욕망(desire)이 형성되고, 이를 토대로 의도나 목표가 정해지면 이것이 실제 행위나 성과를 결정한다. 즉, 인간에게는 자신이 설정한 목표를 성취하려는 의도가 제일 중요한 동기의 힘이 될 수 있다. 이 점에서, 비록 목표는 조직에서 자신을 둘러싼 상황적인 정보에 의해 만들어지기는 하지만, 항상 개인의 내부에 존재한다.

목표 설정에서 고려 요인
- 구체성
- 곤란성
- 참여
- 피드백
- 동료 간 경쟁
- 수용

| 가치와 판단기준 | ➡ | 욕망과 정서 | ➡ | 의도 또는 목표 | ➡ | 실제 행위 또는 성과 |

그림 4-8 　목표설정이론의 논리(흐름)

목표가 실제 행위나 성과를 결정하는 요인이라면, 그 목표는 어떠한 속성을 지녀야 하는지 알아보자.

목표의 구체성 　"성적을 높여라"라는 막연한 목표보다는 "전 과목 평균 65점 이상을 받아라"라는 목표가 모호성을 감소시켜 주고, 행동 방향을 명확하게 제시해 주기 때문에 성과가 더 높아질 수 있다.

목표의 곤란성 　쉬운 목표보다는 다소 어려운 목표가 도전감을 가져다주고 문제해결에 많은 노력을 집중하도록 자극하기 때문에 성과를 높이는 데 유리할 수 있다. 목표의 곤란성은 성장욕구가 강한 사람에게 보다 효과적이다.

목표 설정에 참여　구성원들이 목표를 설정하는 과정에 참여하면 직무 만족을 높여 주고, 성과를 높여 줄 수 있다.

제6장 교육기획과 교육정책 → 의사결정 참여 모형에서 더 공부하자.

노력에 대한 피드백　노력에 대해 피드백을 해 주면 성과가 올라갈 수 있다.

목표 달성에 대한 동료 간 경쟁　동료들 간에 적절한 경쟁이 성과를 촉진 시킨다. 그러나 반대로 양적 목표에 대한 지나친 경쟁은 해가 될 수도 있다.

목표의 수용성　상부에서 일방적으로 정해서 내려오는 목표보다 구성 원이 자발적으로 정해서 수용한 목표가 더 큰 동기를 유발할 수 있다.

목표설정이론으로부터 얻을 수 있는 결론은 다음과 같다. "구체적이고 도전적이지만 달성 가능한 목표가 구체적인 과업 전략의 개발뿐 아니라 집 중력, 노력 및 지속성을 증가시키기 때문에 동기를 증가시킬 수 있고, 실제 로 증가시키고 있다는 것을 시사하고 있다. 목표 달성의 진보에 대한 피드 백은 주의력, 노력, 지속성을 강화시키고, 나아가 더욱 효과적인 목표 달성 전략을 재정립하고 변경시킬 수 있는 정보를 제공한다"([그림 4-9] 참조).

목표설정이론에서 성과에 영향을 주는 요인
• 상황 변인:
　- 보상제도
　- 기술
　- 감독행위
　- 성공에 대한 과거 경험
　- 산출의 성격
• 개인차 변인:
　- 성취욕구
　- 교육수준
　- 불안

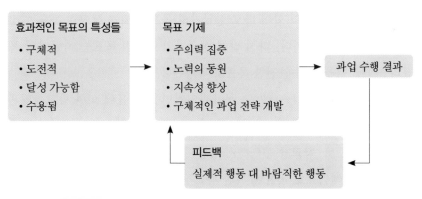

그림 4-9　호이(Hoy)와 미스켈(Miskel)이 제안한 목표설정이론 모델

(2) 목표관리기법(MBO)

목표관리란

목표설정이론을 실제 조직경영에 적용하는 현대적인 기법이 개발되었는데, 곧 '목표에 의한 관리제도(Management By Objectives: MBO)'다. 일명 목표관리란 관리자들이 협조하여 그들의 공동목표를 명확히 하고 예상되는 결과의 측면에서 책임의 한계를 규정하며, 이것을 조직의 운영지침으로 활용하고 또한 그에 따라 조직 구성원의 업적을 평가하는 과정이다(Ordiorne, 1965). 따라서 목표관리란 종래 상급자가 일방적으로 부하의 업적을 평가하는 대신에 부하가 자기 자신, 혹은 상급자와 협의하여 양적으로 측정 가능한 구체적이며 단기적인 업적목표를 설정하고 달성 정도를 스스로 평가하여 그 업적을 보고하게 하는 관리기법이다. 그러므로 목표관리는 모든 조직 구성원으로 하여금 경영의 전체 목표 달성에 이바지하게 함과 동시에 구성원 각자에게 자기가 경영에 있어서 주체적인 역할을 담당하고 있다는 의식을 높이는 동기 유발적인 관리제도라 할 수 있다(한의영, 1987: 박병량, 주철안, 2001에서 재인용).

목표관리기법의 과정을 보면, 먼저 조직의 전반적인 예비목표가 최고위층에서 작성되어 아래로 전달된다. 예비목표는 객관적으로 측정될 수 있는 형태로 표현되고 목표 기한과 목표 달성에 필요한 행동계획까지 수반되며, 조직의 밑으로 내려가면서 개인들의 목표로 세분화된다. 그런데 중요한 것은 이러한 목표 세분화 과정에서 상급자와 하급자 간에 충분한 논의를 거쳐, 하급자들의 목표의 합이 바로 상급자의 목표가 되는 상향식 목표 설정이 이루어진다는 점이다. 다시 말해 상급자의 예비적 목표는 하급자의 목표라는 피드백을 거쳐 완전한 목표로 확정된다.

학교조직에 목표관리기법을 적용해야 하는 이유는 무엇인가?

한편 노종희(1992: 438-439)는 목표관리기법을 "목표에 의한 학교경영은 학교를 운영하고 교직원을 관리하기 위한 일련의 절차나 방법 이상의 것을 내포하는 것으로, 학교를 운영하기 위한 철학적 접근이며 사고방식"이라고 설명한다. 구체적으로 목표에 의한 학교경영은 본질적으로 학교운영을 체계적이며 효율적인 형태로 구조화하는 하나의 체제라고 주장한다. 목표에 의한 학교경영은 학생들의 학업 증진, 교직원의 보다 효율적인 활용, 방법과 기술의 향상, 학부모의 높은 만족뿐 아니라 교사들의 사기와 교직원 간의 신뢰를 증진시키며, 의사소통을 효율화하고 실적 평가를 위한 체제를 효율화하며, 중요한 의사결정 방법을 합리적으로 개선하는 데 공헌한다. 이러한 학교조직에서 목표에 의한 관리는 교사들이 스스로 목표와 실천 방안을 계획하며 의사소통의 통로가 개선되므로 일에 대한 긍정적인 태도와 확고한 목적의식을 갖게 되고, 교사들의 사기와 유대감이 증진되는 결과를 가져다줄 것으로 기대된다.

　그렇다면 학교에서 목표관리기법을 어떻게 적용할 수 있을까? 호이와 미스켈(1987)은 교육경영에 적용하는 목표관리의 절차를, ① 교육목적의 개발, ② 각 지위에 따른 목표수립, ③ 목적에 따른 목표의 통합, ④ 측정 및 통계절차의 결정으로 구분하였다(박병량, 주철안, 2001). 우선, 제1단계에서는 전반적인 교육목적을 개발한다. 교육목적은 일반적이고 추상적으로 진술되는 경향이 있으나 목표관리에서는 교육목적을 구체적이고 명확하게 진술하여야 한다. 왜냐하면 학교의 교육목적은 교사들이 해야 할 업무와의 관계를 이해하고 업무수행의 지침으로 활용할 수 있도록 조작적으로 진술되어야 하기 때문이다. 제2단계에서는 각 지위에 따른 목표를 수립하는 단계로, 교장, 교감, 부장교사, 학급담임교사, 행정직원들의 지위에 따라 각자가 성취해야 할 목표를 설정해야 한다. 제3단계에서는 각 목적을 통합한다. 즉, 모든 부서가 동일한 전체적인 목표를 성취하기 위하여 여러 가지 다른 직위의 목표를 조정·통합한다. 예컨대, 수학성적을 높이는 것을 학교의 목표로 정하였다면, 수학담당 교사들의 목표도 이에 부응하여야 하며 수업계획이나 새로운 교수-학습자료의 개발이 이 목표의 달성을 위해 수반되어야 한다. 제4단계에서는 결과를 측정할 수 있는 수량적 방법을 개발한다. 계량적 성취와 평가를 강조하지만, 그렇다고 해서 수량화할 수 없는 중요한 산출에 대한 질적 평가를 무시해서는 안 된다. 나아가 평가 결과는 교사업무의 개선에 활용한다는 점도 중시해야 한다.

　목표관리기법은 단기적이고 구체적인 목표를 강조하고, 측정 가능하고 계량적인 교육목표의 달성 여부에 따라 교사의 업무성과를 평가하므로 장기적이고 전인적인 목표를 내세우는 학교경영에는 부적합한 측면이 있다. 그러나 목표관리를 학교경영기법으로 활용하면 모든 학교활동을 학교교

목표관리의 절차
① 교육목적의 개발
② 각 지위에 따른 목표수립
③ 목적에 따른 목표의 통합
④ 측정 및 통계절차의 결정

육의 목표에 집중시킴으로써 교육의 효율성을 제고할 수 있으며, 교직원의 참여의식을 높이고 교직원의 역할과 책무성을 명료하게 하는 이점이 있다.

4. 요약 및 적용

1) 요약

① 교사의 직무동기는 교사들이 학교조직의 효과적인 목적 달성을 위한 행동을 개시하고 그 행동을 활성화하며, 이를 유지시키는 내적 상태를 말한다.

② 동기이론은 크게 내용이론과 과정이론으로 구분된다. 전자는 조직 구성원의 동기를 유발하는 요인(내용)이 무엇인가에 초점을 두는 것으로 욕구계층이론, 생존-관계-성장이론, 동기-위생이론이 이에 속한다. 과정이론은 인간의 동기가 어떤 과정을 거쳐 발동하고 유지되는지에 관심이 있는 것으로, 기대이론, 성과-만족이론, 공정성이론, 목표설정이론으로 나뉜다.

③ 매슬로의 욕구계층이론에 의하면, 학교경영에서 교사들에게 긍정적인 자아개념과 자기효능감, 그리고 자아실현의 요구를 충족하도록 지원하는 인간 중심의 문화를 구축하는 것이 중요하다.

④ 동기-위생이론에 의하면, 인간은 조직생활에서 직무만족에 영향을 주는 요인과 불만족을 주는 요인은 서로 다르다. 직무를 수행하는 중에 새롭게 도전하고, 더 성취하고, 책임이 많고, 발전하고 있다고 인식하면 직무만족이 높아지지만, 이것들이 없다고 해서 불만족하지는 않는다. 역으로 보수가 오르고, 승진을 하고, 다른 사람과 관계가 좋아지면 불만족은 줄어들지만 직무만족이 높아지지는 않는다.

⑤ 동기-위생이론을 학교경영에 도입하는 방안으로 직무 재설계가 있다. 직무에 대한 발전감, 책임감, 도전감을 높게 하는 직무풍요화, 직무특성이론, 경력 단계 프로그램을 예로 들 수 있는데, 수석교사제는

대표적인 예다.

⑥ 기대이론에 의하면, 직무동기를 높이려면 성과(1차적 산출)에 대한 의미(유의성), 높은 성과 기대, 그리고 보상기대 간의 조합이 중요하다. 한편 성과−만족이론은 기대이론의 주요 요소(보상의 가치, 노력 대 보상의 확률에 대한 지각, 노력)를 근간으로 하고, 능력과 자질, 역할 지각, 성과, 보상, 보상의 공정성 지각, 만족이라는 요인들로 구성된다.

⑦ 공정성이론은 사회적 비교이론(인지적 왜곡)에서 출발하였는데, 노력에 비해 과대보상이든 과소보상이든 불만족(긴장)을 지각하고, 이를 해소하려는 행동(예: 투입 변경, 결과 변경, 자신의 투입과 결과 왜곡, 직장 이동, 타인의 투입이나 결과 왜곡)을 한다. 학교경영자는 교사들이 공정하게 대우 받고 있다고 지각하도록 합리적인 문화를 조성하는 데 신경을 써야 한다.

⑧ 직무목표를 설정할 때는 목표의 구체화, 목표의 곤란 정도, 목표 설정 참여(주인의식), 노력에 대한 피드백, 동료 간의 적절한 경쟁, 목표의 수용 정도 등을 고려해야 한다.

⑨ 목표에 의한 관리제도(Management By Objectives: MBO)에 비추어 '목표에 의한 학교경영'은 학교를 운영하고 교직원을 관리하기 위한 일련의 절차나 방법 이상의 것으로, 학교를 운영하기 위한 철학적 접근이며 사고방식이다. 교육경영에 목표관리기법을 적용하려면, ① 교육목적의 개발, ② 각 지위에 따른 목표수립, ③ 목적에 따른 목표의 통합, ④ 측정 및 통계절차의 결정이라는 순서를 따라야 한다.

2) 적용

■ 서술형 문제

1. 두 교사가 나눈 대화다. 매슬로의 욕구계층이론에 근거하여, 각각의 교사에게 해당하는 욕구를 쓰시오.

	대화 내용	해당하는 욕구
김 교사	이제 교육경력이 20년이 넘었어. 나도 승진을 하고 싶어. 그래야 아내와 자식들한테 체면이 서지.	
박 교사	교사는 모름지기 가르치는 일에서 보람을 얻는 거야. 난 교직을 선택할 때부터 수업을 잘하는 교사가 꿈이었어. 이제 후배들이 훌륭한 수업을 할 수 있도록 돕고 싶어. 그것이 교감이 되는 것보다 나에게는 더 보람이 될 듯해.	

2. 허즈버그는 직무동기를 위생요인과 동기요인으로 구분하였다. 물음에 답하시오.

1) 위생요인과 동기요인을 구분하는 기준을 20자 이내로 쓰시오.

_____

2) 동기-위생이론에 비추어 수석교사제의 의미를 30자 내외로 쓰시오.

_____

3. 직무동기를 설명하는 성과-만족이론은 기대이론이 발전된 것이다. 물음에 답하시오.

1) '노력의 정도'를 결정하는 요인 한 가지를 쓰시오.

_____

2) △△학교에서 교사들에게 성과(성취)에 따른 만족(보상)을 똑같이 주었다. 그런데 교사마다 지각하는 만족의 정도는 달랐다. 그 이유를 핵심 단어를 사용하여 한 가지 설명하시오.

① 핵심 단어: _____

② 이유(근거): _____

4. 교사들의 대화를 읽고 물음에 답하시오.

> 유 교사: 곽 선생, 올해에도 교원 성과급을 준다는데 기준이 어떻게 되는지 알아? 우리 같은 신임교사들은 어떻게 되는지 알 수 없으니 답답해. 성과급이니 만큼 성과를 낸 만큼 보상을 받아야 할 텐데…….
>
> 곽 교사: 그렇지, 새내기 교사들이라고 B등급을 주고 경력자들은 S등급을 주면 안 되는데……. 재주는 곰이 부리고, 돈은 누가 번다는 말처럼 돼서야 되겠어?

1) 유 교사와 곽 교사가 말하고 있는 직무동기 이론을 쓰시오.

_____

2) 1)에서 답한 이론의 핵심을 30자 이내로 쓰시오.

_____

_____

3) 학교장은 두 교사의 염려를 없애기 위해 어떻게 해야 하는지 두 가지를 쓰시오.

① _____

② _____

5. 목표설정이론과 그에 기초하고 있는 목표설정기법(MBO)이 학교조직의 성과를 위해 주는 시사점(필요성 등)을 이유나 근거를 들어 두 가지 쓰시오.

1) 시사점 ① _____

_____

2) 시사점 ② _____

_____

6. 목표 설정의 원리에 따라 학업계획을 세워 보시오.

■ 토의 · 토론 문제

1. '나'의 학업생활을 비추어 보면서, 조직에서 직무동기를 설명하는 이론 중에서 가장 적합하다고 생각하는 이론을 골라 그 이유를 말해 보시오.

2. 직무동기이론 중 하나를 골라, ① 교장이 교사에게 동기를 부여하는 방안, ② 교사가 학생들에게 학습동기를 부여하는 방안에 대해 토론해 보시오.

3. 2024학년부터 「2022 개정 교육과정」이 적용되는데, 학생의 행위주체성(student agency)이 핵심 개념으로 등장하였다. 행위주체성의 개념과 요소를 공부한 다음에, 교사의 직무동기이론과 관련하여 수업을 설계하고, 실행하고, 평가하는 과정에서 어떻게 해야 할지 친구들과 의견을 나누어 보자.

① 학생의 행위주체성과 구성 요소 정리하기
　㉠ (정의): _____
　㉡ (요소): _____

② 수업설계−실행−평가에서 고려 사항
　㉠ (설계): _____
　㉡ (실행): _____
　㉢ (평가): _____

신출발 교사

신출발 교사는 올해 3월 신규교사 발령을 받았다. 그는 초임교사지만, 대학 졸업 후에 군복무를 했고, 3년 동안 기간제 교사 생활을 해서 30살에 가까웠다. 그래서 교직에 적응하느라 정신이 없는 중에도, 대학 때부터 사귀어 온 여자 친구와 결혼을 하기로 하였다. 결혼 준비를 하면서 먼저 결혼한 친구에게 학교 동료들에게 어떻게 알려야 하는지 물었더니, 요새는 디지털 시대이니 온라인 청첩장을 보내도 결례가 아니라고 일러주었다. 그 말을 듣고서 학교 통신망을 통해 결혼 사실을 알렸다.

그런데 교장 선생님, 교감 선생님, 그리고 연세가 많은 경력교사들까지 온라인 청첩장으로 보낸 게 마음에 걸렸다. 인간관계 예절을 모른다고 나무라면 어쩌나 걱정도 되었다. 아무리 디지털 시대라지만 너무 손쉬운 방법으로 소통하는 것은 아닐까 후회도 되었다.

내가 신출발 교사라면 인간관계와 의사소통의 측면에서 어떻게 할 것인지 생각해 보자.

제5장

학교조직에서 인간관계

학
습
목
표

• 학교조직에서 바람직한 인간관계의 방법을 알고 실천할 수 있다.

• 학교조직에서 의사소통의 방법을 알고 효율적으로 의사소통할 수 있다.

• 학교조직에서 발생하는 갈등에 대처(관리)하는 방법을 알고 실천할 수 있다.

학습내용

주요 개념

인간관계 정의, 학교조직에서 인간관계, 5C-AGE 모형, 인간관계 성공 법칙, 의사소통 과정·목적, 의사소통 방향, 의사소통 네트워크, 조직 갈등의 원인, 갈등관리 접근 전략

1. 학교조직에서 관계 맺기

학교조직을 인간처리조직(people processing organization)이라 한다. 일반적으로 조직은 사람과 사람이 상호작용하는 체제이지만 학교에서는, 특히 사람 그 자체가 조직의 존재 이유(인간됨의 지향)'이고, 교사 학생 학부모 교육청, 지역사회 인사 등 다양한 사람들의 상호작용이 중요하다. 이 과정에서 원활한 의사소통을 통한 협력이 전제되어야 하고, 사람들 간의 생각이나 지향점의 차이로 발생하는 갈등을 원만하게 관리하여야 조직의 효과를 높일 수 있다. 이런 이유로, 이 장의 제목은 '인간관계'이지만 의사소통과 갈등관리를 함께 공부한다.

1) 인간관계의 의미와 중요성

(1) 인간관계의 정의

인간관계에 대한 정의는 다양하다. 우선, 박영숙, 김낙홍(2019)은 인간관계를 "인간의 상호작용, 대인관계, 적응능력의 기술 그리고 집단 구성의 역동적 관계"로 정의하였다. 인간관계는 포괄적인 의미로는 인간과 인간 사이의 모든 상호작용을 뜻하며, 둘 이상의 사람 간에 만남을 통해 일어나는 심리적인 관계(정덕희, 2014), 또는 인간과 인간 사이에 존재하는 상태(정윤정, 2003)로 정의하기도 한다. 유기호(1982)는 효율성을 강조하여 인간관계를 "동기를 통하여 인간의 욕구불만을 해소하고 합리적인 직장 분위기를 조성하는 한편, 자발적이며 생산적인 협력체제를 이룩하는 것"이라 하였다. 결국 사회에 속한 인간은 타인들과의 상호작용 속에서 도움이나 만족감을 얻기도 하고 갈등이나 불만족감을 얻기도 하면서 긍정적인 방향이든 부정적인 방향이든 심리적 결속을 형성한다(김희수, 2016).

(2) 인간관계의 중요성

인간관계는 그 정의에서 알 수 있듯이, 개인적으로 심리적인 안녕을 가

인간관계의 중요성
• 실존적 의미 부여
• 삶의 질에 영향
• 성공을 위한 도구

져다주고, 조직의 생산성을 올리는 기제가 될 수 있다. 권희경(2020)은 인간관계의 중요성을 세 가지로 설명하고 있다.

첫째, 인간관계는 개인에게 실존적인 의미를 부여한다. 사람들은 내가 누구인지를 정의할 때, 사회적 관계 속에서 자신이 갖고 있는 위치나 역할(누구의 부모나 자식, 친구, 직장에서의 지위)을 지칭한다. 그래서 인간관계는 개인의 삶에 중요한 의미가 있고, 인간은 그 관계를 통해 살아가고 성장, 발전한다.

둘째, 개인의 삶의 질에 영향을 미친다. 개인적 차원에서 원만한 인간관계는 삶을 풍요롭고, 즐겁게 해 주는 반면, 인간관계의 단절이나 해체는 사람들에게 소외감, 고독감, 우울감을 준다.

마지막으로, 인간관계는 성공적인 삶을 위한 도구다. 인간관계가 좋은 사람은 직장에서 만족감이 높고, 리더로 성장할 가능성이 많으며, 꾸준하게 경력관리를 할 수 있다. 학교는 사람들 간에 상호작용의 과정을 통하여 교육목표를 달성하는 곳이므로, 원만한 인간관계의 형성은 교육의 목적을 효율적으로 달성하는데 반드시 필요한 요소라고 할 수 있다(이고미, 2003). 특히, 학교 내에서 이루어지는 인간관계는 다양한 방식으로 학생들에게 영향을 미치는 잠재적 교육과정이라는 측면에서 학생들의 학습태도, 흥미, 동기 등에 영향을 미치게 된다(이은상 외, 2013).

2) 학교조직에서 구성원 간 인간관계

(1) 교사와 학생의 관계

학교조직은 인간관계를 중심으로 성립하고 작동하는데, 그중에서도 교사와 학생의 관계는 가장 중요하다. 학생은 교육의 과정에서 중심이고, 교육의 결과는 곧 학생의 성장과 발달로 귀결되기 때문이다. 즉, 교육의 과정에서 교사들이 학생들을 어떤 존재로 대하고, 어떻게 상호작용하느냐에 따라 다르게 성장 발달하며, 학업생활의 과정에서 지각하는 만족과 행복도 결정될 것이다.

교직윤리와 교사-학생 관계　　　2005년에 한국교원단체총연합회에서 제정하여 선포한 '교직윤리헌장'과 그에 따른 '우리의 다짐' 중에 발췌한 내용을 음미해 보면, 교사와 학생의 관계 형성이 얼마나 중요하고, 그 과정에서 교사가 어떤 태도를 가져야 하는지 알 수 있다.

교직윤리헌장

우리는 교육이 인간의 가치와 존엄성을 높이며 개인의 성장과 자아실현은 물론 국가와 민족의 미래에 중대한 영향을 준다는 사실을 명심하고 국민으로부터 부여받은 교육자의 책무를 다하기 위해 최선을 다한다. 우리는 균형 있는 지·덕·체 교육을 통하여 미래 사회를 열어갈 창조정신과 세계를 향한 진취적 기상을 길러 줌으로써, 학생을 학부모의 자랑스런 자녀요, 더불어 사는 민주 사회의 주인으로 성장하게 한다. 우리는 교육자의 품성과 언행이 학생의 인격형성을 좌우할 뿐만 아니라 사회 전반의 윤리적 지표가 된다는 사실을 깊이 인식하고 윤리성과 전문성을 높이기 위해 노력한다. 이에 우리 모두의 의지를 모아 교직의 윤리를 밝히고 사랑과 정직과 성실에 바탕을 둔 교육자의 길을 걷는다.

우리의 다짐

1. 나는 학생을 사랑하고 학생의 인권과 인격을 존중하며 합리적인 절차와 방법에 따라 지도한다.

1. 나는 학생의 개성과 가치관을 존중하며 나의 사상 종교 신념을 강요하지 않는다.

1. 나는 학생의 성적평가를 투명하고 엄정하게 처리하며 각종 기록물을 정확하게 작성·관리한다.

1. 나는 교직 수행과정에서 습득한 학생과 동료 그리고 직무에 관한 정보를 악용하지 않는다.

1. 나는 학생이나 학부모로부터 사적 이익을 취하지 않으며 사교육기관이나 외부 업체와 부당하게 타협하지 않는다.

교직윤리헌장과 우리의 다짐이 교사-학생의 관계에 주는 시사점을 정리해 보자.

앞의 내용에서 '인간', '개인'은 결국 학생을 말한다. 인간(학생)의 가치와 존엄성을 높이고, 개인(학생)이 성장하고 자아를 실현하게 하려면, 교사는 그 개인과 인격적인 관계를 맺는 일이 전제되어야 한다. "우리(교사) 교육자의 품성과 언행이 학생의 인격 형성을 좌우하고"라는 표현은 교사가 학생들과 관계를 어떻게 맺어야 하는지 단적으로 말해 준다. 특히, '우리의 다짐' 중에 인용한 내용들은 교사들에게 학생들의 인격, 개성, 가치관을 존중하고, 학생들을 합리적으로 지도하며, 배경에 관계없이 공정하게 대하고 차별하지 않아야 한다는 것을 일깨워 준다. 이것이 교직윤리의 덕목이면서 학생들과의 인간관계를 떠받치는 토대다.

한편 존스와 존스(Jones & Jones, 1990)는 구체적으로 교사가 학생들과 관계를 효과적으로 맺기 위해서는, ① 적정한 수준의 개방적인 관계, ② 대화를 통한 긍정적인 교사–학생 관계 수립, ③ 교사의 학생에 대한 높은 기대 수준, ④ 학생활동에 대한 교사의 관심이 필요하다고 하였다. 이를 바탕으로, 박병량과 주철안(2012)은 교사와 학생의 관계를 다음과 같이 제안하였다.

첫째, 개방적인 관계를 수립해야 한다. 교사는 학생들에게 개방적인 태도를 보여야 한다. 다만 그 수준은 신중하게 고려하여야 하는데, ① 완전 개방형(개인적 관심사부터 흥미와 가치관의 포괄적 공유), ② 제한적 개방형(학교 안에서는 개방적이지만, 학교 밖의 생활은 제한적으로 개방), ③ 배타적 개방형(학생과 개인적 감정은 공유하지 않음)으로 나눌 수 있다. 이 중에 교사와 학생 간의 바람직한 관계는 제한적 개방형이다. 흔히 공(公)과 사(私)를 구분하는 지혜가 교사와 학생의 관계에서도 중요하다.

둘째, 긍정적으로 반응하는 것이 필요하다. 교사의 말 한 마디(칭찬, 비난)는 학생의 자아개념과 자존심에 큰 영향을 미친다. 따라서 교사들은 학생들의 장점을 먼저 보고, 긍정적인 언사를 쓰는 것이 좋다.

셋째, 높은 기대를 전달해야 한다. 학생들은 교사의 기대에 따라 행동하고, 그 결과 학업성과가 결정된다. 간절히 원하면 이루어질 수 있고, 긍정적인 기대나 관심이 행동을 영향을 미친다는 **피그말리온 효과**(Pygmalion effect)는 교사와 학생의 관계에서도 중요하다.

마지막으로, 대화의 기회를 마련하는 것이 중요하다. 모든 인간관계가 그렇듯 서로에 대해 이해를 해야 진정한 관계가 성립되는데, 그러려면 대화가 선행되어야 한다. 의사소통을 인간관계와 거의 같은 개념으로 사용하는 것도 이런 이치다. 교사와 학생들이 양호한 관계를 맺기 위해서는 진솔한 대화가 필요하고, 효과적으로 의사소통하는 기술을 익히고 실천해야 한다.

진정한 대화와 관심

　　5C-AGE 모형　　최근에 서시연(2021: 78-96)은 교사가 학생들과 관계를 형성하는 구체적인 방법을 소개하였다. 그는 김도기(2018)가 '교육행정과 인간관계'라는 과목에서 강의한 내용을 바탕으로, 학교 현장에 적용 가능한 교사-학생의 인간관계의 틀로 5C-AGE 모형을 제시하였다. 우선, 인간관계를 형성하는 과정(단계)을 5C로 설명하였다.

5C
관심, 소통, 이해, 배려, 사랑

　　첫째, **관심**(Concern)을 기울여야 한다. 관심은 '어떤 것에 마음이 끌려 주의를 기울임 또는 그런 마음이나 주의'를 뜻하는데, 상대방에게 마음이 끄려 신경을 쓰는 것, 상대방에게 내 마음을 보여 줄 준비를 하는 것을 말한다. 교사는 모든 학생에게 관심을 기울여야 한다. 공부를 잘하는 모범생에게만 관심을 기울이고, 그렇지 않은 학생들에게는 주의를 기울이지 않는 것을 경계해야 한다. 요새처럼 학생들 간에 언어적 신체적 폭력이 발생하고, 심리정서적으로 어려움을 겪고 있는 학생들이 있는 현실에서는 교사들이 학생들에게 세심한 관심을 기울이는 것이 더 필요하다. 결국 관심은 교사와 학생 간 관계의 출발점이다.

관심

　　둘째, **소통**(Communication)해야 한다. 소통은 '막히지 않고, 잘 통함', '뜻이 서로 통하여 오해가 없음'을 말한다. 교사가 학생들을 지도하는 과정에서 마음이 끌리고, 마음이 쓰이는 학생이 있다면 학생의 상태를 이해하기 위한 소통이 필요하다. 소통은 학생과 대면하여 진행할 수도 있고, 이메일이나 카톡 등 비대면으로 할 수도 있다. 물론 전자가 후자보다 서로 이해하는 데 나은 소통방법이다. 그런데 어떤 방법을 사용하든 교사의 진정성이 학생에게 전달되도록 해야 한다. 특히, 교사가 먼저 학생에게 자신을 개방함으로써 학생도 안전하다는 생각을 갖고 자신을 개방하도록 분위기를 조

소통

성하는 것이 중요하다.

이해

셋째, **이해**(Comprehend)해야 한다. 이해란 '남의 사정이나 형편 따위를 잘 헤아려 너그럽게 받아들이는 것이다. 서로 제대로 이해하지 못하기 때문에 오해가 생긴다. 교사가 학생들을 제대로 이해해야 도움을 줄 수 있다. 의사가 환자를 제대로 진단(이해)하지 못하면 제대로 처방할 수 없는 이치는 교육 현장에서도 마찬가지다. 특히, 교사들은 학생들을 이해할 때 학생의 입장에서 헤아리는 공감적 이해가 중요하다. 또 학생들을 이해할 때는 다양한 정보원을 활용하는 것도 중요하다. 학생생활기록부, 전에 담당한 교사, 학부모와 면담 등을 통해 학생을 객관적이고 종합적으로 이해하려고 노력해야 한다. 그래야 편견이나 인식의 오류에 빠지지 않을 수 있다.

배려

넷째, **배려**(Consideration)를 해야 한다. 배려는 상대방에 대해 여러 가지 방법으로 마음을 써서 보살피고, 필요로 하는 것을 도와주는 것이다. 관심과 소통, 이해로 만들어진 관계가 배려하는 행동으로 나아가지 않으면 아무 소용이 없다. 학생을 배려할 때는 언어적으로 그 사정을 헤아려 주고, 실제 행동으로 표현하는 것이 필요하다.

사랑

마지막으로, **사랑**(Charity)해야 한다. 사랑은 어떤 대상을 아끼고 소중하게 여기며, 그로 인해 자기 자신이 즐거운 상태에 이르는 것이다. 5C의 앞 단계들도 결국은 사랑에 이르기 위함이다. 교사와 학생의 관계에서 교사가 학생을 진심으로 아끼고, 소중하게 여기는 마음을 갖는 것이 인간관계의 종착점이다. 이때 사랑은 관념(생각)에만 있는 것이 아니라 의지적이고 실천적인 것이다. 교사가 학생에게 관심을 갖고 소통하고, 이해하고 배려하는 과정을 통해 진정으로 학생이 변화하고, 행복하게 살기를 원해서 무엇인가를 실천하는 것, 그것이 교사의 사랑이다.

5C를 이해하고 실천할 때 꼭 기억할 것이 있다. 각 단계는 순차적으로 진행되지만, 서로 분리된 것이 아니다. 예컨대, 배려의 단계를 실천하는 과정에서 이해의 작용은 동시에 일어나야 한다.

이제 교사의 질문이나 친구들 앞에서 말로 자기 의견을 표현하는 데 소극적이지만 만화를 잘 그리는 A학생에게 교사가 5C를 실천하는 과정으로 보자.

관심–수업이 끝난 후 칠판을 지워 달라고 부탁한다.

소통–(다음 날 복도에서 A학생이 반갑게 인사를 하자)

　　　"넌 그림을 잘 그리던데, 만화가가 꿈이냐"고 묻고, 선생님도 고등학교 때 그랬

　　　는데, 부모님이 반대하셨다고 말해 준다. 그러자 A학생도 부모님이 너무 반대

　　　하셔서 고민이라 대답한다.

이해–(한 주일이 지나 A학생과 다시 대화를 하면서 부모님의 심리적 통제가 강하여

　　　자기주장이 망설여진다는 것을 알고서 그 마음을 헤아리는 멘트를 한다.)

　　　교사: "그래, 나도 부모님이 강한 편이었거든. 너의 마음이 어떤지 충분히 알겠

　　　　　다. 친구들 앞에서도 좀 위축이 되지."

배려–A학생이 남들 앞에서 자기 의견을 표현하는 것이 편해질 때까지 수업 중에 어

　　　려운 질문은 하지 않겠다고 약속하고, 실제 그렇게 실천한다.

사랑–자연스럽게 자기주장을 하는 기회를 제공한다. 청소년의 약물 중독 예방에 관

　　　한 수업을 하면서 A학생이 속한 모둠은 그림이나 만화로 결과를 발표하도록 한

　　　다. 그러자 A학생은 친구들과 적극적으로 소통하면서 만화 그리기를 주도하고,

　　　대표로 발표도 하였다.

199쪽에 있는 '서술형 문제 2'
에서 실천해 보자.

　　한편 교사와 학생의 인간관계는 단지 지식이나 기술로 완성되는 것이 아니라 태두에 의해 더 영향을 받는데, 이것이 바로 AGF다.

　　첫째, **수용**(Acceptance)의 태도를 가져야 한다. 수용은 무조건적 긍정적 존중(박성희, 2012)을 말한다. 교사가 학생을 인격체로 대하고, 있는 그대로를 진심으로 수용하는 것은 학생의 건설적인 변화를 촉진하고, 심리적 건강이나 생산적인 학습을 향해 나가게 하는 결정적 요인이다. 교사는 비언어적 의사표현 방법을 활용하여 학생에게 수용의 태도를 보이고, 부정적인 단어를 사용하지 않도록 주의해야 한다(홍종관, 2001). 교사는 학생이 하는 말에 주의를 기울이고 경청하고, 상황에 따라서는 침묵이나 무언의 위로를 통해 학생을 무조건적으로 수용할 수 있다. 예컨대, 학생들이 서로 다투고 감정이 상한 상태로 교사에게 왔을 때, "싸우는 것은 나쁘다"라고 설교를 해 봤자 소용이 없다. 이때는 학생들이 하는 이야기를 묵묵하게 들어주면

AGE
수용, 진정성, 공감

서 "서로 감정이 많이 상했구나"라고 반영해 주면 성난 감정이 가라앉을 것이다. 그런 다음에 교사의 가르침이나 훈계가 통하고 서로 화해의 길로 나갈 것이다.

진정성

둘째, **진정성**(Genuineness)을 보여야 한다. 진정성은 로저스(Rogers)가 사용한 개념으로 일치성(congruence)을 말하는데, '거짓 없는', '솔직한', '있는 그대로 드러내는', '꾸미지 않는', '정직한' 등의 의미가 있다. 진정성은 교사가 학생과의 관계에서 서로 간에 신뢰의 기초가 된다. 교사가 학생과 갈등 상황에 직면했을 때 권위를 내세우거나 방어기제를 사용하지 말고, 자신의 상태나 태도를 솔직하게 인정하고 드러내는 것이 필요하다.

공감 ≠ 동감

셋째, **공감**(Empathy)한다. 공감(共感)은 말 그대로 함께 느낀다는 것이다. 학생의 내면에서 일어나고 있는 일을 교사가 자신의 일처럼 지각하는 과정과 상태, 그것이 공감이다. 공감은 상대방을 이해하는 데 그치지 않고 이해한(느낀) 내용을 상대에게 전달함으로써 그 상대가 이해받고 있다는 확신을 주어야 한다. 그런데 공감을 동감(同感)과 혼동하는 오류를 범해서는 안 된다. 예컨대, 시험 성적이 좋지 않아 부모님으로부터 심하게 꾸중을 들어 기분이 상한 학생에게 "부모님에게 혼이 나 기분이 많이 좋지 않구나"라고 공감해 주면 학생은 "아, 선생님은 내 심정을 알아주시는구나" 하고 마음이 풀릴 것이다. 그런데 "시험 성적을 갖고 그렇게 나무라시면 자녀 교육에 좋지 않은데"라고 학생의 생각에 동감을 표시하면 안 된다. 교사는 학생의 감정이나 어려움에 진실로 공감하는 것을 넘어, 자신의 감정을 분리하지 못하면 학생이 상황을 객관적으로 파악하거나 스스로 문제를 해결하도록 도와줄 수가 없다.

5G와 AGE의 결합

교사가 학생과 인간관계를 잘 실천해 나가기 위해 5C-AGE를 알아보았다. 그런데 두 가지 측면은 서로 결합되어야 시너지 효과를 낼 수 있다. 서시연은 이를 [그림 5-1]처럼 예시하고 있다. [그림 5-1]은 교사와 학생이 관계의 최종 목표인 사랑에 도달한 단계로, 관심 소통 이해 배려 그리고 사랑이 모두 적극적으로 활용되는 것을 말한다. 이때는 교사와 학생이 서로 사랑하는 관계로, 사소한 오해를 신뢰의 힘으로 이겨낼 수 있다. 양쪽 교사와 학생의 AGE는 사랑의 관계를 더욱 공공하게 하는 역할을 한다.

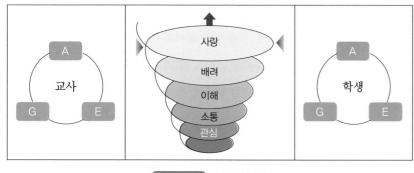

그림 5-1　사랑의 단계

(2) 교사와 학부모의 관계

　교사와 학부모의 관계도 앞서 본, '우리의 다짐'에서 찾을 수 있다. 맨 마지막에 있는 "나는 학부모와 지역사회를 교육의 동반자로 삼아 교육공동체 형성을 위해 함께 노력한다."는 것이 교사와 학부모 관계의 근본 토대라 할 수 있다. 교사와 학부모가 학생을 중심에 두고 동반자적 관계를 잘 맺으려면 두 주체 간의 특성을 이해하는 것이 중요하다(송기창 외, 2021: 447).

　첫째, 교사와 학부모의 관계는 직접적인 관계라기보다 학생을 매개로 한 간접적인 관계다. 교사는 학부모로부터 권한을 위임받아 학생을 직접적으로 대면하고, 인격적인 영향을 끼치게 되는데 이 과정에서 학부모와 관계를 형성한다.

　둘째, 교사와 학부모의 관계는 불완전한 정보를 토대로 맺어지는 관계다. 교사는 학부모의 성격, 학식, 교양 등에 관한 정보를 충분히 얻을 기회가 없기 때문에 학생이 학부모로부터 어떻게 교육을 받고 영향을 받는지 알기 어렵다. 부모 역시 자녀가 교사로부터 어떻게 지도를 받는지에 대한 정보를 충분히 가지고 있지 못하다. 이로 인해 교사와 학부모 사이에는 자칫 불신이나 오해가 생길 개연성이 있다.

　셋째, 교사와 학부모의 관계는 일정 기간 동안만 유지되며, 학생의 학년 진급, 졸업 등에 의해 단절되는 단기적 관계다. 그로 인해 교사와 학부모 양자는 자기 책임과 의무를 소홀히 할 가능성이 있다.

　이처럼 교사와 학부모의 관계가 간접적이고, 서로 정보가 불충분하고,

교사와 학부모의 관계: 동반자
• 학생을 매개로 한 간접적 관계
• 정보가 불완전한 관계
• 일정 기간의 단기적 관계

단기적인 특성이 있지만, 정일화(2020: 127-130)는 교사와 학부모의 관계가 중요함을 강조하면서 구체적인 방안을 제시하고 있다.

첫째, 학생의 문제와 성장은 어느 한쪽의 과제가 아닌, 가정(학부모)과 학교(교사) 모두가 조율하고, 협력할 과업임을 깨닫는 것이 중요하다. 아이는 학부모와 교사라는 두 관점 안에서 존재하고 살아가기 때문에, 교사가 학부모와 좋은 관계를 맺으면 아이의 발달 전체에, 아이를 교육하는 과정에 지속적으로 영향을 미친다.

둘째, 학교와 가정 사이의 갈등을 예방하고 해소하려면 서로의 입장을 이해하고 차이를 좁히는 소통과 상호 협력하려는 태도가 필요하다. 하그리브스(Hargreaves)의 주장처럼, 학부모와 교사 모두는 아동에게 최선의 일이 일어나기를 원한다는 공통점이 있지만 서로 입장이나 관점이 달라 갈등이 일어날 수 있다. 이때 서로의 입장만 고집하면 학생에게 좋지 않은 영향을 끼칠 수 있다.

셋째, 교사는 학부모와 소통을 통하여 친밀감과 신뢰감을 쌓는 노력을 해야 한다. 특히, 초임교사들이 맞닥뜨리는 어려움 중 하나가 학부모를 대하는 일이다. 교사보다 학부모의 연령과 사회경험이 많으면 (교사는) 학부모를 대하는 일이 부담스럽고 어려울 때가 있다. 학부모 입장에서도 교사의 전화를 받는다거나 상담을 요청해 오면 부담스러울 때가 있다. 따라서 교사들은 사소한 것일지라도 학부모에게 정보를 주고 소통하는 기회를 적극적으로 가져야 서로 친숙해지고 심리정서적 교감이 일어난다. 교사는 이 과정을 통해 역으로 학부모로부터 학생에 대한 정보를 자주 얻으면 학교에서 학생들과 더 잘 상호작용할 수 있고, 그것이 순환되어 학부모와 더 좋은 관계를 맺을 수 있다.

마지막으로, 교사는 학부모와 적절한 관계를 맺는 것이 중요하다. 셋째에서 교사와 학부모의 친밀하고 믿음이 있는 관계가 중요하다 하였지만, 그렇다고 지나치게 밀접하고 경계가 흐린 관계를 맺는 것을 경계해야 한다. 자칫 특정 학부모와 공(公)과 사(私)를 구분하지 못하는 관계로 발전하면 곤란하다. 그러면 교사가 자신도 인식하지 못하는 사이에 자칫 다른 학생들을 불공평하게 대하고, 특정 학생을 편애하는 실수를 저지를 수도 있

제한적 개방형과 관련 짓기

다. 최근에는 교사와 학부모가 SNS를 통해 수시로 소통할 수 있는데, 이 또한 지혜롭게 활용해야 한다. 일대일보다는 단체로 소통하는 환경을 만드는 것이 필요하다. 결국 교사와 학부모는 교육의 동반자이고 협력자로 래포 형성이 중요하지만, 너무 소원하지도 않고 지나치게 친근함을 경계하는 불가근불가원(不可近不可遠)을 마음 깊이 새기는 것이 중요하다.

교사와 학부모의 인간관계가 중요하다는 것을 핀란드 어느 교장이 한 말에서 찾을 수 있다. "교사의 첫째 임무는 가정과 소통하여 협력을 이끄는 일이고, 둘째는 아이들의 생활을 돌보는 일이고, 셋째가 가르치는 일이다."

(3) 동료와의 인간관계

학교는 다양한 사람들이 상호작용하는 가운데 목표를 달성하는 조직이다. 교사를 중심으로 학교조직 내에서 동료들과 인간관계를 잘하기 위한 방안을 이해해 보자.

첫째, 전반적으로 상사(교감, 교장)와 동료 교사, 행정직원에 대한 긍정적인 인식을 바탕에 깔아야 한다. 학교 구성원들이 서로에 대해 어떤 인식을 갖느냐에 따라 인간관계의 양상이나 질이 달라질 수 있다. 성공적인 인간관계는 서로에 대한 믿음 위에 성립되기 때문에 상사나 동료 교사에 대해 다음과 같이 인식하는 것이 중요하다.

동료에 대한 긍정적 인식
- 파트너
- 비전 공유
- 상장의 발판
- 멘토
- 공감자 등

- 가장 믿음직한 교육 파트너이자 목표를 위해 함께 뛰어야 할 사람이다.
- 비전과 관심을 공유하는 사람이다.
- '나'를 보호해 주고 성장의 발판이 되어 주는 사람이다.
- 부담 없이 만날 수 있고, 업무에 도움을 주는 사람이다.
- 결정적인 순간에 힘이 되어 줄 사람이다.
- '나'의 리더가 되고 멘토가 되는 사람이다.
- 일상을 공유하고 공감해 줄 수 있는 사람이다.

함께 성장하기
- 동업자 정신
- 성장 마인드셋

둘째, 동료 교사 간에는 협력하며 함께 성장하려는 노력을 기울여야 한다. 사실 동료 교사들은 성과 평가나 승진의 과정에서 경쟁의 관계가 되기도 하지만, 그 속에서도 학생의 성장과 발달이라는 공동의 목표를 향해 함께 나아가는 '동업자 정신'을 잊지 말아야 한다. 어떤 학교에서는 학연, 지연, 취미 등을 중심으로 비공식적 관계가 발달하여 서로 호형호제하는 풍토도 있다. 개인적 친분관계도 학교의 업무 추진에 긍정적으로 작용할 수 있다. 그보다는 본질적으로 수업공동체 등 전문적 발달을 함께 도모해 나가는 인간관계 문화가 필요하다.

셋째, 직무수행과 관련하여 동료들이 '나'를 긍정적으로 지각하도록 해야 한다. 〈표 5-1〉에 정리한, 직장에서 함께 일하고 싶은 사람과 그렇지 않은 사람을 이해해 보자(김혜숙 외, 2019: 330). '함께 일하고 싶은 사람'의 특성을 마음에 새기고 동료를 대하면 인간관계의 승리자가 될 것이다.

표 5-1 함께 일하고 싶은 사람, 일하고 싶지 않은 사람의 특성

함께 일하고 싶은 사람	함께 일하고 싶지 않은 사람
• 동료들에 대해 적극적인 관심을 갖고 있다. • 직무수행에 성실하며 남에게 떠넘기지 않는다. • 변화를 적극적으로 수용하는 자세를 갖는다. • 높은 도덕성과 이타주의를 갖는다. • 용모단정하며 근면하고 협동적이다. • 긍정적·수용적이며 융통성이 있다.	• 신경질적이며, 다른 사람을 멸시하는 태도와 지나친 이기주의 성향을 갖고 있다. • '나'의 직장을 헐뜯거나 불평불만만 늘어놓는다. • 게으르고 위생상태가 불량하다. • 마지못해 억지로 일하는 태도와 무사안일주의가 팽배하다. • 자기 일을 종종 남에게 떠넘긴다. • 음담패설, 유쾌하지 않은 잡담으로 시간을 허비한다.

교사와 관리자의 관계
-권위의 존중과 민주적 의사
 결정

넷째, 교사와 관리자 간에는 권위를 존중하는 관계 형성과 민주적인 의사결정 문화가 중요하다. 우선 교사들은 학교장에게 학교조직을 경영하고 관리하는 책임과 권한이 있다는 것을 존중해야 한다. 「초·중등교육법」제20조에 "교장은 교무를 총괄하고, 소속 교직원을 지도·감독하며, 학생을 교육한다."고 되어 있다. 이로써 교장은 교직원의 상위자로 학교 운영 전반에서 구성원에게 영향력을 행사할 수 있는 법적 권위가 있고, 학생교

육의 최종적인 책임자다. 따라서 교사들은 교장의 지도 감독이 합리적인 것이라면 수용해야 하는 것이 타당하다.

한편 학교행정가인 교장도 교사와의 관계를 중요하게 여겨야 한다. 학교의 교육활동은 교사들에 의해서 이루어지기 때문에 교사와의 인간관계는 교육활동 과정을 통해 학교교육에 다양한 방식으로 영향을 미치게 된다. 특히, 규모가 작은 학교조직일수록 인간관계가 매우 밀접하며 집약적으로 이루어져 인간관계에서 파생되는 영향이 보다 직접적이고 크다고 볼 수 있다. 교사의 인간관계가 이직을 결정하는 데 중요한 요인으로 작용하고 있다는 연구결과(이고미, 2003; 이남희, 2008; 최예슬, 2014; 황성온, 2006)와 불편한 인간관계로 인해 직업갈등을 겪고 있다는 연구결과(서윤정, 최서영, 이선정, 이대균, 2012)는 이를 뒷받침해 주고 있다.

특히, 교장은 교사들과의 인간관계에서, 그들이 직무에 만족하고 성장, 발전할 수 있는 기회를 만드는 게 중요하다. 이를 위해 학교조직의 의사결정 과정에 교사들을 적절하게 참여시키는 동시에 협력적인 문화를 조성하도록 노력해야 한다.

3) 초임교사의 인간관계 성공 법칙

교직에 첫발을 내딛는 초임교사들은 교장과 교감, 선배교사, 학생, 그리고 학부모들과 어떻게 인간관계를 해야 하는지 막막할 때가 많다. 따라서 초임교사 시기에 인간관계를 잘하기 위한 원칙을 익혀 보자.

상대방 존중하기   모든 사람은 지위 고하를 막론하고 존중받기를 원한다. 상대방을 제대로 알지도 못하면서 편견을 갖고 대하거나 경시하는 태도는 인간관계를 저해하는 가장 큰 요인이다. 조직생활을 할 때 상대방을 존중하는 마음, 겸손한 마음을 갖고 인격적으로 대하면, '나' 또한 그렇게 대우를 받기 마련이다. 특히, 상대방을 존중한다(respect)는 것은 상대방의 관점에서 생각하고 행동한다는 것과 마찬가지다. '나'의 입장만 고집하는 것은 상대방을 존중하지 않는 것이나 마찬가지다.

초임교사의 인간관계 성공 요건
① 상대방 존중하기
② '나' 개방하기
③ 경청하기
④ 해결책에 집중하기
⑤ 한 번 더 생각하기
⑥ 상대 입장에서 생각하기
⑦ 먼저 다가가기

나 개방하기　　인간관계가 잘 맺어지기 위해서는 서로 이해하는 것이 중요하다. 그러자면 먼저 자기를 있는 그대로 개방해야 한다. 그래야 상대방도 방어적인 태도에서 벗어나 자신을 개방하고, 서로 간에 진술하고 신뢰가 있는 관계가 형성된다. 미국의 심리학자 조셉 리프트(Joseph Luft)와 해리 잉햄(Hary Ingham)이 자신들의 이름을 따서 만든 '**조하리의 창**(Johari Window)'을 이해하여 서로 개방된 영역(친밀한 관계)을 넓히는 노력을 하면 좋을 것이다.

'조하리의 창'을 더 공부하자.

경청자 되기　　인간관계에서 상대방을 존중하는 구체적인 방법으로 경청하기를 들 수 있다. 경청이란 그저 듣는 것(hearing)이 아니라 말의 내용에 귀를 기울이면서 귀담아 듣는 것(listening)이다. 경청이라는 말 앞에 적극적(active)이라는 표현에 주목해야 한다. 또 경청의 한자에서 경(傾−허리를 굽힌다)에 주의하기 바란다. 회의할 때나 평소 대화하는 시간에 상대방의 언어적 메시지를 경청하고, 비언어적 메시지까지도 관심을 갖고 이해하려고 노력하면 상대방은 '아, 나를 존중하고 있구나' 하고, 고맙게 여길 것이다. 최근에 공감의 중요성을 강조하는데, 이것도 경청에서 비롯된다. 조직생활을 하면서, 비록 전문적인 상담가가 아니더라도 경청하는 역량만 갖추면 동료를 위로해 줄 수 있고 도움을 줄 수 있다.

hearing → listening

해결책에 집중하기　　인간관계에서의 어려움이나 갈등이 생기면 대개 왜 나에게 이런 일이 일어났는지, 저 사람은 왜 나를 힘들게 하는지 문제나 상황 그 자체에 고민하고 집중한다. 갈등이나 문제는 누구에게나 일어날 수 있는 일로 여기고, 이를 어떻게 해결하고 대처할 것인가에 집중하는 것이 중요하다. 인간관계의 어려움이나 갈등이 일어나게 된 그 자체에만 집중을 하게 되면, 어떠한 것도 해결할 수 없다.

한 번 더 생각하기　　한 번 더 생각하기는 인간관계의 문제에 좀 더 유연한 태도를 갖는 데 도움이 되고, 인간관계의 어려움이나 갈등이 다른 사람들이 겪고 있는 문제 상황에 비하면 별일이 아닌 것처럼 작게 느껴질 수도 있다. 문제 상황에 대해 섣부르게 판단을 내리지 않음으로써 실수를 덜 할 수도 있다. 문제 상황에 대해 심사숙고함으로써 오히려 긍정적이거나 좋은 측면이 있다는 것을 발견하거나 인간관계의 무게가 조금은 가벼워지는 것을 느낌으로써 해결책을 찾는 데 도움을 준다.

상대방의 입장에서 이해하기　　사람들의 다름에 대한 이해를 바탕으로, 같은 상황일지라도 사람에 따라 바라보는 시선이나 이해하는 정도가 다를 수 있다. 문제 상황에 대해 다른 사람의 입장에서 생각해 보면, 상대를 더 잘 이해하게 된다. 이처럼 '다름'을 인정하는 것이 인간관계를 풀어 가는 계기가 된다. '다름'은 누구는 '맞고' 누구는 '틀리고'의 문제가 아니라 그냥 단지 서로 다를 뿐이고, 더 나아가 새로운 시각이라는 태도 및 가치관의 변화로까지 연결된다. 역지사지(易地思之)의 능력은 인간관계의 능력이다.

먼저 다가가기　　인간관계에 어려움을 겪게 되면 그 상황에서는 어쩔 수 없다는 소극적인 태도를 취할 수도 있다. 이러한 태도는 문제 상황을 해결하는 데 도움이 되지 않는다. 인간관계의 어려움과 문제를 피하거나 참고만 있어서는 어떠한 문제해결도 시작되지 않는다. 특히, 초임교사로서 문제가 발생하거나 어려운 일이 생길 때는 먼저 **도움 요청하기**(help seeking)를 하는 것이 동료(선배) 교사와 좋은 관계를 맺는 비결이다.

도움 요청하기는 '저 친구는 아주 열심히 한다'는 인상을 줄 수 있고, 문제를 해결할 수도 있으니 일석이조(一石二鳥)의 효과가 있다.

2. 학교조직에서 의사소통

인간관계에 관한 책을 보면 제목을 '인간관계와 의사소통'이라고 붙인 경우가 있다. 그만큼 인간관계에서 의사소통은 핵심이다. 의사소통을 아주 폭넓게 보면 인간관계까지 포함하는 개념으로 정의하기도 한다(오두범, 1994; Severin & Tankard, 1979). 따라서 학교조직에서 구성원이 인간관계를 잘하려면 의사소통이 중요하다.

1) 의사소통의 이해의 기초

(1) 의사소통의 정의와 기능

의사소통(communication)이라는 낱말은 '나누다', '전달하다', '참여하게 하다', '관여·공유하다'를 뜻하는 라틴어 communicare에서 유래하였다. 이로써, 의사소통은 사람들끼리 서로 생각, 느낌, 정보를 말이나, 그 밖의 소리, 표정, 몸짓 따위로 주고받는 일을 말한다. 우리말 사전에서도 의사소통은 '가지고 있는 생각이나 뜻이 서로 통함'으로 풀이되는데, 최근에는 영어로는 같은 의미로 쓰이는 소통(疏通), 즉 '막히지 않고 잘 통함', '뜻이 통하여 오해가 없음'이 강조되고 있다.

한편 의사소통은 집단이나 조직에서 크게 네 가지 기능—① 통제, ② 동기부여, ③ 감정 표현, ④ 정보—을 한다(이덕로 외 역, 2011: 378-379).

첫째, 의사소통은 구성원의 행동을 통제하는 작용을 한다. 공식적인 구조 내에서 직무와 관련된 지침이나 행동 규범은 문서로든 구두로든 의사소통을 통해 구성원을 통제한다. 인간관계론에서 밝혀진 대로 비공식적 집단(노조 등)에서도 직무생활의 지침이 되는 의사소통이 작동한다.

둘째, 의사소통은 동기를 부여한다. 목표 설정이론에서 보듯, 조직에서 목표를 정할 때 의사소통을 활발하게 하면 구성원들은 조직의 목표에 대해 주인의식을 가져 직무동기가 더 발동한다. 나아가 성과에 대한 피드백 역시 의사소통의 과정으로 구성원의 동기를 부여하는 기제가 된다.

셋째, 의사소통은 감정 표현과 사회적 욕구를 충족해 주는 기능을 한다. 조직의 상층 관리자를 포함하여 구성원들은 언어적 비언어적으로 서로의 감정과 욕구를 표현하고 전달한다.

넷째, 의사소통은 의사결정을 하는 데 필요한 정보를 제공한다. 조직에서 중요한 의사결정 과정에 구성원의 의견을 체계적으로 수렴하고 가급적 많은 인사를 참여하게 하는 것은 의사소통의 기제를 통해 질 높은 정보를 다양하게 수립하기 위한 노력이다.

의사소통의 기능
① 통제
② 동기 부여
③ 감정 표현
④ 정보 제공

이밖에도 개인생활이든 조직생활이든 의사소통은 사람들 간에 오해로 인한 갈등을 줄이고, 통합하게 해 주는 기능을 한다. 국가 운영에서 사회 갈등이 나타나는 원인 중에 하나는 제대로 된 소통의 기회가 부족하기 때문이다. 그래서 소통은 사회적 자본으로 중시되기도 한다.

(2) 의사소통의 목적

학교조직에서 이루어지는 의사소통의 목적을 세 가지—① 생산과 규제, ② 혁신, ③ 개인의 사회화와 현상 유지—로 이해할 수 있다(오영재, 신현석, 양성관, 박종필 공역, 2007: 402-403).

첫째, 학교 내에서 이루어지는 교수 및 학습과 같은 조직의 기본적인 업무수행을 목적으로 하는 활동, 즉 목표와 기준의 설정, 사실과 정보의 전달, 의사결정, 수행 평가와 피드백, 리더십 행사 등 생산 및 규제를 위해 의사소통이 작용한다.

둘째, 학교조직에서 새로운 아이디어를 제시하고 프로그램이나 절차의 변화를 위한 혁신의 전달에 의사소통이 중요하다.

셋째, 조직에서는 구성원 간의 상호작용 관계, 개인의 목적을 조직의 목적에 통합하기, 조직의 안정과 질서 등 사회화와 체제 유지의 목적으로 의사소통을 활용한다.

결국 조직에서 의사소통은 소식 구성원 간에 이해를 공유하여 개인과 조직의 기능을 최적화하고, 목표지향적인 행동을 하게 하는 관계적 과정이라 볼 수 있다. 이런 맥락에서, 의사소통을 조직의 의사결정, 동기 부여, 리더십 등 다른 행정과정들과 분리하는 것은 아주 어렵다(오영재, 신현석, 양성관, 박종필 공역, 2007: 384).

(3) 의사소통의 과정

DeFleur, Kearney, & Plax(1993), Hoy & Miskel(2003), 오영재 등(2007)은 "인간의 의사소통은 의도한 것과 비슷하게 수신자들이 이해할 수 있게 정보를 전달할 수 있도록 상징, 기호 및 상황적 단서 등을 활용하여 메시지를 보내는 관계적 과정(relational process)"으로 정교하게 정의하였다.

의사소통의 목적
① 생산과 규제
② 혁신의 전달
③ 사회화와 체제 유지

- 발신자는 사고나 감정을 부호화하여 메시지를 보내는 사람 또는 관계 자(당국, 교육감 등)다.
- 수신자는 메시지가 향하게 되는 대상, 즉 메시지의 최종 목적지 또는 이를 해석하는 사람(관계자)이다.
- 메시지는 전달자의 기(부)호화(encoding)로부터 나온 물리적 산물로, 발신자가 전달하고자 하는 언어적 또는 비언어적 신호, 상징(말, 글, 얼굴 표정 등)이다.
- 기(부)호화와 해독(decoding)는 메시지를 만들고, 변환하며, 해독하는 인지적 구조(과정)이다. 즉, 기호화는 발신자가 의도한 메시지를 상징적인 형태로 전환하는 것이고, 해독은 수신자가 메시지를 재해석하는 것이다. 개인들은 기호화와 해독 과정을 거쳐 의미(meaning)를 조직한다.
- 피드백은 메시지를 원래의 의도대로 전달하는 데 얼마나 성공적이었는가(수신자의 이해)에 대한 확인으로, 메시지에 대한 반응이다.
- 전달 경로와 소음은 발신자가 기호화한 메시지를 수신자가 수신하여 해독하도록 하는 과정에 개입하는 요소를 말한다. 경로는 전달자가 선택하는 것으로, 공식적인 경로—조직 내의 구조나 권위 연쇄(authority chain)—와 비공식적 경로로 나뉜다. 소음은 지각상의 문제, 정보의 과중이나 독해의 어려움, 또는 문화적 차이로 인한 메시지 이해의 왜곡 등 의사소통의 효과를 떨어뜨리는 장애 요인을 말한다.

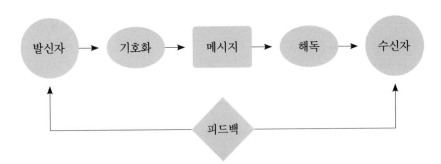

그림 5-2 의사소통 과정의 일반적 모형

출처: 주삼환 외(2022). **교육행정학**. 학지사, p. 408.

(4) 의사소통의 방향

의사소통은 기본적으로 두 사람 이상이 의사를 교환하는 과정인데, 크게 일방향(하향적–상향적) 의사소통과 양방향(수평적) 의사소통으로 나눌 수 있다. 실제 그 과정은 다양하게 나타난다.

첫째, 하향적(일방향) 의사소통은 집단이나 조직의 상위 단계에서 하위 단계로 일방적으로 업무 지시를 내리고, 방향을 정해 주며, 주의를 환기시키는 방식이다. 하향적, 일방향 의사소통은 구두나 문서 등 다양한 방법을 사용할 수 있는데, 조직의 관리자들이 지시를 하거나 명령하는 수단으로 하향적 의사소통을 할 때는 그에 대한 이유를 잘 설명해야 한다. 그래야 하위자들이 상급자의 결정이나 지시를 수용하고 지지하기 때문이다.

학교조직에서 하향적, 일방향 의사소통은 몇 가지 장점이 있다.

첫째, 일방향 의사소통은 의사소통 행위와 구성원의 직무행동 간의 연결 관계가 높아 효율성과 목표 달성에 유리하다.

둘째, 일방향 전략에서는 메시지 발신의 기술이 중요하여 상급자인 발신자들이 자신의 아이디어를 숙고하고, 지시하고 설명하는 방법을 구체화하려고 노력한다.

그러나 하향적 의사소통은 일방적이라서 관리자들이 하급자의 조언이나 의견을 구하지 않아 최근 강조되고 있는 소통의 리더십과는 거리가 멀다. 실제로 학교에서 어떤 관리자들은 소통을 중요하게 여긴다고 말하면서도 회의시간 등에서 자신의 생각을 일방적으로 전달하는 데 대부분의 시간을 보낸다. 또한 사람들은 스스로 메시지를 재구성하고 해석하는 존재임에도 불구하고, 하급자인 수신자들을 수동적인 정보처리자로 간주하는 오류를 범한다(오영재 외 역, 2007: 388). 이런 오류는 교사와 학생들 간에도 자주 나타날 수 있는데, 자신의 의도를 학생들에게 전달하고 심지어 주입하려는 통제 중심의 훈육 지도 방식이 습관화되어 있는 교사들은 한 번쯤 되새겨 보아야 한다. 특히, 최근에 학습자 참여 중심의 수업이 중요시되는 교육환경에서 일방향 의사소통에 고착되어 있는 교사라면 스스로 의사소통의 기법을 훈련하는 기회를 가져야 할 것이다.

한편, 일방향 의사소통이지만 상향적 의사소통이 있다. 이는 메시지의

의사소통의 방향
- 일방향(하향적–상향적) 의사소통
- 양방향(수평적) 의사소통

성격이나 의사소통의 본질에서 하급자가 상급자에게 의견을 개진하는 형태를 띤다는 점에서 일방적이지는 않다. 조직에서 상향적 의사소통은 허용적이고 자유로운 분위기 속에서 제안 제도를 활성화할 때 자주 나타날 수 있다.

일방향(상향적) 의사소통

둘째, 양방향(수평적) 의사소통은 모든 참여자들이 메시지를 주고받는 경우다. 각 참여자들이 발신자이면서 수신자의 역할을 활발하게 해 나가는 의사소통이다. 양방향 의사소통은 비교적 동일 수준의 작업자, 동일 수준의 관리자들 사이에 정보와 아이디어를 교환하는 과정에서 나타나는데, 그런 의미에서 참여자들의 관계가 수평적 관계일 때 촉진될 수 있다. 소위 "계급장 떼고 말합시다"가 이에 해당할 수 있다(그렇다고 하급자가 상급자 앞에서 그러기는 어렵지만).

양방향 의사소통은 여러 가지 형태—대화, 질의, 토론, 수업—로 이루어질 수 있다(Nicholas C. Burbules, 1993; 오영재 외 역, 2007: 388-389).

양방향 의사소통
- 대화
  → 협동 · 허용 · 상호 이해
- 질의 → 해결책 · 절충안
- 토론 → 대안 탐색
- 수업

첫째, 대화(conversation)는 서로 협동적이고 허용적인 분위기, 상호 간에 이해 지향적이라는 특징을 갖는다. 의사소통에 참여하는 사람들이 다른 사람의 관점과 경험에 대해 관심이 있을 때 자주 사용된다.

둘째, 질의(inquiry)는 두 명 이상이 서로 질문에 대답하고, 서로 의견이 일치하지 않는 문제에 대한 해결책을 만들어 내거나 절충안을 도출해야 할 때 유용하다.

셋째, 토론(debate)은 의사소통에 참여하는 사람들이 서로 가진 대안적인 입장을 확인하는 것이다. 최근 수업이나 비교과에서 학생들의 비판적 사고능력을 증진하기 위해 디베이팅을 자주 활용한다. 고등학교에서 교사들이 대학 입시에서 수학능력시험 위주의 정시를 확대해야 하는가, 내신성적 중심의 수시를 더 넓혀야 하는 토론은 그것을 통해 각각의 장점과 단점을 확인하여 서로 이해의 폭을 넓히는 기회가 될 수 있다.

넷째, 수업(instruction)은 교사와 학생, 학생들 간의 언어적 대화의 과정으로, 효과적인 의사소통의 기술을 전제로 한다. 이때 교사에게 요구되는 수업 대화로서의 의사소통 기술로 핵심은 발문 기술이다. 최근 학생 중심의 수업이 강조되면서 하브루타 교육이 각광을 받고 있다.

수평적 의사소통의 형태를 정리하면서 저자가 20여 년 전에 어느 초등학교 교장실을 방문한 가운데 느낀 경험을 소개하고자 한다. 양방향(수평적) 의사소통을 위해서는 회의장의 물리적 구조도 중요하다. 대개 교장실에 가면 (부장)교사들과 회의를 하는 직사각형 형태의 테이블이 있는데, 그 학교에서는 원형 테이블이 있었다. 그래서 교장선생님에게 그 이유를 물었더니, 직사각형으로 만들면 교장이 가운데(소위 상석)에 앉게 되고, 그러면 자유롭고 허심탄회한 회의(대화)가 될 수 없다는 설명을 하였다. 상석이 없이 누구나 평등한 좌석 배치, 이것이 수평적 의사소통의 구조라는 인상을 받았다. 어느 대학의 총장은 보직자들과 회의할 때마다 화이트보드를 앞에 놓고, 매번 같은 얘기를 반복하는 강의를 하여, 누군가가 화이트보드를 없애 버렸다는 일화도 농담 삼아 들었다. 이 역시 물리적 환경이 수평적 의사소통에 영향을 주는 요소라는 걸 알게 해 준다.

수평적 의사소통과 물리적 환경

2) 의사소통 네트워크 유형

조직에서 구성원 간에 의사소통이 어떻게 이루어지고 있는지를 설명하고, 분석하는 개념이 네트워크다. 의사소통 네트워크는 시간 및 공간을 통해 메시지를 교환하는 활동으로, 의사소통자들 간에 형성되는 공식적 또는 비공식적 의사소통 형태다(Monge & Contractor, 2001; 오영재 외 역, 2007: 403). 학교조직에서의 의사소통 네트워크는 학교 구성원 간의 연결망을 말하는데, 공식적 네트워크와 비공식 네트워크를 모두 포함한다. 또한 최근에는 정보기술의 발달로 면대면 회의뿐만 아니라 학교 내 전산망, 혹은 인터넷 메신저 등의 기술 매체를 통한 의사소통을 포함하는 것으로, 특히 교원 간 정보를 교류하고 의미를 공유하기 한 상호작용의 통로다.

(1) 공식적 의사소통

학교조직에서 공식적 의사소통 통로 또는 네트워크는 권위의 위계를 통해 조직 전체를 가로 지르는 형태다. 특히, 집권화된 학교조직에서는 공식적인 의사소통의 네트워크가 중심을 이룬다. 실제 학교에서 공식적으로 의사소통의 통로(위원회 등)를 만들고, 이를 통해 의견을 수렴하고 의사결정을 하며 의사소통 과정을 공식적으로 규제하고 있다. 예컨대, 교사가 교장에게 의견을 제시할 때도 위계적 통로(부장교사나 교감)를 거쳐 진행하도록 한다. 공식적 의사소통 체제를 개발하고 활용할 때는 몇 가지 요인들을 고려해야 한다(Barnard, 1938; Hoy & Miskel, 2003).

- 의사소통 통로를 알고 있어야 한다.
- 이러한 통로는 조직의 모든 구성원들을 연결시켜야 한다.
- 의사소통의 계통은 가능한 한 직접적이고 단계가 짧아야 한다.
- 완전한 의사소통 네트워크를 사용한다.
- 직위를 차지하고 있는 적절한 사람이 자신의 권위 내에서 메시지를 전달할 때 모든 의사소통을 신뢰할 수 있다.

의사소통 참여자 사이의 관계를 파악하여 네트워크 유형을 잘 이해하면 학교조직의 의사소통 네트워크를 이해하는 데 도움이 될 것이다. 조직에서 의사소통의 네트워크는 대략 세 가지로 나눌 수 있다.[1] 구성원이 많고 여러 단계를 거쳐 직무가 수행되는 조직에서 공식적 의사소통 네트워크는 매우 복잡하고 다양할 것이지만 이를 단순화하면 [그림 5-3]과 같다.

체인형 의사소통 네트워크는 공식적인 명령계통을 엄격히 따르는 수직적 조직 구조에서 나타난다. 수레바퀴형 의사소통 네트워크는 강력한 리더(중심 인물)를 가진 조직에서, 중심 인물이 도관(導管)이 되면서 다른 구성원들과 상호작용을 하는 구조를 띤다. 중앙집중형 네트워크로, 의사소통 집단이 신속하게 구성될 수 있으며, 과업 수행이 빠르다는 장점이 있다. 특히, 서로 연결되어 있는 네트워크가 많을수록 정보를 필요로 하는 문제를

공식적 의사소통 네트워크 유형
- 체인형
- 수레바퀴형
- 완전연결형

---

1) Bavelas와 Levitt는 피험자 5명이 칸막이가 쳐진 서로 다른 방에서 방과 방 사이 벽에 뚫린 구멍을 통해 서로 글로 쓴 편지를 주고받도록 하여, 피험자들이 연락할 수 있는 구멍을 어떻게 닫는가를 살펴서 네 개의 의사소통 네트워크 관계를 찾아냈다. 또한 각 구성원에게 과제 해결에 필요한 정보를 제공해 주고, 서로 협조하여 과제를 해결하도록 하였다.

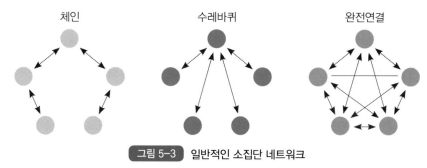

그림 5-3 일반적인 소집단 네트워크

출처: 이덕로, 김태열, 박기찬, 박원후 공역(2011). **조직행동론(제14판)**. (주)피어슨에듀케이션 코
리아, p. 386.

더 쉽게 해결하도록 해 준다. 그러나 양방향 의사소통과 피드백은 원활하
지 못하다는 한계가 있다. 한편 완전연결형 의사소통 네트워크는 모든 구
성원들이 서로 활발하게 커뮤니케이션을 할 수 있게 해 준다. 모든 구성원
들이 자유롭게 공헌하고, 어느 한 사람이 리더십 역할을 떠맡지 않는 자기
관리팀(self-managed team)에서 흔히 실행된다.

　한편 세 가지 네트워크는 의사소통 효과에서 서로 다르다. 체인형은 의
사소통의 정확성이 중요한 기준이 될 때 효과적이고, 수레바퀴형은 의사소
통의 정확성과 함께 구성원의 참여 만족에 효과적이다. 그리고 완전연결형
은 전체 구성원이 모두 연결되는 것으로 구성원의 만족을 높이고자 할 때
유효하다.

표 5-2 소집단 네트워크와 효과성 기준

기준	체인	수레바퀴	완전연결
속도	보통	빠름	빠름
정확성	높음	높음	보통
리더의 등장	보통	높음	없음
구성원 만족	보통	낮음	높음

출처: 이덕로, 김태열, 박기찬, 박원후 공역(2011). **조직행동론(제14판)**. (주)피어슨에듀케이션 코
리아, p. 387.

(2) 비공식적 의사소통

의사소통 네트워크는 조직 내에서 구성원들 간에 정보를 교환하는 일상적인 대인 접촉의 한 형태다. 따라서 의사소통은 공식적인 네트워크뿐만 아니라 비공식적인 네트워크를 통해 활발하게 일어난다. 조직 내에서 구성원의 친소(親疏) 관계에 따라 형성되는 비공식적 네트워크를 통상 그레이프바인(grapevine)이라 부르는데, 일종의 비밀정보전달경로라고 볼 수 있다.

그레이프바인은 비공식적이지만 아주 중요한 의사소통 채널이다. 한 조사에 의하면 75%의 종업원들이 그레프바인을 통해 먼저 문제에 관해 듣는 것으로 나타났고, 동료부터의 구전(口傳, word-of-mouth) 정보가 구직자가 어떤 조직에 참여할지의 여부에 중요한 영향을 보여 준다(Van Hoye & Lievens, 2009; 이덕로 외, 2011: 387). 학교조직에서도 자신이 가입한 교직 단체나 출신 학교 선후배를 중심으로 중요한 정보를 주고받는 현상을 보면 그레이프바인의 힘을 엿볼 수 있다.

그레이프바인은 정보의 정확성을 해치는 왜곡현상을 가져올 수 있지만, 다음과 같은 장점이 있다.

첫째, 학교행정가들에게 좋은 피드백 통로가 될 수 있다. 학교에서 어떤 중요한 문제를 결정할 때 경력, 성 등을 고려하여 대표자를 선정하면 공식적인 의사소통 채널로는 확인하기 어려운 구성원의 입장이나 태도를 찾아낼 수 있다.

둘째, 구성원의 조직 참여 동기를 높이고, 사회적 욕구를 충족시킬 수 있다. 학교에서 공식적인 의사소통 네트워크로 모든 정보를 정확하게 전달하기는 어렵다. 고로 자연발생적으로 작동하는 비공식적 의사소통 채널을 중요하게 여기면 구성원들이 건전한 방향으로 의사소통하는 문화를 만들고, 조직에 대해 소속감을 가질 수 있다.

셋째, 공식적인 의사소통의 질을 높이고, 의제나 이슈의 실제 실행에 효과적이다. 공식적인 의사소통을 보완해 주는 장치로서의 그레이프바인은 공식적 의사소통의 빈틈을 잘 메워 질 높은 의사결정을 하게 해 준다. 나아가 비공식적 집단에서 공유되는 의사소통의 내용이나 결정이 공식적 의사

그레이프바인의 장점
• 피드백 통로
• 참여 동기 제고
• 의사소통의 질과 실행 효과

소통에 반영되면 구성원의 저항이 줄어 실제 실행에도 도움이 된다.

(3) 전자 커뮤니케이션 채널

오늘날 전자 통신의 발달로 개인생활이나 조직생활에서 의사소통의 채널로 전자적 매체가 활발하게 활용되고 있다. 학교에서도 공식적인 채널이든 비공식적 채널이든 이메일 등 다양한 전자 커뮤니케이션이 활성화되어 있다.

한편 최근에 스마트 기기(폰)의 활용이 보편화되면서 **소셜 네트워크 서비스**(Social Network Service: SNS)를 통한 양방향 의사소통이 빈번해지고 있다. 일상생활에서 SNS 이용이 확대되면서 교직에서도 이를 교육적으로 정보를 주고받거나 자신의 의사나 개성을 표현하는데, 활용하는 교사들이 늘어나고 있다. 최근에 교직에서 SNS 활용에 대한 연구가 축적되고 있는데, SNS를 활용하여 교사학습공동체 구축과 전문성 신장에 기여하는 등의 교육적 효과가 있다(김지윤, 정가윤, 2015)고 보고되었다. 최근에 박현진과 오범호(2020)는 인스타그램을 활용하는 초등학교 교사들의 경험을 질적으로 연구하였는데, 자기표현과 인상관리, 자기과시적 자기표현, 자기감시를 특징으로 밝혔다. 이 중에서 자기표현(Self-presentation)은 자신이 누구이고 어떠한 사람인지 알리는 과정을 말하는데, 타인이 자신에 대해 갖는 이미지를 관리하고자 시도하는 것이다. 인스타그램으로 자신을 표현하는 교사들은 교직생활에 관한 정보를 표현하는 교사와 자신의 개인생활을 보여 주는 교사들이 있다. 이중에서 인스타그램에 교사로서의 삶을 표현하는 교사들은 자신이 교직생활에서 겪는 어려움을 표현하여 다른 교사들로부터 공감을 얻거나 비슷한 경험을 한 교사들에게 공감을 제공하였다(공감 및 인정). 그리고 교사들은 인스타그램으로 학생들이나, 만난 적이 없거나 전혀 모르는 불특정 다수의 학부모들로부터 응원을 받기도 하였다. 이러한 긍정적인 효과 외에 부정적인 경험(교직은 놀고먹는 직업, 네가 교사 대표야 라는 비난, 신상털이 등)의 부정적인 경험을 하기도 하였다.

SNS의 장점과 단점을 생각해 보자.

3) 학교조직에서 의사소통 사례

학교에서 필요한 문제를 함께 해결하고 공동의 목표에 도달하기 위한 중요한 수단이 의사소통이다. 어느 고등학교에서 「교육 공동체 다(多)모임 공감 토론회」를 통해 학생들의 공동생활에 필요한 협약을 한 사례를 보자. 사례 고등학교는 교사, 학생, 학부모들이 참여하여 학교 운영과 관련한 이슈에 대해 자유롭게 소통하여 의견을 모으고 이를 공식적인 기구를 통해 결정하는 방식을 갖고 있다. 특히, 사례학교는 매년 학생, 학부모, 교직원이 함께 '교육공동체생활협약문'을 제정해 실천 운동을 전개해 오고 있는데, 이를 위해 교육공동체가 한 자리에 모여 여러 차례 토론과 회의를 거쳐 왔다([그림 5-4]).

그림 5-4   사례학교의 다모임 공감 토론회 모습

출처: 주삼환 외(2022). **교육행정학**. 학지사, p. 421.

사례학교의 생활협약문 제정 절차의 효과를 정리해 보자.

사례학교에서는 학생들이 참여하여 생활협약문을 만들고 나서 각 참여 주체(학생, 교사, 학부모)들은 다음과 같이 지침을 만들어 선언하고 실천을 다짐한다.

학생	**나는 이런 학생이 되겠습니다.** • 질서와 협약을 준수하는 학생 • 인사를 잘하고 예의 바른 학생 • 학교 행사에 책임감 있게 참여하는 학생 • 자율학습 시간에 떠들지 않는 학생 • 친구의 입장에서 생각하고 행동하는 학생 • 학교 및 공공시설을 깨끗하게 이용하는 학생
교사	**나는 이런 교사가 되겠습니다.** • 학생을 차별하지 않는 교사 • 학생의 꿈을 지지해 주는 교사 • 학생의 이야기를 경청하는 교사 • 학생에게 칭찬을 많이 하는 • 학생 및 동료 교사를 존중하는 교사
학부모	**나는 이런 학부모가 되겠습니다.** • 교사와 학교를 신뢰하는 학부모 • 자녀의 선택을 존중하는 학부모 • 자녀에게 칭찬을 많이 하는 학부모 • 자녀를 믿고 인성교육에 힘쓰는 학부모 • 자녀에게 관심을 가지고 많은 대화를 나누는 학부모

한편 사례학교에서는 「규정개정심의위원회」를 운영하면서 학생들도 교원 위원이나 학부모 위원과 동수로 참여한다. 이렇게 학생들의 의견을 바탕으로 심의위원회를 거쳐 학교장이 최종적으로 결정하는 소통 시스템을 가동하므로 학교의 주체, 특히 학생들이 자신의 삶을 결정하는 과정에 참여하여 민주시민의 역량과 책임의식을 배양하는 효과를 거두고 있다.

3. 학교조직에서 갈등관리

학교조직에서 구성원들 간에 입장의 차이 등으로 갈등이 일어나면 조직의 목표 달성을 저해할 수 있다. 그래서 학교조직에서 갈등이 일어나는 원인과 갈등관리를 어떻게 해결해 나가야 하는지 이해하는 것이 중요하다.

1) 학교조직에서 갈등의 원인

학교조직사회에서도 예외 없이 갈등은 존재한다. 김창걸(1992)은 학교조직 현장을 중심으로 그 원인을 다음과 같이 제시하였다.

학교조직 갈등의 원인
- 목표 차이
- 이해관계 차이
- 인지 및 태도 차이
- 의사소통의 부족
- 상호 기대 차이
- 과업상 상호 의존
- 조직의 분화와 전문화
- 자원 부족
- 역할모호성
- 불균형(가치관 등)

목표의 차이　　학교조직 내에 많은 목표가 있어 이것이 서로 상충되면서, 목표의 차이에 의한 갈등이 일어난다. 특히, 학교경영자와 교사 간, 각 부서 간에 갈등이 일어나는데 제한된 자원에 대한 상호 의존성, 근무평정 등의 경쟁적인 보상체계, 개인 간의 목표의 차이, 주관적으로 해석되는 학교조직 목표 등이 원인이 될 수 있다.

이해관계의 차이　　갈등은 이해관계의 차이로부터 발생할 수 있다. 예를 들어, 교장, 교감, 교사, 직원, 학생, 학부모, 동문 등 학교와 관련된 사람들의 상호 간의 관계에서도 일어나기도 하지만 학교의 부서, 학교 간, 행정기관 간에서도 상호 간의 의견과 이해의 차이로 갈등이 생기기도 한다.

인지 및 태도의 차이　　학교경영자와 교사 간, 그리고 각 부서 간에 사실에 대한 인지 및 태도가 다르기 때문에 갈등이 생긴다. 사람마다 생활 배경과 지식, 경험이 다르고 가치관이나 인성 등이 다를 수밖에 없다. 특히, 교직연령과 경험의 차이에서 오는 인식의 차이 때문에 젊은 교사들의 사고를 학교경영자가 어떻게 수용하느냐가 중요한 문제이다.

의사소통의 부족　　상호 간에 의사소통이 원활하지 못하거나 왜곡되거나, 방해를 받는 경우도 갈등이 발생할 수 있다. 학교경영자의 하향적 의사소통이 강하게 일어날 경우, 학교경영자와 교사, 각 부서 간의 의사소통이 일방적으로 일어나면 갈등이 일어난다.

상호 기대의 차이　　서로 간에 역할 기대가 충족되지 못할 경우 갈등이 생긴다. 학교경영자와 교사, 각 부서는 각기 역할이 있으며, 상호 간에 그 역할에 대한 기대를 하게 되는데, 이것이 차이가 나게 되면 갈등이 생긴다.

과업상의 상호 의존성　　조직 내에서 두 부서가 각각의 목표를 달성하는 데 있어서 상호 간의 협조와 정보의 제공, 동조 및 협력행위 등 조직에서는 상호 의존성이 있게 마련이다. 그런데 이러한 관계에서 한 개인이나 부서의 과업이 다른 개인이나 부서의 업무에 의해서 영향을 받게 될 때 갈등의 가능성은 커진다.

조직의 분화와 전문화　　조직의 구조적 분화와 전문화가 심해질수록 부서 간의 목표, 과업, 환경 등이 다르고 전문적이기 때문에 자신의 입장에서 모든 것을 주장함으로써 갈등이 커질 수 있다. 이와 같이 전문화로 인한 갈등을 줄이기 위해서는 전문화된 부서를 조정하는 기능을 가진 부서가 필요하다.

자원의 부족　　부족한 자원에 대한 경쟁이 개인이나 부서 간의 과업 수행에서 갈등을 유발시키는 원인이 된다. 즉, 한정된 예산, 물리적 공간이나 시설, 행정지원 등에 대한 경쟁이 심화될 때 갈등이 생긴다. 이러한 갈등 상황을 지각하게 되면 조직의 효과성을 감소시키는 부서 간의 갈등, 세력구축, 자원의 독점 등 기타 행위를 예상할 수 있다.

역할모호성　　조직 내에서 한 개인이나 부서가 역할을 수행함에 있어 목표나 과업이 명료하지 못할 때 갈등이 생길 수 있다. 개인 간에는 서로 역할을 전가시키거나 부서 간에는 영역이나 관할권의 분쟁이 발생한다.

불균형　　한 개인이나 부서가 정기적으로 접촉하는 개인이나 부서가 권력, 가치, 지위 등에 있어서 불일치될 때 과업수행 관계에서 불균형을 가져오고 이것이 갈등의 원인이 될 수 있다. 예를 들어, 가치관이 다른 사람이나 부서가 함께 일해야 할 때 생기게 된다.

2) 학교조직에서 갈등관리(해결) 전략

갈등 사태에서 해결 방안은 갈등 당사자가 자신의 관심을 충족시키려는 욕망과 상대방의 관심을 충족시켜 주고자 하는 욕망에서 결정된다. 토머스 (Thomas)는 다음의 갈등관리 유형을 [그림 5-5]처럼 제시하고 있다(주삼환, 2006: 47-48).

첫째, 회피다. 갈등의 당사자들이 문제 상황에서 벗어나는 것으로 누구도 욕구를 채울 수 없다. 예상되는 결과가 분명하거나 현재보다 나쁘게 예상될 경우 또는 다른 문제가 우선순위로 대두될 경우, 갈등사태를 무시하거나 그 처리를 회피하게 되는 경우다.

둘째, 양보의 방법이다. 자기 자신을 희생하고, 상대방의 관심을 기꺼이 충족시켜 주는 방법으로, 대개의 개인 대 기관의 갈등 대처가 여기에 속한다.

셋째, 지배의 방법으로 고도의 공격성과 상대방에 대한 비협조적인 '승리냐 패배냐'의 극단적 선택을 말한다. 이는 권력행사에 의해 상대방을 복종시키거나 파괴하는 갈등을 야기할 수 있다.

넷째, 타협으로 양 당사자가 똑같이 '반씩을 얻고 반씩을 잃는' 경우다.

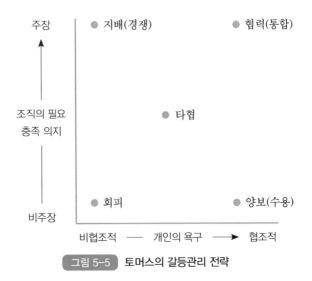

그림 5-5 토머스의 갈등관리 전략

혼히들 이를 만족스러운 갈등해소로 생각하기 쉬우나 계속적인 갈등의 씨앗이 될 수 있다.

다섯째, 통합의 방법으로 양편이 모두 욕구를 충족하는 '승리-승리'의 결과를 가져오는 경우다. 이때는 상대방에 대한 이해와 상호 신뢰의 형성이 중요하며, 잘 활용하면 문제해결 능력을 기를 수 있다.

4. 요약 및 적용

1) 요약

① 학교조직은 인간관계를 중심으로 작동한다. 조직에서 인간관계는 '내'가 누구인지 실존적 의미를 부여해 주는 한편, 자신의 삶의 질을 높여 주고, 성공적인 삶의 도구다.

② 교사는 학생들과의 인간관계에서 인권과 인격을 존중하고, 합리적이고 공정하게 대하여야 한다. 특히, 교사와 학생의 관계는, ㉠ 적정한 수준의 개방적인 관계, ㉡ 대화를 통한 긍정적인 교사-학생 관계 수립, ㉢ 교사의 학생에 대한 높은 기대, ㉣ 학생활동에 대한 교사의 관심이 필요하다.

③ 교사는 학생과 인간관계를 할 때 5C-ACE 모형을 익혀 실천하면 좋다. 5G는 관심(Concern)-소통(Communication)-이해(Comprehend)-배려(Consideration)-사랑(Charity)이고, AGE는 수용(Acceptance) 진정성(Genuineness) 공감(Empathy)을 말한다. 5G와 AGE는 서로 결합되어 작용하여야 한다.

④ 교사와 학부모는 학생을 중심에 두고 서로 협력하는 파트너다. 그래서 교사와 학부모는 서로 소통을 통하여 신뢰감과 친밀감을 쌓는 것이 중요하면서도 공(公)과 사(私)를 구분하는 적절한 관계를 맺어야 한다.

⑤ 학교조직에서 동료들 간에는 서로 협력하면서 전문적으로 성장하는 데 도움을 주는 인간관계를 해야 한다. 특히, 동료들 간의 관계는 때

로는 경쟁자가 될 수도 있지만 기본적으로는 '동업자 정신'을 갖고, 함께 성장할 수 있다는 긍정적 마음가짐(mind set)을 가져야 한다. 또한 '함께 일하고 싶은 사람'이 되도록 노력해야 한다. 교장과 교사의 관계에서, 교사는 교장은 '나'의 상사라는 생각을 갖고 권위를 존중하는 것이 중요하고, 교장은 교사들에 대해 합리적인 리더십을 행사하고, 의사결정 과정에 적절하게 참여시키며, 합리적인 조직문화를 통하여 소통하는 본(本)을 보여야 한다.

⑥ 특히, 초임교사의 경우 동료 교사들과 인간관계를 성공적으로 맺으려면, ㉠ 상대방을 존중하기, ㉡ 경청자되기, ㉢ 나를 개방하기, ㉣ 해결책에 집중하기, ㉤ 한 번 더 생각하기, ㉥ 상대방의 입장에서 이해하기, ㉦ 먼저 다가가기를 실천해야 한다.

⑦ 학교조직에서 의사소통은 구성원 간에 이해를 공유하여 개인과 조직의 기능을 최적화하고, 목표지향적인 행동을 하도록 하는 관계적 과정이다.

⑧ 양방향 의사소통은 서로 동등한 가운데 이해의 폭을 넓히는 대화, 서로 질문하면서 해결책을 찾아가는 질의, 서로 대안적 입장을 확인하는 토론, 그리고 교사-학생 간에는 수업대화의 형태가 있다.

⑨ 학교조직에서 갈등은 목표의 차이, 이해관계의 차이, 인지 및 태도의 차이, 의사소통 부족의 차이, 상호 기대의 차이, 과업상의 상호 의존성, 역할모호성, 자원의 부족, 가치관 등의 불일치에서 온다.

⑩ 조직에서 갈등이 발생하면, 서로 승리하는 '협력(통합)적 해결 전략'이 필요한데, 이때는 나의 욕구와 조직의 요구를 통합하려는 창의적 문제해결 기법을 써야 한다.

2) 적용

◾ 서술형 문제

1. 교사와 학생의 인간관계에서 중요하게 고려해야 할 것을 세 가지 들고 이유를 쓰시오.

① _____

② _____

③ _____

2. 학생과의 의사소통을 5C-AGE 모형의 요소에 따라 예시하시오.

5C	관심	
	소통	
	이해	
	배려	
	사랑	
AGE	수용(A)	
	진정성(G)	
	공감(E)	

3. 본문을 참고하되, 교사가 학부모와 바람직한 인간관계를 맺기 위해 지켜야 할 다섯 가지 원칙(내가 지킬 수칙)을 직접 만드시오.

① _____

② _____

③ _____

④ _____

⑤ _____

4. 학교조직에서 동료 교사들과 신뢰하고, 협력적인 문화를 만들기 위한 인간관계의 원칙을 다섯 가지 만드시오.

① _____

② _____

③ _____

④ _____

⑤ _____

5. 현재 일상생활에서 활용하고 있는 소셜 네트워크 서비스(SNS) 경험을 기술하고, 교직생활에서 효과적으로 활용하기 위한 방안을 제시하시오.

① 현재 일상생활 경험	
② 교사로서 활용 방안	

6. '나'는 일상생활에서 다른 사람과의 관계에서 갈등이 발생하면 어떻게 해결하는 유형인지 스스로 진단하고, 교사로서 협력적 전략을 갈등을 관리하는 방안을 제시하시오.

① 갈등해결 방식 진단하기	
② 협력적 전략의 실행 방안	

■ 토의·토론 문제

1. 제5장의 들머리에 제시한 신출발 교사의 사례에 대해 친구와 함께 '나'라면 어떻게 할지 의견을 나누고 종합해 봅시다.

① 나의 의견	
② 친구 의견	
③ 종합하기	

2. 최근 소위 MZ 세대들이 직장생활을 하는 중에, '3요', 즉 '이걸요?' '제가요?' '왜요?'라는 말투가 사회적 이슈로 등장하였다. 이에 관한 기사를 참고하여, 친구들과 이러한 현상이 나타나는 시대적 원인, 당사자, 그리고 조직의 관리자(상급자)들이 바람직한 인간관계 형성이라는 측면에서 어떻게 접근해야 하는지 토론해 보시오.

① 현상의 원인	
② MZ 세대의 접근	
③ 관리자(선배)의 접근	

교육행정을 담당하는 사람들은 어떤 일을 해야 하는가? 제3부에서는 교수–학습의 최일선인 학교교육을 지원하고, 그 효과를 높이기 위한 교육행정의 과업을 공부한다. 이 중에 '교육과정 행정'은 6판에서 추가한 것인데 교육행정에서 중요하게 다루어야 할 과업이다.

가지 않은 길

Robert Frost(1876~1963), 피천득 옮김

노란 숲 속에 길이 두 갈래로 났었습니다.
나는 두 길을 다 가지 못하는 것을 안타깝게 생각하면서,
오랫동안 서서 한 길이 굽어 꺾여 내려간 데까지,
바라다볼 수 있는 데까지 멀리 바라다보았습니다.

그리고 똑같이 아름다운 다른 길을 택했습니다.
그 길에는 풀이 더 있고 사람이 걸은 자취가 적어,
아마 더 걸어야 될 길이라고 나는 생각했었던 게지요.
그 길을 걸으므로, 그 길도 거의 같아질 것이지만.

그 날 아침 두 길에는
낙엽을 밟은 자취는 없었습니다.
아, 나는 다음 날을 위하여 한 길은 남겨 두었습니다.
길은 길에 연하여 끝없으므로
내가 다시 돌아올 것을 의심하면서…….

훗날에 훗날에 나는 어디선가
한숨을 쉬며 이야기할 것입니다.
숲 속에 두 갈래 길이 있었다고,
나는 사람이 적게 간 길을 택하였다고,
그리고 그것 때문에 모든 것이 달라졌다고.

제**6**장

교육기획과 교육정책

학
습
목
표

- 교육기획의 의의와 그 과정을 알 수 있다.
- 학교경영에서 교육기획을 실천할 수 있다.
- 교육정책의 의의와 그 형성과정을 알 수 있다.
- 교육정책이 지향하는 가치체계를 알 수 있다.
- 학교조직에서 적용하는 의사결정의 유형과 모형을 알 수 있다.
- 학교조직에서 참여적 의사결정을 실천할 수 있다.

학습내용

1. 교육기획
   1) 교육기획의 정의와 원리
   2) 교육기획과 교육정책의 구분
   3) 교육기획의 과정
   4) 학교경영에서 기획의 이해

2. 교육정책
   1) 교육정책의 개념과 의의
   2) 교육정책과 가치
   3) 교육정책의 과정

3. 의사결정
   1) 의사결정의 정의와 유형
   2) 의사결정 모형
   3) 의사결정의 과정
   4) 의사결정의 참여 모형

4. 요약 및 적용
   1) 요약
   2) 적용

주요 개념

교육기획, 교육기획의 원리, 교육기획의 과정, 교육정책, 교육정책의 형성과정, 교육
정책의 가치체계, 의사결정, 의사결정의 유형, 의사결정의 모형, 참여적 의사결정

1. 교육기획[1]

현재 정부 조직 중에 '기획재정부'라는 이름에서 알 수 있듯이, 정부에서는 국가 운영의 거시적인 발전 계획을 세워 국민들에게 알리고, 이를 추진하기 위한 재정 확보 등을 위해 계획한다. '교육은 국가의 백년지대계(百年之大計)'라 말하는데, 이것 역시 기획의 중요성을 강조하는 표현이다. 기획은 무엇이고, 교육기획은 어떻게 해야 하는가?

1) 교육기획의 정의와 원리

기획과 교육기획　기획(Planning, 企劃)은 오래전에 굴릭과 어윅(Gulick & Urwick, 1937)이 POSDCoRB라는 합성어를 만들어 행정 기능 또는 과정의 첫째 자리에 두면서 행정학도들에게 익숙해졌다. 기획은 계획(Plan, 計劃)과 비교하면 쉽게 와닿는다. 기획은 조직체에서 일어나고 있는 계속적인 활동, 또는 의사결정 과정이고, 계획은 기획과정을 거쳐서 얻어지는 최종 산물(output)을 말한다. 다시 말해 기획은 어떤 일을 할 때 지적인 분석 과정을 통해 준비하는 과정이고, 계획은 이미 결정된 행동 노선(路線) 또는 미래 행동을 위한 일단의 결정이다(이욱범, 2003: 21). 학교에서 연간운영계획(교육과정운영계획)을 세우는 것을 예로 들 수 있다.

한편 이욱범(2003)은 여러 학자들의 견해를 종합하여 기획을 "현재 상황의 분석과 미래 예측을 바탕으로 변화를 위한 타당성 있는 목표 설정과 이를 달성하기 위한 실천 전략, 그리고 활동 계획을 수립하는 일련의 지적·정의적 활동과정"이라 정의하였다. 쉽게 정리하면, 기획은 계획하기 위한 사전의 지적 의사결정 과정을 말하고, 그러한 과정을 거쳐 도출된 결과가 계획이다. 흔히 계획이라는 단어에 '서(書)'를 붙여 계획서라 말하는 것을

기획과 계획을 '나'의 언어로 비교해 보자.

---
1) '1'의 1)에서 3)은 주삼환 외(2022), pp. 114-124를 줄이고, 수정·보완하였음.

떠올리면 기획과 계획을 구분하는데 도움이 될 것이다.

기획에 대한 정의를 바탕으로, 교육기획을 정의할 수 있다. **교육기획**은 "교육변화를 의도적으로 설계하는 과정으로, 국가 기획의 하위 요소로서 타 부문과의 긴밀한 연계 속에서 미래의 교육에 영향을 미치기 위한 사회적 기술적인 의사결정 과정"(임연기, 2018: 91)이라 할 수 있다. 즉, 전체 국가 기획의 측면에서 교육 영역의 변화를 위한 의사결정 과정이 곧 교육기획이다. 또한 이욱범(2003: 25-26)은 교육기획은 "교육조직과 교육행정기관이 장래 수요를 예측하고, 사회변화에 대처하기 위한 하나의 메커니즘"이라 정의하였다. 특히, 그는 교육기획은 그 목적이 교육을 위한 계획이어야 하고, 기획의 범위는 교육에 관한 것이어야 한다고 전제하면서, 포괄적 접근과 구체적 접근으로 정의할 수 있다고 설명하였다. 포괄적 접근이란, 국민 개개인으로 하여금 잠재적 능력을 발전시키고, 국가의 사회적 문화적 경제적 발전에 가장 효율적인 공헌을 할 수 있는 기회를 제공할 수 있도록 일반 대중의 참여와 지지를 얻어 사회조사연구의 방법, 교육행정, 경제, 재정의 원리와 기술 등을 적용하고 조절하는 계속적이며 체계적인 과정을 말한다. 그런데 이 정의는 너무 광범위하기 때문에 보다 구체적으로 정의하면, 교육기획은 복잡한 내 · 외적 상황하에서 발생하는 새로운 문제들의 분석을 통하여 교육목표를 달성하기 위한 최적의 전략을 개발하려는 의도적인 조직적인 활동이다.

교육기획의 원리   교육기획에 대한 정의를 바탕으로 그 원리를 다음과 같이 이해할 수 있다.

① **타당성의 원리**: 교육기획은 기획의 목표와 수단, 과정이 상호 의존적이어야 하는데, 특히 추구하는 목표가 교육적으로 타당해야 한다.

② **효율성의 원리**: 교육기획이 추구하는 목표를 달성할 때 낭비와 비능률을 줄이고, 자원을 최적으로 확보, 배분하여야 한다.

③ **민주성의 원리**: 교육기획은 의사결정의 과정이므로 이해 관련 집단의 참여를 최대한 보장하고, 의견을 적극적으로 수렴, 반영하여야 한다.

교육기획을 '나'의 언어로 정의해 보자.

교육기획 정의
• 포괄적 접근
• 구체적 접근

교육기획의 원리
① 타당성
② 효율성
③ 민주성
④ 중립성
⑤ 안정성
⑥ 적응성
⑦ 전문성
⑧ 통합성

④ **중립성의 원리**: 교육기획은 교육과 기획 그 자체의 논리에 따라 이루어 져야지, 종교적 이념적 편견이나 간섭이 개입되어서는 아니 된다.

⑤ **안정성의 원리**: 교육기획은 변화를 추구하는 것도 중요하지만, 교육정 책의 변화를 추구하는 과정에서 일관성이 유지되도록 해야 한다.

⑥ **적응성의 원리**: 교육기획은 현재 상태를 개선하기 위한 것이므로, 교육 체제가 상황의 변화에 신축적이고 적극적으로 대응할 수 있도록 해야 한다.

⑦ **전문성의 원리**: 교육기획은 지적인 준비과정이므로 과학적 기법을 적용 하여 현재의 문제를 찾아내고, 미래를 예측하는 과정을 거쳐야 한다.

⑧ **통합성의 원리**: 교육의 문제를 진단하고, 미래 방향을 설정할 때는 인 구학적 변화 추계, 경제적 상황의 변화 등 사회적 환경이나 제반 사회 영역을 연계하여 종합적으로 고려하고, 국가 수준, 지역 수준, 학교 수준에서 일관성을 갖도록 해야 한다.

2) 교육기획과 교육정책의 구분

　교육기획과 가장 깊은 관계가 있는 분야가 교육정책이다. 교육정책을 교 육기획보다 상위(선행) 개념으로 보는 관점도 있고, 역으로 교육기획을 상 위 개념으로 보기도 한다. 우선, 기획은 국가의 문제를 개선하기 위해 수립 된 정책을 기초로 이루어지는 것으로, 정책은 기획을 위한 기본적 틀을 제 시해 준다. 예컨대, 국가의 교육발전 5개년 계획을 수립하면서, 교육과정, 교원인사, 교육재정 부문에서의 정책을 하위 영역으로 삼는 경우가 이에 해당한다. 반면에 기획이 정책에 선행하는 개념으로 볼 수도 있다. 기획은 정책의 목표와 그것을 달성하기 위한 구체적 수단과 방법을 명시하고, 정 책 수행의 우선순위와 중점을 밝힐 뿐만 아니라 그 결과를 예견해 주는 지 적 과정이라면, 기획은 정책에 선행한다(이욱범, 2003: 22). 이렇게 보면 교 육기획과 교육정책 중 무엇이 상위 개념이고, 하위 개념인지 따지는 것은 큰 의미가 없지만, 일반적으로 다음과 같이 비교된다(강태룡, 정규서, 1999: 27-28).

교육기획과 교육정책의 비교

첫째, 기획은 정책보다 장기적인 시계를 지닌다. 기획은 20년 이상의 장기 계획은 물론 3~5년의 단기 계획이라 할지라도, 결정된 후에 단기간 내에 집행하는 정책보다 훨씬 더 미래지향적이다.

둘째, 기획은 일반적으로 현실 판단과 미래 예측에 기초한 이상적인 목표를 제시하며 창조성을 갖는 데 비해, 정책은 대부분 현실 교정적 목표를 갖는다.

셋째, 기획은 정책에 비해 포괄성과 일관성을 더 강조하여 대안의 탐색과 결과의 비교 분석 등에서 정책보다 더 합리적으로 접근한다. 반면에 정책은 의제 설정에서 집행 및 평가에 이르는 전 과정에서 이해 당사자의 정치적 영향을 고려하기 때문에 분석적으로 접근하는 데 한계가 있다.

넷째, 현실화 가능성의 측면에서, 기획은 포괄성, 일관성, 합리성을 강조하기 때문에 정치적 측면에서 구체적으로 실현할 의지가 없어 청사진으로 끝나는 경우가 많다.

3) 교육기획의 과정

문제의 정의   기획과정의 첫 단계는 문제를 인지 또는 정의하는 것으로, 현재 상태에 불만이 있어 이를 개선하기 위해 어떤 행동을 해야 할 필요를 말한다. 문제를 정의(인지)하는 단계는 인간의 욕구를 충족시키고 문제를 해결하기 위하여 환경을 통제할 행동을 취하거나, 또는 그러한 제안을 하기 위한 활동 전체를 포함한다. 문제의 정의(인지) 단계에서 기획가들은, ① 기획의 주체가 되는 체제(사회나 조직)가 추구하는 궁극적 목적, 가치, 상황, ② 추구하는 목적의 현재 달성 정도 및 사업집행의 현황, 추세, 전망 등에 대한 체계적 분석과 검토, ③ 기획의 대상이 되는 사회 경제 또는 전체 체제가 당면한 환경적 문제점 및 특정 기간 중 예견되는 문제점을 고려해야 한다(강태룡, 정규서, 1999: 142).

학교교육계획에서도 기획에 참여하는 사람들은 계획의 대상이 될 문제의 내용과 특성을 명확하게 인식해야 한다(이욱범, 2003: 62). 즉, 교육의 요구, 학교 설립의 목적과 특수성, 교장이나 교직원들의 교육관, 지역사회의 요구, 학생의 수준, 학부모의 요구, 학교교육의 상위 목표 및 방침으로서의 헌법, 교육관계법, 정부의 국정 지표, 교육부와 교육청의 중점 시책 등을 분석하고 이해해야 한다.

목표의 설정   기획의 문제를 인지하였으면, 기획의 목표를 정해야 한다. 기획의 목표는 장차 정책이나 행정에서 나아갈 행동경로를 말한다. 목표를 설정할 때 다음 사항을 중요하게 고려해야 한다.

첫째, 목표의 연쇄적 체계가 일관성이 있어야 한다. 기획의 목표는 수준별로 고려할 수 있다. 학교에서도 교육계획을 세울 때 전체의 발전목표를 정한 다음에, 이를 발전 전략으로 나누고, 이를 다시 전략과제로 세분화하는 절차를 거치는데, 이런 연쇄적 체계가 수립되어야 기획이 추구하는 목표에 제대로 도달할 수가 있다.

둘째, 목표를 명료하고 구체적으로 설정해야 한다. 목표 설정 그 자체는 기획 수립의 한 과정이면서, 기획의 다음 단계, 즉 세부 목표의 집행 수단을 찾고, 성과 측정의 기준을 탐색하는 길잡이 역할을 한다. 목표를 세분화하고, 측정 가능하게 설정하는 것은 기획에 참여하거나 영향을 받는 행위자들이 정책이나 행정의 목표를 명료하게 인식하는 데 도움이 될 뿐만 아니라 그것들을 집행하고 평가하는 데 영향을 준다.

셋째, 기획과정에서 목표를 세울 때는 우선순위를 정해야 효과적이다(이욱범, 2003: 65). 기획에는 여러 개의 하위 목표가 있을 수 있는데, 이 중에서 어떤 목표는 다른 것에 비해 더 중요하고, 시급하게 해결해야 할 것들도 있다. 이처럼 기획의 목표들 간에는 우선순위를 정하는 것이 필요한데, 이때 절대적인 법칙은 없지만 학생을 위한 교육의 질을 높이는 것이 제1의 법칙이라 할 수 있다. 흔히 발전계획을 세울 때 SWOT 분석을 하게 되는데, 이 기법은 목표의 우선순위를 정하기 위한 기초적인 정보를 제공하는 데 유용하다.

예측과 추계   기획은 미래지향적이다. 현재의 문제를 해결하여 바람직한 상태에 도달하고자 하는 인간의 욕망을 구체화한 것이 곧 기획이다. 고

목표의 연쇄적 체계
발전목표(예: 교육과정의 수월성)
↓
발전 전략(예: 현장 중심의 교육과정)
↓
전략과제(예: 선배교사 멘토링)

Strength(강점)
Weakness(약점)
Opportunities(기회)
Threats(위협)

로 기획을 통해 문제해결을 위한 대안(代案, alternatives)을 탐색하기 위해서는 사회경제적 환경의 변화, 가치체계의 변화, 인구학적 변화, 제약 조건 등을 예측한다. 특히, 인구학적 추계 등은 대안을 탐색하기 위해 중요하다. 최근 우리나라에서도 소위 인구 절벽이라 말하는 출생률의 급격한 감소와 그로 인한 학력 인구의 감소는 국가적인 교육기획의 상수(常數)라 해도 과언이 아니다.

계획수립: 대안 탐색   기획에서 계획수립은 설계의 과정으로, 대안적인 해결 방안을 설계, 탐색하는 것이다. 계획안을 만드는 것은 정의된 문제를 해결하기 위한 작업인데, 한 가지 목표를 달성하는 데에도 여러 개의 방안이 있을 수 있다. 그래서 목표를 달성하기 위해 가능한 여러 방안들, 즉 대안적인 해결 방안들을 탐색하는 과정에서 독창성과 실현 가능성 등을 검토하여야 한다.

대안 선택   문제해결을 위해 설계한 여러 가지 대안들 중에서 최적안을 선택하는 일은 대안에 대한 검사와 평가과정을 거친다. 이 단계는 대안(계획안)이 실행 가능한 것인가를 검토하고, 실행 가능하다고 판단된 대안들 중에서 최적안을 선택하기 위한 작업을 한다. 계획(안)에 대한 평가는 시뮬레이션 기법이나 비용—편익 분석 등을 적용하기도 한다. 한편 학교교육계획에서 최적 대안의 선택은 학교의 실제적 문제들을 고려해야 하는데, 이때 철학적 · 경제적 · 사회적 요소들이 포함된다(이욱범, 2003: 68).

행동 계획   선택한 대안을 실행하기 위한 행동 계획은, 조직 계획, 활동 계획, 평가 계획으로 구분된다(이욱범, 2003: 69). 조직 계획은 선택된 대안을 효과적으로 수행하기 위해 조직, 부서를 구성하고 자원을 배분하는 활동을 하는 것이다. 학교에서 업무 분장 조직을 나누고, 담당자를 정하는 것 등이 이에 해당한다. 활동 계획은 선택된 대안을 실행하기 위해 세부 사업이나 활동을 합목적적으로 연결하는 경영활동을 말하는데, 교육과정 운영, 교직원 능력개발, 재정 지원 등의 관리활동을 수립하는 것이 이에 해당한다. 평가 계획은 설계한 사업이나 활동이 본래 의도대로 달성되었는지, 투입 대 산출의 비율은 효율적인지를 판단하는 계획을 수립하는 것이다. 최근 각종 기획에서 성과 분석을 강조하는데, 투입 변인-과정 변인-산출 변인에 대한 평가와 각 단계에 대한 환류 절차를 마련하여야 한다.

집행   최적 대안을 선택하고 이를 행동 계획으로 확정하면 기획 과정이 끝나는 것으로 볼 수 있지만, 최근에는 계획과 집행을 연결하는 것을 강조하고 있다(이욱범, 2003: 70-71). 이 단계는 앞 단계에서 이루어진 계획과 선택이 실제로 수행되는 단계로 행동 계획 단계에서 수립된 것이 실제적으로 잘 수행되도록 관리체제 및 하위 통제제체를 개발하는 것이다.

평가 및 환류   기회과정의 마지막 단계 역시 평가와 환류이다. 시행 결과에 대해 심사분석을 하고, 전 단계를 수정 보완하는 환류과정이 기획의 질을 높이는 데 중요하다. 특히, 이 단계는 다음 계획을 위한 출발점이 된다.

4) 학교경영에서 기획의 이해

학교를 경영하는 과정에서도 기획의 중요성을 알 수 있다. 학교마다 다르기는 하지만 학교경영을 위한 조직(업무 분장)을 구성할 때, 학교경영 전반의 기획을 담당하는 부서를 두기도 한다([그림 6-1]). 또한 각 업무 분장 조직에서 담당 업무를 나눌 때 '기획'을 하나의 하위 영역으로 정하고, 담당자를 배치한다.

한편 학교에서 교내 위원회 조직을 구성할 때도 '기획위원회'를 별도로 둔다(주철안 외, 2021: 356).

기획위원회는 학교운영의 기본적인 주요 사항에 대한 사전 협의와 연구, 직원회의에서 논의할 사항의 사전 입안, 학교교육의 전반적인 계획수립 등의 기능을 수행하는 교장의 자문 기구이다. 기획위원회는 흔히 부장회의라고 통칭되듯이 교장·교감, 그리고 교무분장상의 각 부서를 대표하는 실무 책임자이자 중간 관리자층인 부장교사를 주축으로 구성하는 것이 일반적

특정 학교를 정하여 교내위원회를 알아보자.

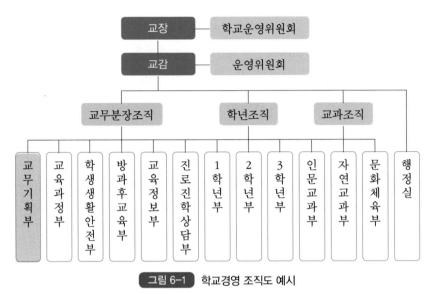

그림 6-1 학교경영 조직도 예시

출처: 주철안 외(2021). 교직실무(2판). 학지사, p. 346.

이다. 직원회는 전 직원으로 구성되므로 제한된 시간 내에 충분한 토의의 결론이 어려우므로, 기획위원회에서는 학교운영의 기본 사항을 사전에 조사, 연구, 계획하여 직원회에 회부하거나 직원회에서 결론 없이 논의된 사항을 위임받아 사후에 결정하는 기능을 담당한다(남정걸, 2006: 385).

2. 교육정책

교육정책의 세 측면과 특징
• 행위 측면 → 의사결정
• 형성 · 과정 측면
　→ 정치적 과정
• 효과 측면 → 교육목적 실현

　교육정책은 정치적 과정을 통해 이루어지는 하나의 중요한 의사결정이며, 교육목적의 실현을 도모한다는 특성을 지닌다. 즉, 행위의 측면에서 의사결정이라는 특징을 가지고, 형성 혹은 과정의 측면에서는 정치적 과정이라는 특징을, 효과의 측면에서 교육목적의 실현이라는 특징을 가진다(윤정일 외, 2021: 211).

1) 교육정책의 개념과 의의

교육정책의 개념　우선 정책에 대한 몇 가지 정의를 살펴보고, 일반적인 정책의 정의에 비추어 교육정책의 개념을 정의해 보고자 한다.

교육정책의 개념을 '나'의 언어로 정의해 보자.

첫째, 정책은 "전체 사회를 위한 가치의 권위적 배분"이라 할 수 있다 (Easton, 1953: 129; 이종열, 1985: 38). 이는 정책의 정치적 성격을 강조한 것으로, '권위적'이란 어떤 정책이 결정되면 그 사회 구성원들이 그러한 결정에 대하여 복종해야 한다는 것을 의미한다. '사회를 위한' 권위적 배분이란 정책의 내용이 어떤 특정 집단이나 조직에만 국한되지 않고 보다 광범위한 성격을 지닌다는 것을 말한다. 정책결정 과정에서 공식적인 권위를 가진 집단이 중심적인 영향력을 행사하는 것을 의미한다.

둘째, 정책은 "목표, 가치 및 행동노선을 담은 사업계획"(Lasswell & Kaplan, 1970: 71)으로 정의할 수 있다. 어떤 목표나 가치를 달성하기 위한 전반적인 행동 계획이 곧 정책이다.

셋째, 정책은 정부가 활동하기 위해서나 '활동하지 않기' 위해서 선택한 모든 것(Easton, 1969: 18)이라고 말할 수 있다. 이 정의는 정책이 내포하고 있는 개방성과 포괄성을 강조한다.

넷째, 정책을 규범적 사고와 행동에 대한 최초의 표현이며 지침적 이미지라고 정의하기도 한다. 이 정의는 정책의 규범성과 행동지향성, 그리고 정책효과 등을 강조한다.

이상에서 살펴본 대로, 정책은 "권위 있는 공식기관(정부 등)이 문제해결이나 공적 이익을 달성하기 위하여 정치적·행정적 과정을 거치거나 당위성에 입각하여 의도적으로 선택한 장래의 행동 계획"(이종열, 1985: 39)이라고 이해할 수 있다.

교육정책의 의의　일반적인 정책의 정의에 비추어, 교육정책은 사회적·공공적·조직적 활동으로서, 교육을 대상으로 하여 국민의 동의를 바탕으로 하면서 국가의 공권력을 배경으로 강행되는 국가의 기본 방침을 의미한다(김윤태, 1994: 178). 즉, 교육의 목적, 수단, 방법 등에 관한 최적의 대안을 의도적으로, 합리적으로 선택한 것이 교육정책이며, 이는 일반적으로 국가의 교육이념을 구현하는 기본적 수단이 되고, 정책의 시행과정으로 간주될 수 있는 협의의 교육행정에 대해서는 그 기본 방침 또는 지침이 된다. 이러한 교육정책의 개념을 인접한 개념과의 관계 속에서 분석할 수 있다(김종철, 1982: 121-122). 우선 광의의 교육행정 개념 속에는 교육정책이 포함되며, 정책결정은 교육행정 과정의 하나이다. 이 경우 교육행정이 정책을 포괄하는 상위 개념이다. 그러나 교육행정은 정책을 시행하는 과정으로 이해되며, 이때 정책은 행정의 기본 방침 또는 지침이 된다.

　한편 의사결정과 정책결정을 명확히 구분하기는 어렵지만 일반적으로 공익성 여부에 근거하여 구분한다. 의사결정은 개인(사적 기관)에 의하여 주도되기 때문에 공익성에 근거하지 않을 수도 있지만, 정책결정은 정부(공적 기관)에 의하여 주도되기 때문에 공익성에 근거한다. 결국 정책결정은 많은 의사결정 중에서 정부의 미래 방향에 대해 의도적으로 공익을 위하여 정부가 내리는 결정이다. 따라서 정부 주도로 이루어지는 교육과정, 교원의 수급계획, 교육재정 등은 교육정책의 대상으로 학교조직의 활동에 중요한 영향을 미친다.

2) 교육정책과 가치[2]

　교육정책은 그것이 추구하는 목적을 내포하기 마련이다. 교육정책이 지향하는 목적을 가치라는 측면에서 이해할 수 있다. [그림 6-2]의 틀을 활용하여 교육정책의 가치를 설명할 수 있다. 이 중에 삼각형을 이루는 자유 · 평등 · 박애는 인간의 기본적 권리를 신장하는 데 작용하는 본질적이고 목적론적인 가치를 말하고, 두 개의 원으로 표시한 경제성장과 효율성은 본질적 가치를 신장하는 데 작용하는 비본질적(수단적, 상황적) 가치로 이해할 수 있다.

교육행정과 교육정책

의사결정과 정책결정

• 본질적 가치
　-자유 · 평등 · 박애
• 비본질적 가치
　-효율성 · 경제성장

---

2) 이 내용은 주삼환 외(2022), pp. 137-141에 기초하였음.

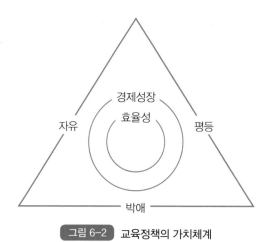

그림 6-2 교육정책의 가치체계

출처: 주삼환 외(2022). **교육행정학**. 학지사, p. 136.

자유   정책 가치로서의 자유는 자유민주주의 근본 원칙으로 두 가지로
생각할 수 있다. 하나는 노예 해방이나 신분에 따른 교육기회의 제한에서
벗어나는 것에서 알 수 있는 **소극적 자유**(영어로 말하면 freedom-속박이나 제
한으로부터 해방)와 다른 하나는 학교 선택이나 교육과정 선택 등에서 보듯
적극적 자유(영어로 liberty)로 구분할 수 있다. 그런데 현대 국가에서 전자는
특별한 경우를 제외하고는 대부분 충족되었다고 보고, 후자가 정책 형성이
나 정책평가에서 주된 관심사다.

 소극적 자유와 적극적 자유

교육에서, 자유란 간단히 말해 교육받을 기회를 선택할 수 있는 권리를
말한다. 자유인으로서 개인은 자신이 어떻게 살아야 할지 생활 형태를 선택
할 수가 있는데, 우리나라의 「헌법」에서도 인간의 기본적인 권리인 자유로
운 삶을 보장하고 있다. 물론 롤스(J. Rawls)가 『정의론(A Theory of Justice)』
(1971)에서 말한 것처럼 "자유란 권리와 의무를 규정하는 공공 규칙의 특정
한 제도이며 체제"로 다른 사람과 고립되어 존재하지는 않는다. 흔히 인간
의 기본적 인권과 관련된 정치적 자유, 언론의 자유, 종교의 자유 등도 법과
관습, 사회체제의 요구 안에서 끊임없이 균형을 맞추어야 한다. 그럼에도
불구하고, 교육정책의 가치 중에 자유는 가장 앞자리에서 논의되는 것이
통례인데, 그것은 교육이란 기본적으로 각 개인이 개성을 추구하도록 돕는
작용이라는 데서 비롯된다. 이런 이유로 교육 자유의 가치는 그 기준 설정

과 허용 범위와 관련하여 끊임없이 논쟁의 대상이 되고 있다. 이런 맥락에서 교육자유론자들은 의무교육제도나 고교평준화 정책을 폐지해야 한다고 주장하는가 하면, 일부 지방자치단체에서 제정한 학생인권조례는 학생의 인권을 신장하는 데는 기여하지만 그것이 되레 교원의 교육권(자유)을 침해한다는 이유를 들어 반대하기도 한다.

평등   정책 가치로서 평등은 쉽게 말해 '자아실현을 위한 동등한 기회의 보장'을 말한다. 우리나라의 「헌법」 31조 ①항에 "모든 국민은 능력에 따라 균등하게 교육받을 권리가 있다."고 선언하고 있는 바, 교육평등은 권리이지만 이것 역시 절대적인 것은 아니며, 다른 정책 가치와 조화를 이루어야 한다. 물론 현대 자본주의 사회에는 개인 또는 집단 간에 극단적인 불평등이 발생하여 사회갈등이 야기되지 않도록 사회적 평등성이 보장되도록 노력하는 일이 중요하다.

교육정책에서 고려해야 할 평등의 가치는 다양한 관점에서 이해할 수 있는데, 파울러(Fowler)는 평등을 공평과 사회 정의의 측면에서 고찰하면서 정치적 평등(political equality)과 경제적 평등(economic equality)으로 구분한다(Fowler, 2004; 신현석, 한유경 공역, 2007). 정치적 평등은 정치체제에 동등하게 참여할 수 있는 권리이고, 경제적 평등은 동등한 부를 말한다. 정치적 평등과 경제적 평등은 나라마다, 시대에 따라 그 중요도가 다를 뿐 아니라 실현 정도에도 차이가 있다. 또한 파울러는 교육의 평등을 크게 기회의 평등(equality of opportunity)과 결과의 평등(equality of result)으로 나눈다. 교육기회의 평등은 모든 사람이 국적, 인종, 성, 경제적 형편에 상관없이 교육에 접근하게 하는 것을 말하는데, 능력주의 원리를 중시하는 국가 사회에서 중요한 정책 가치다. 현재 자본주의 사회에서는 순수한 의미에서 사회적 · 경제적 불평등은 사회 발전에 기여한 대가로 사회로부터 받은 보상의 결과로 보는데, 이때 기본적인 전제가 바로 기회의 평등이다. 모든 사람에게 기회를 공평하게 주었을 때만이 불평등의 결과가 정당화되는데, 그 책임을 개인의 노력이나 동기, 능력의 부족에서 찾는다. 이런 맥락에서 국가

• 정치적 평등
  경제적 평등

• 기회의 평등
  결과의 평등

차원에서 모든 사람들이 능력을 계발할 수 있도록 학습의 기회를 공평하게 제공하기 위해 취학 기회를 넓히는 정책을 수립하여 실천하는 것이 필요하다. 결과의 평등은 말 그대로 교육받은 결과가 일정한 수준에서 동등하도록 개입하는 것을 말한다.

한편 교육의 평등은, ① 허용적 평등, ② 보장적 평등, ③ (조건) 과정의 평등, 그리고 ④ 결과의 평등으로 그 관점이 변화되어 왔다. 허용적 평등은 신분이나 성에 관계없이 모든 사람에게 교육 접근의 기회를 제공하는 것이고, 보장적 평등은 실질적으로 교육의 기회에 접근하는 데 장애가 되는 지리적 경제적 사회적 요인을 제거해 주는 것을 말한다. 국가적 차원에서 보장적 평등은 다양한 **보상 정책**(compensatory policy)을 통해 구현된다. 과정의 평등은 'same≠equal, separate but equal'(차별적 평등)이라는 말로 그 의미가 잘 표현될 수 있는데, 동등하게 대접받는 것이 평등이 아니라 교육의 과정에서 '개인의 조건과 능력에 적합한 교육을 받는 것'이 적극적인 의미의 평등이라는 관점이다. 「헌법」 31조 ①항(모든 국민은 능력에 따라 균등하게 교육받을 권리를 가진다.)이 이를 말하는 것인데, 장애학생을 위한 특수교육도 중요하고, 특별한 능력을 발휘하는 학생들을 위한 영재교육도 필요한 이유를 여기서 찾을 수 있다. 마지막으로, 결과의 평등은 최근 국가의 경쟁력을 강하기 위한 **교육책무성**(accountability)과 관련이 있는데, 앞서 말한 대로 교육받은 결과가 최소한의 수준에서 동등하도록 보장하는 것을 말한다. 교육의 접근 기회나 교육의 과정에서 동등(적합)하게 대우했을지라도 그 결과가 지나치게 불평등하다면 역으로 과정의 효율성을 담보할 수 없고, 전체적인 생산성을 올리기도 어렵다. 예컨대, 초등학교를 졸업한 학생이 기본적인 문해능력을 습득하지 못하였다면 교수-학습과정에서 그 학생을 위해 투자한 교육비용의 효율성이 떨어지는 것이고, 장차 생산 현장에서 개인적으로나 사회적으로 노동생산성을 올리기 어렵다. 이런 측면에서 교육정책의 가치로서 결과의 평등은 개인과 사회 모두 성공하기 위한 유용한 가치이며, 그런 이유로 국가에서는 교육결과의 평등을 보장하려는 정책에 많은 관심을 기울이고 있다. 특히, 교육결과의 평등에 대한 관심은 국가 사회(납세자)들이 학교와 교사에게 제대로 역할을 수행했는지 설명하

교육평등
• 허용적 평등
• 보장적 평등
• (조건) 과정의 평등
• 결과의 평등

교육책무성의 의미를 더 생각해 보자.

라(account)고 요구하는 것인데, 국가의 경쟁력과 재정 효율성이 중요하게 대두되는 상황에서 더 부각된다. 기초학습의 도달 여부에 대한 국가 차원의 검증, 교사평가와 학교평가 등은 교육결과의 평등을 중요한 정책 가치로 내세우는 대표적 사례다.

박애(형제애)   교육정책의 가치로 박애(博愛, Fraternity)는 자주, 일반적으로 언급되는 가치는 아니다. '형제애'로 더 쉽게 이해되는 박애는 정치적 화법으로 자주 사용되는데, 연대(solidarity)의 의미로 대체하여 이해하면 좋을 것이고, 최근 강조되고 있는 사회적 자본에 포함되고 있다(Putnam, 2000; 신현석, 한유경 공역, 2007). 박애란 한 사회의 구성원들을 형제자매로 인식하는 것이며, 그들에 대한 책임을 가지고, 어려운 시기에 도울 수 있는 감정을 가지는 것이다. 박애는 전통적으로 미국 교육정책의 핵심 목표가 되어 왔는데, 19세기의 공립학교 운동(Common School Movement)은 미국인들 사이의 보편적 정체성 함양을 위해 모든 국민들의 공립학교 진학을 지지하였다(Spring, 1994).

한편 사회적 연대를 가져다주는 박애의 감정은 공동체의 문제를 함께 풀어 나가는 열쇠라고 볼 수 있다. 이런 측면에서 우리 사회가 경제적으로 양극화되어 가는 과정에서 빈곤층이 늘어가고, 이주자의 증가 등 다문화 사회로 이행하는 과정에서 사회 구성원들이 사회적 문제와 갈등 요소를 함께 풀어가려면 구성원들이 박애의 정신에 토대를 둔 사회적 자본을 축적하는 노력이 절실하다. 예컨대, 지방자치단체가 장애학생들을 위한 특수학교를 설립하는 과정에서 지역 주민들이 자신들의 자산 가치가 저하된다고 우려하거나 생활환경이 열악해진다는 생각으로 반대 목소리를 내는 것도 박애 정신과 연결지어 해석할 수 있다. 따라서 정책 당국자들은 박애의 가치를 정책에 반영하기 위한 토대로서 뒤르켐(Durkheim)이 말한 **사회적 연대** 중 유기적 연대의 문화, 그리고 최근 지역사회의 문제해결의 열쇠로 강조하는 신뢰와 소통, 통합의 **사회적 자본**을 형성하고 확산하는 노력을 기울여야 할 것이다.

경제적 가치: 효율성과 경제성장　　자유민주주의 가치와 자본주의 가치는 양립할 수 있을까? 앞서 살펴본 민주적 가치와 효율성과 경제성장으로 대변되는 경제적 가치는 갈등을 일으키기도 하지만 서로 조화를 이루어야 한다.

효율성은 자본주의의 핵심 가치로 비용 대비 수익 또는 효용을 최대화하는 것이다. 즉, 비용효과, 산출 극대화, 투자 수익을 말하는 효율의 가치는 교육정책을 수립하고, 운용하는 데서도 중요하다.

교육정책에서 효율성의 가치를 증진하려는 노력은 학생의 학업성취도에 따른 재정배분제도, 시·도 교육청 평가에 따른 특별교부금제도의 운용, 교원의 업적평가에 따른 교원성과급제도 등을 들 수 있다. 앞에서 본 책무성 운동이 결과의 평등을 보장하려는 것인데, 이 또한 효율성과 맥락을 같이한다. 특히, 교육정책에서 효율성의 가치는 국가 사회적으로 경제 상황이 불리하여 납세자들의 저항이 생길 때 더욱 중요하게 대두된다. 국가 경제가 어려우면 신규교사의 채용을 줄인다거나 동결하는 교원인사정책을 펴는 경우도 효율성의 가치가 교육정책에서 부각되는 예이다.

경제성장은 "교육은 경제성장에 필요한 인력을 양성한다."는 인간자본론의 관점에서 중시하는 가치다. 교육은 인간다운 인간을 만드는 활동이라는 관념론적 관점과 개인적으로나 국가적으로 경제적 효용을 가져다준다는 경제적 관점을 공유한다. 즉, 개인적으로는 학력(學歷)에 따라 임금이 결정되거나 승진 등 사회경제적 지위가 상승되는 경제적 효과가 있다. 또한 직무동기와 성취동기, 숙련된 기술을 가진 인력(manpower)은 물적 자본만큼 생산성을 결정하는 요인이라는 인적 자본론은 교육발전과 경제발전의 밀접한 관계를 전제로 한다.

제8장 교육재정과 학교시설 참고.

3) 교육정책의 과정

교육정책의 생애주기　　교육정책은 유기체와 같이 탄생-진화-소멸의 과정을 거친다. [그림 6-3]처럼 교육정책의 과정을 생애주기(life-cycle)를 중심으로 설명할 수 있다(이종재, 이차영, 김용, 송경오, 2012: 278-296).

교육정책 과정
① 정책 형성 단계
② 정책 결정 단계
③ 정책 집행 단계
④ 정책 평가 단계

그림 6-3 교육정책의 생애주기

출처: 이종재 외(2012). 한국교육행정론. 교육과학사, p. 279.

첫째, 교육정책의 형성 단계는 정부가 교육의 여러 문제들 중에서 정책의 문제로 받아들여 검토하는 단계다. 교육문제 중 문제의 성격이나 해결 방법 등이 집단들 사이에서 의견 일치를 보기 어려운 문제들은 관련 집단들 간에 쟁점화되는 과정을 거치며 사회적으로 이슈가 된다. 예를 들면, 무상급식 논란, 일반고 학력저하와 관련하여 자립형사립고등학교 존폐 갈등, 지방자치와 교육자치의 통합에 대한 찬반 대립 등이 여기에 해당된다. 사회적 이슈에 대한 특정 집단의 의견들이 표출되고, 이에 대하여 정부의 선택으로 정책문제로 발전된다. 여러 교육문제 중에서 특정 문제를 정부가 검토하게 되므로 정부가 어떤 교육문제를 채택하고, 채택된 정책문제를 의제화하느냐에 따라 정책과정 전반에 영향을 미치게 된다. 이 과정에서 여러 대안들이 서로 비교되거나 특정 정책 대안을 놓고 정치적인 협상이 이루어지기도 한다. 교육문제의 성격, 특정 교육문제를 주도하는 집단의 영향력, 정치적 상황 등이 교육문제가 정책의제로 채택되는 데 영향을 미친다.

둘째, 교육정책의 결정 단계는 교육정책의 문제를 해결하기 위해 목표를 설정하고 정책 대안을 마련하는 단계로 의사결정 과정과 유사한 과정을 거친다. 즉, 교육정책 문제의 명확한 구명, 교육정책 대안의 탐색·개발, 교육정책 대안의 결과 예측, 교육정책 대안의 비교·평가, 최선의 정책 대안 선택의 과정을 거치게 된다. 이러한 과정의 의사결정은 합리 모형에 근거한 것이나, 실제 정책결정은 항상 합리적으로 결정되는 것은 아니다. 무상급식 확대, 누리과정 도입 과정 등 현실의 교육정책의 결정은 정치적 이해관계, 정책결정자의 특정 이념이나 개인적 신념, 제한된 정보 등에 의해 정치적으로 결정되기도 한다.

셋째, 교육정책의 집행 단계는 정책 대안의 결정 이후에 채택된 정책 대

교육문제 발생	➡	사회적으로 이슈화	➡	교육 주체들에게 의제화	➡	정책문제로 채택

그림 6-4 **교육정책 형성 단계**

출처: 이종재 외(2012). **한국교육행정론**. 교육과학사, p. 279.

안을 실현시켜 교육문제를 해결하는 과정이다. 다시 말해 추상적인 정책 내용이 집행이 가능하도록 정책수단을 구체적으로 실현하는 것이다. 정책 집행은 관료제를 통해 하향적 일방으로 추진되기보다는 다양한 이해당사자들의 상호작용으로 이루어진다. 이 상호작용의 결과로 정책이 기대했던 방향으로 진행되기도 하고, 그렇지 못한 경우도 발생하며, 심지어 정책의 근본적인 내용과 방향이 수정, 변경되기도 한다. 이종재 등(2012: 283-284)은 정책 집행을 성공적으로 이끄는 요인으로, ① 교원들의 정책 이해 능력과 수행능력, ② 교원들의 정책 내용에 대한 동의 및 실행하려는 의지, ③ 충분한 인적·물적·사회적 자원 등을 들고 있다.

넷째, 교육정책의 평가 단계는 교육정책이 집행된 이후 본래 의도했던 정책의 목표에 도달했는지를 확인하는 단계다. 즉, 의도된 목적이 달성되었는지, 달성되지 않았다면 그 원인이 무엇인지 분석하여 이후의 정책 결정과 집행 과정을 수정하는 데 유용한 정보를 제공한다.

정치와 교육정책   [그림 6-5]에서 교육정책은 이해집단의 관심사, 권력 관계가 반영되어 형성된다는 것을 알 수 있다. 교육정책은 정치 과정을 통하여 결정되며, 정책 집행은 정치 과정의 통제의 대상이 된다. 특히, 한 사회의 정치체제와 정치 행위자의 특성은 물론 정치 문화도 정책과정을 제약하는 중요한 요소다(Fowler, 2004: 81).

교육정책은 정치적 성격을 지니고, 교육정책의 결정 과정에 작용하는 정치적 작용은 특정 정책에 대해서도 어떤 정치적 지향성을 지닌 정당이 다수당이 되고, 대통령을 배출하느냐에 따라 그 방향이 달라지는 것을 보면 쉽게 이해할 수 있다. 문재인 정부에서 자율형사립고등학교 정책을 폐기하려 했던 것이 대표적인 예다. 자율형사립학교는 보수정당인 이명박 정부에

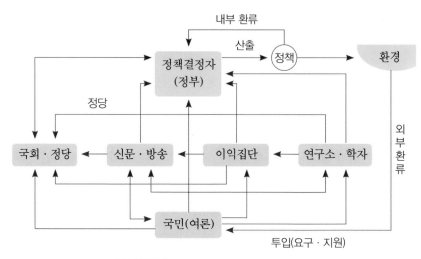

그림 6-5 한국 교육정책의 형성과정 모형

서 고교 형태를 다양화하여 학교선택권을 확대하는 데 초점을 두고 출발하였다. 교육정책의 가치 기준에서 보면 자유를 강조한 것이다. 그런데 진보 정권인 문재인 정부가 들어서고, 민주당이 다수당이 되자 「초·중등교육법」을 개정하여 자율형사립학교를 폐지하고자 하였다.

대한민국 「헌법」 31조에 교육의 정치적 중립성을 규정하고 있지만, 교육정책의 형성과 집행과정에 작용하는 정치적 영향력을 부인할 수 없다. 이런 이유로 미국에서도 정치와 교육은 별개라고 믿는 것은 신화에 불과하다(Sergiovanni et al., 2009; 한유경 외 역, 2011)고 인정한다. 또한 교육정책에는 정당을 비롯하여 다양한 이해집단의 압력이 작용하여 정치적 성격을 부인할 수 없는 현실을 과학적으로 탐구하는 교육정치학이 하나의 학문 분야로 등장한 것도 정치와 교육(정책)의 밀접한 관계를 말해 준다.

3. 의사결정

의사결정이란 어떤 문제해결과 관련한 여러 가지 대안 중에서 한 가지 대안을 판단하여 선택·결정하는 행위

우리는 일상생활 속에서 무슨 문제가 있거나 해결해야 할 일들이 있으면 그 일에 대해 어떻게 할 것인가를 생각하고 행동으로 옮긴다. 그만큼 인간

은 살아가는 동안 수많은 결정을 한다. 이러한 점에서 삶은 의사결정의 연속이라고 볼 수 있다. 여기서는 학교조직 속에서의 의사결정을 이해하기 위해 의사결정의 개념과 과정, 모형 등을 살펴보고, 참여적 의사결정과 의사결정 방법에 대하여 알아보자.

1) 의사결정의 정의와 유형

의사결정의 정의   교육행정을 교수−학습(teaching-learning) 활동을 촉진하고 조장하기 위한 지원적 활동으로 정의한다면, 교육행정가는 이러한 활동이 가능하도록 인적 · 물적 자원의 활용 및 배분에 관하여 끊임없이 의사결정을 해야 한다. 그러면 의사결정이란 무엇인가? 의사결정은 일반적 개념으로 '여러 대안 중 어느 안의 선택'(Luthans, 1981: 481)으로 볼 수 있는데 여기서 선택은 "어떤 문제에 대하여 판단하므로 논쟁의 해결, 종결 또는 심사숙고한 후에 도달한 결론"(Griffiths, 1959: 75)으로 표현할 수 있다.

따라서 의사결정은 "어떤 문제해결과 관련한 여러 가지 대안 중에서 한 가지 대안을 판단하여 선택, 결정하는 행위"라고 정의할 수 있다. 어떤 숙고의 과정을 거쳐 내리는 의사결정은 일과 행동에 대한 방향과 성과를 좌우하는 요인이 된다. 반면에 어떤 행동이나 일을 하겠다고 속으로만 생각하고 실제로는 하지 않았다면 이것은 단지 하나의 의도에 지나지 않는다. 의사결정은 단순한 의도의 범위에서 벗어나 실제로 행동으로 옮기는 과정까지 포함한다.

의사결정의 유형   **정형적 결정**(programmed decision)은 반복적이며 일상화된 결정으로 의사결정을 해야 할 사안이 예측되는 결정이다. 정형적 의사결정은 과거에 했던 의사결정 선례를 바탕으로 하기 때문에 그만큼 위험이 적다. 예를 들어, 입학식, 현장학습, 체육대회, 졸업식 등 학교 연중계획표에 따라 이루어지는 의사결정 사안이 이에 속한다.

반면에 **비정형적 결정**(nonprogrammed decision)은 일상적이지 않으며 중요하고 긴급한 문제가 생겼을 때 내리는 결정이다. 비정형적 결정은 과거

의사결정 유형
• 정형적 결정
• 비정형적 결정
• 단독결정
• 집단결정

에 선례가 명확하지 않기 때문에 대안의 탐색과 결과를 예상하기가 매우 어렵고 위험부담도 크다. 그래서 비정형적 의사결정을 할 때는 매우 심사숙고해야 할 필요가 있다. 예를 들어, 교원의 정년을 단축하는 일이나 소규모 학교를 통폐합하는 일, 학교에서 예측하지 못했던 새로운 문제(교사인 경우에 자신이 맡고 있는 학급에서 도난사고) 등은 어렵고 복잡한 비정형적인 의사결정이다.

단독결정(individual decision)은 최고경영자나 관리자가 혼자서 결정하는 방법으로써 신속한 결정을 요하는 경우나 결정에 따른 이의나 논쟁이 없는 경우 또는 결정에 비밀을 요하는 경우에 일어난다.

집단결정(group decision)은 공동의 의견을 수렴하여 결정하는 방법으로써 고도의 기술성과 전문성이 요구되거나 구성원들의 참여의식을 높이고자 할 경우에 일어난다. 집단결정은 대체로 위원회의 성격을 갖고 이루어지기 때문에 단독결정보다 신속하지 못하다. 하지만 전문성이나 이해관계에 대한 충분한 논의를 거치기 때문에 오류를 범하지 않고, 다른 사람에게 수용성이 높다.

2) 의사결정 모형

의사결정 모형
- 합리 모형
- 만족 모형
- 점증 모형
- 혼합 모형

의사결정 모형은 학자에 따라 다양하게 제시되고 있다. 모든 의사결정의 모형에는 성격상 합리적 행동의 개념이 포함되어 있다(Lunenburg & Ornstein, 2000: 156). 다만 합리성의 제약이라는 관점에 따라 합리 모형, 만족 모형, 점증 모형, 혼합 모형, 최적 모형, 쓰레기통 모형로 나누어진다.

합리 모형
의사결정을 위해 필요한 모든 지식과 정보를 수집하고, 이를 객관적으로 분석·종합하여 최적의 대안을 선택

합리 모형 합리 모형(rational model)은 의미 그대로 합리성을 강조하는 고전적인 모형이다. 인간은 의사결정을 위해 필요한 모든 지식과 정보를 수집하고, 이를 객관적으로 분석·종합하여 최적의 대안을 선택할 수 있다는 인간의 전능성을 전제로 한다. 결국 조직의 목표 달성을 극대화하기 위한 최선의 해결책을 합리적으로 선택할 수 있다는 것이다. 이 모형은 구체적으로, ① 모든 가능한 해결 대안을 인식하고, ② 각 대안의 모든 가능

한 결과를 알아내고, ③ 그의 가치체제와 반대되는 결과를 평가할 수 있고, ④ 목표를 충족하는 정도에 따른 대안의 순서를 정하고 나서, ⑤ 목표 달성도를 극대화할 수 있는 대안을 선택하는 순으로 전개된다(Reitz, 1989).

하지만 합리 모형은 인간의 복잡한 심리적 요소가 고려되지 않고, 객관성만 강조함으로써 현실적인 측면보다는 논리적인 당위성만 강조하게 되었다. 그래서 구성원들이 수용하기 어려운 최종 대안을 선택하는 경우도 일어나게 되었다.

만족 모형　만족 모형(satisfying model)은 지나치게 객관성을 강조한 합리 모형의 제약을 극복하기 위해 의사결정자의 주관적인 입장을 고려한 모형이다. 의사결정 과정을 극대화할 수 있는 지식, 능력 또는 역량의 완벽함이란 사실상 불가능하므로 행정가는 여러 대안 중에서 보다 더 만족할 만한 대안을 선택할 수밖에 없다. 결국 만족 모형은 어떤 문제에 대한 최선의 해결책은 없고 현실적으로 단지 다른 해결안보다 더 만족스러운 해결책이 있을 뿐이라는 점을 강조했다. 하지만 만족의 정도가 주관적이기 때문에 보편타당성이 부족하다는 한계를 가질 수밖에 없다.

> **만족 모형**
> 객관적인 자료를 바탕으로 여러 대안을 모색하지만 최종적인 대안을 결정할 때는 더 만족스러운 대안을 선택

점증 모형　점증 모형(incremental model)은 점증이라는 용어가 의미하듯이 기존의 정책이나 결정을 점진적으로 수정해 나가는 것이다. 문제가 되고 있는 사안이나 문제에 대한 기존의 틀을 완전히 탈바꿈하는 것이 아니라 기존의 틀 속에서, 기존의 정책에서 한 발짝 더 수정하여 보다 개선된 대안을 추구하는 모형이다. 이 모형은 획기적인 대안의 선택보다는 기본적인 목표의 틀 속에서 현행 정책과 크게 다르지 않은 다소 향상된 정책결정에 만족하는 모형이다. 이 모형은 문제가 복잡하고 불확실하며 갈등이 많은 문제인 경우, 현재의 상황과 유사한 매우 제한된 몇 가지 대안에 대하여 그 결과를 계속적으로 비교함으로써 의사결정자들이 상당한 수준까지 동의를 할 때 최종 대안을 선택하게 된다. 점증 모형은 개혁이나 혁신적인 의사결정에는 부적합하다.

> **점증 모형**
> 기존의 틀 속에서, 기존의 정책에서 한 발짝 더 수정하여 보다 개선된 대안을 추구

혼합 모형　　혼합 모형(mixed scanning model)은 인간의 완벽함에 의존하여 최적의 대안을 선택한다는 것은 비현실적이라는 합리 모형의 단점과, 커다란 기존의 틀과 정책은 변화하지 않는 가운데 정책결정이 이루어져 보수적이라는 점증 모형의 단점을 보완하기 위해서 제3의 모형으로 제시되었다. 정책이나 기본적인 방향 설정은 합리 모형에 의해 결정하고, 기본 방향이 설정된 후의 세부적인 문제는 점증 모형을 따름으로써 두 입장을 절충하였다. 따라서 이 모형은 먼저 넓은 영역에 대한 의사결정을 합리 모형에 근거하여 개괄적으로 탐색하고, 그중에서 세부적인 관심을 가져야 할 좁은 영역은 점증 모형의 입장에서 면밀하게 비교·탐색한다.

그러나 혼합 모형은 의사결정 과정이 다소 불분명하고, 합리 모형과 점증 모형을 절충한 모형이라고 하지만 의사결정자의 기본 방향에 대한 통제의식을 제외하면 점증 모형과 크게 다를 것이 없다(김창걸, 2001: 210).

최적 모형
합리성과 초합리성을 동시에
고려하여 최적치를 찾는 규
범적 모형

최적 모형　　최적 모형(optimal model)은 드로어(Dror)가 점증 모형의 타성적이고 현실 안주적인 성격을 비판하면서 그 대안으로 제안되었다. 합리 모형과 점증 모형의 절충을 시도했다는 점에서 혼합 모형과 유사하나, 양자의 단순 합계적 혼합이 아니라 합리성과 초합리성을 동시에 고려하는 최적치(optimality)를 추구하는 규범적인 모형이라는 점에서 혼합 모형의 경우와는 크게 다르다. 최적치란 모든 것이 고려된 것이라는 의미에서 최선의 것이지만, 그것이 지고지선 그 자체가 아니라 주어진 목표에 도움이 되는 가장 바람직한 상태를 의미한다(Dror, 1968).

최적 모형은 초합리적인 요인을 의사결정에 포함하여, 비합리적이라는 이유로 배제되어 왔던 요인들이 의사결정권자의 의지와 노력에 따라 최적의 의사결정에 필요한 핵심 요소가 될 수 있음을 확인해 준다. 고로 창의적이고 혁신적인 의사결정을 거시적으로 정당화할 수 있는 이론적 근거를 마련해 주었다는 평가(윤정일 외, 2021: 220-221)를 받지만, 불분명한 초합리성이라는 개념에 의존하고 있어 비현실적이고 이상적이라는 비판도 있다.

쓰레기통 모형　　쓰레기통(The Garbage Can model) 모형은 의사결정이 비합리적·우연적 선택으로 이루어진다고 본다. 코헨(Cohen)과 마치(March)가 주장하는 목표의 모호성, 목표 달성을 위한 방법의 불분명성, 유동적 참여 등을 특징으로 하는 '조직화된 무정부 조직' 상황에서 일어나는 의사결정 모형이다. 즉, 의사결정이 합리성에 근거하여 목표 달성을 위한 체계적인 과정에 의해서 이루어진 것이 아니라 의사결정의 요소들인, ① 문제, ② 해결책, ③ 참여자, ④ 선택의 기회들이 서로 다른 시간에 우연적 요인에 의하여 통(can) 안에 모일 때 의사결정이 이루어진다는 것이다. 이 모형은 비합리적인 의사결정에 강조점을 두고 있다는 점에서 다른 모형과는 구별된다.

> 쓰레기통 모형의 주요 요소
> ① 문제
> ② 해결책
> ③ 참여자
> ④ 선택의 기회

3) 의사결정의 과정

의사결정 과정은 실제 의사결정이 이루어지는 과정, 즉 문제해결을 위한 최종 대안을 선택하는 과정이 어떤 단계와 절차를 거쳐서 수립되는가를 의미한다. 호이(Hoy)와 미스켈(Miskel, 1996: 272)은 [그림 6-6]처럼 의사결정 과정을 설명한다.

> 의사결정 과정
> ① 문제의 인지 및 정의
> ② 자료 수집 및 분석
> ③ 문제해결을 위한 준거 설정
> ④ 행동 계획과 전략개발
> ⑤ 행동 계획의 실행과 평가

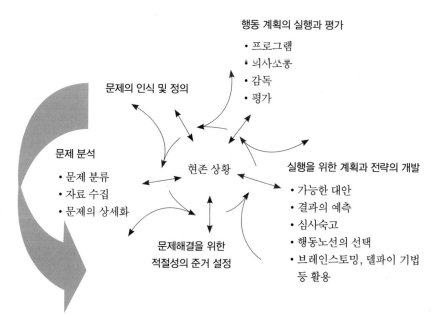

그림 6-6　의사결정의 순환과정

문제의 인지 및 정의　　의사결정 과정의 첫 단계는 문제를 인지하고 정의하는 것이다. 의사결정 과정에서 문제를 어떻게 인식하고 정의하느냐는 후속해서 이루어질 문제 분석과 해결에 중대한 영향을 미치게 되므로 매우 중요하다. 만약 문제로 인지하지 않는다면 후속의 의사결정 과정이 이루어지지 않을 수도 있다. 반대로 중요한 문제라고 인지하고 정의한다면 문제해결 과정이 성립하게 된다.

문제를 정확히 인지하고 정의하는 일은 신중해야 한다. 만약 문제를 너무 조급하게 다루거나 또 협소하게 규정한다면 문제의 본질이 왜곡될 수도 있어 나중에 오히려 문제를 확대시키게 된다. 문제를 인지하고 규정하는 데는 사건의 발생 시기, 중요성, 파장범위 이외에도 의사결정권자의 인성, 사회적 배경과 경험, 가치관 등이 영향을 준다.

이 단계에서 행정가는 조직에 대한 이해와 전문적 지식을 바탕으로 예리한 감각과 통찰력을 가져야 한다. 만약 복합적인 문제인 경우에는 주어진 문제를 보다 하위 문제로 세분화하는 것도 하나의 방법이다.

자료 수집 및 분석　　둘째 단계에서는 문제를 해결하기 위해서 자료, 정보, 지식을 수집하고 분석한다. 자료 수집은 누구를 대상으로 어떤 내용과 방법을 사용할 것인가가 중요하다. 이때 문제의 중요성 정도, 문제의 구체화 가능성, 시간적 제약, 자료 수집의 절차나 구조, 필요한 정보의 내용과 수준 등 여러 가지 요인을 고려해야 한다. 자료 수집은 공식적 통로뿐만 아니라 비공식적 통로 등을 이용할 수도 있다. 그리고 조직 내에서뿐만 아니라 조직 외부에서 비교 가능한 집단을 통해서 자료를 수집할 수도 있다. 자료 수집은 계획적이고 다양한 방법을 통해 가능한 정확한 자료를 수집하는 것이 필요하다.

문제해결을 위한 준거 설정　　자료 수집과 분석 후에는 문제가 해결되었다고 생각할 수 있는 문제해결의 목표를 정한다. 문제해결을 위한 준거로 목표를 설정할 때는 최소 수준과 최대 수준의 목표로 나누어 정하는 것이 바람직하다. 또는 이상과 현실을 인식하는 것도 필요하다. 현실을 고려하지 않고 무조건 이상적인 준거를 설정한다면 실현 가능성이 없게 된다. 준거 설정은 조직의 목표와 일관성을 가지고 적절하고 구체적으로 세워야 한다.

행동 계획과 전략개발   넷째 단계에서는 수집·분석된 자료에 입각하여 행동 계획을 수립하고 전략을 개발한다. 우선 문제해결을 위한 각종 대안을 최대한 모색하고, 구체화한다. 이때 집단 참여를 기초로 브레인스토밍(brainstorming), 명목집단기술(norminal group technique), 델파이 기법(delphi technique) 등 여러 가지 기법을 사용할 수 있다. 이 중에 브레인스토밍은 아이디어 창출방법의 하나로, 한 가지 문제를 집단적으로 토의해 제각기 자유롭게 의견을 말하는 가운데 정상적인 사고방식으로는 생각할 수 없는 독창적인 아이디어를 창출하는 데 도움이 된다. 명목집단 기법은 보통 NGT법(Nominal Group Technique)이라고 하며, 명목집단이란 말은 의사결정을 하는 과정에서 논의 및 대인 간의 의사소통을 제한하여 명목상의 집단이라는 데에서 붙여진 명칭이다. 참석자 전원이 주어진 시간 내에 문제에 대한 해결책을 각기 제시하고, 제시된 해결책을 진행자가 취합하여 논의를 통해 최종적으로 우선순위를 결정하는 방식이다.

행동 계획의 실행과 평가   최종적으로 여러 대안 중에서 실천 가능한 대안을 실행하고 그 결과를 평가하는 단계다. 대안의 실행에는 먼저 활동 계획(programming)을 작성하고, 그 집행을 위해 의사소통(communication)하며, 실행을 위한 감독(control)과 그 결과를 평가(evaluation)하는 것 등이 포함된다. 활동 계획은 대안을 실행하기 위한 세부 방침을 작성하고, 이것을 실행하기 위한 기구나 이용하는 절차를 설정하는 것을 말한다. 의사소통은 관련 있는 사람이나 부서와 협조 내지는 지원을 위한 공유를 의미한다. 감독이란 계획에 일치되게 대안이 실행될 수 있도록 확인하는 절차다. 이 과정에서 보상과 유인체제, 처벌, 설득 등과 같은 다양한 것들이 포함될 수 있다. 평가란 실시된 대안이 얼마만큼 의도한 대로 실현되었는가를 알아본다. 평가를 통해 실행된 대안이 얼마나 의도한 대로 성과가 이루어졌는지를 알아봄으로써 추가로 발생하는 문제나 해결해야 할 사항을 각 단계에 피드백하여 차후의 문제해결의 활동을 위한 기초 자료로 활용한다. 그래서 평가는 의사결정 과정의 끝인 동시에 새로운 결정의 시작을 의미한다.

4) 의사결정의 참여 모형

조직 구성원을 의사결정에 적절히 참여시킬 때, 구성원의 직무만족과 사기를 높일 수 있고, 사명감을 중진시켜 조직의 목표 달성에 긍정적인 결과를 초래할 수 있다(Vroom & Artlun, 1988: 18-28). 의사결정 과정에 누구를 언제 참여시키고, 어떤 형태로 의사결정을 해야 바람직한가를 알아보자.

수용 영역
구성원이 상급자의 어떤 의사결정에 대해서 의심할 여지없이 기꺼이 받아들이는 영역

브리지즈의 참여적 의사결정　　브리지즈(Bridges)는 조직 구성원들이 의사결정의 수용 영역 범위 안에 있느냐 아니면 밖에 있느냐에 따라 참여 여부를 검토해야 한다고 했다. **수용 영역**(zone of acceptance)이란 구성원이 상급자의 어떤 의사결정에 대해서 의심할 여지없이 기꺼이 받아들이는 영역이다. 브리지즈는 구성원들이 수용 영역 안에 분명히 속하는 문제를 증명하기 위한 두 가지 검증을 제안하였다. 그 하나는 **적절성**(관련성) 검토(test of relevance)이고, 다른 하나는 **전문성 검토**(test of expertise)다.

적절성 검토: 이해관계

적절성 검토는 '의사결정에 구성원이 개인적 이해관계를 가지고 있느냐'는 질문에 따라 이루어진다. 만일 교사들이 자신과의 이해관계가 높으면 참여에 관심을 보일 것이고, 반면에 그렇지 않은 경우에는 참여에 관심을 보이지 않을 것이다. 전문성 검토는 '의사결정 과정에서 구성원이 유용한 공헌을 할 수 있는 전문성을 가지고 있느냐'에 대한 질문에 따라 이루어진다. 여기서 '기여한다'는 것은 해결하고자 하는 분야나 사안에 대해 충분한 지식과 경험을 갖고 있어 문제해결 능력을 발휘할 수 있다는 의미다.

전문성 검토: 전문적 지식

이 두 가지 준거로 네 가지 상황에 따른 참여적 의사결정 형태를 [그림 6-7]과 같이 나타낼 수 있다.

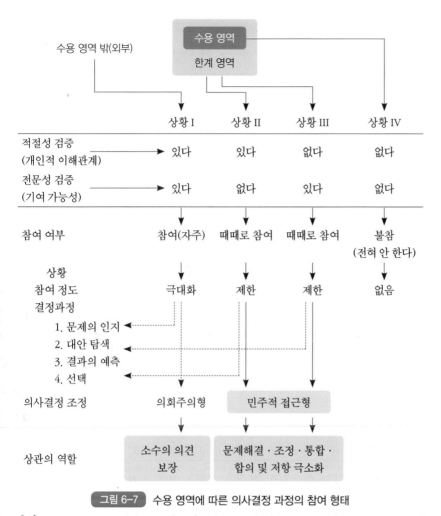

그림 6-7　수용 영역에 따른 의사결정 과정의 참여 형태

출처: Hoy, W. K., & Miskel, C. G. (1987). *Educational Adminstration; Thoery, Research and Practice* (3rd ed.). New York: Random House, p. 343.

① **상황 I**: 교사들이 개인적 이해관계(적절성)와 전문적 지식(전문성)을 모두 가지고 있어 수용 영역 밖에 있는 경우다. 이런 경우 구성원을 의사결정 과정에 자주 참여시키고 참여 단계도 초기 단계인 문제의 인지 및 정의부터 적극적으로 참여시킨다. 이때 리더는 소수의 의견까지 보장하여 의회주의형으로 의사결정이 이루어지도록 해야 한다.

② **상황 II**: 구성원이 결과에 대해 이해관계(적절성)는 가지고 있으나 전문적 지식(전문성)이 없는 경우다. 이런 경우 구성원들은 수용 영역의 한

계조건(marginal conditions)에 있게 된다. 구성원을 가끔 참여시키고
참여 단계도 최종 대안을 선택할 때 제한적으로 참여시킨다. 이때 참
여시키는 목적은 최종 결정을 하기 전에 구성원들에게 이해를 구하거
나 설득·합의를 도출하여 저항을 최소화하기 위해서다. 이 과정에
서 리더는 부분적인 참여로 의사결정에 감정적 반항을 감소시켜 민주
적으로 커다란 마찰 없이 문제를 해결한다.

③ 상황 Ⅲ: 구성원이 이해관계는 가지고 있지 않고 전문성이 있는 경우
다. 이 경우도 두 번째와 마찬가지로 수용 영역의 한계조건 내에 있는
경우이므로 구성원을 제한적으로 참여시키는 것이 바람직하다. 이때
참여는 의사결정의 질을 높일 수 있는 아이디어나 정보를 얻기 위해
서라는 점을 감안하여 대안의 제시나 결과의 평가 단계에서 참여시
킨다.

④ 상황 Ⅳ: 구성원이 전문성도 없고 이해관계도 가지고 있지 않은 경우
다. 이 경우는 수용 영역 내부에 있게 되므로 참여시킬 필요가 없다.

5가지 의사결정 형태
- 단독결정
- 정보수집 후 단독결정
- 개별자문 후 결정
- 집단자문 후 결정
- 집단결정

브룸과 예튼의 의사결정 방법   브룸(Vroom)과 예튼(Yetton)은 독단적인
것에서 민주적인 것까지 5가지 의사결정 형태를 제시했다. 의사결정자는
상황에 따라 5가지 의사결정 형태를 선택하여 사용할 수 있다. 상황에 따
라서 다른 형태의 의사결정이 요구되므로 의사결정자는 상황을 올바로 진
단하고 적절한 의사결정 형태를 선택하는 능력이 필요하다. 브룸과 예튼이
제시한 5가지 의사결정 형태는 〈표 6-1〉과 같다.

표 6-1 브룸과 예튼의 5가지 의사결정 형태

형태	방법
AI	행정가가 현존하는 정보를 이용하여 단독으로 결정한다(**단독결정**).
AII	행정가는 구성원들로부터 정보를 구하고 나서 단독으로 결정을 내린다. 구성원은 정보를 제공할 뿐 대안의 탐색이나 평가에 관여하지 않는다(**정보수집 후 단독결정**).

CI	행정가가 구성원들과 집단적으로 하는 것이 아니라 개별적인 의사교환을 통해 아이디어와 제안을 얻고 나서 의사결정을 한다. 이 과정에서 구성원들의 의견이 반영될 수도 있고 그렇지 않을 수도 있다(**개별자문 후 결정**).
CII	행정가가 구성원들과 집단적으로 만나 함께 문제를 논의하여 그들의 집약된 아이디어와 제안을 얻고 나서 의사결정을 한다. 이 경우도 개별자문 후 단독결정과 마찬가지로 구성원들의 의견이 반영될 수도 있고 그렇지 않을 수도 있다(**집단자문 후 결정**).
GII	참여적 방법으로 행정가는 집단적으로 문제와 상황을 함께 논의하여 결정한다. 모든 구성원은 함께 대안을 탐색하고, 평가하며 해결책에 대한 합의점에 도달하기 위해서 노력한다(**집단결정**).

※ 형태에서 기본적으로 A는 autocratic, C는 consultative, G는 group styles를 의미한다.

브룸과 예튼이 제시한 의사결정 형태를 선택하기 위해서 진단적 질문을 이용하게 된다. 이러한 진단적 질문들은 적절한 의사결정 형태의 선택을 단순화할 목적으로 7가지 규칙에 기초하고 있다. 〈표 6-2〉에 제시된 처음 3가지 규칙은 의사결정의 질에 초점을 두고 나머지 4가지 규칙은 의사결정의 수용성을 다루고 있다.

브룸과 예튼은 5가지 의사결정 형태와 7가지 규칙을 상호 연결된 개념으로 보고 이를 종합하여 행정가의 의사결정 과정 흐름표를 만들었다. 이 모형은 행정가가 각 질문에 대하여 '예' 또는 '아니요'에 따라 상황을 분석한 후 의사결정을 위한 가장 좋은 의사결정 형태를 선택하는 것이다.

브룸과 예튼의 모형은 브리지즈의 모형에 비하여 복잡하지만 조직 구성원을 언제 어떻게 어느 정도 참여시킬 것인가를 결정하는 데 매우 유용한 도구가 될 수 있다. 반면에 브리지즈의 모형은 사용이 간편하므로 학교행정가가 간단하게 손쉽게 사용하기에 적절하다. 따라서 행정가는 이 두 모형을 상호 보완적으로 사용하는 것이 좋다.

표 6-2 의사결정 선택을 위한 규칙

의사결정의 질을 보호하기 위한 규칙
1	**지도자 정보 규칙:** 만일 의사결정의 질은 중요하지만 지도자가 혼자서 문제를 해결하는 데 필요한 충분한 정보나 전문적 지식을 가지고 있지 못하면 AI(단독결정)은 제외한다.
2	**목표에 합치되는 규칙:** 만일 의사결정의 질은 중요하지만 구성원들이 조직목표에 합치되게 의사결정을 할 것을 확신하지 못하면 GII(집단결정)은 제외한다.
3	**비구조화된 문제의 규칙:** 만일 지도자가 충분한 정보와 전문적 지식이 부족하고 문제 자체도 비구조화되어 있는 중요한 의사결정을 할 때는, 구성원들 사이에 문제해결 방법과 관련한 정보를 쉽게 소유할 수 있도록 상호작용이 이루어져야 한다. 따라서 AI(단독결정), AII(정보수집 후 단독결정), CI(개별문자 후 결정)은 제외한다.
의사결정의 수용성을 보호하기 위한 규칙
4	**수용성 규칙:** 만일 구성원들의 의사결정 수용이 효과적인 시행에 필수적이고 단독결정이 수용된다는 것이 확실하지 않으면, 시각을 달리하여 구성원들로 하여금 충분한 이해를 가지고 결정과정에 참여할 수 있도록 의사결정 과정을 재구조화하여야 한다. 따라서 이런 상황에서는 AI(단독결정)과 AII(정보수집 후 단독결정)은 제외한다.
5	**갈등 규칙:** 만일 행정가가 결정에 대한 구성원들의 수용이 매우 중요하고, 단독결정이 수용된다는 것이 확실치 않으면, 시각을 달리하여 구성원들로 하여금 충분한 이해를 가지고 결정과정에 참여할 수 있도록 의사결정 과정을 재구조화하여야 한다. 따라서 이런 상황에서는 AI(단독결정), AII(정보수집 후 단독결정), CI(개별문자 후 결정)은 제외한다.
6	**공정성 규칙:** 만일 결정의 질은 중요하지 않으나 그 결정에 대한 수용 여부는 매우 중요하여 조직 구성원 전체의 의견이 반영되어야 하는 경우에는 AI(단독결정), CI(개별문자 후 결정), CII(집단문자 후 결정)은 제외한다.
7	**수용우선의 규칙:** 만일 수용 여부가 매우 중요하고, 독단적 결정을 수용되지 않을 것 같으나 구성원들이 신뢰할 만한 경우에는 AI(단독결정), AII(정보수집 후 단독결정), CI(개별문자 후 결정), CII(집단문자 후 결정)은 제외한다.

학교조직에의 적용　　학교행정가인 교장은 행정상 거의 매일 의사결정을 내리고 있고, 모두 한결같지 않다. 교장은 학교조직에서 최종적인 의사결정자이면서 의사결정에 대해 책임을 진다. 그러나 교장이 자신이 내리는 의사결정을 단순하게 생각하고 경험이나 직관적으로 결정하고 행동에 옮길 때, 예기치 못한 결과를 낳은 예가 빈번하다. 교장은 직관이나 경험으로 내리는 의사결정보다는 의사결정이 필요한 정보와 자료를 적절히 이용하여 분석적인 사고과정을 거칠 줄 알아야 한다. 또한 교장은 단독결정보다는 조직 구성원의 참여와 합의를 적절히 반영할 수 있어야 한다. 이때 교장은 최종적인 의사결정을 교사들이 수용할 것인가에 관심을 가져야 한다.

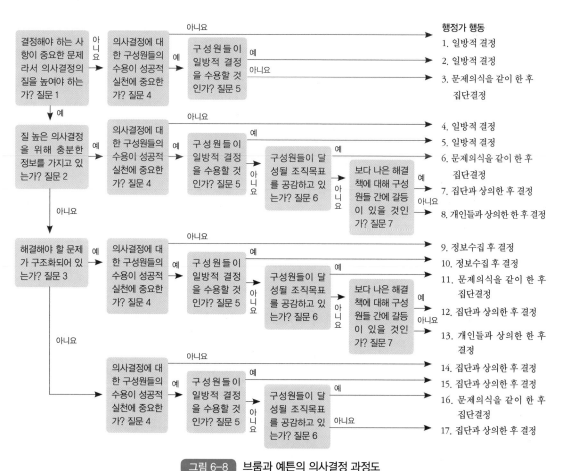

그림 6-8　브룸과 예튼의 의사결정 과정도

출처: Hoy, W. K., & Miskel, C. G. (1987). *Educational Adminstration; Thoery, Research and Practice* (3rd ed.). New York: Random House, p. 347.

브리지즈의 모형처럼 이론적으로 교사들이 수용 영역의 범위에 있으면 문제가 없지만, 문제는 교장과 교사가 생각하는 수용 영역의 범위가 일치하지 않을 수 있다는 점이다. 수용 영역의 범위는 교장이 설정하는가 아니면 의사결정을 받아들이는 교사에 의해서 결정이 되는가를 생각해 볼 필요가 있다. 교장이 수용 영역 내에 있는 사항에 대해서 교사들을 의사결정에 참여시키는 것은 덜 효과적이고, 수용 영역 밖에 있는 사항에 대해서 참여시키는 것이 효과적이라는 이론적인 내용에는 공감하지만 실제로 수용 영역의 범위를 규정하는 것이 쉽지 않다. 교장은 브리지즈의 의사결정 모형을 학교조직에 적용시키기 위해서는 교사들의 수용 영역에 대해서 세심한 주의를 기울여야 할 것이다. 오웬스(Owens, 1995: 195)도 의사결정 참여와 관련하여 적절성의 검토, 전문적 의견의 검토와 더불어 관할 영역의 검토가 필요하다고 했다. 이것은 해결해야 할 문제에 대해 구성원들이 적절성과 전문성을 갖고 있다고 하더라도 구성원들이 결정 영역 밖에 있다면 이러한 의사결정에의 참여는 어렵다는 것이다.

4. 요약 및 적용

1) 요약

① 교육기획은 복잡한 내·외적 상황하에서 발생하는 새로운 문제들의 분석을 통하여 교육목표를 달성하기 위한 최적의 전략을 개발하려는 의도적인 조적인 활동이라고 할 수 있다.

② 교육기획은 타당성, 효율성, 민주성, 중립성, 안정성, 적응성, 통합성을 원리를 바탕으로 한다.

③ 교육기획은 교육정책보다 현실 판단과 미래 예측에 기초하여 장기적인 시계(視界)를 갖고 이상적인 목표, 현재보다 발전, 개선, 진보를 지향한다. 또한 교육기획은 모든 과정에서 의사결정을 포함한다.

④ 교육기획은 ㉠ 문제 정의, ㉡ 목표 설정, ㉢ 예측과 추계, ㉣ 계획 수립

(대안 탐색), ⑰ 집행, ⑱ 평가 및 환류의 과정을 거친다.

⑤ 학교조직에서도 기획을 담당하는 부서(교무기획부), 기획위원회를 둔다.

⑥ 교육정책은 사회적·공공적·조직적 활동으로서의 교육을 대상으로 하여, 국민의 동의를 바탕으로 하면서 국가의 공권력을 배경으로 강행되는 국가의 기본 방침을 말한다.

⑦ 교육정책은 본질적으로 자유[교육과정 선택권 등, 평등, 박애(동포애)]를 추구하는데, 경제성장과 효율성이라는 수단적 상황적 가치를 지향하는 경우도 있다.

⑧ 교육정책의 결정에 영향을 주는 요인으로 교육체제의 환경, 정책결정자, 국회와 정당, 이익집단, 대중매체, 연구기관과 학자, 국민과 학부모 등으로 나누어 살펴볼 수 있다. 특히, 교육정책의 형성과정에는 정치적 과정이 작용하고, 교육정책의 집행은 정치의 통제 대상이 된다. 그래서 정치와 교육정책은 밀접한 관계가 있다.

⑨ 의사결정은 가장 일반적 개념으로 '여러 대안 중 어느 안의 선택'으로 볼 수 있는데 여기서 선택은 '어떤 문제해결과 관련한 여러 가지 대안 중에서 심사숙고한 후에 한 가지 대안을 판단하여 선택·결정하는 행위'다.

⑩ 의사결정을 할 때 어떤 관점에서 접근하느냐에 따라 합리 모형, 만족 모형, 점증 모형, 혼합 모형, 쓰레기통 모형으로 나누어진다. 합리 모형은 모든 지식과 정보를 수집하고, 이를 객관적으로 분석·종합하여 최적의 대안을 선택할 수 있다는 입장이다. 만족 모형은 인간 능력의 한계성을 인식하고 최선의 해결책은 없고 현실적으로 단지 다른 해결안보다 더 만족스러운 해결책을 모색하는 입장이다. 점증 모형은 기존의 틀 속에서 조금씩 수정하여 보다 개선된 대안을 추구하는 모형이다. 혼합 모형은 합리 모형과 점증 모형을 혼합한 모형로 정책이나 기본적인 방향 설정은 합리 모형에 의해 결정하고, 기본 방향이 설정된 후의 특정 문제는 점증 모형에 의해서 결정하려는 입장이다. 쓰레기통 모형은 의사결정의 요소들인 문제, 해결책, 참여자, 선택의 기회들이 우연적 요인에 의해 모일 때 의사결정이 이루어진다고 본다.

⑪ 의사결정이 이루어지는 과정, 즉 문제해결을 위한 최종 대안을 선택하는 과정은 5단계로, 문제의 인식 및 정의, 자료 수집 및 분석, 문제해결을 위한 준거 설정, 행동 계획과 전략개발, 행동 계획의 실행과 평가로 이루어진다.

⑫ 의사결정 과정에서 누가 어떠한 문제에 대해서 어떤 목적과 방식으로 참여하느냐는 어려운 문제이면서 논란의 여지가 끊임없이 제기되는 사항이다. 참여 허용 준거로 브리지즈는 적절성과 전문성의 두 가지를 검토할 것을 제안했는데 적절성은 '의사결정 결과에 구성원이 개인적 이해관계를 가지고 있느냐'에 대한 것이고, 전문성은 '의사결정 과정에서 구성원이 유용한 공헌을 할 수 있는 전문성을 가지고 있느냐'에 대한 것이다.

⑬ 의사결정을 제대로 하기 위해서는 의견이나 생각을 적절하게 교환해야 한다. 따라서 의사결정은 정교한 의사소통이 있어야 가능하다. 의사소통 과정은 송신자가 전달하고자 하는 아이디어를 개발(착상)하여 기호화하여 전달하고, 수신자는 이를 수신하여 해독하고 행동으로 옮기는 단계로 이루어진다.

2) 적용

▣ 서술형 문제

1. 교육기획과 교육정책의 관계를 '나'의 생각과 언어로 설명하시오.

2. 교육기획의 원리 가장 중요하다고 생각하는 세 가지 원리를 설명하시오.

3. 교사로서 학급을 담당한다고 가정하고, 학급의 발전 목표-발전 전략-전략 과제를 위계적으로 설계하시오.

발전 목표	

↓

발전 전략	

↓

전략 과제	

4. 교육정책의 과정을 친구에게 설명해 보시오.

5. 각 의사결정 이론 모형의 특징을 비교하시오.

6. 브리지스의 참여적 의사결정 모형에 기초하여 구성원의 참여를 판단하는 기준을 설명하고, 각각의 상황에서 어떻게 참여시켜야 하는지 기술하시오.

7. '내'가 학과 학생회 회장이라 생각하고, 학생회의 중요한 문제(주제)에 대해 의사결정을 내려야 하는 상황에서, 누구를 어떻게 참여시키는 것이 좋은지 브리지스의 참여적 의사결정에 비추어 기술하시오.

   ① 의사결정의 주제

   ② 참여 방법

   _____

   _____

■ 토의 · 토론 문제

1. 최근에 우리나라 교육 현상과 관련하여 가장 우선적으로 기획해야 할 주제를 정하고, 그 이유에 대해 토론해 보시오.

2. 고교학점 선택제를 찬성하는 이유와 반대하는 이유를 교육정책의 가치기준에 비추어 토론해 보시오.

3. 학교행정에서 합리적 의사결정을 내리는 데 장애 요인이 무엇인지 토론해 보시오.

도대체 어떻게 투표해야 하지?

2022년 6월 1일은 지방선거일이 있다. 몇 주 전부터 각종 선거 홍보물이 한 구석 탑처럼 쌓여 있다. 도지사, 군수, 교육감용 3장을 1차에 받아 투표하고, 2차로 도의회 의원과 광역비례대표, 군의회 의원과 기초의원 비례대표 4장을 받아서 투표해야 한다. 각 후보의 홍보물을 읽어 봐도 각 후보들 간 차이를 잘 모르겠다. 그래도 내가 지난 학기 교직이수로 교육행정 및 교육경영 과목을 수강하였다. 교육감 후보라도 더 잘 알아보고 보다 나은 후보를 선택해야겠다.

그런데 교육감 후보 홍보책자를 도던 중 이상한 것이 있다. 왜 교육감 후보는 '당'이 없을까?

지난 수업을 상기해 보며 그 이유를 찾기 시작했다.

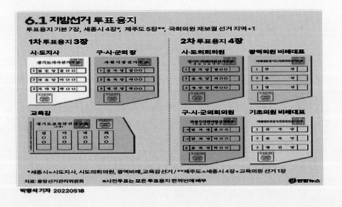

제7장

교육제도

학 • 우리나라 교육제도의 특징을 교육 관련 법률로 설명할 수 있다.
습
목 • 교육환경 변화에 따른 우리나라 학교제도의 개선 방향을 설명할 수 있다.
표 • 지방교육자치제도의 필요성, 원리와 주요 내용, 향후 과제를 설명할 수 있다.

• 학교운영위원회와 학부모회의 공통점과 차이점을 설명할 수 있다.

학습내용

1. 교육법	1) 교육법의 기초
	2) 우리나라 교육법의 체계
2. 교육제도와 학교제도	1) 학교제도의 의미
	2) 한국 교육제도의 현재와 미래
3. 교육행정제도	1) 중앙교육행정
	2) 지방교육행정
	3) 지방교육자치제
4. 학교자율경영	1) 학교운영위원회
	2) 학부모의 교육 참여
5. 요약 및 적용	1) 요약
	2) 적용

주요 개념

교육법, 교육법의 기본 원리, 교육제도 법정주의, 학교제도, 교육행정제도, 학교운영위원회, 학부모회

1. 교육법

이 장에서는 교육제도의 이면에 얽혀 있는 다양한 개념과 이론적 문제들을 검토해 봄으로써 교육행정과 정책, 제도 등에 대한 종합적 이해를 도우려고 한다.

1) 교육법의 기초

교육법의 개념과 성격　교육제도는 교육제도 법정주의 원리에 의해 「대한민국헌법」 및 제반 법령에 의해서 규정되고 구체화된다(이하에서 '헌법'으로 칭함). 이러한 이유로 교육제도를 알아보기 위해서는 교육법[1]에 대하여 우선 살펴볼 필요가 있다. 교육법은 교육에 관한 법 규범 또는 교육행정에 관한 법규를 통칭한 개념(윤정일, 송기창, 김병주, 남수경, 2021: 234)으로, 「헌법」에 보장된 교육에 관한 기본 원리를 구체화한 법령, 교육을 받을 권리를 구현시키기 위한 교육 당사자들의 권리와 의무에 관한 법령, 그리고 교육제도 및 운영에 관한 법령으로 구성된다(표시열, 2002: 59). 「헌법」에 보장된 교육에 관한 기본 원리를 구체화하기 위해 「교육기본법」을 제정하여 학생의 학습권, 학부모의 교육권, 학교설치자의 교육 권한, 국가 및 지방자치단체의 감독 권한을 규정하고 있다. 학교교육 및 평생교육을 포함한 교육제도를 운영하기 위해 「유아교육법」, 「초·중등교육법」, 「고등교육법」, 「평생교육법」 등을 제정하였다.

이러한 교육법은 교육 또는 교육정책이나 교육제도 및 그 운영에 관한 사항을 규정한 법규로서 다른 법규와는 달리 조장적 성격, 특별법이면서

교육법의 개념
－교육에 관한 법 규범

교육법의 성격
• 조장적, 특별법이며 일반법
• 특수법적, 윤리적

---

1) 1949년 제정된 교육법이 체계와 내용의 일관성 부족, 변화한 교육여건 반영 한계, 5.31 교육개혁의 법제적으로 뒷받침 차원에서 「교육법」을 1997년 12월 「교육기본법」, 「초·중등교육법」, 「고등교육법」 등 3개 법률로 분리 제정되면서 「교육법」이라는 법률은 없어졌으나 편의상 교육 관련 법규를 교육법으로 통칭하는 의미로 사용함.

일반법적인 성격, 특수법적 성격, 윤리적 성격을 갖는다(표시열, 2002: 60; 윤정일 외, 2021: 234-235).

교육법의 존재 형식 법은 사람의 행동을 규제하는 강제성을 띠는데 이 강제성의 근원을 법원(존재형식)이라고 한다. 법의 존재 형식인 법원(法源)은 성문법과 불문법으로 구분된다. 성문법은 헌법, 법률, 명령, 자치법규, 국제조약 등으로 문서화된 동시에 일정한 절차 및 형식으로 공표된 것이다. 반면 불문법은 판례법, 관습법, 조리 등 일정한 절차 및 형식이 존재하지 않는다. 교육법규의 법원은 성문법원을 원칙으로 하나 성문법이 갖춰지지 못한 경우 불문법도 법원이 되고 있다. 성문법의 형식으로 헌법, 법률, 명령, 자치법규, 국제조약 등이 있는데 이들 상호 간에는 상위 법 우선의 원칙(상위 법에 위배되는 하위 법은 무효), 특별법 우선의 원칙(특별한 규정이 있는 경우 특별법이 우선), 신법 우선의 원칙(신ㆍ구법이 상충되면 신법이 우선 적용)이 적용된다.

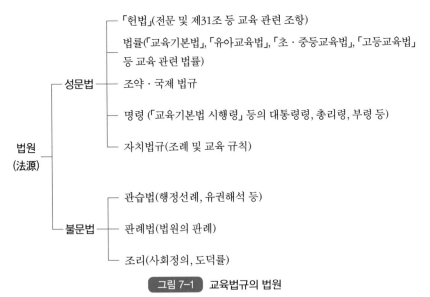

그림 7-1 교육법규의 법원

출처: 윤정일 외(2021). **교육행정학원론(7판)**. 학지사, p. 237.

교육법의 기본 원리　교육법은 교육이 추구해야 할 정신과 가치를 내포하고 있으며, 이는 교육법을 제정, 해석, 운영, 평가하는 데 있어 기준이 된다. 「헌법」제21조를 근거로 윤정일 등(2021: 237-239)은 교육법의 기본 원리로 교육제도 법정주의, 교육의 자주성 원리, 교육권 보장의 원리, 교육 전문성의 원리, 교육의 기회균등의 원리, 교육의 중립성의 원리로 정리한 바 있다.

첫째, 교육제도 법정주의는 교육제도가 법으로 정해져야 한다는 것으로, '교육 입법상의 법률주의', 또는 '법률에 의한 교육행정의 원리'라고도 한다. 「헌법」제31조 제6항에서는 국가에 의한 교육의 자의적인 규제를 배제하기 위해 학교교육 및 평생교육을 포함한 교육제도와 그 운영, 교육재정 및 교원의 지위에 관한 기본적인 사항은 법률로 정하도록 규정하고 있다. 교육제도와 교육재정은 교육의 물적 기반으로, 교원의 지위는 교육의 인적 기반으로 교육의 핵심을 요소다. 교육제도는 「교육기본법」이, 교육재정은 「지방교육재정교부금법」이, 교원 지위와 관련해서는 「교육공무원법」 및 「사립학교법」 등이 규정하고 있다(표시열, 2002: 37). 교육제도 법정주의는 국민주권을 기저로 하는 민주국가 행정에 있어서 법치주의적 행정의 일면을 구현하는 것이며, 국가권력적 교육행정 제도에서 가장 중요한 위치를 차지하는 행정상의 원리다.

둘째, 교육 자주성의 원리[2]는 민주교육의 원리 또는 지방교육자치의 원리라고도 한다. 교육은 본질적으로 가치창조적 활동이기 때문에 교육의 자주성을 보장하여야 하며, 자주성을 확보하기 위하여 교육은 정치권력이나 기타 외부 세력의 간섭 없이 그 전문성과 특수성에 따라 교육 본래의 목적에 기하여 독자적으로 조직·운영·실시되어야 한다. 자주성의 원리는 교육자가 교육내용, 교육방법과 교육기구를 자주적으로 결정하여야 하고, 외부 세력(국가, 정치권력, 언론, 교육행정기관, 교육시설의 설치자, 교육감독권자 등)이 이에 대하여 부당하게 권력적인 개입을 하지 않아야 한다는 원리다(김영환, 2011: 123). 이의 실현을 위하여 지방교육자치제를 실시하고, 지방

교육법의 원리
- 교육제도 법정주의
- 교육 자주성의 원리
- 교육권 보장의 원리
- 교육 전문성의 원리
- 교육 기회균등의 원리
- 교육 중립성의 원리

---

[2] 지방교육자치의 의의 및 원리 등은 제3절 지방교육자치 참고.

교육재정의 독립을 위해 지방교육재정교부금제도 등을 두고 있다.

셋째, 교육권 보장의 원리다. 「헌법」 제31조 제1항에서 모든 국민은 능력에 따라 균등하게 '교육을 받을 권리'를 가진다고 규정하고 있다. 교육에 대한 국가의 의무를 「헌법」에서 명시하고 있는 것이다. 「교육기본법」에서도 모든 국민에게 헌법에서 보장된 '교육을 받을 권리'를 강조하여 교육의 기회균등과(제4조), 의무교육을(제8조) 규정하고 있다. 「교육기본법」에 따라 「초·중등교육법」에서는 교육권을 보장하기 위하여 모든 아동의 보호자에 대하여 그 자녀의 교육을 받게 할 의무를 지우고 있으며, 무상 의무교육을 실시하고 있다.

넷째, 교육 전문성의 원리다. 「헌법」 제31조 제4항에서 교육의 자주성·전문성·정치적 중립성 및 대학의 자율성은 법률이 정하는 바에 의하여 보장된다고 규정하고 있다. 「교육기본법」 제14조 제1항에서 학교교육에서 교원의 전문성은 존중되며, 교원의 경제적·사회적 지위는 우대되고 그 신분은 보장된다고 선언하고, 제5조 제1항에서 국가와 지방자치단체는 교육의 자주성과 전문성을 보장하여야 하며, 국가는 지방자치단체의 교육에 관한 자율성을 존중하여야 함을 규정하고 있다. 교육 관계법들에서 교육의 전문성을 보장하기 위하여 교육의 자유 및 학문의 자유를 명시하고 있다. 이는 모두 「헌법」에서 규정하고 있는 '학문의 자유'와 관련되어 있다.

다섯째, 교육 기회균등의 원리다. 「헌법」 제31조 제1항에서 모든 국민은 능력에 따라 균등하게 교육을 받을 권리를 가지며, 「교육기본법」 제4조를 통하여 모든 국민은 성별, 종교, 신념, 인종, 사회적 신분, 경제적 지위 또는 신체적 조건 등을 이유로 교육에서 차별을 받지 아니해야 함을 명시하고 있다. 이에는 사회적 신분에 의한 차별 금지, 의무교육의 무상원칙, 단선형 학교체계의 확립 등이 포함되며, '교육법의 복리주의 원리'도 여기에 포함된다.

여섯째, 교육 중립성의 원리다. 공교육체제는 교육의 기회균등을 실현하는 외적 조건의 보장뿐 아니라, 교육의 중립성이라는 그 내적 사항의 보장을 본질로 하고 있다. 교육의 중립성은 종교적 중립성과 정치적 중립성을 포함한다.

2) 우리나라 교육법의 체계

헌법　「헌법」은 최상위법으로 교육과 관련된 조항은 제31조, 제9조, 제10조, 제21조를 들 수 있는데, 대표적인 조항은 「헌법」 제31조다. 「헌법」 제31조에서는 교육을 받을 권리·의무, 교육의 자주성, 정치적 중립성, 평생교육 등을 규정하고 있다. 모든 국민은 능력에 따라 균등하게 교육을 받을 권리를 가지며(기회 균등, 제1항), 모든 국민은 그 보호하는 자녀에게 적어도 초등교육과 법률이 정하는 교육을 받게 할 의무를 진다(의무교육, 제2항), 의무교육은 무상으로 하며(무상교육, 제3항), 교육의 자주성·전문성·정치적 중립성 및 대학의 자율성은 법률이 정하는 바에 의하여 보장된다(교육의 자주성, 제4항). 국가는 평생교육을 진흥하여야 하며(평생교육, 제5항), 학교교육 및 평생교육을 포함한 교육제도와 그 운영, 교육재정 및 교원의 지위에 관한 기본적인 사항은 법률로 정한다(교육제도 법정주의, 제6항).

「헌법」 31조
• 교육을 받을 권리 의무
• 교육의 자주성
• 정치적 중립성
• 평생교육

그림 7-2　교육법의 기본 체계

교육기본법　법률적 차원에서 헌법정신을 구체화한 법이 「교육기본법」이다. 「교육기본법」은 자유민주주의 교육체제를 지향하는 헌법정신을 구현하여 학교교육과 사회교육을 포괄하는 교육에 관한 기본적인 사항을 규정하여 모든 교육 관계법의 기본법으로서 1997년 12월 13일에 제정되어 1998년 3월 1일에 시행되었다. 「교육기본법」 제1조에서 "모든 교육의 기본법으로서 교육에 관한 국민의 권리·의무 및 국가와 지방자치단체의 책

「교육기본법」
• 교육에 관한 기본적인 사항 규정
• 「헌법」을 구체화
• 다른 법률들의 실질적 기본 규범

임을 정하고 교육제도와 그 운영에 관한 기본적 사항을 규정하여 국민의 교육의 받을 권리를 적극적으로 실현하기 위한 법적 기반을 마련하기" 위함이라는 제정 목적을 분명히 하고 있다. 「교육기본법」의 기능은 「헌법」을 구체화하고, 다른 법률과의 실질적 기준 제시하고, 방향성의 제시자로서 역할을 수행하며, 실질적 기본 규범으로서의 역할을 한다(김갑석, 2019: 5-6). 「헌법」상의 교육받을 권리를 구현하기 위하여 '학습권'의 개념을 도입하고, 교육법 체계상 교육에 관한 기본법으로서 교육의 기회균등, 교육의 자주성, 전문성, 중립성, 의무교육, 학교교육 등의 교육제도에 관한 기본적인 방향을 설정하였으며, 교육의 당사자인 학습자, 학부모 등 보호자, 교원, 학교 및 사회교육시설의 설립·경영자, 국가 및 지방자치단체의 교육에 관한 권리와 의무를 구체화하고, 특별히 진흥하고 장려하여야 할 특수교육, 영재교육, 유아교육, 직업교육, 과학교육, 교육의 정보화, 학술 문화의 진흥, 사학의 육성, 평가 및 인증제도, 보건 및 복지, 장학제도, 국제교육 등의 지원에 관한 사항을 규정하고 있다.

「교육기본법」 제9조의 규정에 따라 초·중등교육에 관한 사항을 규정하기 위해 「초·중등교육법」을, 유아교육에 관한 사항을 규정하기 위해 「유아교육법」을, 고등교육에 관한 사항을 규정하기 위해 「고등교육법」을 각각 제정하였다. 교육의 자주성 및 전문성과 지방교육의 특수성을 살리기 위하여 지방자치단체의 교육·학예에 관한 사무를 관장하는 기관의 설치와 그 조직 운영 등에 관한 사항을 규정하기 위해 「지방교육자치에 관한 법률」을 두고 있다.

「초·중등교육법」
유아교육 및 초중등교육에 관한 사항을 규정

초·중등교육법   제1장 총칙(제1조~제11조), 제2장 의무교육(제12조~제16조), 제3장 학생과 교직원(제17조~제22조), 제4장 학교(제23조~제60조), 제5장 보칙 및 벌칙(제61조~제68조), 부칙(제14조)으로 구성되었으며, 「교육기본법」 제9조의 규정에 따라 유아교육 및 초·중등교육에 관한 사항을 규정하였다. 유치원, 초등학교, 중학교, 고등학교 및 특수학교에 관한 사항을 분리하여 이에 관한 학제, 학교의 종류, 교육과정, 수업 및 수업 연한, 입학 및 졸업, 통합·병설·실험학교 운영 등 학교 교육제도에 관한 기본적인 사항을 정하고, 의무교육 및 무상교육에 관한 사항, 학생의 권리 보호를 위한 학생의 자치 활동과 징계 시 적정 절차에 관한 사항, 원활한 교육운영이 이루어지도록 탄력적인 교육제도 운영에 관한 사항, 학교 실정에 맞는 교육운영을 위한 학교규칙 제정과, 학교운영위원회 설치·운영 및 학교발전기금 조성 등에 관한 사항들을 규정하고 있다.

이 외에 「교육기본법」 제9조의 규정에 따라 유아교육에 관한 사항을 규정하고 있는 「유아교육법」과 「교육기본법」 제9조의 규정에 따라 고등교육에 관한 사항을 규정하고 있는 「고등교육법」, 「헌법」과 「교육기본법」에 규정된 평생교육의 진흥에 대한 국가 및 지방자치단체의 책임과 평생교육제도와 그 운영에 관한 기본적인 사항을 정하고, 모든 국민이 평생에 걸쳐 학습하고 교육받을 수 있는 권리를 보장함으로써 모든 국민의 삶의 질 향상 및 행복 추구에 이바지함을 목적으로 하는 「평생교육법」, 교육의 자주성 및 전문성과 지방교육의 특수성을 살리기 위하여 지방자치단체의 교육·학예에 관한 사무를 관장하는 기관의 설치와 그 조직 운영 등에 관한 사항을 규정하고 있는 「지방교육자치에 관한 법률」, 지방자치단체가 교육기관 및 교육행정기관(그 소속기관을 포함한다. 이하 같다)을 설치·경영하는 데 필요한 재원(財源)의 전부 또는 일부를 국가가 교부하여 교육의 균형 있는 발전을 도모함을 목적으로 하는 「지방교육재정교부금법」 등이 있다.

2. 교육제도와 학교제도

교육제도는 사회를 구성하는 구성원들이 공동의 목표 달성과 문제해결을 위해 만들어 놓은 규율체계인 사회제도 중의 하나로, "국가의 교육이념 및 교육목적을 달성하기 위한 국가적 차원의 인위적 장치로서 교육활동(교육목적, 교육내용, 교육방법, 교육평가), 학생, 교원, 교육기관, 교과용 도서 그리고 조직 및 기구 등에 관한 표준은 물론 기준을 총칭한다"(한국교육행정학회, 1996b: 5).

교육제도는 한 국가의 교육에 관한 전반적인 체계를 법에 의해 제도화한 것
• 학교제도
• 교육행정제도
• 사회교육제도

1) 학교제도의 의미

　　교육제도란, 한 국가의 교육에 관한 전반적인 체계, 즉 교육의 목적, 내용, 방법, 조직, 행정 등을 법(교육제도의 법정주의)에 의해 제도화한 것이다. 교육제도는 다시 학교제도와 교육행정제도, 사회교육제도로 다시 구분할 수 있다. 교육행정제도란 교육정책과 의사결정에 대한 권한이 중앙(교육부)에 집중되어 있느냐 아니면 지역(지방자치단체)에 분산되어 있느냐에 따라 중앙집권식 행정제도와 지방분권식 행정제도로 구분된다. 사회교육제도는 학교교육을 제외한 교육과 관련된 제도를 의미한다. 이 중 학교제도 또는 학제(學制)가 가장 대표적이어서 학교제도 중심으로 논의하고자 한다.

[그림 7-3]에 따라 이 장을 구성하되, 사회교육제도는 학교 외 교육으로 제외함

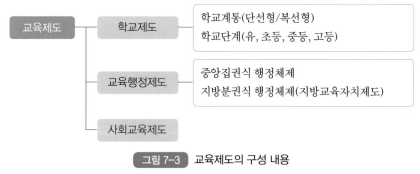

그림 7-3 　교육제도의 구성 내용

출처: 김성렬, 문낙진, 신현석, 이군현, 이기문, 정영수, 주삼환(1994). **교육행정 및 교육경영**. 과학과 예술, p. 335.

　　학교제도 　　학교제도란, 국가의 교육목표를 실현하려는 제도적 장치로서의 학교교육을 단계별로 구분하고, 각 단계별 교육목적과 교육기간, 교육내용을 설정하고, 종적으로는 교육단계 간의 접속관계를, 횡적으로는 학교교육과 학교 외 교육 및 교육과정 간의 연결관계를 규정함으로써 국민교육의 운영을 제도적으로 규정하는 역할을 담당한다. 학교제도는 각 나라의 국가형성 배경과 근대 이전 사회로부터의 교육적 전통에 따라 고유한 특징을 띤 채로 발전해 왔다. 하지만 각 나라의 학교제도는 다음의 같은 다섯 가지의 특성이 조합되어 나타난다고 볼 수 있다. 즉, 공교육과 사교육의 관

학교제도의 의미

계, 공립학교와 사립학교의 관계, 의무교육제도의 운영 형태, 단계별 교육 제도의 조직 방식, 그리고 직업교육제도와 인문교육제도 운영 원리로서의 복선형과 단선형이 그것이다.

첫째, 공교육과 사교육의 관계다. 세대의 전승 기능을 개인적 차원 혹은 소집단 차원에서 이루어질 때는 사교육(private education)이라고 하며, 집단적 차원 혹은 국가나 사회적 차원에서 이루어질 때는 공교육(public education)이라고 정의한다. 사교육을 담당하는 교육제도는 사교육기관, 공교육을 담당하는 교육제도는 공교육기관으로 분류되며, 특히 후자의 경우 학교가 대표적인 공교육기관이 된다. 현대사회에서 교육은 일부 계층에만 독점될 수 없는 보편적 가치가 되어 있음을 의미하며, 학교는 그러한 의미에서 사회가 공인하는 유일한 교육제도임을 의미한다.

둘째, 공립학교와 사립학교의 관계다. 공교육기관으로서의 학교는 국가에 의해 설립되고 운영되는 기관이다. 여기서 국가는 사회적 공동체를 대표하는 공적 기구의 대표 기관이며, 그런 의미에서 국가가 세운 학교를 공립학교라고 한다. 학교에서는 국가가 공식적으로 인정하는 정치·문화적·사회적 이념을 교육내용으로 삼아 이를 후대에게 전승한다. 그러나 한 국가 안에서도 종교적·인종적·민족적으로 서로 다른 입장을 가진 집단은 국가가 세운 공립학교의 교육에 반대할 수 있다. 이 경우 이들은 사립학교를 세워 독립적인 교육과정을 운영하기도 한다.

셋째, 의무교육제도의 운영 형태다. 의무교육은 교육이 개인의 권리를 넘어선 의무임을 뜻한다. 국가가 개인의 교육기회를 보장해 주어야 하는 의무를 짐과 동시에 개인에 대한 국가의 교육적 권리를 인정받고 있다고 볼 수 있다. 한편 국가는 개인에게 이러한 의무를 부과하는 대신 모든 의무교육을 무상으로 실시함으로써 경제적 이유로 인한 의무교육 미이수를 원천적으로 방지하고 있다. 대체로 서구 선진국들의 경우 유치원에서 후기 중등교육 단계까지 혹은 5세에서 17세까지 12~13년간의 기초교육을 의무교육으로 정해 놓고 있다. 우리나라의 경우는 초등교육 6년과 전기 중등교육, 곧 중학교 3년만을 의무교육으로 시행하고 있다.

넷째, 단계별 교육제도의 조직 방식이다. 기본적으로 초등교육(primary

학교제도의 특성 구분
- 공교육과 사교육의 관계
- 공립학교와 사립학교의 관계
- 의무교육제도 운영 형태
- 단계별 교육제도의 조직 방식
- 복선형과 단선형

or elementary education), 중등교육(secondary education), 고등교육(post-secondary, tertiary or higher education)의 3단계로 구분되어 있다. 초등교육은 유치원 교육을 전 단계로 포함하고 있으며, 중등교육도 전기와 후기로 구분하며, 고등교육도 학사, 석사, 박사 등 최소 3단계의 계열성을 가지고 있다. 그리고 각 단계별 진급 또는 진학은 전 단계를 이수하지 않는 경우는 허용되지 않는 엄격한 심사체제에 의해 이루어진다.

마지막으로, 학교제도는 직업교육제도와 인문교육제도를 어떻게 운영하는가, 그리고 중등교육에서 고등교육 단계로의 진학제도를 어떻게 운영하는가에 따라 복선형제와 단선형제로 나뉜다. 복선형 교육제도에서는 인문교육과 직업교육 간의 구분이 뚜렷하고 상호 전학이 매우 어려운 반면, 단선형 교육제도에서는 미국에서처럼 계열 구분이 아예 없거나 있다 해도 구분이 뚜렷하지 않고 상호 전학이 비교적 쉽도록 되어 있다. 우리나라의 경우는 외형적으로는 복선형 제도를 취하고 있으나, 실제 운영되는 모습은 거의 단선형 제도의 특성을 많이 포함하고 있다.

단선형과 복선형

2) 한국 교육제도의 현재와 미래

한국의 현행 학교제도   한국의 현행 학제는 1949년 12월에 제정된 교육법에 최초로 형식화된 이후 11차례의 변화를 겪었다. 한국의 학제는 외견상 단선형을 취하고 있지만, 과거에는 사실상 복선형으로 운영되고 있었다. 1960년대까지는 명문 중학교가 존재하였고, 1970년대 중반까지는 명문 고등학교가 존재했다. 중학교 무시험입학으로 중학교 교육까지 실질적으로 단선형으로 운영되게 되었고, 고등학교 평준화 정책은 후기 중등교육 단계까지 단선형 운영을 가능하게 하는 장치였다. 1970년대까지는 권위주의 정권이 대중의 확대된 교육열에 영합하면서 단선형 학제를 강화했다. 그러나 고등학교 평준화 체제에 대한 저항이 계속되었고, 1980년대 이후 특수목적고등학교가 차례차례 설립되면서 고등학교 평준화 체제는 점차 약화되어 갔다. 1995년 교육개혁은 자율과 다양성, 선택을 내걸고 이 흐름에 불을 붙였으며, 이명박 정부에서 고교 다양화 정책이 급진전되었다.

현재 우리 학제는 초등 6년, 전기 중등교육(중학교) 3년, 후기 중등교육(고등학교) 3년, 고등교육 4년의 6-3-3-4제를 골격으로 하고 있다. 중학교의 경우 일반적인 중학교 외에 특성화중학교(「초·중등교육법 시행령」 제76조)가 존재하며, 고등학교는 일반고, 특성화고, 특수목적고, 자율고 등 네 가지 유형으로 분류된다. 현행 6-3-3-4제의 현행 학제를 개편해야 하는 필요성이 오래전부터 제기되어 왔으나, 논의에 그치고 있다. 참고로 [그림 7-4]는 현행 학제를 보여 주고 있다.

　[그림 7-4]에서 보면 현행 학제는 크게 기본학제와 특별학제로 구분됨을 알 수 있으며, 여기에 학교 외 교육제도로서 각종 사회 및 평생교육제도가 있다. 기본학제가 유치원, 초등학교, 중학교, 고등학교, 대학으로 이어지는

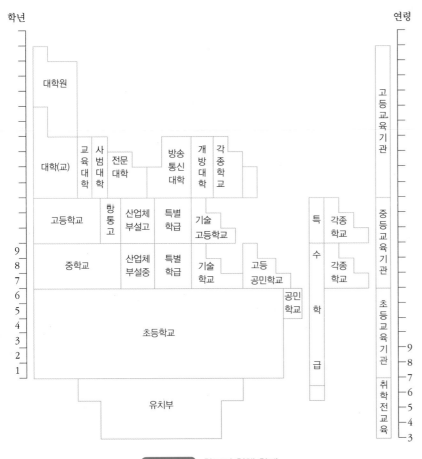

그림 7-4 한국의 현행 학제

정규 학교제도라도 한다면, 특별학제는 기본학제의 보완적 기능을 수행하거나 사회교육의 성격을 가지고 정규학교의 교육과정에 준하는 교육을 실시하기 위한 학교제도다(윤정일 외, 2011: 248). 초등학교 수준의 공민학교, 중학교 수준의 고등공민학교, 고등학교 수준의 방송통신고 대학 수준의 산업대학, 방송대학, 기술대학 등이 있다.

개선 과제　유 · 초 · 중등 교육체제와 관련하여 다음과 같은 과제가 제기된다(김용, 강명숙, 김영석, 박동열, 윤상준, 2019: 50-51).

첫째, 고등학교 유형을 단순화해야 한다. 현행 고등학교 체제는 영재고와 과학고를 정점으로 학교가 서열화되어 있어서, 학교 서열화 체제를 해소하는 문제가 제기되어 왔다. 외고와 자사고는 사실상 고유한 설립 목적을 달성하지 못한 채 입시 명문 학교로 운영되고 있으며, 부정적 영향이 적지 않다. 일반고로 전환하도록 유도해야 한다. 대학입학전형방식을 어떻게 설계할 것인가, 고등학교 입시 방법을 어떻게 개선할 것인가, 학교운영에서 공공성을 어떻게 강화하도록 할 것인가 라는 세 가지 관점에서 외고와 자사고의 일반계 전환 방안을 강구하여야 한다.

둘째, 특성화고등학교와 마이스터고등학교를 중심으로 직업고등학교 체제를 어떻게 구축해 갈 것인가도 중요한 과제다. 고등학교 단계에서부터 직업교육 체제를 튼튼하게 구축하는 일은 대학입학 외에도 품격 있는 삶을 영위할 수 있는 경로를 만드는 일이며, 그만큼 대학 입시 경쟁을 완화할 수 있다. 또, 학벌이 아닌 능력 본위 사회를 구현하는 데에도 중요하다. 그러나, 현재는 고교 서열화 체제의 하층부에 특성화고등학교가 위치해 있으며, 특성화고등학교에서 이루어지는 교육의 질에 대한 사회적 신뢰가 높지 않다. 또, 특성화고등학교와 마이스터고등학교의 이원체제를 계속 유지해야 할 것인가에 관한 검토도 필요하다.

셋째, 지역별 학생 수 변동에 발맞추어 다양한 유형의 학교를 운영할 수 있도록 제도를 정비하여야 한다. K-2학교, 초등학교 1~4학년 학교, 초 · 중 통합학교, 중 · 고 통합학교, 초 · 중 · 고통합학교 등 「초 · 중등교육법」상의 각급 학교 수업 연한 규정(제39조, 제42조, 제46조)에 구애받지 않는 다양한 학교를 운영하여야 한다. 현재의 6-3-3 구조를 경직되게 운영해서는 학생 인구 변동 등에 탄력적으로 대응할 수 없다. 이런 학교 운영은 실질적으로 학제 개편의 효과를 가져올 수도 있을 것이다.

3. 교육행정제도

우리나라 교육행정의 체계는 중앙교육행정 조직과 지방교육행정 조직, 그리고 학교단위 교육행정 조직으로 구성되어 있다. 중앙교육행정 조직은 교육부이며, 교육부의 장은 사회부총리 겸 교육부 장관이다. 지방교육행정 조직은 광역단위와 그 하부 기관인 기초단위(시·군·구)로 되어 있다.

1) 중앙교육행정

교육부　교육부는 중앙교육행정 조직의 핵심이라 할 수 있다. 교육부는 교육 관계 법령, 대통령의 지시·명령, 그리고 국무회의의 결정에 따라 국가의 교육에 관한 정책을 입안하고 집행하는 최고교육행정기관이다. 「정부조직법」 제28조에 의하면 교육부장관은 인적자원개발정책, 학교교육·평생교육, 학술에 관한 사무를 관장한다.

2023년 5월 현재 교육부는 사회부문을 함께 관장하는 부총리인 장관을 중심으로 운영지원과·인재정책실·책임교육정책실·대학규제혁신국 및 교육자치협력안전국을 두고 있다(「교육부와 그 소속기관 직제」 제4조 제2항).

교육부(www.moe.go.kr)를 방문하여 조직도를 알아보자.

2) 지방교육행정

우리나라의 지방교육행정은 광역단위(특별시, 광역시, 도)와 그 하부 기관인 기초 단위(시·군·구)로 되어 있다.

17개 시·도 교육청을 단위로 자치

광역단위　광역단위의 교육행정은 지방교육자치제(1991년 「지방교육자치에 관한 법률」제6626호)를 특정으로 하고 있는데, 전국 17개 시·도에서 광역지방의회에 '교육·학예에 관한 의안과 청원 등을 심사·의결하기 위하여' 상임위원회 형태로 교육위원회를 두고 있다. 한편 시·도의 교육·학예에 관한 사무의 집행기관으로 교육감을 두고 있는데, 교육감 밑에 국가공무원으로 보하는 부교육감과 필요한 보조기관(교육장)을 두고 있다. 부교육감은 교육감이 추천한 자를 교육부 장관의 제청으로 국무총리를 거쳐 대통령이 임명한다.

한편, 지방자치에 따른 시·도의 교육·학예에 관한 경비는 교육에 관한 특별부과금·수수료 및 사용료, 지방교육재정교부금, 해당 지방자치단체의 일반회계로부터의 전입금, 유아교육지원특별회계에 따른 전입금, 제1호부터 제4호까지 외의 수입으로서 교육·학예에 속하는 수입(동법 제36조)으로 충당하도록 되어 있다. 그러나 지방교육자치제가 실시되고 있기는 하나 중앙정부의 교육부 장관은 각 시·도 교육·학예에 관한 사무에 대하여 조언, 권고, 지도, 자료 제출 요구, 시정명령, 명령 또는 처분 취소, 집행정지, 자치사무에 대한 감사 등을 할 수 있는 권한을 가지고 있어 어떤 식으로든지 지방의 교육·학예에 관여할 수 있다.

기초단위(하급 교육행정기관)　　시·도의 교육·학예에 관한 사무를 분장하기 위하여 1개 또는 2개 이상의 시·군 및 자치구를 관할구역으로 하는 하급 교육행정기관으로서 교육지원청이 있다. 교육지원청은 장학관으로 보임하는 교육장을 두고 있는데, 교육장은 시·도의 교육·학예에 관한 사무 중 다음 각 호의 사무를 위임받아 분장한다.

① 공·사립의 유치원·초등학교·중학교·공민학교·고등공민학교
　및 이에 준하는 각종학교의 운영·관리에 관한 지도·감독
② 그 밖에 조례로 정하는 사무

교육장이 교육감으로부터 위임받아 분장하는 각급학교의 운영·관리에 관한 지도·감독사무의 범위는 다음과 같다(「지방교육자치에 관한 법률 시행령」제6조).

① 교수–학습활동, 진로지도, 강사 확보 · 관리 등 교육과정 운영에 관한 사항

② 과학 · 기술교육의 진흥에 관한 사항

③ 특수교육, 학교 부적응 학생 교육, 저소득층 학생 지원 등 교육복지에 관한 사항

④ 학교체육 · 보건 · 급식 및 학교 환경 정화 등 학생의 안전 및 건강에 관한 사항

⑤ 학생 통학 구역에 관한 사항

⑥ 학부모의 학교 참여, 연수 · 상담, 학교운영위원회 운영에 관한 사항

⑦ 평생교육 등 교육 · 학예 진흥에 관한 사항

⑧ 그 밖에 예산안의 편성 · 집행, 수업료, 입학금 등 각급 학교의 운영 · 관리에 관한
  지도 · 감독 사항

3) 지방교육자치제

교육자치의 의의　　일반자치에서 교육자치를 분리하여 운영하여야 하는 이유는 무엇인가? 이에 대한 대답은 교육과 교육행정의 특수성에서 출발한다고 보아야 할 것이다. 교육은 인간의 성장과 발달을 목표로 하고 있으며, 한 개인의 미래뿐만 아니라 국가 존립의 문제가 달려 있기 때문에 고도의 전문적인 행위가 요구된다. 뿐만 아니라 교육은 그 대상이 되는 학생들의 다양한 특성과 적성에 따른 대응을 하여야 한다는 점 때문에 다른 어떤 영역보다도 수요자의 요구와 필요를 적절히 반영하여야 하는 특성이 있다.

이와 같은 다양한 특성을 갖고 있는 교육을 다루는 행정은 주민의 요구와 필요를 즉각 반영할 수 있도록 지역 주민과 밀착된 체제를 갖추어야 하고, 일반행정과는 다른 독특한 교육적 전문성을 발휘할 수 있어야 한다. 더욱이 교육은 국가적 권력 통치의 대상이기는 하나 교육행정은 어느 정도의 정치적 중립성을 보장하지 않으면 안 된다. 결국 교육에 있어 자주성과 정치적 중립성을 확보하기 위해, 대부분의 국가들은 그 형태가 다양할지라도, 교육자치를 실시하고 있으며 이에 따라 지방교육행정체계도 일반행정체계와 다른 구조로 운영되고 있다.

그렇다면 교육자치제는 무엇인가? 교육자치제는 교육행정에 있어서 지

교육자치와 일반자치의 분리
교육에 있어서 자주성과 정치적 중립성 확보 위해

교육자치제란?

방분권의 원칙 아래 교육에 관한 의결기관으로서의 교육위원회와 교육위원회의 사무장격으로 또는 의결된 교육정책의 집행기관으로서의 교육감제를 두고 민주적 통제와 전문적 지도 사이에 조화와 균형을 얻게 하며, 인사와 재정을 비롯하여 교육행정을 일반행정으로부터 분리 · 독립시킴으로써 행정의 제도, 조직면에서 교육의 자주성을 보장하려는 제도다. 이와 같이 교육자치제는 교육행정상 중앙행정의 통제를 지양하고, 지방의 실정에 맞는 교육정책을 수립하여 이에 따른 교육행정 사무를 자주적으로 처리하는 것을 의미한다.

교육자치의 원리
• 자주성 존중의 원리
• 전문적 관리의 원리
• 지방분권의 원리
• 민중통제의 원리

교육자치의 원리   교육자치제란 교육행정을 일반행정으로부터 분리 · 독립시켜 교육의 자주성, 정치적 중립성과 주민의 참여를 통해 지역의 특수성을 살리고, 교육행정의 전문성을 보장하려는 제도다. 이러한 교육자치의 원리는 다음과 같다.

첫째, 교육행정에서 자주성 존중의 원리란 지방교육행정기구를 일반행정기구에서 독립시키고 교육활동의 자주성과 독립성을 보장할 수 있도록 하는 것이다. 교육의 자주성의 원리는 「헌법」 제31조 제4항에 "교육의 자주성 · 전문성 · 정치적 중립성 및 대학의 자율성은 법률이 정하는 바에 의하여 보장된다."고 명시되어 있다. 또한 「교육기본법」 제5조 제1항에도 "국가와 지방자치단체는 교육의 자주성과 전문성을 보장하여야 하며, 지역 실정에 맞는 교육을 실시하기 위한 시책을 수립 · 실시하여야 한다."고 명시되어 있다.

둘째, 전문적 관리의 원리란 지방교육행정조직에 있어서 교육감을 비롯한 중요한 행정적 인사에 있어 교육 또는 교육행정의 전문성이 보장되어야 함을 의미한다.

셋째, 지방분권의 원리란 교육정책의 결정과 중요시책의 집행에 있어 중앙집권을 지양하고 지방으로 권한을 분산하고 이양하는 것을 말한다.

넷째, 민중(주민)통제의 원리는 달리 표현하면 주민의 권리와 책임의 원리라고 할 수 있다. 즉, 교육정책을 민의에 따라 결정하고 운영하는 것으로서, 구체적으로는 지방주민의 대표로 구성되는 교육위원회에 지방교육의 정책결정권이 귀속되어야 함을 의미한다.

　이상과 같은 네 가지 원리 중 지방분권의 원리와 민중통제의 원리는 교육자치의 원리이기 이전에 보편적인 지방자치의 원리에 해당하기 때문에 실제 교육자치의 독특한 원리는 교육에 대한 자주성 존중의 원리와 전문적 관리의 원리라고 보아야 할 것이다. 이 두 원리는 곧 교육자치의 필요성이기도 한다.

교육자치의 효과　교육자치제는 획일적인 중앙집권적 통제를 배제하고 개방적인 지방분권제를 지향함으로써 교육행정의 민주적 발전을 촉진한다. 뿐만 아니라 이 제도는 교육행정을 일반행정으로부터 분리 독립시켜 교육의 특수성과 독자성, 가치적 중립성을 보장하고 교육활동을 전문적으로 지원·관리할 수 있도록 유도하는 이점이 있다. 나아가 교육자치제도는 학부모들의 교육에 대한 통제를 가능케 하여 주민의 교육에 대한 관심과 지원을 보다 용이하게 획득할 수 있으며, 교육행정에의 참여와 견제를 통해 교육행정가들의 독선과 전횡을 방지할 수 있다.

　결국 교육자치제는 교육의 독자성을 보장하고 교육이념의 실천을 용이하게 하며, 교육의 정치적 중립성과 민주성을 실현하게 하는 데 도움을 준다. 뿐만 아니라 교육에 대한 지역 주민들의 책임의식을 향상시키고, 지역의 특수성을 고려한 교육을 가능하게 해 주며, 교육개혁 의지를 실현하게 하는 데 도움을 준다.

　이미 언급한 바와 같이 지방분권의 원리나 주민자치의 원리는 일반지방자치에서의 단체자치 원리와 주민자치의 원리에서 나타나는 장점을 교육에서도 그대로 가지고 있다고 보아야 할 것이다. 예컨대, 교육행정에서 자유민주주의의 실천, 지역 주민의 참여 확대를 통한 자율적 교육통제, 교육에 대한 주민의 관심과 협조, 교육자치를 통한 지역 주민의 협동심 제고, 교육에 대한 주민의 행정적 권리의 행사 등은 일반지방자치에서와 같이 교육자치 측면에서도 마찬가지로 중요한 장점으로 발휘될 수 있을 것이다.

　이상과 같이 지방교육자치는 크게 두 가지 원리, 즉 '민주성의 원리'와

표 7-1 민주성의 원리와 전문성의 원리의 비교

민주성의 원리	전문성의 원리
① 지방자치에 보다 중점을 둔 원리	① 교육자치에 보다 중점을 둔 원리
② 민주성의 원리는 두 가지로 구체화	② 전문성의 원리는 두 가지로 구체화
• 주민자치의 원리(주민통제의 원리): 주민이 그들의 대표를 통해 교육정책을 결정 → 교육위원회 제도	• 자주성 존중의 원리: 분리 · 독립, 정치적 중립성을 통해 자주성을 보장해야 한다는 원리
• 지방분권의 원리: 중앙으로부터 권한을 위임받아 지방교육 행정기관이 독자적 · 창의적 · 자율적으로 교육 업무 처리	• 전문가적 관리의 원리: 일반 관료가 아닌 전문가가 관리해야 한다는 원리 · 교육감(장) 제도

'전문성의 원리'로 나눌 수 있다.

현행 지방교육자치제도　　우리나라의 지방교육자치제도는 1952년 시 · 군 단위 교육자치제로 시작되어, 1964년에는 시 · 도 단위 자치제로 변경되었다. 현재의 지방교육자치제도는 1991년 주민의 직접선거에 의해 지방의회가 구성되면서 지방자치가 본격적으로 실시된 것과 매우 밀접한 관계를 맺고 있다. 1991년 지방의회가 구성되어 1992년 민선에 의해 처음으로 지방자치단체장들이 선출되었다. 1991년 「지방교육자치에 관한 법률」이 별도로 제정 공포된 이후 지속적인 개정을 통하여 현재의 모습을 갖게 되었다.

2010년 2월 개정된 「지방교육자치에 관한 법률」에서 교육의원 일몰제를 규정함에 따라 2014년 7월부터 교육의원제가 폐지되었다. 현재의 지방교육자치제도는 교육과 학예에 관한 의결권이 시 · 도 의회에 통합(교육에 관한 의결기관으로 시 · 도 의회의 상임위원회인 교육위원회를 둠)된 채 교육위원회에서 의결된 교육정책을 집행하는 독임제 집행기관으로서 교육감을 두고 있다. 주민들은 직접 선거를 통해 시 · 도 의원 및 교육감을 선출하고 있다.

우리나라의 지방교육자치제는 미군정하에 태동하여 정부수립 이후 「교육법」(1949. 12. 31.)과 「교육법시행령」(1952. 4. 23.)이 공포되면서 그 법적 기초를 마련한 이래 실행과 폐지, 부활과 수정을 거쳐 현재와 같은 모습을 띠고 운영되고 있다.

교육감　「지방교육자치에 관한 법률」(2010년 2월 개정)에 의해 교육의
원제가 폐지됨으로써 2014년 6월 지방선거에서 교육의원선거 자체가 없어
지게 되었고, 교육감 후보자의 자격 기준에서 정당원 제한 기간이 1년은 유
지되었으나, 교육행정경력이 삭제됨으로써 교육경력이나 교육행정경력이
없는 교육감이 가능하게 되었다. 그러나 2014년 2월 개정된 「지방교육자
치에 관한 법률」은 교육감 후보자의 자격기준으로 '교육경력 또는 교육행
정경력 3년 이상'을 다시 규정함으로써 2014년 6월 지방선거 이후에 치러
지는 교육감보궐선거나 2018년 6월 지방선거에서는 무경력자 교육감은 불
가능하게 되었다. 다만 제주특별자치도의 경우, 현재까지 「제주특별자치
도 설치 및 국제자유도시 조성을 위한 특별법」에 규정된 교육자치 관련 규
정의 변화가 없기 때문에 2014년 6월 지방선거와 그 이후에도 교육감 후보
자의 자격기준으로 요구했던 '교육경력 또는 교육행정경력 5년 이상'은 유
지되고 있다.

교육감 후보자의 자격 기준을
제한하는 이유는?

　　주요 쟁점　현행 교육자치제에 대한 주요 쟁점은 보는 시각에 따라 다
르게 논의될 수 있다. 그러나 현행 지방교육자치제도에 대해 교육의 자주
성과 특수성을 강조하여 교육자치를 중시하는 입장에서 그동안 빈번히 제
기해 온 쟁점들을 열거하면 다음과 같다.

　　첫째, 가장 중요한 쟁점은 교육의 자주성 원리를 살릴 수 있는 교육위원
회가 없다는 점이다. 이는 「헌법」 제31조 제4항에 명시된 교육의 자주성,
정치적 중립성을 침해할 뿐 아니라 교육위원회를 독립하였던 과거에 비해
오히려 퇴행하였기 때문이다.

주요 쟁점
① 교육위원회의 부재
② 교육감 자격 제한
③ 광역자치만 실시
④ 부교육감
⑤ 교육재정 확보

　　둘째, 교육자치가 교육에 대한 전문적 관리를 목표로 하고 있으나 교육
감 후보자의 교육경력을 낮춘 것은 교육의 전문성을 보장하기 어렵다. 교
육감에 입후보하기 위해서는 교육경력 또는 교육행정경력이 3년이거나 양
경력을 합하여 3년이면 되기 때문이다.

　　셋째, 일반자치와는 달리 교육자치는 광역단위에서만 실시하고 있어 주
민들의 피부에 와닿는 교육자치를 실시하지 못하고 있다(김영철, 1999; 정
정규, 1998). 즉, 일반자치는 기초단위까지 실시하면서 교육만은 광역자치

로 묶어 두는 것은 일반자치와 교육자치의 형평성에도 맞지 않는다. 이러한 문제 인식에 동의하는 사람들은 그 단위의 규모가 어떻게 되든 결국 기초단위로 교육자치를 확대해야 할 필요성을 제기하고 있다. 물론, 교육자치를 기초단위까지 확대하는 것에 대해 반론이 있을 수 있다. 그것은 각 지방 간에 교육적 · 문화적 차이가 적고, 특히 기초자치를 시행할 경우 상당한 행정경비가 소요될 것이기 때문이다.

넷째, 보조기관의 성격을 갖고 있는 부교육감을 교육부 장관의 제청으로 대통령이 임명함으로써 지방자치에 대한 중앙정부의 통제가 여전히 지속되고 있다. 이러한 문제인식을 갖고 있는 사람들은 부교육감을 교육감이 임명하거나 아니면 부교육감도 교육감과 함께 주민이 선출해야 한다는 주장을 펴게 한다.

다섯째, 지방교육자치가 실현되기 위해서는 지방교육재정이 안정적으로 확보되어야 하는데 현재는 지방교육재정에 대한 국가와 지방의 책임한계가 불분명하기 때문에 지방자치단체의 교육비 전입금이 매우 미미하다는 것이다(송기창, 1997). 따라서 지방교육에 대해 지방자치단체가 재정적 보조를 할 수 있는 근거규정을 마련해야 하고, 지방자치단체의 법정 전입금 이상의 재정을 지원할 수 있는 제도 마련이 필요하다.

결국 지방교육의 자치가 제대로 되려면 교육자치가 일반가치에서 독립되어야 하고 그 요건으로, ① 「조례제정권」, ② 「재정자립권」, ③ 「인사권」(정원조정, 조직구조 등)이 보장되어야 한다.

4. 학교자율경영

국가 주도의 교육에서 지방마다 특수성과 자율성을 살리고 정치적으로 중립을 한다 해도 그것이 학교의 교육현장으로 이어지지 않으면 안 된다. 그래서 국가에서는 학교마다 특수성과 자율성을 살려 교육할 수 있는 제도를 마련하였는데, 그것이 곧 학교운영위원회다.

1) 학교운영위원회

학교운영위원회는 학교자율화 확대 등 학교단위책임경영제의 대표적인 실천 사례로, 학교운영의 자율성을 보장하고 학부모의 학교 참여를 활성화하자는 취지에서 설치·운영되고 있다. 1996년부터 국공립학교에서는 의무 사항으로, 사립학교에서는 2000학년부터 권고 사항이 의무 사항으로 규정됨으로써 현재 모든 학교에서 구성·운영되고 있다.

도입 배경　　학교운영위원회는 문민정부에서 추진한 교육개혁의 일환으로 도입되었다. 즉, '신교육체제 수립을 위한 교육개혁 방안'(1995. 5. 31.) 중 "초·중등교육의 자율적 운영을 위한 '학교공동체' 구축"이라는 과제로 성안되었다. 학교운영위원회는 학교교육에 관한 의사결정에 교사와 학부모의 참여를 보장해 주는 제도적 장치로 볼 수 있다. 학교운영위원회가 설치됨으로써 나타나는 학교단위 의사결정체제의 변화를 [그림 7-5]와 같이 볼 수 있다.

[그림 7-5]를 볼 때, 학교운영위원회는 학교 수준에서 이루어지고 있는 의사결정 과정에 학교의 구성 주체들을 참여시킴으로써 학교장 중심의 '닫힌' 의사결정체계를 학교단위 구성원 공동의 '열린' 의사결정체제로 바꿀 수 있다.

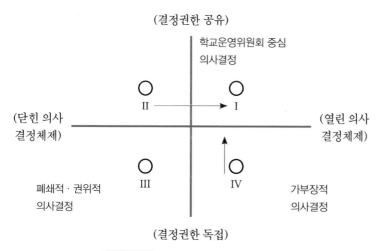

그림 7-5 학교단위 의사결정의 변화

학교운영위원회의 개념(의의)　학교운영위원회는 공급자 위주로 획일화된 교육체제를 수요자 중심의 다양한 교육체제로 바꾸려는 교육개혁 방안에 따라 교육자치의 기본 단위로 출범하였다. 학교운영위원회 제도는 학교단위에서 점차 학교운영을 민주화하고 학교공동체 구성원의 의견을 결집시키는 기구로 자리를 잡아 가고 있다.

2000학년도부터는 사립학교에도 학교운영위원회 설치가 의무화되었다. 이로써 학교운영위원회가 학교 구성원인 학부모, 교원, 지역인사의 참여를 통하여 자율적이며 창의적인 교육을 실시할 수 있는 학교단위 차원의 자치기구로서 자리매김하게 되었는데, 국공립학교는 심의기구, 사립학교는 자문기구의 성격으로 운영되고 있다.

또한, 학교운영에 있어서 학교의 구성 주체인 교사와 학부모, 지역사회 인사들에게 참여의 기회를 제공하며, 교사들은 학교운영위원회를 통해 교육전문가로서 교육활동에 관한 소신과 의견을 제시할 수 있고, 학부모들도 학교에서 요구하는 사항에 대해 협조나 지원을 하는 정도의 역할에서 벗어나, 학교운영에 관한 자문과 건의는 물론 중요한 정책결정에도 능동적으로 참여할 수 있게 되었다. 나아가 학교운영위원회는 지역사회를 향한 문을 활짝 열어 이제는 교사나 학부모뿐만 아니라 교육과 학교발전에 관심이 있는 지역사회 인사는 누구나 학교운영에 참여할 수 있게 된 것이다.

결론적으로 "학교운영위원회는 학생과 학부모 및 지역사회의 요구를 학교교육에 적극 반영함으로써 학교운영에 대한 정책결정의 민주성·합리성·투명성을 제고하고, 학교의 자율성과 책무성을 강화하는 제도다"(교육부, 2013: 6). 그 성격을 정리하면 다음과 같다.

- 학교단위 차원의 교육자치기구
  - 학교운영의 중요한 사항에 대해 학교 구성원들이 참여하여 민주적인 절차에 따라 자율적으로 결정하는 학교단위 차원의 교육자치기구다.
- 학교 내외의 구성원이 함께하는 학교공동체

－학교운영위원회는 학교의 구성 주체인 교사 및 학부모와 지역사회 인사 등 학교 내외의 구성원이 학교운영의 중요한 의사결정에 함께 참여하는 학교공동체다.
• 개성 있고 다양한 교육을 꽃피울 수 있는 제도적 장치
－학교운영위원회 제도는 학교 규모, 학교 환경 등 개별학교가 처해 있는 실정과 특색에 맞게 다양하고 창의적인 교육을 실현할 수 있는 제도적인 장치다.

교육부(2013). **학교운영위원회 핸드북**, p. 7.

학교운영위원회의 법령 구조　국공립 및 사립의 초·중·고등학교 및 특수학교에서는 법령에 근거하여 학교운영위원회를 반드시 설치하여야 한다. 학교운영위원회의 법적 근거(법령 구조)를 보면 [그림 7-6]과 같다.

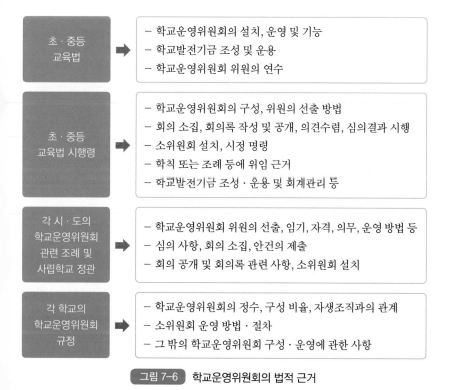

그림 7-6　학교운영위원회의 법적 근거

학교운영위원회의 기능　「초·중등교육법」제32조에 따라 학교운영위원회에서는 학교운영의 전반에 대해 심의 또는 자문의 기능을 수행한다. 이를 국공립학교와 사립학교로 나누어 비교하면 다음과 같다.

표7-2 **학교운영위원회의 기능 비교**

국공립학교(심의)	전문성의 원리
• 학교헌장과 학칙의 제정 또는 개정	학교법인의 요청이 있는 경우에만 자문
• 학교의 예산과 결산 • 학교교육과정의 운영방법 • 교과용 도서와 교육 자료의 선정 • 교복·체육복·졸업 앨범 등 학부모 경비 부담 사항 • 정규학습시간 종료 후 또는 방학 기간 중의 교육활동 및 수련활동	좌동
•「교육공무원법」제29조의 3 제8항에 따른 공모교장의 공모 방법, 임용, 평가 등 •「교육공무원법」제31조 제2항에 따른 초빙교사의 추천	자문에서 제외되는 사항
• 학교운영지원비의 조성·운용 및 사용 • 학교급식 • 대학입학 특별전형 중 학교장 추천 • 학교운동부의 구성·운영 • 학교운영에 대한 제안 및 건의 사항 • 그 밖에 대통령령이나 시·도의 조례로 정하는 사항	좌동

결국 국공립학교에 설치된 학교운영위원회에서는 학칙 제(개)정을 포함하여 교육과정 운영 등 모든 영역에 대해 심의권을 갖고 있는 반면, 사립학교의 학교운영위원회에서는 학칙의 제(개)정은 학교법인의 요청이 있는 경우에만 자문할 수 있고, 교원인사에 해당하는 사항은 자문의 대상이 아니다. 다만, 국공립학교 및 사립학교의 학교운영위원회에서는 학교운영위원회 위원장 명의로 학교 발전을 위한 기금을 조성하여 운용, 사용할 수 있는데, 이에 관해서는 심의권과 함께 의결권을 갖는다.

학교운영위원회의 정수 및 구성　　학교운영위원회는 학부모위원과 교원위원, 그리고 지역사회위원으로 구성되는데 위원의 정수는 학생 규모에 따라 다르다. 〈표 7-3〉은 「초·중등교육법 시행령」 제58조에 규정된 학교규모별 운영위원의 정수와 구성 비율을 나타낸 것이다.

학교운영위원회는 학부모 위원 40~50%, 교원위원 30~40%, 지역위원 10~30%로 구성되는데, 학교운영위원회의 규정에 따라 전문계 고등학교의 경우 학교 특성을 반영하여 지역위원을 30~50%로 할 수도 있다.

표 7-3　학교운영위원회의 정수

학생 수	학운위 정원	학부모위원	교원위원	지역위원
200명 미만	5~8명	2~4명	2~3명	1명
200~1,000명 미만	9~12명	4~6명	3~4명	1명
1,000명 이상	13~15명	6~7명	4~6명	2~4명

학교운영위원회 위원의 자격, 권한과 의무　　학교운영위원회 위원이 될 수 있는 자격을 보면 다음과 같다. 우선 학부모 위원은 당해 학교에 자녀가 재학하고 있어야 한다. 따라서 자녀 학생이 졸업, 휴학, 전학 또는 퇴학하는 경우 자격이 상실된다. 교원위원의 경우 학교장은 당연직 위원이 되며, 누구는 선출을 통하여 위원이 될 수 있다. 기간제 교사는 당해 학교운영위원회의 규정으로 선거권을 가질 수 있으나 피선거권은 없다. 사립학교의 경우, 당연직 교원위원(학교장)을 제외한 교원위원은 정관이 정하는 절차에 따라 교직원 전체회의에서 추천한 자 중에서 학교장이 위촉한다. 한편 지역위원은 당해 학교가 소재하는 지역을 생활근거지로 하는 자로서 예산 회계 감사 법률 등 전문가, 교육행정에 관한 업무를 수행하는 공무원, 당해 학교가 소재하는 지역을 사업활동의 근거지로 하는 사업자, 당해 학교를 졸업한 자, 기타 학교운영에 이바지하고자 하는 자는 학교운영위원이 될 수 있다.

학교운영위원은, ① 학교운영 참여권, ② 중요 사항 심의·자문권, ③ 보고 요구권을 갖는다. 즉, 학교운영위원들은 자신이 대표하는 학부모, 교직원, 지역사회의 다양한 요구를 수렴하여 학교운영위원회에 제안하고 건의할 수 있다. 그러나 학교운영위원들의 참여는 개인적 지위에서가 아니라 각 분야의 대표라는 공적 지위에 근거한 것이므로 반드시 학교운영위원회를 통하여 이루어져야 한다는 점에 유의해야 한다. 학교운영위원들은 「초·중등교육법」 제32조에서 정한 학교운영에 관한 중요 사항을 심의·자문할 권한이 있다. 운영위원들은 학교운영위원회에 상정된 안건에 대해 질의, 논의 및 표결을 행하는 과정을 통해 학교운영의 자율성을 높이고 학교 특성에 맞는 다양한 교육을 실시할 수 있도록 하려는 학교운영위원회의 취지를 실현한다. 마지막으로, 학교운영위원들은 학교장이 운영위원회의 심의·의결 결과와 다르게 시행하거나 운영위원회의 심의·자문 사항임에도 불구하고 심의·자문을 거치지 않고 운영하는 경우에 관련 사항과 그 사유를 지체 없이 학교운영위원회에 보고하도록 요구할 수 있다(「초·중등교육법 시행령」 제60조 제1항·제3항 및 제63조 제4항 규정).

한편 학교운영위원들에게는 회의 참여의 의무가 있어, 학교운영위원회가 소집되었을 때 회의에 출석해서 성실히 참여해야 하는 기본적 의무가 있다. 대전광역시 교육청의 경우, 운영위원이 회의 소집통지를 받고도 사전 연락 없이 연속하여 3회 이상 회의에 불참할 경우 자격을 상실하도록 하는 내용을 조례로 정하고 있다. 또한 지위 남용 금지의 의무가 있어, 운영위원은 그 지위를 이용하여 당해 학교와 영리를 목적으로 하는 거래를 하거나 재산상의 권리, 이익의 취득 또는 알선을 해서는 안 된다. 지위남용 금지의 의무를 위반하였을 경우 위원자격을 상실하도록 하는 내용을 조례로 정하고 있다(「대전광역시 학교운영위원회 구성 및 운영에 관한 조례」 제5조 제3항).

2) 학부모의 교육 참여

학부모 교육권의 내용　부모가 자녀를 양육·감독·보호·교육하는 것은 자연법 및 실정법으로 인정되는 부모의 권리이고 의무다. 부모는 자식에 대해 부양의무와 교육의무를 지는데 이러한 의무는 자녀의 교육을 받을 권리에 대응하는 것이며, 권리로서의 부모의 주장은 자녀의 권리의 대행이다. 그러므로 부모의 교육권은 자녀의 교육을 받을 권리가 투영된 것이다.

이와 같이 자연법 원리에 근거를 둔 자연권으로서의 부모의 교육권은 자녀가 교육받을 권리를 보장하는 1차적 의무를 이행할 권리이며, 교육은 친자관계에서는 '공유'라고 할 수 있다.

이러한 부모의 교육할 권리는 자녀에 대한 자연법상의 양육, 교육할 의무와 실정법상으로 보호·교육할 의무를 일차적으로 이행할 권리 내지 의무이행의 우선적 권리다.

「민법」 제913조 보호·양육권, 「헌법」 제31조, 「교육기본법」 제13조 ("① 부모 등 보호자는 그 보호하는 자녀 또는 아동이 바른 인성을 가지고 건강하게 성장하도록 교육할 권리와 책임을 가진다.")의 부모의 교육의무는 자녀에 대한 의무를 이행할 우선적 지위를 법이 인정하고 있다.

학부모 교육권과 교사 교육권의 관계   「교육기본법」 제13조(보호자) 제2항에는 "부모 등 보호자는 그 보호하는 자녀 또는 아동의 교육에 관하여 학교에 의견을 제시할 수 있으며, 학교는 이를 존중해야 한다."라고 되어 있다. 이는 자녀의 학습의 자유를 대리하여 부모는 학교교육 내용 선택권 또는 적극적 요구권을 갖는다고 볼 수 있다.

「초·중등교육법」 제20조 제3항에는 "교사는 법령이 정하는 바에 따라 학생 또는 원아를 교육한다."고 규정하고 있다. 이것은 교사의 교육권의 중심에는 학생의 성장 발달을 보장하는 전문적 사항에 대한 결정권이 있다고 해석된다. 수업내용, 교육방법, 교재선정, 성적평가, 교육과정 편성 등의 교육전문적 사항을 결정하는 것은 아동·학생의 학습권이 인정되고 있는 교사의 교육권에 속한다고 보아야 하며, 여기에 부모나 보호자가 결정적인 개입을 하는 것은 월권이라고 할 수 있다. 이것을 확인하기 위하여 UNESCO/ILO의 '교원의 지위에 관한 권고' 제67항에도 "아동·학생의 이익을 위해 교사와 부모의 긴밀한 협력을 촉진하는 모든 가능한 노력이 있어야 하며, 교사는 본질적으로 전문직상의 문제에 대한 부모의 불공정 또는 부당한 간섭으로부터 보호되어야 한다."고 규정하고 있다.

그리고 학교와 교사의 교육권 행사가 잘못되어 학생의 학습권이나 부모의 교육권을 침해하는 위법인 경우에도 문제가 교육에 관계되는 이상, 되도록이면 학교 내에서 부모와 학교 교사가 자치적으로 시정해 가는 것이 바람직하다.

　　학부모회　　학교운영위원회가 학교 구성원인 학부모, 교직원, 지역인사가 참여하여 학교정책 결정의 민주성 및 투명성을 위해 학교운영의 중요한 사항을 심의, 자문하여 자율적으로 결정하는 단위학교의 교육자치기구라고 한다면, 학부모회는 해당 학교에 재학하고 있는 모든 학부모로 구성되며 교육공동체의 일원으로 학교교육 활동에 직접 참여하는 공적 학부모 자치조직이다. 학부모회 임원은 총회에서 민주적인 절차로 선출된다. 학부모회 산하에 학년별 학부모회, 학급별 학부모회, 기능별 학부모회 등을 둘 수 있다. 학교운영위원회가 「초·중등교육법」을 근거로 하는 법정 조직이라면, 학부모회 또한 각 교육청의 조례를 근거로 설치된다. 2013년 제정된 경기도교육청 학교 학부모회 설치·운영에 관한 조례의 제정 이유는 각급 학교에 자생적으로 운영되고 있는 학부모회의 학교참여 활동을 지원하기 위해 학부모의 권리와 의무를 체계화한 법적·제도적 기반을 마련하고, 교육 주체로서 공공적 책임과 권한을 다하는 학부모회의 법제화로 배움 공동체가 소통하는 교육문화를 실현하고자 하는 것이었다. 학부모회는 공립학교에는 의무적으로 사립학교는 학교의 규칙 또는 학교법인의 정관으로 정하도록 하고 있다(경기도교육청 「학교 학부모회 설치·운영에 관한 조례」 제3조). 학부모회는 학교교육 발전을 위해, ① 학교운영에 대한 의견 제시 및 학교교육 모니터링, ② 학교교육 활동 참여·지원, ③ 자녀교육 역량 강화를 위한 학부모 교육, ④ 그 밖에 학교의 사업으로서 해당 학교 학부모회 규정으로 정하는 사업 등을 수행한다(위 조례 제5조).

　　학부모회는 대부분 학년 초에 조직되는 것이 일반적이다. 전체 학부모회, 학년별 학부모회, 학급별 학부모회를 조직한다. 먼저 학년 초에 학년별로 학부모회를 갖고 여기서 학부모회를 이끌어 갈 임원을 선출하는 것이 바람직하다. 전체 학부모회는 전체가 모임을 갖기 어렵기 때문에 임원 중심으로 형식적 운영 가능성이 높아 실제적 현실적인 방안으로 학년별, 학급별 학무모회를 조직해 운영하는 것이 바람직하다. 특히, 학급별 학부모회는 자녀의 학업문제나 생활지도에 관해 담임교사와 직접적으로 대하고 상담할 수 있기 때문에 더욱 활성화될 필요가 있다. 아울러 학교에서도 학부모회와의 긴밀한 의사소통을 위해 담당교사 1명을 두는 것이 바람직하다. 담당교사는 학년별로 경험이 많은 중견교사가 맡는 것이 효율적이다.

학부모회는 학교교육계획에 의한 공식적 모임과 자체 모임을 가질 수 있다. 학교에서는 학부모의 날이나 주간 등을 설정하여 학부모들이 학교교육 활동을 직접 볼 수 있도록 배려하는 것이 필요하며, 기타 학교교육 활동을 도울 수 있는 방안을 수립해야 한다. 또한 학부모 교육 프로그램을 마련하여 학부모들의 자질 향상을 위해 도움을 줄 수 있도록 노력할 필요가 있다. 나아가 학년별 학부모회는 자체로 모임을 갖고 자녀들의 문제나 학교교육 활동에 대한 폭넓은 의견 교환과 여론 수렴활동을 위해 노력할 필요가 있으며, 학급별 학부모회는 담임교사와 정례적으로 모임을 갖는 것이 바람직하다.

학부모회와 학교는 지역사회센터로서의 학교의 역할을 제고하기 위한 프로그램을 운영한다. 이러한 프로그램에는 다음과 같은 것들이 있다. ① 각종 교육 프로그램으로 신입생 학부모 강좌, 주부 대학, 교양강좌, 아버지 교실, 어학교실, 컴퓨터 교실 등이 있다. ② 지역사회 봉사 프로그램으로 마을 청소, 지역사회 시설방문, 결식아동 돌보기, 급식실 봉사, 이발 봉사, 도서관 운영, 보람교사 및 명예교사제 운영, 학교 시설 지원 등이 있다. ③ 취미 및 여가 선용 프로그램으로 각종 공예 등 부업 장려 교실, 사진, 꽃꽂이, 합창, 서예, 지점토, 바둑, 분재, 탈춤, 탁구, 아트 플라워, 풍란 탐구반 등 여가 선용 프로그램 등이 있다. ④ 공동체 형성 및 기금 마련 프로그램으로 가족 운동회, 작품 전시회, 알뜰 구판장, 공동구매, 캠프, 주민잔치, 부부동반 모임 등이 있다.

학부모회는 학부모 자신의 기본적인 자질과 자세를 정립하고, 교육의 주체로서 학교의 여러 현안 해결을 위해 학교와 지역사회와 같이 노력해야 한다. 이러한 측면에서 학부모회가 수행해야 할 역할은 다음과 같다.

① 학부모회는 정부가 펼쳐 나가는 교육개혁을 감시하고 비판 및 협력할 수 있는 기능을 수행해야 한다. 이를 위해서는 교육문제에 대한 학부모들의 연구가 필요하다. ② 학부모회는 보다 다양한 단체와 네트워크를 형성하며 교육개혁의 과제를 수행할 수 있어야 한다. 학부모회는 학부모들이 학교운영에 적극적으로 참여하려는 의욕을 가져야 한다. 즉, 학교교육 활동에 적극적으로 참여하고 도움을 줄 수 있도록 해야 한다. ③ 지역사회의 교육환경 개선에 관심을 가져야 한다. 예를 들어, 청소년 유해 업소, 등·하교 시 안전 문제, 자연환경의 훼손 문제 등의 문제해결을 위해 노력해야 한다. ④ 학부모 활동을 조직적이고 효과적으로 할 수 있도록 학부모 교육에 관심을 가져야 한다.

학부모회 활동 사례[3]　　학부모 학교운영 의견 제시 및 학교교육 모니터링은 학부모와 학생이 만족하는 교육을 학교와 같이 만들어 가기 위해 학교에 건전한 의견을 제시하고 학부모와 학교 간 소통을 활성화하는 가장 중요한 참여 활동이다. 학교교육과정, 방과후학교 운영, 교원능력개발평가, 도서관 운영, 현장체험 활동, 진로상담, 학교시설, 학교급식 등에 대하여 모니터링 할 수 있으며, 학교운영위원회 심의(자문) 사항과 학부모회 규정에서 정한 사항에 대하여 학교운영위원장에게 의견을 제시할 수 있다. 학생, 학부모, 학교가 참여하는 학교발전협의회 운영하거나 학교 시설사업 설명회 및 토론회 운영하거나 온라인 소통을 통해 모니터링하거나 급식모니터링 결과를 학교운영위원회에 제안할 수도 있다. 학부모회-학교 간담회를 통해 의견을 제시할 수도 있다.

학부모회를 통해 학교교육 활동 참여 및 지원이 가능하다. 학부모 학교교육활동 참여·지원은 학부모총회 의사결정 참여, 대의원회, 기능별 학부모회 등 각종 학부모회 활동, 수업공개 참여, 학부모 상담주간 및 학교설명

---

3) 해당 사례는 서울특별시교육청(2022). '질의와 사례로 알아보는 알기 쉬운 학부모회'의
   내용을 정리한 것임.

적극적 학교교육 모니터링 활동(○○초)

구분	시기	내용
학업성적관리위원회	3월	2021년 학년별 학생평가 계획 심의 2021년 원격학습 출결 및 평가 의견 개진
학교안전살피미 활동	4~12월	학교 주변을 4구역으로 나누고 안전 취약 구역 순찰 및 위험 요소 제거, 의견 제안
급식 모니터링		식재료 검수, 조리 참관, 시식 및 의견 제안
학생생활규정 제·개정 활동	4회	학부모 의견 수렴
원격수업관리위원회 참여 (ZOOM)		사회적 거리 두기 단계에 따른 학사 운영, 원격학습을 위한 스마트 기기 대여 원칙, 원격수업에 따른 긴급 돌봄 대상 선정 기준 협의 및 학부모 의견 수렴
○○통신		○○통신 머리글(기사) 작성
석면공사 협의		학교 석면 공사에 따른 사전 확인 사항 체크
공모사업 협의	4회	공모사업 계획 등 협의
교원능력개발평가 참여		교원능력개발평가 참여
물품용역통합선정위원회 활동	2회	교원능력개발평가 운영계획 참여
학교교육 모니터링	4회	학년별 건의 사항 및 모니터링 의견 수합

회 참여, 학부모 동아리, 학교운영위원회 등 각종 위원회 참여 등 학교교육 발전을 위하여 학부모가 학교교육 활동에 참여하고 지원하는 모든 활동을 의미한다. 학부모의 학교참여는 가정 및 교육환경의 변화에 따라 학부모-학교 간 양방향 소통 필요성이 증대되고 있으며, 교육공동체 간 협력관계 증진이 요구됨에 따라 더욱더 강조되고 있다. 학부모 학교참여를 통하여 학부모-자녀의 바람직한 관계 정립을 도모하고, 학생의 심리적 안정과 학교생활 적응력 제고, 학교교육 성과 증대, 가정-학교-지역사회 소통이 활

다양한 주체가 운영하는 학부모 연수(○○초)

학부모회, 학부모 동아리, 학교 등 주체별로 다양한 교육과정 운영		
주관	횟수	연수 내용
학부모회	3회	소통·대화법, 진로교육, 가죽공예
학부모회	4회	성평등교육, 학부모의 학교참여 활동 안내, 안전공제회 이해, 학교폭력 예방 및 대책에 관한 법률 바로 알기
독서동아리	3회	독서토론, 책 읽어 주는 엄마, 독서 체험
학교	5회	신입생 학부모 연수, 학교폭력 및 자살예방 교육, 청렴교육, 환경교육, 정보통신윤리교육, 청탁금지법 등
학부모, 학교 공동 운영	36회	인성교육 지도사, 감성 캘리그래피 지도자 과정, 역사의 시간 속으로, 올바른 자녀양육 교육 등

학부모 토요인문교육 아카데미 운영(○○초)

- 학부모회가 주관이 되어 '토요인문교육 아카데미' 운영
- 토요일에 아카데미를 실시하여 학부모의 참여 확대
  (학부모의 역할, 바람직한 독서, 부부대화법, 문화체험, 감정코칭 등)

성화될 수 있다.

학부모 교육 또한 학무모회의 역할 중 하나다. 학부모회가 주관하여 학부모교육을 기획하고 추진할 때, 학부모회 담당교사와 학부모 교육의 시기, 횟수, 장소, 교육내용, 강사 섭외, 예산 지원 등에 대하여 협의가 필요하다. 학부모 교육의 내용과 형태에 특별한 제한이 없으며, 학부모 역량 강화, 자녀교육 정보 제공, 학부모 평생교육 등 다양한 내용을 전달연수, 체험활동 등 다양한 형태로 운영할 수 있다.

학부모회가 학교교육 발전을 위하여 지방자치단체, 민간단체, 지역 주민등 지역사회와 연계·협력하여 직접 운영하거나 참여하는 지역사회와 연계한 비영리 교육사업을 수행할 수 있다. 예를 들어, 학교협동조합(학교 매점, 방과후학교 등) 운영, 지역단체와 함께하는 봉사활동, 지역사회의 인프라를 활용한 학부모 교육사업 등이 있다.

5. 요약 및 적용

1) 요약

① 「헌법」에 보장된 교육에 관한 기본 원리를 구체화하기 위해 「교육기본법」을 제정하였으며, 학교교육 및 평생교육을 포함한 교육제도를 운영하기 위해 「유아교육법」, 「초·중등교육법」, 「고등교육법」, 「평생교육법」 등을 제정하였다.

② 학교제도의 이해를 위해서는 공교육과 사교육의 관계, 공립학교와 사립학교의 관계, 의무교육제도의 운영 형태, 단계별 교육제도의 조직 방식, 직업교육제도와 인문교육제도의 운영 원리로서의 복선형과 단선형 제도에 대한 검토가 필요하다.

③ 지방교육자치제는 지방분권주의를 토대로, 교육행정을 일반행정으로부터 분리, 독립시켜 교육의 자주성과 정치적 중립성, 주민의 참여를 통해 지역의 특수성을 살리는 데 목적이 있다.

④ 현행 지방교육자치제는 광역단위 지방의회의 상임위원회 성격으로 되어 있고, 교육의원과 교육감은 주민들이 직접 선출한다. 교육감에 입우보하려면 과거 1년 동안 정당의 당원이 아니고, 교육경력 또는 교육행정경력이 각각 3년 이상이거나 양 경력을 합하여 3년 이상이어야 한다.

⑤ 학교운영위원회는 교육의 주민자치 정신을 구현하고, 학교단위의 자율성을 확대하여 학교교육의 효과를 극대화하기 위하여 교직원, 학부모, 지역사회 등이 참여하여 교육의 주요 사항을 공동으로 심의하는 기구다. 국공립학교의 경우 학교운영위원회는 심의기구인 반면, 사립학교는 자문기구다.

2) 적용

▣ 서술형 문제

1. 우리나라 교육법의 체계 및 기본 원리에 대하여 기술하시오.

2. 우리나라 현행 학제의 한계 및 개선 방향을 기술하시오.

3. 두 교사가 현행 지방교육자치제의 문제점을 교육자치의 원리와 교육위원(회) 구성의 측면에서 대화하고 있다. 박 교사가 말하고자 하는 것을 기술하시오.

> 김 교사: 교육도 지방의 사무인데, 교육자치를 일반자치에서 독립시키는 것은 바람직하지 않다고 생각해.
>
> 박 교사: 나는 좀 다른 생각을 갖고 있어. 교육을 일반자치에 통합하면 여러 문제가 발생할 수 있지 않을까. 지금도 정권이 바뀌면 교과서 문제로 시끄럽잖아. 여하튼 교육은 교육 본래의 속성에 따라 움직여야지 이리저리 휘둘리면 좋지 않아.

1) 박 교사가 말하는 지방교육자치의 원리를 쓰시오.

2) 1)의 핵심 내용을 30자 이내로 쓰시오.

4. 국공립학교에 비해 사립학교에서는 자문할 수 없거나 학교법인에서 요구할 때만 자문할 수 있는 사항 두 가지를 쓰고 그 이유를 서술하시오.

   ① 두 가지: _____

   ② 이유: _____

▣ 토의·토론 문제

1. '내'가 거주하고 있는 시·도 교육청(광역)과 그 하급 기관인 교육지원 청의 조직구조를 살펴보고 핵심 기능이 무엇인지 알아보시오.

2. 학교운영위원회의 필요성과 개선점을 현직 교사들을 대상으로 면담 하거나 조사하여 알아보시오.

3. 시·도 의회의 교육위원회가 열리는 모습을 참관하고, 느낀 점을 이 야기해 보시오.

4. 학부모회의 구체적 운영 사례를 조사하고, 학부모회의 운영 형태 및 학교교육 개선에 기여 정도에 대한 토론해 보자.

5. 우리나라는 교육의 정치적 중립성과 전문성을 확보하기 위해 일반자 치와 분리된 지방교육자치제도를 운영하고 있다. 최근 일반자치와 교육자치의 분리로 인한 기능 중복, 책임의 모호성, 재정 운용의 비효 율성 등의 이유로 일반자치와 교육자치의 통합 논의가 진행되고 있 다. 교육자치와 일반자치의 통합 논의에 대한 본인의 입장을 정리하 고 토론해 보자.

▌돈이 없다는 것야? 넘치는 거야?

　　연말이면 학교와 교육행정기관도 12월 회계마감을 앞두고 남은 예산을 소진하느라 분주하다. 학교는 회계마감이 2월이라 다소 여유가 있지만, 사실상 연말에 교육활동을 마무리하기 때문에 바쁘기는 마찬가지다. 특히, 올해는 코로나-19로 많은 사업이 줄줄이 취소되면서 예산이 많이 남았고, 부지런히 지출을 하였어도 연말 계획이 무산되면서 난처한 상황에 빠졌다. 연말이면 유독 보도블록 교체 공사가 많아 보인다는 지적처럼, 학교나 교육행정기관도 이 부분에서 자유롭지 못한 상황이다. 물론 예산을 남기는 불용, 내년으로 넘기는 이월 등의 절차가 있지만, 예산을 남기면 사업을 잘못 운영했다는 관행적인 인식과 불용·이월로 인해 지속되는 후속 행정처리에 대한 불편함 등을 이유로 예산 털기는 최우선 과제가 되고 있다. 그래서 보기에 따라서는 예산이 목적한 바 내실 있게 쓰여지지 않을 가능성이 높아질 수 있다. 예산편성 때 다들 예산이 부족하다고 성토하던 모습을 생각해 보면 아이러니한 상황이다.

* 출처: 김요섭(2020) 쉽게 읽는 교육정책 돋보기 (9)-교육정책과 학교 현장의 연결고리를 찾아서:
교육재정(https://21erick.org/column/5517/)

　　이러한 일들이 발생하는 원인을 생각해 보고, 그 해결 방안을 고민해 보자.

제**8**장

교육재정과 학교시설

학
습
목
표

- 우리나라 교육재정의 구조를 설명할 수 있다.
- 교육비의 개념 분류 방식에 따라 우리나라 사교육비 문제에 대해 설명할 수 있다.
- 우리나라 공교육재정이 확보되고 배분되는 제도와 절차를 살펴보고 학교재정 배분 방식에 대해 설명할 수 있다.
- 학교회계제도를 이해하고 학교예산의 효율적이고 합리적인 운용 방식에 대하여 의견을 제시할 수 있다.
- 학교시설 개선 방향을 제시할 수 있다.

학습내용

주요 개념

교육재정, 공교육비, 사교육비, 교육재정 확보 및 배분, 지방교육재정교부금, 표준교육비, 학교회계, 학교회계 예산(안) 편성 과정, 에듀파인 학교회계시스템, 학교시설

1. 교육재정의 이해

교육을 위한 재원의 확보 및 배분은 교육이 잘 이루어지게 하는 필요조건이다. 이는 학교에서의 교육목표 달성을 위해 적용되어야 할 정책 또는 교육방법을 지원하거나 제한할 수 있기 때문이다.

1) 교육재정의 정의

교육재정 범위와 주체 교육행정을 교육을 위한 봉사 · 지원체제 (supporting system)(주삼환, 신봉섭, 이석열, 김병윤, 김용남, 2022)로 본다면, 재정은 지원을 위해 필수적인 요소다. 교육재정의 개념을 명확히 하기 위해서는 다음 두 가지의 하위 개념, 곧 교육비와 공공재정의 개념을 이해할 필요가 있다.

첫째, '교육에 필요한 비용'에 대한 것인데 일반적으로 이것을 '교육비'라고 한다. 그런데 교육비는 교육의 범위를 어떻게 설정하는가에 따라 학교교육비에서 사회교육비까지 넓은 의미로 사용할 수 있을 뿐만 아니라 비용의 의미가 금전적 · 비금전적인 것까지 모두 포함할 수 있다

둘째, 교육재정의 주체는 '국가 또는 공공단체'로 한정된다. 교육재정이 적어도 개인 또는 사적 집단/단체의 교육비 조달 및 배분행위는 포함하지 않는다는 것을 말한다. 교육재정(educational finance)은 공공재정의 한 부문으로, 교육에 관한 공공경제이기 때문에 공공재정 주체의 범위 설정 방식에 따라 협의와 광의의 개념으로 구분하여 정의된다.

협의의 교육재정과 광의의 교육재정 협의의 교육재정은 정부의 교육예산으로 한정해 볼 수 있다. 즉, 정부는 국민으로부터 조세 또는 각종 세외수입을 통해 국가를 대표하여 예산을 수립하고 집행하는데, 교육도 이 중의 한 부문으로 확립되어 왔다. 정부의 재정수입은 기본적으로 조세에 의존하게 되어 있지만 국가에 따라서 각종 세외 부담금도 포함된다. 우리나

교육재정
국가 및 지방공공단체가 교육활동을 영위하기 위해 필요 재원을 학보 · 배분 · 관리 · 사용하는 공경제 활동

교육비는 '교육에 필요한 비용'인 동시에 '교육에 쓰인 비용'이다.

- 협의의 교육재정: 정부의 교육예산
- 광의의 교육재정: 공교육비

그림 8-1 광의의 교육재정(공교육비) 체계

라의 경우 국립학교와 공립학교의 수업료 수입은 각각 중앙정부 및 지방정부의 교육예산에 포함되어 계상된다. 반면, 광의의 교육재정은 결국 교육활동을 원활하게 지원하기 위해 공공적으로 수행되는 재정행위이기 때문에 공립학교와 사립학교에서 관리되는 모든 공공재정을 포함하는 이른바 공교육비[1]의 개념이 확대 적용된다. 교육재정은 가능한 전체 교육활동을 그 분석의 대상으로 포괄해야 하며, 그런 뜻에서 교육재정의 의미를 공교육비로 간주하는 편이 보다 포괄적이다.

2) 교육의 비용과 수익

교육비 분류
- 직접교육비와 간접교육비
- 공교육비와 사교육비
- 총량교육비와 단위교육비

교육비   일반적으로 교육비는 '학교교육 활동에 투입된 경비 중 금전적으로 표시된 경비'로 한정되어 사용되고 있다. 물론 여기서 '학교'라 함은 교육법에 의해 설립된 국가의 공교육체제에 속한 학교만을 의미할 뿐, 개인이나 사적 집단들이 임의로 세운 유사 교육기관은 제외된다.

한편, 교육비를 이렇게 학교교육비만으로 한정할 때도 다시 학교교육비는 분석의 목적에 따라 몇 가지 차원으로 분류해 볼 수 있다. 즉, 교육의 경

---

1) 공교육비는 교육비에 대한 논의 참고.

제적 가치를 어떻게 평가할 것인가에 따라 직접교육비와 간접교육비로, 교육비의 지출(또는 집행) 주체에 따라 공교육비와 사교육비로, 교육비의 비교단위에 따라 총량교육비와 단위교육비 등으로 분류된다.

직접교육비와 간접교육비   직접교육비와 간접교육비로 분류하는 것은 교육을 하나의 경제재로 간주했을 때 그 경제적 효용에 따른 가격 이론의 입장에 따른 것이다. 즉, 교육이 다른 경제재와의 경쟁적인 대체관계에 있다고 보고 그 직접적 효용과 기회비용의 비교를 통해 투자와 소비의 선택을 하는 준거로 교육비를 구분해서 산출할 수 있다는 것이다.

여기서 **직접교육비**란 교육을 받기 위해 납입금, 교재구입비 혹은 정부 수준의 교육예산 등과 같이 직접적으로 재화나 용역을 소비하는 것을 말하며, **간접교육비**란 교육을 받기 위해 소비한 직접교육비를 다른 용도로 소비했을 경우를 가정했을 때의 **유실소득**(foregone earning) 또는 **기회비용**(opportunity cost)이다. 그러므로 간접교육비는 구체적으로 학교 재학기간 중 취업을 하지 못함으로 인해 유실되는 소득으로 나타낼 수 있다. 이것은 물론 개인을 기준으로 했을 때의 간접교육비가 되며, 사회적으로 보면, 교육에 투자하여 다른 부문에 대한 투자를 하지 못함으로써 유실된 수익을 가리킨다.

간접교육비
교육을 받기 위해 소비한 직접교육비를 다른 용도로 소비했을 경우를 가정했을 때의 유실소득 또는 기회비용

공교육비와 사교육비   공교육비와 사교육비의 구분은 교육비의 확보, 배분의 과정이 공공절차를 통해 이루어지고 있는가의 여부에 따라 구분한다. **공교육비**는 학생이 내는 납입금처럼 비록 부담의 주체는 개인이지만 그 집행은 학교나 정부의 공공회계를 통해 이루어지고 있는 것을 말한다. 말하자면 그것은 이용자에 한해서만 지불을 의무화하고 있지만 조세수입을 통해 획득된 재정과 똑같은 원칙에 의해 배분, 집행되고 있다. 이와 반대로 **사교육비**는 학생들의 교재구입비, 사설학원비 등과 같이 개인의 자유계획에 의해 집행되는 경비를 말한다. 물론 납입금도 학생의 선택에 따라 지출 여부가 결정된다고 볼 수도 있지만, 그것은 '교육재'를 일단 구입하기로 결정을 한 이후, 즉 학교에 입학하고 난 이후에는 의무적인 경비이며, 졸업 이

공교육비

사교육비

전까지는 자유로이 지출을 철회할 수 없을 뿐만 아니라, 그 경비가 구체적으로 어떤 방식으로 쓰여야 하는가에 대해서는 아무런 결정권한도 가지지 않는다. 그러므로 공교육비는 모든 학생에게 똑같은 질의 형평한 교육 서비스를 제공하기 위한 경비라고 볼 수 있다. 반면, 사교육비의 경우는 개인의 능력에 따라 얼마든지 다른 질의 교육 서비스를 향유하는 데 사용될 수 있는 경비다. 그러므로 만약 공교육비에 의해 모두에게 제공되는 서비스의 질이 매우 낮을 때, 사교육 활동을 통해서 보상받을 수 있는 비용부담 능력만 있다면 개인들은 사교육비를 가능한 많이 지출하려 들 것이다. 이러한 이유로 공교육비와 사교육비는 서로 반비례 관계에 놓여 있다.

공교육비는 다시 공부담 공교육비와 사부담 공교육비로 구분된다. 앞서 공교육비와 사교육비의 구분을 공공의 회계절차 여부로 구분한다고 할 때, **공부담 공교육비**는 교육에 직접 투입되는 공교육비이면서 공적으로 확보된 재정을 통해 부담하는 교육비를 말한다. 주로 「지방교육재정교부금법」에 의해서 국가가 부담하는 교육비 및 지방자치단체가 부담하는 교육비가 대표적이다. **사부담 공교육비**는 교육에 직접 투입되는 공교육비이면서 학부모가 부담하되, 교육비특별회계(입학금 및 수업료)와 학교회계(급식비, 방과후학교활동비 등 학부모부담수입)의 세입으로 공공의 회계절차를 거치는 교육비를 의미한다.

한편 교육비를 부담 주체별로 구분하면 공부담 교육비와 사부담 교육비

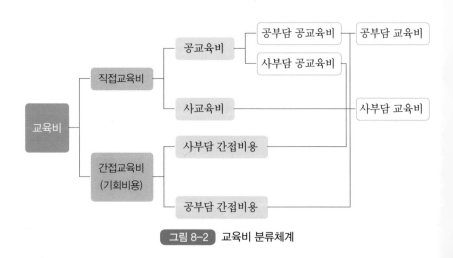

그림 8-2 교육비 분류체계

로 구분될 수 있다. **공부담 교육비**는 정부, 국가 혹은 법인 등과 같은 공공단
체가 부담하는 비용을 의미하며, **사부담 교육비**는 학생과 학부모 혹은 기타
개인이 부담하는 비용을 의미한다.

이상에서 논의된 교육비 분류체계를 그림으로 나타내 보면 [그림 8-2]와
같다.

2. 교육재정의 실제

앞서 교육재정이란 국가 및 지방공공단체가 교육활동을 영위하기 위하
여 필요한 재원을 확보 · 배분하고, 이를 효율적으로 관리 · 사용하는 공경
제 활동으로 정의하였다. 따라서 교육재정은 교육재정의 확보, 배분, 운용,
평가의 각 단계별 활동의 총합이라 할 수 있다. 여기에서는 교육재원의 확
보와 관련된 제도 중 지방교육재정교부금제도와 지방자치단체 일반회계
전입금제도를, 재원의 배분과 관련하여 지방교육재정교부금 중 보통교부
금제도와 특별교부금제도를 중심으로 설명하고자 한다.

교육재정의 과정
확보 → 배분 → 운용 → 평가
환류

1) 교육재정의 확보

우리나라 교육재정의 주요 재원확보제도는 크게 정부재원과 학부모재
원의 두 차원으로 구성되어 있다. 여기에 사립학교의 경우 법인부담재원이
추가된다.

정부재원   정부재원은 크게 **중앙정부 재원**과 **지방정부 재원**으로 구분할
수 있다. 중앙정부의 재원은 국립대학을 포함한 국립교육기관과 교육부가
직접 수행하는 사업 지원을 위한 일반회계 재원과 지방교육지원을 위한 지
방교육재정교부금 재원으로 구성된다. 2023년 사회복지 분야를 제외한 교
육부 예산은 96조 158억 원이며, 유아 및 초 · 중등 부문은 80조 9,120억 원

정부재원
• 중앙정부: 지방교육재정교
부금
국고보조금
• 지방정부: 지방교육세
시 · 도세 전입금
학교용지부담금
비법정전입금

이며, 그중 지방교육재정교부금 규모는 75조 7,606억 원이다. 고등교육 부문의 2023년 예산 규모는 13조 5,135억 원이며, 평생·직업교육 부문의 2023년 예산 규모는 1조 4,407억 원이다. 정부의 교육 분야 예산의 84.3%는 유아 및 초·중등교육에 투자하고 있으며, 지방교육재정교부금 규모는 교육 분야 예산의 78.9%로 대부분을 차지하고 있다.

중앙정부의 재원인 지방교육재정교부금제도를 중심으로 살펴보면 다음과 같다. **지방교육재정교부금**은 지방자치단체가 교육기관 및 교육행정기관(소속기관을 포함)을 설치·경영함에 필요한 재원을 전부 또는 일부를 국가가 교부하여 교육의 균형 있는 발전을 도모함을 목적(「지방교육재정교부금법」 제1조)으로 교육세 일부[2]와 내국세의 일정 비율에 해당하는 재원으로 구성된다. 교육세는 교육의 질적 향상 도모에 필요한 교육재정의 확충에 소요되는 재원 확보를 목적으로 하는 목적세로 조세로서 금융보험업자의 수익금액에 대한 과세와 개별소비세액, 교통세액 및 주세액에 추가하여 부과(Surtax)한다. 2023년 현재 내국세[3] 교부율은 20.79%이다.

지방정부재원은 관련 법률에 따라 전출 비율이나 규모가 정해진 법정 이전재원과 학교급식비, 학습준비물 구입비, 도서관 운영비 등 법령 등을 근거로 하나 자치단체가 교육청으로 재량적으로 전출하는 비법정 이전재원이 있다. 법정 이전재원은 「지방교육재정교부금법」 제11조 제2항에 따른 지방교육세[4] 전액, 담배소비세(특별시·광역시 담비소비세액의 45%), 시·도세(보통세 총액의 일정 비율로 서울 10%, 광역시·경기도 5%, 기타 시·도 3.6%)의 일부와 「학교용지확보 등에 관한 특례법」 제4조에 따라 개발지역 내 학교 신설에 따른 학교용지매입비의 1/2, 「국민기초생활보장법」

지방교육재정교부금이 필요한 이유를 생각해 보자.

---

2) 「유아교육지원특별회계법」 및 「고등교육지원특별회계법」에서 정한 금액 제외.

3) 목적세 및 종합부동산세, 담배에 부과하는 개별소비세 총액의 100분의 45 및 다른 법률에 따라 특별회계의 재원으로 사용되는 세목(稅目)의 해당 금액은 제외함(「교부금법」 제3조 제1호).

4) 지방교육세는 지방교육의 질적 향상에 필요한 지방교육재정의 확충에 드는 재원 확보를 목적으로 지방세법에 따라 취득세, 등록면허세, 레저세 등 일정한 지방세에 부가하는 목적세다.

제43조에 따른 교육급여 비용 등이 있다. 이외에도 지방자치단체는 관할구역 안에 있는 고등학교 이하 각급 학교의 교육에 소요되는 경비를 보조할 수 있다.

학부모재원   학부모재원은 교육비특별회계 재원인 입학금 및 수업료, 학교회계 재원인 학부모부담경비 및 고등학교 학교운영지원비로 나누어 볼 수 있다. 수업료/입학금은 학교가 교육 서비스를 제공하고 그 수익자로부터 받을 수 있는 수익자 부담금이다. 그러므로 의무교육을 실시하는 초등학교(단, 사립 제외)와 중학교에서는 수업료/입학금을 받지 못하게 되어 있다. 중학교에서는 입학금 및 수업료 외에 학부모 후원 단체[후원회(1948년) → 사친회(1953년) → 기성회(1963년) → 육성회(1970) → 학교운영위원회(1998년)] 를 통하여 공교육비를 부담하여 왔는데(송기창 외, 2012: 342-343), 이것이 현재 학교운영지원비이며, 사립 초등학교 및 고등학교에서 징수되고 있다. 2012년 8월 23일 의무교육단계인 중학교에서 학교운영지원비를 징수 위헌 판결에 따라 중학교 학교운영지원비를 징수할 수 있는 법적 근거가 상실되었다. 2019년 고교무상교육정책으로 2019년 고등학교 3학년만 대상으로 하던 것을 점차 확대하여 2021년부터 고등학교 전 학년(1~3학년) 재학생에게 입학금 · 수업료 · 학교운영지원비 · 교과서비를 지원하면서 초 · 중등교육에서의 학무모 부담은 일부 창의적 체험활동비를 부담하게 되었다. 2004년 중학교 무상 의무교육 시행 이후 17년 만에 고등학교 무상교육을 완성하여 국가가 책임지는 초 · 중 · 고 교육을 실현하고 국민의 교육기본권을 강화했다.

2) 교육재정의 배분

중앙정부가 지방자치단체 간 재정력의 격차를 시정하기 위하여 국세 수입의 일부를 일정한 기준에 따라 각 지방자치단체에 교부하는 제도를 **지방재정조정제도**라고 하는데, 크게 보조금과 교부금으로 구분할 수 있다. 보조금과 교부금을 구분하는 기준은 재원 용도의 지정 여부와 정산 여부에 있다. **보조금**은 중앙정부가 재정을 이전하면서 사용 용도를 제한하고 있는 재원이며, 지방정부의 자율에만 맡길 수 없는 국가 전체적 사업을 수행하는 데 필요한 재원을 지원하는 데 쓰인다고 할 수 있다. 보조금은 보조 목적에 맞게 집행해야 하며, 집행 후에는 국가와 정산과정을 거친다.

한편 **교부금**은 사용 용도가 정해지지 않은 채로 중앙정부로부터 이전되는 재원으로 자율적으로 예산을 편성하여 집행하고 사후에 정산하지 않는다. 이는 다시 조건부교부금(effort-related general grants)과 정액교부금(lump-sum general grants)으로 구분된다. 전자는 교부금의 규모가 지방정부의 조세징수 노력의 결과, 즉 실제 지방세 징수액에 따라 가변적이거나 적어도 중앙정부의 재정지원 이전의 공공지출 수준을 유지하여야 한다는 제약조건이 첨부되는 경우를 말하며, 후자는 이러한 징수 노력이나 유지 노력(maintenance-effort)과 무관하게 일정한 금액을 교부하는 것을 말하는데 우리나라의 지방교부세 및 지방교육재정교부금이 바로 이 형태에 속한다(이계식, 1991: 18). 일반적으로 교부금은 각 지방 간의 재정을 통한 지방 공공재 공급의 형평을 기하기 위한 형평교부금의 역할을 담당하고 있으며, 조건부교부금의 경우에서와 같이 지방정부 자치능력 제고를 고무하는 기능을 하게 된다.

물론 이상에서 구분해 본 지방재정재원들은 서로 간의 기능이 중첩되기도 하지만, 대체적으로는 위에서 살펴본 일차적 기능을 담당하면서 상호 보완적으로 운영된다. 그리고 중앙정부의 재정조정제도인 국고보조금과 교부금은 각 지방정부의 자체 재원인 지방세 수입과 세외 수입의 규모와 구조를 감안하여 국가 전체적인 재정목표를 달성하기 위해 운용된다.

우리의 정부 간 교육재정조정제도는 **지방교육재정교부금제도**를 통해 이루어지고 있다. 중앙정부에서 확보한 재원은 지방교육재정교부금제도를 통해서 시·도 교육청으로 배분된다. 지방교육재정교부금은 보통교부금과 특별교부금으로 구분되는데, **특별교부금**은 보통교부금과 마찬가지로 교육의 균형 있는 발전을 위한 국가의 지방교육재정조정제도의 하나로 활용된다. **보통교부금**은 자금의 사용 용도가 지정되지 않고 총액으로 지방에 배분되는 일반보조금(general grant)이고, 특별교부금은 사용 용도가 구체적으로 정해진 특정보조금(specific grant)이다(임성일, 손희준, 2011: 71).

보통교부금 배분의 기본 원칙은 교육의 균형 있는 발전을 위해 모든 교육청이 일정 수준의 교육 서비스를 제공할 수 있도록 인건비, 학교운영비, 교육행정, 교육복지, 시설 등 학교교육 운영에 필요한 금액 및 자체 노력 수요 등으로 구성된 기준재정수요액과 지방자치단체 전입금, 자체수입 등 교육청에서 확보 가능한 수입으로 구성되는 기준재정수입액의 차액을 총액으로 교부한다는 것이다. 국가는 기준재정수요를 산정함으로써 교육청이 일정 수준의 교육 서비스를 제공하도록 기준을 정한다. 다른 한편 교육청의 수입을 기준재정수입액으로 산정하여 기준재정수요에서 감함으로써 모든 교육청이 일정 수준에서 교육 서비스를 제공할 수 있는 교육재정을 확보할 수 있도록 한다. 기준재정수요와 기준 재정수입은 교육청이 필요한 모든 수요와 확보할 수 있는 모든 수입을 전부 계산하는 것이 아니다. 일정한 기준이나 표준에 의한 최소한의 교육 서비스를 제공할 수 있는 재원을 국가가 확보하여 교육청에 교부하는 것이다(송기창 외, 2018: 21). 제주특별자치도 교육청은 「제주특별자치도 설치 및 국제자유도시 조성을 위한 특별법」 제83조 제1항에 따라 보통 교부금 총액의 1.57%를 교부하고 있다.

특별교부금은 따로 재정지원 계획을 수립하여 지원하여야 할 특별한 재정수요가 있거나 지방교육행정 및 지방교육재정의 운용 실적이 우수한 지방자치단체에 대한 재정 지원이 필요한 경우, 지역의 특별한 수요에 대응하고 재난 발생 시 대응 여건을 마련하기 위해 교부된다. 특별교부금은 학생 수, 학교 수, 교원 수 등의 양적 기준에 따라 획일적으로 배분되는 보통교부금제도를 보완한다는 측면에서 그 중요성이 인정된다. 특별교부금은 국가시책사업수요 60%, 지역교육현안수요 30%, 재해대책사업수요 10%로 구분된다(「지방교육재정교부금법」 제5조의 2).

특별교부금은 보통교부금과 달리 교육부에서 용도를 지정 및 제한할 수 있다. 또한 예측할 수 없는 특별한 재정수요 등에 충당할 목적으로 계상되고 국회의 사전승인을 받지 않는다는 점에서 예비비와 성격이 유사하나, 집행과 사용내용에 대한 대통령 승인 등의 통제를 받지 않으므로 예산배분의 시기성을 극복하고 적시성과 시급성을 갖는 수요에 대처가 용이하다(김

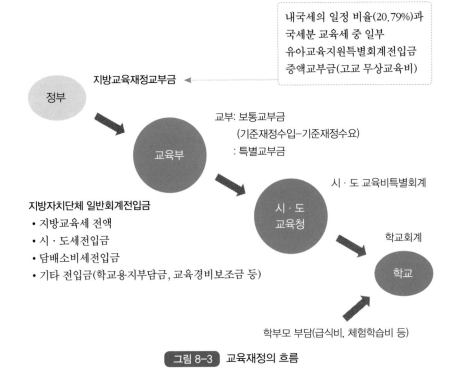

내국세의 일정 비율(20.79%)과
국세분 교육세 중 일부
유아교육지원특별회계전입금
증액교부금(고교 무상교육비)

지방교육재정교부금

정부

교육부

교부: 보통교부금
    (기준재정수입-기준재정수요)
    : 특별교부금

지방자치단체 일반회계전입금
• 지방교육세 전액
• 시 · 도세전입금
• 담배소비세전입금
• 기타 전입금(학교용지부담금, 교육경비보조금 등)

시 · 도 교육비특별회계

시 · 도
교육청

학교회계

학교

학부모 부담(급식비, 체험학습비 등)

그림 8-3 교육재정의 흐름

종순, 2016). 따라서 지방교육재정교부금의 일부로, ① '지역 간 교육의 균형 있는 발전을 도모'하면서도, ② 국가적으로 장려해야 할 사업으로 전국에 걸쳐 지원해야 할 '특별한 재정수요가 있을 때 지원'하는 재원으로 형평과 차등이라는 이중적인 성적을 지니게 된다.

교육재정의 확보와 배분에 따른 재원의 흐름은 [그림 8-3]과 같다.

학교재정배분   공교육제도의 발전 과정에서 교육재원의 확보와 배분 방식은 중요한 문제가 되고 있다. 교육활동을 원활히 수행하기 위해서는 충분한 교육재원의 확보가 무엇보다도 필요하다. 그러한 면에서 **표준교육 비제도**는 교육재원을 확보하는 데 있어서 합리적이고 타당한 논리적 근거를 제시해 준다. 표준교육비 제도의 도입은 최소한(적정)의 교육재원 확보를 보장할 수 있을 뿐 아니라 최저 교육에 대한 질을 보장해 주며, 교육재정 배분의 기초 자료로 활용할 수 있다는 의의를 가진다.

표준교육비란 일정규모의 학교단위가 그에 상응하는 인적 · 물적 조건

표준교육비

즉, 표준교육 조건을 확보한 상태에서 소기의 교육목적 달성을 위한 정상적인 교육활동을 수행하는 데 필요한 최저 소요 교육비다. 또한 교육과정 운영을 위해 사전에 갖추어져 있어야 할 교구, 시설, 설비 등 표준교육 조건 충족을 위한 시설비의 소요가 없는 상태이므로 표준교육비란 최저 소요 경상비를 의미한다(공은배 외, 2011: 15). 표준교육비 구성 영역은 교과활동경비, 창의적 체험활동경비, 공통운영경비이다. 학교운영비(학교기본운영비)가 시·도 교육청에서 단위학교로 교부되는 예산 중에서 학교교육 활동의 유지 및 관리와 관련된 필수적으로 요구되는 경상적 경비라고 한다면, 표준교육비는 형평성 있고 효율적인 예산배분을 위해 제시되는 '이상적 기준'이라고 할 수 있다.

최근 들어 학교자율책임경영제 중심으로의 교육개혁이 진행되는 과정

표 8-1 포뮬러 펀딩의 기본 구성 요소

영역	구분	지표
1영역: 학생기본경비		
1(a) 기본경비	1(a) 총학생 수	1(a) 재학생 총수
1(b) 가변경비	1(b) 학년별 학생 수	1(b) 학년별(학교급별) 재학생 수
2영역: 교육과정경비		
	2(a) 특별교육과정 수요	2(a) 외국어반 재학생 수
	2(b) 특별학급	2(b) 특별학급재학생 수(기술학교 등)
3영역: 학생특성보정경비		
	3(a) 저소득층 지원	3(a) 학습장애 지원
	3(b) 언어 지원	3(b) 언어부진아 학생 비율
	3(c) 부진학생 지원	3(c) 20백분위 이하 부진학생 비율
	3(d) 학습장애 지원	3(d) 학습장애자 판정자 수
4영역: 학교특성보정경비		
	4(a) 소규모학교경비	4(a) 초등 200명 이하, 중등 600명 이하
	4(b) 벽지가산경비	4(b) 50,000 이상 도시로부터의 격리 거리
	4(c) 건물유지비	4(c) 학교건물면적(m^2)

포뮬러 펀딩 기본 구성 요소
- 학생기본경비
- 교육과정경비
- 학생특성보정경비
- 학교특성보정경비

에서 많은 나라에서 다양한 형태의 포뮬러 펀딩 배분 방식이 고안되어 왔다. 여러 나라에서 **포뮬러 펀딩**에서 사용하고 있는 요소들은 크게 학생기본경비(basic student allocation), 교육과정경비(curriculum enhancement), 학생특성보정경비(student supplementary educational needs), 학교특성보정경비(school site needs)와 같이 4가지 범주로 묶어 볼 수 있다. 이 네 가지 범주는 〈표 8-1〉과 같다.

사립학교 재정결합보조금

사립학교 재정보조제도　　1968년에는 중학교 무시험 정책에 따라 중학교 단계에서의 공·사립학교 간의 학교선택권이 없어졌고, 1974년부터는 고교평준화 정책에 따라 고등학교 단계에서도 대도시 지역들을 중심으로 공·사립 간의 학교 선택권이 없어졌다. 이로 인해 수업료 수준 결정을 비롯한 사립학교의 재정권이 공립학교에 준해 제한됨으로써 사학에 대한 국가의 재정 지원은 불가피하게 되었다. 결과적으로 국가는 공·사립 간의 기본 운영비, 즉 교원의 인건비와 학교운영비에 있어서는 공립과 같은 수준을 유지시켜 주어야 할 부담을 안게 되었으며, 그 결과 **사립 중·고등학교 재정결함보조금** 정책이 도입되었다.

3. 학교재정

학교재정은 학교단위에서의 재정활동으로 학교 교육목표 달성을 위하여 재원을 확보·배분하고, 이를 효율적으로 관리·사용하는 활동으로 정의할 수 있으면 이의 제도적 기반이 학교예산회계제도라고 할 수 있다.

1) 학교회계예산제도의 의미

학교예산의 의미와 성격　　학교예산은 일정기간(1회계 연도) 동안 학교가 교육활동 계획을 실천해 나가는 데 필요한 수입과 지출의 체계적인 예정계획표를 의미한다. 그러므로 학교예산에는 학교의 교육활동의 성격이 반영되어 있다고 볼 수 있는 바, 이를 몇 가지로 살펴보면 다음과 같다.

첫째, 학교예산은 교육활동계획의 기초 내지 기준이다.

둘째, 학교예산은 학생들의 복리증진과 교육적 환경 개선에 우선적으로 사용되어야 할 필요가 있다.

셋째, 학교예산은 교육활동을 위한 봉사적 내지는 지원적 성격을 가진다.

넷째, 학교예산은 면밀한 계획하에 성립되어야 한다. 수입과 지출이 세밀하고 타당성 있게 월별 또는 분기별로 정확하게 작성된 계획에 따라 성립되고 집행되어야 한다는 것을 의미한다.

학교회계예산제도의 의미와 구조　학교회계예산제도는 단위학교 중심의 자율적이고 효율적인 재정운영을 통해 다양한 교육활동을 효과적으로 지원하여 학교교육의 질적 수준을 높이기 위하여 하나로 통합된 세입 재원을 학교장의 책임하에 교직원 등의 예산 요구를 받아 단위학교의 우선순위에 따라 자율적으로 세출예산안을 편성하고 학교운영위원회의 심의를 거쳐 집행하는 제도다(송기창 외, 2012; 송기창 외, 2018: 328-329).

학교회계는 「초·중등교육법」 제30조의 2(학교회계의 설치) 및 유아교육법」 제19조의 7에 의해 공립학교에는 학교회계, 사립학교에는 교비회계, 유치원에는 유치원회계로 설치된다. 학교회계는 세입과 세출로 구성된다. 세입은 한 회계연도에 있어서 단위학교의 운영에 필요한 사항을 실행하기 위한 지출의 재원이 되는 일체의 수입을 의미하며, 학교의 세입은 중앙정부 및 지방자치단체의 이전수입과 학부모부담수입 및 행정활동 수입인 자체수입, 전년도 이월금인 기타 수입으로 구분되며, 장·관·항별 구조를 지닌다.

학교로의 재원의 흐름은 [그림 8-4]와 같다.

학교회계예산제도

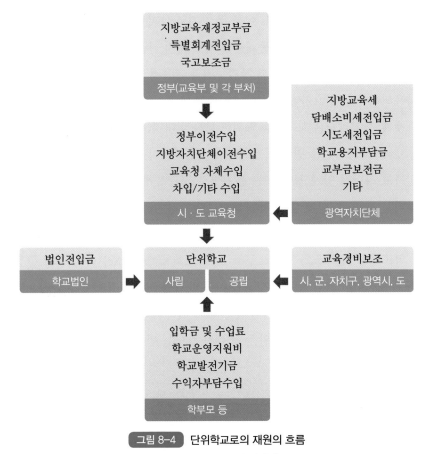

그림 8-4 단위학교로의 재원의 흐름

출처: 이선호 외(2023). 2022 지방교육재정백서. 한국교육개발원, p. 364.

학교회계 세출

학교회계 세출은 한 회계연도에 있어서 학교가 교육과정 운영 등 그 목적을 수행하기 위한 일체의 지출을 의미하며, 인적 자원 운용, 학생복지/교육격차 해소, 기본적 교육활동, 선택적 체험활동, 교육활동 지원, 학교 일반운영학교시설 확충, 학교 재무활동으로 구분된다. [그림 8-5]는 충북의 한 고등학교 2023년 본예산이다. 지방교육행정기관 이전수입은 교육청에서 학교로 학교운영비와 목적사업비로 전입한 금액으로 본 예산의 40.5%이다. 학부모부담수입은 급식비, 방과후학교활동비, 현장체험학습비, 졸업앨범비, 기숙사비 등이며, 절반 이상이 급식비이다. 전체 본예산의 57%이다.

세출 정책사업 중 가장 비중이 높은 사업은 학생복지/교육격차 해소 정책사업으로 전체 세출예산의 61.6%이며 기본적 교육활동 정책사업은 15%, 학교 일반운영 정책사업은 8.5% 순이다.

세입 세출 예산 총괄

회계 연도: 2023
예산 구분: 본예산
학교명: ○○고등학교

(단위: 천 원)

예산 구분	전년도 예산액		예산액	비교증감			
	본예산	최종예산		본예산	증감률(%)	최종예산	증감률(%)
본예산	3,437,940	4,474019	3,715583	277,643	8.1	−758,436	−17

세입				세출		
장	관	누적예산	구성비(%)	정책사업	누적예산	구성비(%)
이전수입	지방교육 행정기관 이전수입	1,506,058	40.5	인적 자원 운용	46,534	1.2
자체수입	학부모부담 수입	2,120,525	57	학생복지/교육격차 해소	2,289786	61.6
자체수입	행정활동 수입	9,000	0.2	기본적 교육활동	560,660	15
기타 수입	전년도 이월금	80,000	2.1	선택적 교육활동	320,018	8.6
				교육활동 지원	154,335	4.1
				학교 일반 운영	319,410	8.5
				학교 재무활동	24.840	0.6

그림 8-5 충북 A 고등학교 2023년 세입 세출 예산서(본예산) 예시

2) 학교재정의 운영[5]

학교회계 예산운영   학교회계의 회계연도는 매년 3월 1일에 시작하여 다음 해 2월 말일에 종료된다. 한 회계연도 동안 학교예산은 [그림 8-6]과 같이 예산편성, 학교운영위원회에서의 예산심의, 예산집행, 결산의 과정을 거치게 된다.

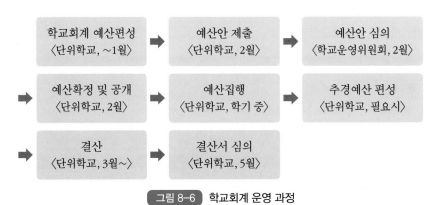

그림 8-6 학교회계 운영 과정

출처: 이선호 외(2023). 2022 지방교육재정백서. 한국교육개발원, p. 366.

예산편성   학교재정 과정의 시작은 학교교육과정 운영계획 수립이다. 학교교육과정 운영계획에는 국가나 시·도 교육청 차원의 교육방침과 단위학교의 학교교육과정 운영계획이 포함되어 있다. 교육계획안의 신규 사업 중 예산이 소요되는 사업과 기존 사업 중 연례적으로 진행되는 사업의 사업비는 학교회계 세출에 반영되어야 한다. 〈표 8-2〉는 광주교육청의 A학교의 교육정보부의 교육과정 운영계획의 일부이다.

---

5) 이하 내용은 이선호 외(2023)의 제13장 학교회계제도를 주로 참고하고 일부분 보완함.

표 8-2 광주교육청의 A학교의 교육정보부의 교육과정 운영계획

운영 영역 (상위 관련)	추진 업무	횟수	시기(계획/실행) 1분기	2분기	3분기	4분기	예산 (천 원)
업무계획 추진평가	부 업무계획 수립	1회	○				
	부 업무 추진 평가	2회		○		○	
교육행정 정보 시스템 운영	전자 인증서 발급	연중					
	교무 업무 시스템 사용자 권한 부여	1회	○				
	정보 공시 권한 부여 및 총괄 관리	연중					
	학부모 서비스 관리	연중					
공문서 관리	부 공문서 수발 관리	연중					
	부 공문서 이관	1회				○	
홈페이지 운영	모바일 홈페이지 구축비	연중					1,188
	학교 홈페이지 자료 탑재	연중					
ICT 활용의 활력 신장	교육용 S/W 보급	1회	○		○		277
전산 기자재 관리	전산장비 유지 보수비	연중					2,200
	정보화 기기 수선 및 소모품 구입	연중					2,000
	학내맘 관리 및 유지 보수 도메인	연중	○				660
개인정보보호	개인정보보호 업무 추진 계획 수립	연중	○				
	개인정보보호 교육 및 점검	연중	○	○	○	○	
합계							6,325

학교의 예산편성을 위해서는 전년도 예산 및 교육청에서 매년 10월 내외 발간하는 학교회계 예산편성 지침을 참고해야 한다. 교육청의 학교회계 예산편성 기본 지침(매뉴얼)에는, ① 지방교육재정 여건과 운용 방향 ② 학교회계 예산편성에 관한 사항 ③ 학교운영비 지원기준 및 권장사업 ④ 학교회계 예산과목 체계 ⑤ 기준 경비 단가 및 학교회계 운용 서식 등이 포함되

| 표 8-3 | 사업별 세출예산 요구서 양식 |

연번	부서명	세부 사업명	세부 항목명	산출내역	산출식	요구금액	사업 담당자	비고

어 있다. 학교장은 학교회계예산편성 기본 지침이 시달되면 소속 교직원에 대하여 학교 교육시책 및 예산편성에 필요한 사전교육을 실시하고, 교직원 등으로부터 교육과정 및 학교운영에 필요한 경비를 기재한 예산요구서를 부서별로 제출받아 소속 교직원의 의견을 최대한 반영하여 예산안 편성하게 된다.

사업 담당자는 에듀파인 학교회계시스템에서 세출예산 서식을 다운로드하여 사용한다. 필요한 경우 사업설명서, 사업타당성 관련 자료 및 관련 공문 등을 첨부하면 해당 예산의 반영에 도움이 된다. 전년도 계속 사업의 경우 전년도 예산의 집행 실적, 성과 등을 추가할 수 있다.

교육청은 단위학교의 계획적·자율적 재정운영을 위하여 회계연도 개시 50일 전까지 각 학교별로 연간 교부할 학교회계전출금의 총 규모를 내시하고, 분기별 자금교부계획을 확정·통보하여야 한다. 학교장은 관할청으로부터 전출금 교부계획이 통지되면 학교의 연간 세입예산을 확정하고 가용재원의 범위 내에서 조정회의를 통해 예산 조정 작업을 하고 예산안을 확정한 후 학교운영위원회에 예산안을 회계연도 개시 30일 전까지 학교운영위원회에 제출해야 한다.

학교운영위원회는 예산안을 회계연도 5일 전까지 심의한 후 학교장에서 그 결과를 통보하고 학교장은 예산안 심의결과를 통지받은 후 예산을 확정한다. 학교운영위원회 심의 시 학교장은 학교운영위원회에 출석하여 예산안에 대한 제안 설명을 해야 하며, 필요한 경우 관련 교직원의 의견을 청취할 수 있다. 학교장의 동의 없이 세출예산 각목의 금액을 증액하거나 새로운 목을 설치할 수는 없다.

예산집행과 결산   예산의 집행이란 학교운영위원회의 심의를 거쳐 확정된 예산에 따라 수입을 조달하고 경비를 지출하는 일련의 재정활동을 말한다. 즉, 세입예산과 세출예산을 집행하는 것을 의미한다.

2월 말일 회계연도가 종료되면 결산을 해야 한다. 결산이란 한 회계연도 동안 학교회계의 수입과 지출의 실적을 확정적 계수로 표시하는 행위이며, 예산에 따라 수입과 지출을 한 학교의 사후적 재무보고를 의미한다. 결산의 기능은 다음과 같다.

첫째, 예산집행의 타당성을 검증하는 과정이다. 결산은 예산의 이·전용, 예비비 지출사유, 명시이월, 사고이월 등 예산집행에 관련된 제반 자료를 검토하여 단위학교의 예산집행의 타당성, 합리성을 평가하는 등 단위학교재정운영에 대한 사후적 통제기능을 담당한다.

둘째, 결산심의 결과는 장래의 예산편성 및 심의의 참고 자료로 활용하여 미래의 재정계획수립의 합리화를 도모할 수 있다.

셋째, 단위학교재정운영의 자율성 유도한다. 학교운영위원회의 정착과 함께 단위학교회계제도가 실시됨으로써 수요자인 학교 구성원 위주의 예산편성 및 집행이 가능해지며 이를 올바로 유도하기 위한 통제장치로서 결산의 중요성이 높아진다고 할 수 있다.

넷째, 단위학교재정운영의 결과인 결산을 공개하고 학교운영위원회의 심의를 거침으로써 가치배분의 왜곡현상을 차단하고 효율석 재원배분이 가능하도록 한다.

3) 학교재정 운영과 구성원의 역할

학교회계에서 구성원의 역할   학교회계는 사업담당자가 교수-학습활동을 위한 예산을 편성하고 집행 시 전자적으로 복식부기 분개까지 자동적으로 처리되는 시스템인 에듀파인 학교회계시스템을 통하여 구현된다. 학교장의 교육철학 구현이 가능하도록 예산 편성·운영이 가능하며, 교육과정을 직접 운영하는 교사들이 필요한 예산을 요구하고, 집행에 참여하는 등 교원의 참여가 제도적으로 보장되어 있다. 에듀파인 학교회계시스템이 효과적으로 운영되기 위해서는 교사들의 적극적인 참여, 행정실의 협력, 학교장의 리더십을 통한 조정이 필요하다. 효과적인 에듀파인 학교회계시스템 활용을 위한 학내 구성원의 역할 및 업무는 다음과 같다(한국교육개발원, 2012: 3-6).

표 8-4 **학교회계 운영을 위한 구성원의 역할**

사용자	역할	운영 업무
학교장	• 교육철학과 학교교육 목표 달성을 위해 학교 실정에 적합한 예산을 편성 · 운영할 수 있는 리더십 발휘 • 예산편성 및 조정, 집행, 결산과정에서 학교 구성원의 적극적 참여 유도	• 예산품의, 지출 원인 행위, 징수 결의, 결산 등 승인 • 예산 및 집행 현황 모니터링
교원 (사업담당자)	• 학급 경영자, 교육과정 운영자, 의사결정 참여자 • 자신이 담당한 교육활동 목표의 달성을 위하여 필요한 예산편성 요구 • 가장 효과적으로 교육활동을 운영할 수 있도록 지출 품의	• 세출 예산 요구, 품의 및 출장 여비 청구 • 구매요청 건에 대한 검사검수 • 담당 사업의 집행 현황 모니터링
행정실	• 사업계획 수립 단계부터 참여하여 회계적인 문제를 사전에 검토 • 사업 담당교원의 요구 사항을 즉시 처리하여 원활한 교육활동 계획 수립과 시행이 가능하도록 지원	• 학교 기준정보 관리 • 예산편성 및 수입, 지출의 전반적인 업무 수행 • 발전기금, 세입세출 외 현금, 세무 업무 수행 • 계약, 공유재산, 물품 업무 및 결산 수행 • 예산결산 업무 수행

출처: 한국교육개발원(2012). 교원을 위한 한 눈에 들어오는 학교회계, p. 4.

특히, 교사들의 학교회계 운영 참여는 교수학습의 효과를 높일 수 있다. 교수-학습에 소요되는 예산은 비용이 크지 않더라도 예산을 편성하지 않은 경우 추경 등의 과정을 거쳐야 하기 때문에 교육활동이 위축될 수 있다.

교과활동에 필요한 예산을 신청하거나 기자재 구입을 요청하였을 때, 예산에 반영되지 않았다거나, 규정에 어긋난다는 답변을 계속해서 듣게 되면 돈이 수반되는 교과활동을 생각하지 않게 될 수 있다. 학교특성상 교육과정 운영시기에 맞추어 필요한 물품을 구입하거나 교육활동에 대한 예산을 지원하는 것이 학교재정을 효율적으로 운영하는 것이다. 학교의 교육활동은 교육과정 운영계획서에 근거하여 진행되어야 한다. 교과활동에 필요한 물품이 있는 경우 이를 교과과정 운영계획서에 포함해야 한다. 교육활동을 위해 필요한 물품을 구입하고자 할 때 교육과정 운영계획서의 해당 내용에 대한 계획을 수립하여 본예산에 반영한 경우 지출 품의과정을 거쳐 물건을 구입하여 해당 교수-학습활동에 사용하면 된다.

교원들의 참여   교원들의 학교재정 운용 과정에의 적극적 참여를 위해서는 학교단위 재정 제도 도입의 목적이 단위학교 실정에 맞는 교육과정 설계와 실행에 있기 때문에 학교재정 운영 전반에 대한 흐름을 파악하고, 학교 여건과 학생들의 필요에 맞게 학교재정을 투명하고 효율적으로 운영하는 교사의 역할은 매우 중요하다. 학교재정 운영과정에서 교사는 예산을 편성하고 조정하며 집행하고 결산하는 역할을 수행한다(이고은, 2021). 교사들의 참여가 부족할 경우 학교예산이 형식적으로 수립되어 불용의 원인이 되어 학교재정 운영의 건전성 및 효과성을 저하시키기도 한다(우명숙, 권삼수, 2011; 김용남, 2017). 학교재정 과정에 교사들의 참여를 권장·보장하기 위한 제도적 장치로 단위학교 재정운용 결과를 교장 및 교직원 인사평가에 반영하도록 할 필요가 있다. 충남교육청과 경남교육청은 단위학교의 효율적 운용을 제고하기 위해 교장 및 교직원 인사평가에 학교회계 이불용률 및 집행률을 인사 고가에 반영하고 있다. 이에 더하여 학교회계 이불용률 및 집행률, 기본적 교육활동비의 분기별 집행 비율 등을 고려한다면 학교 재정운영의 건전성 및 적정성 제고에 기여할 수 있을 것이다.

이러한 제도적 정비와 함께, 학교예산 과정에서 교원의 역할을 명확히 할 필요가 있다.

첫째, 예산편성 과정에서 교사는 교육과정 운영 및 부서별 사업 운영에 필요한 경비를 산정하여 예산요구서를 작성한다. 교장은 개인별·부서별로 제출받은 교직원의 의견을 토대로 예산안을 편성한다. 이때 예산요구 총액이 예산 가용재원을 초과하는 경우 교직원 회의 또는 부장 회의 등을 통하여 민주적으로 예산안을 조정하는 절차를 거쳐야 한다. 예산편성의 핵심이 되는 예산요구서의 작성과 이후 조정 협의 과정에서 교사가 어떻게 참여하느냐에 따라서 예산안이 전년도의 복제가 되거나 차년도 학교교육계획의 재정계획서 역할을 하게 된다.

둘째, 예산안 심의 및 확정 과정에서 교사는 학교운영위원회에서 요구하는 경우 제출한 예산안에 대한 의견을 개진할 수 있다. 이때 교사들은 담당교과 교육활동의 목적, 소요액 및 산출 기초 등에 대한 자료를 제공하여 해당 활동의 타당성과 필요성을 설명해야 한다.

셋째, 예산집행 과정에서 교사들은 편성된 예산을 가장 효과적이고 효율적으로 집행해야 한다. 많은 연구들(우명숙, 권삼수, 2011; 김용남, 2017) 및 교육청의 자체 분석 보고서에 따르면, 학교에서의 불용액의 많은 부분이 교사들이 자기 부서의 예산을 많이 확보하려 애쓰지만 정작 집행 단계에서는 사업을 제대로 수행하지 않기 때문으로 보고되고 있다. 예산집행의 최종 결정권자는 학교장이지만, 예산집행을 위한 전반적인 과정에 참여하고 조정하는 것은 교사의 역할이다. 따라서 교사들은 확정된 예산의 규모와 목적을 정확하게 숙지하고 적절한 시기에 효율적인 예산집행이 이루어질 수 있도록 노력을 기울여야 한다. 예산의 집행은 예산의 편성 과정에서 교사들의 참여와 관련이 있다. 예산편성 과정에 참여하지 않는 예산을 집행하게 되는 경우 불용의 가능성이 높아진다(김용남, 2017).

넷째, 교사는 결산 및 결산 심의과정보다는 결산 심의 결과를 활용하여 다음 연도의 예산편성에 참고해야 한다. 결산은 당해연도 예산 운용의 효율성과 효과성을 검토하는 과정이고, 이 결산 결과는 차년도 예산요구 및 조정의 중요한 근거가 된다. 교사는 결산을 통해 당해연도 예산운용 성과분석과 불용 예산 규모 및 불용 이유를 파악하여 차년도 예산 요구 시 이를 반영해야 한다.

4. 학교시설[6]

학교시설은 교육활동의 원활한 수행 지원을 목적으로 한다. 학교시설과 환경·교재는 교사와 교육과정과 함께 교육(수업)을 이룩하는 가장 중요한 교육 기본 요소의 하나다(주삼환, 2006: 97). 따라서 학교시설은 학생들의 생활의 무대 측면에서의 안전성과 배움의 장이라는 측면에서의 다양한 학습 지원 기능을 확보해야 한다.

1) 학교시설의 의미

학교시설 정의　　학교시설은 교지, 학교건물, 공작물, 설비 등으로 교육 환경의 한 구성 요소이며(김창걸, 1998: 465), 교육목적 달성을 위한 필요조건으로, 교육활동의 원활한 수행과 교육성과에 영향을 미치는 중요한 요인이다(송기창 외, 2018). 교육환경은 학교를 둘러싸는 가정, 학급, 학교, 사회의 물리적·심리적 환경(박효정, 변재연, 박윤주, 서상현, 2008: 9), 또는 학생들 이 학교에서 학습하고 생활하는 데 관련된 모든 조건(이상민 외, 2018: 23)이며, 교육에 영향을 미칠 수 있는 외적 조건과 요인의 총합으로 학교시설을 포괄하고 있다. 이런 의미에서 교육환경은 학교환경과 동일하게 사용된다.

법에서 규정하고 있는 학교시설은 「학교시설사업촉진법」 제2조 제1항에 따라 "교사대 지(校舍垈地)·체육장 및 실습지, 교사·체육관·기숙사 및 급식시설, 그 밖에 학습 지원을 주된 목적으로 하는 시설로서 대통령령으로 정하는 시설"로 정의된다. 학교 시설 및 설비는 「고등학교 이하 각급 학교 설립·운영규정」에 의해서 최소한의 기준을 설정하고 있다.

이러한 논의에 기초하여 학교시설은 '교육이념에 기초한 교육목적과 목표를 달성하고, 이를 위한 제반 기능을 원활하게 수행하는 데 필요한 공간

학교시설의 의미

---

6) 이하 내용은 주삼환 외(2022)의 제7장 교육시설을 정리한 것임.

과 공간의 물리적 환경 또는 형태로서 일정한 장소에서 계속적으로 교육활동을 영위하기 위하여 설비되어 있는 물적 조건을 포괄적으로 지칭하는 것'이며 "교육의 목적을 효과적·능률적으로 달성하기 위해 설치한 학교의 물리적 환경"으로 정의한다(신중식, 김영철, 석진복, 유향산, 한은숙, 1995).

학교시설과 교육효과   학교시설은 교육과정의 기본 요소로 다양한 교육활동이 실제로 전개되고 교사와 학생, 학생과 학생, 교사와 교사 등 다양한 관계 속에서 역동적인 교육적 상호작용이 이루어지는 교육의 장이다(현주, 이화룡, 옥종호, 조진일, 2006).

학교시설은 교육과정의 변화 및 발전에 따라 양적·질적인 변화과정을 거쳐 왔다. 제7차 교육과정과 함께 교과교실제가 확대되었으며, 고교학점제 도입과 동시에 소규모 선택형 교육과정 운영이 가능하도록 기존의 획일적 교실에서 소규모 팀 활동이 가능하게끔 다양한 형태의 교실을 위해 학교공간혁신사업이 진행 중이다.

학교시설의 효과

학교시설은 교육활동이 전개되는 교육의 장(field of education)으로서 교육적 행위와 상호작용이 이루어질 뿐만 아니라 이를 촉진하는 역할을 수행하고 있다(신재철 외, 2009). 학교시설의 양적·질적 환경 조건은 학교교육 및 학생생활에 많은 영향을 줄 수 있으며, 쾌적한 교육시설 및 환경은 학업성취도, 정서 및 감성, 건강, 안전 등에도 긍정적인 영향을 끼칠 수 있는 중요한 요소다(이상민 외, 2018: 3).

또한, 잘 설계된 교육시설은 다양한 교수-학습방법 활용을 가능하게 하여 학생성취도에 영향을 미칠 수 있을 뿐만 아니라 학교시설 환경과 교육효과의 관계를 고려하게 될 때 물리적 환경 변수와 교육활동 변수 이외에도 시설 사용과 학교 분위기 등이 영향을 미칠 수 있음을 보여 준다. 특히, 학교 분위기는 시설 이용자의 심리적 및 사회적 측면에 영향을 줌으로써 시설 만족도와 학업성취 등에 영향을 주는 관계에 있다(박영숙, 신재철, 조진일, 김은정, 황은희, 2009: 46). 단순히 학생들의 교육활동을 위해 제공되는 물리적 장소로서 교육시설의 의미뿐만 아니라 효과적인 학습을 위한 교육시설의 영향력에 주목할 필요가 있다. 교육시설을 어떻게 구성하고 어떤 수준에 맞게 계획 하는가는 원활한 교육과정 운영을 위한 물리적 환경 조성 측면에서뿐만 아니라 학습자의 성공적인 학습과 학습효과 극대화를 위해서도 매우 중요하게 고려해야 할 요소이다(현주, 이화룡, 옥종호, 조진일, 2006: 23-24).

2) 학교시설의 조건

교수-학습기능과 생활기능을 충족시킬 수 있는 학교시설의 조건으로 안정성, 융통성, 심미성, 연계성, 이용성, 관리성을 들 수 있다(김창걸, 1996: 467-468; 조평호, 김기태, 2004: 259-262).

학교시설의 조건

첫째, 안전성이다. 학교시설은 건강과 안전에 대한 고려가 충분히 되어 있어야 한다. 위험으로부터 학생들을 보호할 수 있고, 학생들의 신체적 특징에 비추어 그들의 건강을 도울 수 있도록 설계되어야 한다. 안전성에 대한 고려는 외적인 위험, 즉 학교 주변 학생의 안전을 위협하는 환경인 차량 등의 위험, 고압선, 위험물 취급공장 등의 위험을 말하며, 내적인 위험으로부터의 안전성을 확보하기 위해 채광, 실내온도, 통풍, 공기의 질, 청결 등에 유의해야 한다.

둘째, 융통성이다. 학교시설은 다양한 활용과 장래의 확충 계획 등을 고려하여 융통성과 미래성이 있어야 한다. 이를 위해서는 한 가지 시설이 다목적 · 다용도로 사용될 수 있도록 있어야 하고, 수업내용이나 방법의 변화에 대처할 수 있도록 증축이나 개축이 가능해야 한다.

셋째, 심미성이다. 학교시설은 보기에도 아름답고 명랑한 학습환경을 조성하는 것이어야 된다. 학생들은 교수-학습활동에서만 교육을 받는 것이 아니라 아름답고 명랑한 환경에서고 교육이 이루어진다.

넷째, 연계성에 대한 고려가 필요하다. 학교시설은 상호 간에 기능적 조정이 고려되어 조화로운 연계를 가져야 한다. 학교시설은 그것을 이용하는 각각의 교육활동들이 소기의 목적을 달성하는 데 서로 방해되지 않고 조화가 되어야 하며, 이용도에 따라 서로 필요한 시설들이 가까이에 있도록 계획되어야 한다.

다섯째, 이용성에 대한 고려가 필요하다. 학교시설은 이용도가 높도록 계획되어야 한다. 학교시설은 교육활동에 이용하기 위해서 설치된 것으로 활용도가 높은 것부터 우선적으로 마련해야 한다. 시청각실, 실험실습실의 활용은 교육의 질을 향상시킨다.

여섯째, 관리성에 대한 고려가 필요하다. 학교시설을 관리하는 데 쉽고 간편해야 시간 · 노력 · 자금이 덜 들게 된다.

3) 교육과정과 학교시설

학교시설은 교육과정의 공간적 · 물적 요소로서 학습을 성립시키는 데 결정적인 요소다. 학교시설 구성 여부에 따라 학습효과가 달라진다(조평호, 김기태, 2004). 최근 들어 교실 공간의 형태를 재구조화하여 학습효과를 극대화하고, 학생들의 정서 발달에 긍정적 작용을 기할 수 있는 새로운 시도들이 진행되고 있다. 2015 개정 교육과정의 목표인 '미래사회가 요구하는 핵심 역량을 함양하여 바른 인성을 갖춘 창의융합형 인재양성'을 위해서는 학급편성의 다양화, 활동 형식의 다양화, 수업시간 외 다양한 학습활동에 대응하기 위한 교육환경을 제공해야 한다(신진수, 조향미, 2019; 이승헌, 2019). 여기서는 2015 개정 교육과정에 따라 학교시설은 어떻게 변화해야 하며, 이에 따른 교실 환경 및 교구설비를 어떻게 준비해야 하는지 알아보고자 한다.

(1) 교육과정 지원을 위한 학교시설

교육은 교육환경과 시설 속에서 교재를 가지고 교사와 학생 사이에서 교육과정을 중심으로 하여 상호작용하는 것이다(주삼환, 2006: 97). 학교시설은 교육과정은 담는 틀이다. 학교시설은 교육의 기능과 목적 수행에 적극적으로 부응하면서 교육과정을 원활하게 수행하도록 지원하는 물리적 환경이 되어야 한다. 교육과정이 바뀌면 따라서 학교의 시설 및 설비, 교구 또한 바뀌어야 한다.

교육과정을 성공적으로 운영하기 위한 학교시설의 준거로 기능성, 충분성, 발달성, 공학성, 자연친화성, 개방성 등이 고려되어야 한다(현주 외, 2007: 113-116).

학교시설의 기능성은 교육과정의 목표와 변화에 부합될 수 있도록 효율적이고 융통성 있게 설계, 시공 그리고 운영되도록 시설이 갖추어져야 함을 의미한다. 학교시설의 충분성은 교육공간이나 시설의 규모와 수가 교육과정 운영을 수용하고 지원하기에 충분해야 함을 말한다. 즉, 교육과정을 운영하는 데에 교육시설 규모나 수에 있어서 '제약'을 받지 말아야 한다는 것이다. 학교시설의 발달성은 교육과정 운영의 성공을 위해 학교 구성원의 개인적·전문적 발달을 도모할 수 있도록 교육시설이 갖추어져야 함을 의미한다. 교육 대상자인 학생들의 발달과 연령에 적합해야 하며, 학습자 중심적으로 교육시설이 갖추어져야 할 뿐 아니라 교사의 전문적인 발달을 도모할 수 있도록 교육시설이 구비되어야 함을 뜻한다. 학교시설에서의 공학성은 시공간적 제한으로 인한 교육과정 운영에의 한계를 극복하도록 현대화 및 첨단화된 정보 인프라에 근거한 교육시설이 갖추어져야 함을 의미한다. 프로젝트 수업, 자기주도적 학습, 개별화된 수업 등의 다양한 학습을 위해서는 가상적, 웹 기반 체제, 유비쿼터스 체제 등의 시설이 구비되어야 한다. 학교시설의 자연친화성은 학교시설이 학교 구성원의 건강과 안전이 보장될 수 있도록 위생성과 건강성을 갖추어야 하여 자연친화적으로 시설이 구비되어야 함을 말한다. 자연친화적인 교육시설은 조명, 난방, 환기, 급수, 화장실 등이 학생들의 건강에 지장이 없도록 확보되고 위생적이어야 함을 내포한다. 학교시설의 개방성은 교육과정의 지역적 연계를 보다 강화하기 위해 지역 주민의 교육적 그리고 실제적 요구를 반영한 교육시설을 구비하여 접근 기회를 개방적으로 제공해야 함을 의미한다. 개방성은 단순하게 학교의 시설을 지역 주민들에게 개방하는 것에 한정된 것이 아니고 지역 주민의 교육적 그리고 실제적 만족을 줄 수 있도록 학교시설이 갖추어져야 하고, 이를 지역 주민이 이용할 수 있도록 최대한의 기회를 제공하는 것을 포함한다.

학교시설의 준거
기능성, 충분성, 발달성, 공학성, 자연친화성, 개방성

(2) 교육과정 변화와 학교시설

미래 인재 육성을 위한 2015 개정 교육과정의 개정의 기본 방향은, 첫째, 인문, 사회, 과학기술에 대한 기초소양교육의 강화, 둘째, 맞춤형 수업 및 학생 선택권 강화를 바탕으로 한 학생 중심의 교육과정 개발, 셋째, 미래 사회가 요구하는 창의융합형 인재 육성을 위한 핵심 역량의 제시, 넷째, 학습량의 적정화 및 교육내용, 교수-학습, 평가의 일관성 강조 등이다.

이와 같은 교육과정의 변화에 발맞추어 기존 공급자 중심의 획일적인 학교 공간에서 벗어나 다른 특성을 지닌 학생들이 자신의 학습 스타일에 맞춰 학습할 수 있는 환경 조성과 삶과 학습의 공간으로서 학교 역할이 가능하도록 학교시설을 개선해야 한다(신진수, 조향미, 2019). 기존의 학교시설은 교사 중심의 학습공간으로 이루어져 있어 학생들의 학습 경험을 효과적으로 지원하기 어려운 실정이다. 2015 개정 교육과정이 지향하는 학습자 중심의 교육과정을 반영하기 위해 학교시설을 재구조화하는 노력이 필요하다(박성철, 이윤서, 이상민, 유용흠, 황준성, 김진욱, 2018: 39-85).

첫째, 각 교과목별 필수 학습활동을 위해 필요한 시설 및 공간이 준비되어야 한다. 예를 들면, 국어과교과의 자료 정보활용 활동을 지원하기 위해서는 국어교실 내 인터넷 자료 검색이 가능한 태블릿 또는 노트북이 구축되어야 하며, 여건상 여의치 않을 시 멀티미디어 환경이 조성된 도서실과 인접한 곳에 국어교실이 조성되어야 한다.

둘째, 과목별 교육과정상에서 제시하고 있는 학습활동들을 효율적으로 구현하기 위해서는 이에 적합한 학교 공간 및 환경으로 조성이 필요하다. 국어과는 대화형 수업활동을 지원하는 판서용 보드 및 이동형 책상 등이, 영어과의 경우 대화를 듣고 요지 및 목적, 세부 정보를 파악하는 듣기ㆍ말하기 활동을 지원하기 위하여 청해ㆍ시청이 가능한 방송시설이, 수학과의 경우 공학적 도구를 활용한 개념 탐구 및 이해를 지원하고 수학적 아이디어를 말, 글, 그림, 기호, 표, 그래프 등 수학적 표현으로 만들어 낼 수 있도록 교육용 모형 제작 공간과 판서 가능한 보드 및 디지털 교구, 시연용 촬영장비 및 영상 프로젝터 등의 설치가 필요하다. 교실 이외에도 도서실, 세미나실, 디지털 기반의 소그룹 토의ㆍ토론 세미나실, 소품제작실 등과 같은 미래 교육환경 변화에 대응할 수 있는 지원 공간으로 조성이 필수적이다.

셋째, 수업 이외 시간에도 이루어지는 활동들을 지원할 수 있는 공간이 필요하다. 예를 들면, 국어과의 지역사회와의 상호소통, 비교과 활동 및 학교 밖 생활과의 통합과 같은 부분은 국어과 교실 이외에 별도의 세미나실, 디지털 의사소통이 가능한 소그룹 회의실 등이 필요하다. 또한, 과학과의 경우 연구 과제 및 프로젝트 학습으로 견학 수업을 진행하는데 이 경우 사전답사를 위한 조사 및 준비 공간이 필요하며, 사회과의 경우 캠페인 활동을 위한 소품제작 및 회의 공간이 필요하다.

(3) 교구설비

학교시설은 앞서 정의한 바와 같이. 학교부지, 건물뿐만 아니라 부대설비 및 교구 등 하드웨어적 교육 인프라를 총칭한다. 학교에서 교육과정에 충실한 교육이 이루어지려면 교육과정에 제시된 교육내용 학습에 필요한 각종 교구 및 설비가 갖추어져야 한다.

교구설비는 교육활동을 원활히 수행하기 위해 꼭 필요한 자원으로 학습 현장에서 그 자체가 학습내용인 동시에 학습내용을 효과적으로 이끌 수 있는 교육매체로서의 의미를 갖는다. 또한 적정한 학교시설에서 교육방법 및 내용에 맞은 교구를 활용할 수 있을 때 학습 효과가 극대화된다.

일반적으로 교육활동은 교사, 학생, 교재 및 교구의 세 요소에 의해서 이루어진다. 이 중에서 교구와 교재는 교육목표를 달성하기 위한 교육내용과 교육활동을 진행해 나가는 데 직접적인 소재가 되는 매체라 할 수 있다. 교재와 교구, 설비는 상호 밀접한 관계를 가지고 있어서 이들을 서로 구분하기는 쉽지 않다. 그러나 구체적으로 구분한다면 교재가 내용적인 면, 즉 교육목표를 학생의 성장과 발달현상에 알맞게 체계화한 교육상의 소재를 의미한다면 교구는 교재의 내용을 학습시킬 때 사용되는 도구이고 수단으로서 물적 요소가 강하다(남정걸, 2009). 반면 설비는 학교환경에서 교육 활동에 도움을 주는 것으로 책걸상, 칠판, 실험·실습대, 교구 진열대 등과 같이 교육적인 환경 조성을 위하여 시설에 기본적으로 설치되거나 비치되어 교육활동을 돕는 보조물을 말한다. 각 교육청에서 고시하는 교구설비 규정에서는 교재에 대한 언급은 없으며, 교구를 교육목표를 효과적으로 달성하기 위하여 교수−학습활동에 활용되는 교육매체로 규정하고 있다.

　1998년 이후 「고등학교 이하 각급 학교 설립·운영 규정」 제8조에 따른 교구·설비 기준은 시·도 교육청에 대한 교육운영 자율권 강화 차원에서 시·도 교육청에서 설정하고 있다. 학교 신설 시 냉난방 등 기본적인 설비는 갖추어져 있지만 학교시설의 공간 구성 및 구성에 따른 설비 및 교구의 구입 및 유지는 학교별로 준비해야 한다.

5. 요약 및 적용

1) 요약

① 교육재정은 일반적으로 교육에 필요한 비용을 조달하고 배분하는 국가 또는 공공단체의 행정적 행위로 정의되며, 관리 주체의 설정 방식에 따라 협의로는 정부 예산에 포함된 교육예산을 의미하고, 광의로는 공립학교와 사립학교에서 관리되는 모든 공공재정을 포함하는 이른바 공교육비의 개념이 확대 적용된다.

② 교육비는 교육의 경제적 가치를 어떻게 평가할 것인가에 따라 직접교육비와 간접교육비로, 다시 교육비의 지출 혹은 집행 주체에 따라 공교육비와 사교육비로 분류되며, 부담 방식에 따라 공부담 교육비와 사부담 교육비로, 또 비교단위에 따라 총량교육비와 단위교육비로 분류된다.

③ 교육재정의 재원은 중앙정부재원과 지방정부재원으로 구성되며, 중앙정부재원은 교육세와 지방교육재정교부금제도를 통해서 그리고 지방정부재원은 지방교육세, 시·도세 전입금, 담배소비세 전입금 제도 등을 통해 확보된다.

④ 지방교육재정은 경상재정수요와 사업재정수요로 구분하여 산정되고, 경상재정수요는 기준재정수입액을 공제한 미달액을 기준으로 교

부하고 있다.

⑤ 학교회계제도에서는 일상경비와 도급경비의 구분 없이 학년 초에 각 급학교에 총액으로 예산을 배분하고 학교운영지원비 등과 같은 다른 재원과 통합하여 세입재원별 사용목적 구분 없이 학교 실정에 따라 예산을 자율편성하고 집행하도록 한다.

⑥ 교육의 목적을 효과적 · 능률적으로 달성하기 위해 설치한 학교의 물리적 환경인 학교시설은 교육활동이 전개되는 교육의 장(field of education)으로서 교육적 행위와 상호작용이 이루어질 뿐만 아니라 이를 촉진하는 역할을 수행하고 있다.

2) 적용

▣ 서술형 문제

1. 공교육비와 사교육비를 구분하는 기준과 적절한 예를 2가지 들어 보시오.

2. 지방교육재정교부금의 도입 목적 및 주요 기능은 무엇인지 기술하시오.

3. 지방교육재정교부금은 기준재정수요액에서 기준재정수입액을 제외한 금액을 시 · 도 교육청으로 총액배부하고 있다. 총액배부의 효과는 무엇인지 기술하시오.

4. 학교회계제도의 도입 효과는 무엇인지 기술하시오.

▣ 토의 · 토론 문제

1. 소규모 학교는 상대적으로 대규모 학교에 비해 학생당 경비가 높다. 교육재정의 형평성의 입장에서 학교 규모에 따라서 학생당 경비가 차이가 나는 것이 당연한 것인지, 문제가 있는 것인지 논의해 보시오.

2. 학생수가 지속적으로 감소함에도 불구하고 내국세의 일정비율로 연동된 지방교육재정교부금에 의하여 지방재정은 지속적으로 증가하고 있다는 것에 대하여 일부에서는 학생수 감소하는 만큼 지방교육재

정교부금도 감소해야 한다고 주장하고 있다. 이에 대하여 교육재정의 입장에서 비판하시오.

3. 학교단위에 사업별예산제도가 도입되면서 사업 담당자로서 교육과정 운영 및 사업을 위해 필요한 예산을 요구하고, 필요한 시기에 예산을 집행하게 되었다. 이에 따라 교원이 회계 업무까지 부담하게 되어 교수-학습 준비할 시간이 부족하다는 비판이 있다. 반면, 교육에 필요한 예산을 요구하고 집행하여 교수-학습의 질을 높일 수 있다는 의견이 있다. 이에 대한 본인의 입장을 정리해 보시오.

4. 교육환경 변화에 따라 학교시설의 개선 방향에 대하여 서로의 의견을 토의해 보시오.

"인사(人事)가 만사(萬事)다."라는 말을 아나요?

역사상 모든 조직은 그 성패가 사람에 의하여 좌우되어 왔다. 조직의 3대 관리 요소인 3M(Money, Material, Man) 중에서 인적 요소인 사람을 가장 중요시하는 것도 이러한 이유에서다. 오늘날에도 유능한 사람을 확보하여 그들의 능력을 개발하고 사기를 진작시켜 조직의 목표와 개인의 욕구를 동시에 충족시키려고 노력하고 있다. 교육조직에서 "교육의 질은 교사의 질을 능가할 수 없다."라는 말은 교육의 성패를 좌우하는 것은 교사이고, 구체적으로 교사의 능력과 열의가 무엇보다 중요하다는 것을 강조하는 것이다.

이 단원을 공부하면서, 교직에 진출하기 위해 준비하고 있는 예비교사로서 전문적인 교사가 되기 위해서는 어떤 노력을 해야 할까 생각해 보자. 그리고 교직에 진출한 후 교감, 교장으로의 승진을 위한 경력개발 계획을 미리 세워 보자.

제9장

교육인사행정

학습목표

- 교육인사행정의 개념, 관련 법령과 기구를 이해한다.
- 교육직원의 분류와 교원 자격취득 과정을 이해하고, 이에 대한 문제점을 분석한다.
- 교육공무원의 임용, 현직교육, 승진, 전직·전보의 과정을 이해하고, 교원의 전문성을 확보하기 위한 방안을 제시한다.
- 교사로서의 권리와 의무, 보수와 근무조건을 확인하고, 교원의 자율성을 보장하기 위한 교원단체를 이해한다.
- 교원능력개발평가의 시행 목적을 이해하고, 세부 시행 방법의 문제점과 개선 방안을 제시한다.

학습내용

주요 개념

교육인사, 교원수급, 채용 선발, 경력평정, 전보 전직, 승진, 보수, 교원능력개발
평가

1. 교육인사행정의 기초 이해

1) 교육인사행정의 정의와 영역

우리 속담에 "인사(人事)가 만사(萬事)다."라는 말이 있다. 모든 조직에서 사람과 관련된 일만 잘 처리하면 성공할 수 있다는 뜻이다. 결국 사람에 의해 성패가 좌우되기 때문에 유능한 인재를 확보하여 적재적소에 배치해야 한다. 이와 같이 교육조직뿐만 아니라 다른 조직에서도 **인사행정**(personnel administration) 또는 **인사관리**(personnel management)를 중요하게 여긴다.

교육인사행정은 교육목표를 효율적으로 달성할 수 있도록 인적 자원을 확보(신규임용, 배치, 퇴직)하고, 계속적으로 능력개발을 유도하는 한편, 갖고 있는 역량을 최대한 발휘하도록 지원하는 과정이라 할 수 있다. 이러한 교원인사행정의 영역을 [그림 9-1]과 같이 크게 세 가지(점선 원)로 나타낼 수 있는데, 일반적으로 따라야 할 원리는 다음과 같다.

인사행정의 정의
유능한 인적 자원을 확보하고, 그들의 능력을 개발하여 그들로 하여금 최선을 다할 수 있는 제반 여건을 조성하는 과정
• 인적 자원 확보
• 능력개발
• 환경 여건 조성

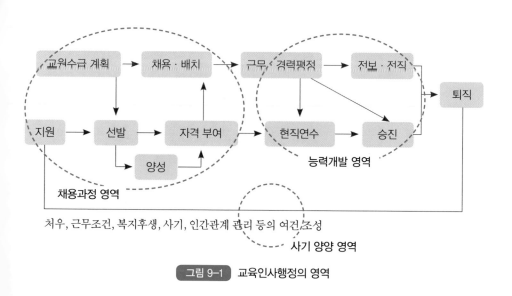

그림 9-1 교육인사행정의 영역

첫째, 전문성 확립의 원리다. 앞으로 교육경쟁력이 강조될수록 교원과 교육전문직은 교육에 관한 자율성과 사회적 책임을 질 수 있는 전문성을 필요로 한다.

둘째, 실적주의와 연공(서열)주의의 적정 배합의 원리다. 교직은 오래 근무한 연공(서열)주의와 직무수행능력에 가치를 두는 실적주의가 균형을 이루어야 한다.

셋째, 공정성 유지의 원리다. 누구나 학교급별, 지역 등의 이유로 인해 차등을 받지 않으며, 능력에 따라 동등한 기회를 부여받아야 한다.

넷째, 적재적소 배치의 원리다. 구성원의 능력과 적성, 흥미에 맞게 배치함으로써 구성원의 직무만족과 사기를 높여야 한다.

다섯째, 적정수급의 원리다. 교원의 수요와 공급을 조절하여 교원의 질을 유지하도록 적정의 교원을 양성하는 일이 중요하다.

끝으로, 구성원의 직무의욕 제고 원리를 들 수 있다. 구성원으로 하여금 높은 직무만족을 느끼면서 혼신의 열정을 쏟을 수 있도록 하는 일은 개인의 욕구충족과 조직의 목표 달성을 위해 매우 중요하다.

2) 교육직원의 분류

교육직원(staff personnel in education)이란 국·공·사립학교에서 직접 교육활동 등에 종사하는 자(사무직원 등 포함)와 교육행정기관이나 교육연구기관에서 근무하고 있는 자를 모두 포함하는 용어다. 교원이라 함은 각급학교에서 원아, 학생을 직접 지도·교육하는 자를 말한다. 따라서 교원에는 국·공·사립의 각 학교에 근무하는 교원이 모두 포함된다. 하지만 교육공무원이라고 할 때는 사립학교 교원은 제외된다. 반면에 교육공무원에는 국공립의 각 학교에 근무하는 교원과 교육행정기관, 교육연구기관에 근무하는 교육전문직을 의미하며 사립학교 교원은 제외된다. 이와 같이 교육공무원은 국공립 학교 및 국공립 계통의 교육행정기관과 교육연구기관에서 교육 또는 교육행정 활동에 종사하고 있는 직원을 의미한다.

현재 공무원은 **경력직 공무원**과 **특수경력직 공무원**으로 대별된다. 경력

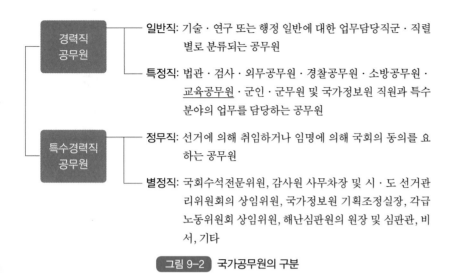

```
               ┌── 일반직: 기술·연구 또는 행정 일반에 대한 업무담당직군·직렬
    경력직            별로 분류되는 공무원
    공무원   │
               └── 특정직: 법관·검사·외무공무원·경찰공무원·소방공무원·
                      교육공무원·군인·군무원 및 국가정보원 직원과 특수
                      분야의 업무를 담당하는 공무원

               ┌── 정무직: 선거에 의해 취임하거나 임명에 의해 국회의 동의를 요
    특수경력직        하는 공무원
    공무원   │
               └── 별정직: 국회수석전문위원, 감사원 사무차장 및 시·도 선거관
                      리위원회의 상임위원, 국가정보원 기획조정실장, 각급
                      노동위원회 상임위원, 해난심판원의 원장 및 심판관, 비
                      서, 기타
```

그림 9-2 국가공무원의 구분

직 공무원은 다시 일반직·특정직으로 나누고, 특수경력직 공무원은 정무
직·별정직으로 나뉜다. 이 중에서 교육공무원은 경력직 공무원 중 특정직
공무원에 속한다. 공무원의 분류 기준을 보면 [그림 9-2]와 같다.

교육직원의 범주 속에는 교육공무원뿐만 아니라 일반직 공무원과 특수
경력직 공무원에 속하는 정무직 공무원(장관·차관), 별정직 공무원 등도
포함되며 교육공무원을 분류하면 〈표 9-1〉과 같다.

교육공무원
경력직 공무원 중에서
특정직

표 9-1 교육공무원의 분류

교육공무원	교원	조교, 강사, 조교수, 부교수, 교수
		초·중등교사, 교감, 교장
		유치원 교사, 원장, 원감
	교육전문직	장학사, 장학관
		교육연구사, 교육연구관

• 교육직렬=교원
• 장학직렬=장학사·장학관
• 연구직렬=연구사·연구관

3) 교원의 자격

교원은 그 직무를 효율적으로 수행하는 데 필요한 자질과 자격을 갖추어
야 한다. 자질은 인성적 특성으로서 구비해야 할 조건이나 교육과 훈련을

통하여 계발하여야 할 일반적 특성을 의미하는 것이며, 자격은 그 자질이 소정의 기준에 도달되었음을 행정적으로 인정하는 것이라 할 수 있다.

교원자격에 대한 법률적 규정은 「초·중등교육법」 제21조, 「교육공무원법」 제3장, 「사립학교법」 제52조와 이들 법률을 근거로 제정된 관련법령, 즉 교원자격검정령, 동령시행규칙, 교수자격·자질 인정령 등에 의거하고 있다.

교원의 종별은 다음과 같다(「초·중등교육법」 제21조, 「고등교육법」 제14조).

① 교장, 교감, 원장, 원감
② 교사: 정교사(1급, 2급), 준교사, 전문상담교사, 사서교사(1급, 2급), 실기교사, 보건교사(1급, 2급) 및 영양교사(1급, 2급)
③ 수석교사
④ 총장·학장 외에 교수, 부교수, 조교수, 강사(「고등교육법」 제14조)

수석교사제는 2011년 관련 법이 제정되어 2012년부터 시행되고 있다.

이상의 교원 중 ①과 ②는 자격증을 필요로 하고, ③과 ④는 자격증을 필요로 하지 않고 임용자격제도를 채택한다. 교육전문직도 자격증을 필요로 하지 않고 있다. 또한 학교의 교육과정 운영상 필요한 경우에 「초·중등교육법」 제19조 제1항의 규정에 의한 교원 외에 동법 21조에 근거하여 산학겸임교사, 명예교사 또는 강사 등을 둘 수 있다.

중등교사의 경우는 중학교 교사와 고등학교 교사를 구분하지 않고 동일한 기준에 의하여 동일한 자격을 부여하고 있다. 정교사는 유치원·특수학교·초등학교·중등학교 등에 있으며, 1급 정교사와 2급 정교사로 나눈다. 주로 교직과정을 이수하고 교육대학이나 사범대학을 졸업하면 정교사 2급 자격을 취득하고, 일정기간이 지나면 자격연수를 거쳐 정교사 1급 자격을 취득한다. 준교사는 교사양성체제가 안정되지 않았던 특별한 경우에 준교사 자격을 수여하였지만 오늘날은 교사양성체제가 안정되어서 준교사 자격을 수여하는 경우는 거의 없다.

무시험 검정
• 정규교사 양성대학 졸업자. 대학 또는 전문대학의 교직과정 이수자에게 신규교사자격을 부여할 때
• 이미 취득된 하나의 자격을 근거로 다른 급 학교의 자격으로 변경하거나 유사한 자격을 인정받을 때
• 교원자격검정위원회가 추천에 의거하여 교장, 원장의 자격을 인가할 때

교원의 자격검정은 무시험검정과 시험검정으로 구분되고, 무시험검정에 의해 취득하는 경우는, ① 정규 교사 양성대학 졸업자, 대학 또는 전문

대학의 교직과정 이수자에게 신규교사자격을 부여할 때, ② 재교육을 통해
상급자격을 부여할 때, ③ 이미 취득된 하나의 자격을 근거로 하여 다른 급
학교의 자격으로 변경하든가 또는 유사한 자격을 인정받을 때, ④ 교원자
격검정위원회가 추천에 의거하여 교장 또는 원장의 자격을 인가할 때 등이
며, 시험검정은 전형검정과 고시검정으로 구분된다. 교원의 자격증은 교원
양성제도의 테두리 속에서 무시험검정으로 이루어지는 것을 원칙으로 하
고 있으나, 시험검증에 의한 제도도 마련되어 있다.

　현행 교원자격제도의 문제점에 대한 지적이 있다. 교원자격증의 양산과
병행하여 어느 정도 자격의 질 제고를 위한 장치가 마련되어 있느냐 하는
문제와 관련된 것이다. 첫째, 교원의 수요와 자격증 발급 간의 불균형에서
오는 과잉 배출이나 반대로 교원 부족 현상이다. 둘째, 자격증의 유효기간
이 없어 한번 취득한 자격은 일생 동안 유효하기 때문에 교원 자격의 질 관
리가 미흡하다. 셋째, 법정자격 기준과 실제의 격차나 중ㆍ고등학교의 교
사자격의 동일한 기준 등을 볼 때 양성기관에서의 교육과 학교 현장 사이
의 연계가 미흡하다. 현재 이러한 문제점을 해결하기 위해 교원양성체제의
변화가 필요하다.

> **현행 교원자격제도의 문제점**
> - 개방성의 정도, 자격증의 유효기간
> - 전문성 심화를 위한 자격 구분
> - 중ㆍ고등학교의 교사 자격의 동일한 기준 등

4) 용어의 정의

　'임용'이라 함은 신규채용, 승진, 승급, 전직, 전보, 겸임, 파견, 강임, 휴
직, 직위해제, 정직, 복직, 면직, 해임 및 파면을 말한다.

　'직위'라 함은 1인의 교육공무원에게 부여할 수 있는 직무와 책임을 말
한다.

　'직급'이라 함은 직무의 종류, 곤란성과 책임도가 상당히 유사한 직위의
군을 말한다.

　'정급'이라 함은 직위를 직급에 배정시키는 것을 말한다.

　'전직'이라 함은 교육공무원의 종별과 자격을 달리하는 임용을 말한다.

　'전보'라 함은 교육공무원의 동일 직위 및 자격 내에서의 근무기관이나
부서를 달리하는 임용을 말한다.

> 「국가공무원법」 제5조, 「교육공무원법」 제2조

> - 전직: 종별과 자격을 달리하는 임용
> - 전보: 동일 직위 및 자격 내에서 근무기관이나 부서를 달리하는 임용
> - 강임: 동종의 직무 내에서 하위의 직위에 임명

'복직'이라 함은 휴직, 직위해제 또는 정직 중에 있는 교육공무원을 직위에 복귀시키는 것을 말한다.

'강임'라 함은 동종의 직무 내에서 하위의 직위에 임명하는 것을 말한다.

'직군'이라 함은 직무의 성질이 유사한 직렬의 군을 말한다.

'직렬'이라 함은 직무의 종류가 유사하고 그 책임과 곤란성의 정도가 상이한 직급의 군을 말한다.

'직류'라 함은 동일한 직렬 내에서의 담당 분야가 동일한 직무의 군을 말한다.

5) 교직원의 임용

교사가 되기 위해 필요한 요소들을 중심으로 준비해야 할 것들을 생각해 보자.

교사 신규임용　2013학년도 신규교사 임용을 위한 시험부터 새로운 제도가 도입되었다. 그 특징을 보면 다음과 같다.

첫째, 전공과목은 완성형이나 단답형, 서술형 등 서답형으로 바꾸었다(중등교사 임용시험은 2014학년 임용 예정자부터 적용). 그리고 유치원과 초등학교 예비교사는 교직 논술, 중등학교 예비교사는 교육학 논술을 치른다. 아울러 시험 단계를 종래 3단계에서 2단계로 한 단계 줄였다. 그래서 1차는 필기시험(전공 · 논술), 2차는 수업시연과 면접으로 하였다.

둘째, 한국사 능력검정 인증 취득을 필수로 하였다. 2013년부터 교원임용시험에 응시하려면 국사편찬위원회에서 시행하는 한국사능력검정시험에서 3급 이상 인증을 받아야 한다.

셋째, 교원양성기관 재학 때 교직적성 · 인성검사를 의무화하였다. 교원임용시험에 응시하려면 교원양성대학 재학 기간에 1~2회 이상 교직적성인성검사를 반드시 받아야 한다. 검사 결과를 교사 자격증 취득을 위한 무시험 검정평가에 반영하는데, 교원양성대학의 입학생과 재학생 모두가 대학의 장이 결정한 평가방법과 시기에 맞춰 검사를 받아야 한다.

넷째, 교직과목 성적평가 기준 등이 상향되었다. 대학에서 교원자격증을 취득하기 위해 적용되는 교직과목 이수학점 기준을 졸업 평점 환산점수 100분의 75점 이상에서 100분의 80점 이상으로 높였다. 그리고 교직과목

총 이수학점은 기존처럼 22학점을 유지하되, '교직소양' 분야 과목 학점은 4학점에서 6학점으로 늘리고, 교직소양 분야에서 '학교폭력의 예방 및 대책'을 신설해 2학점 이상을 수강하도록 하였다. 한편, '교직이론' 이수기준은 14학점 이상(7과목 이상)에서 12학점 이상(6과목 이상)으로 낮추었다.

교장·교감　　교감·교장의 신규채용은 대부분이 교감 또는 교사들의 승진임용이거나 교육전문직에서의 전직으로 이루어진다. 전직은 교육전문직공무원으로 2년 이상의 근속한 경우에 임용권자가 정하는 기준에 따라 교장 또는 교감으로 전직할 수 있으며, 교육경력 10년 이상이거나 교육전문직공무원으로 10년 이상 근속한 자는 전직될 직위에 제한을 받지 않는다(「교육공무원 인사관리규정」 제15조). 교장은 1991년에 종신제에서 임기제로 전환되어 임기는 4년이고 1차에 한하여 중임할 수 있다.

> 최근 교장임용제도로 '교장공모제', '교장선출보직제' 등이 제기되고 있는데 이에 대한 자신의 생각을 정리해 보자.

초빙(공모)교원　　공모교장제는 교장을 공모하여 임용하는 것으로 교장자격증을 소지하고 당해 지역에 근무하는 교육공무원을 대상으로 한다. 공모교장을 임용 요청하고자 하는 때에는 학교운영위원회 심의를 거쳐야 하며, 공모교장의 임기는 교장 근무 임기에 포함되지 않는다. 초빙교사제는 당해 학교의 필요에 따라 교사 초빙임용을 실시하는 것으로 교사 배정정원의 20% 이내이며, 공모교장 학교는 50% 범위 내에서 학교운영위원회의 심의를 거쳐 결정하며, 초빙기간은 4년이다.

보직교사의 임용　　보직교사의 종류와 업무분장은 학교장이 정하게 되어 있으므로 지역, 학교마다 다르다. 대체로 보직교사의 종류는 교무부장, 연구부장, 교육과정부장, 특별활동부장, 생활지도부장 등이 있다.

학급담임 및 교과전담 교사 이외의 교사　　초·중·고등학교 학급담임 및 교과전담 교사 이외에 보건교사, 전문상담교사, 사서교사, 실기교사, 영양교사 등의 교사를 둘 수 있으며 공립은 교육청, 사립은 해당 학교에서 임용을 담당한다.

2015년 처음 시행되는 시간
선택제 교사와는 상이한 점
이 많다. 시간선택제 교사는
정규직 교사다.

기간제 교원의 임용　　정식으로 채용되는 교원 이외에 한시적으로 교원
자격증을 가진 자 중에서 기간제 교원을 임용할 수 있다. 기간제 교원의 임
용기간은 1년 이내, 필요한 경우 3년의 범위 한에서 연장 가능하다.

2. 인력자원개발을 위한 교원의 능력개발

1) 인력자원개발의 이해

이 단원의 맨 앞에서 조직의 3대 관리 요소를 3M(money, material, man)
이라 한 것을 기억해 보자. 이 중에서 특히 사람(man)은 조직의 성패를
좌우한다. 이런 맥락에서 인력자원 개발(Human Resource Development)
이 강조되고 있다. 그 구성 용어에서 알 수 있듯이 **인력자원개발**은 단순히
문제가 발생하지 않도록 사람을 관리하는 **인력자원관리**(Human Resource
Development)를 뛰어넘어 조직에서 성과를 높이고, 당면한 문제를 해결하
는 역량을 키우기 위한 전략으로, 기업이나 학교가 갖고 있는 자원 중에 핵
심인 인력자원(manpower)의 지식, 기능, 태도를 증진하는 모든 활동을 말
한다. 보다 구체적으로, 인력자원개발은 조직의 성과 향상과 개인의 성취
증진을 위해 개인, 팀, 그리고 조직 차원의 문제를 진단하여 파악하고, 개인
개발, 조직개발, 경력개발 프로그램 등을 통해 문제를 해결하는 지속적인
과정이라 할 수 있다(Jacobs, 2000; 주삼환, 신붕섭, 이석열 외; 2022: 160). 그런
데 인력자원개발은 조직 구성원의 지적 개발을 위한 교육훈련에 한정하지
않고, 그들의 신체적 · 정신적 · 감정적 측면에서 전반적인 잠재력을 신장
하는 활동까지 확대된 개념으로 받아들여지고 있다. 또한 인력자원개발은
조직의 차원을 넘어 국가 차원에서 중요하게 고려되고 있다. 즉, 인력자원
개발은 조직 속에서 개인의 능력 향상 및 역량 향상을 넘어 사회 국가적 차
원으로 확대되고 있다. 현재 교육부를 '교육인적자원부'라고 이름 붙였던
적이 있는데, 이것이 방증한다.

인력자원개발은 크게 세 가지로 구성된다(주삼환, 신붕섭, 이석열 외, 2022:

160-163).

첫째, **개인개발**(Individual development)이 인력자원개발을 구성하는데, 이는 교육훈련과 같은 의미로 쓰인다. 현재 개인의 업무수행능력을 향상시키기 위해 필요한 지식, 기술, 역량과 조직 내 행동 양식을 익히는 것을 말한다. 개인이 현재 수행하고 있는 직무의 개선이나 증진을 가져올 수 있도록 장려하고, 그 가능성을 제공하기 위한 학습을 구명하고, 평가하여 조정하는 노력 전체를 뜻한다.

둘째, **경력개발**(Career development)이 인력자원개발을 구성한다. 경력개발은 조직 구성원이 자신의 경력을 지속적으로 발전하려는 노력을 바탕으로, 경력목표를 정하고, 이를 달성하기 위한 계획을 수립하는 한편, 조직의 요구와 개인의 요구가 합치되도록 지원해 주는 것을 말한다. 즉, 경력개발이란 조직에서 필요한 인재를 채용하고, 적합한 부서에 배치하여 그 이후 과정을 모니터링하며 개인에게 필요한 훈련과 개발 활동을 돕는 것이다.

셋째, **조직개발**(Organizational development)이 인력자원개발의 한 요소이다. 조직은 단순히 개인의 합 이상으로, 조직 내외 환경 변화에 대한 조직의 적응능력을 기르기 위해 조직체의 변화와 구성원의 행동 개선을 도모하는 것이 조직개발이다. 조직개발은 과거 경영학적 시스템의 관점으로 조직의 구조적인 변화만을 중심으로 사고하던 것에 발전하여, 최근에는 하드웨어와 소프트웨어, 그리고 휴먼웨어까지 포함하는 개념으로 확장하였다. 즉, 조직문화나 조직 구성원의 만족, 사기 앙양이 조직개발의 핵심적인 목표가 되었다.

결국 교육조직에서 인력자원개발은 종래의 인사관리를 뛰어넘고, 이 장의 [그림 9-1]에 그린 교육인사행정을 확장한 개념으로 이해할 수 있다. 즉, 교육인사행정 영역에 해당하는 채용과정, 능력개발 영역, 사기앙양 영역을 두루 포함한다. 이 책에서 인력자원개발을 '2. 교원의 능력개발, 3. 교원의 사기' 앞에서 개념적으로 이해하도록 구성한 것은 그것이 [그림 9-1]의 핵심인 두 영역(능력개발, 사기 앙양)을 안내하는 상위 개념이기 때문이다.

인력자원개발의 구성
① 개인개발
② 경력개발
③ 조직개발

교육인력자원개발을 제2장에서 공부한 조직문화, 제10장에서 공부하는 장학론과 연결 지어 공부해 보자.

2) 교원의 연수

이 절에서는 교원의 능력개발과 관련된 현직연수에 대해서 알아본다.

현직연수 주요 내용   "교육의 질은 교원의 질을 능가할 수 없다."라는 말과 같이 교육의 질을 높이기 위해서는 현직연수를 통하여 교원의 전문성을 계속 성장·발전시켜야 한다. 「교육기본법」 제14조에는 "교원은 교육자로서 갖추어야 할 품성과 자질을 향상시키기 위하여 노력하여야 한다."고 하였으며, 「교육공무원법」 제38조에는 "교육공무원은 그 직책을 수행하기 위하여 부단히 연구와 수양에 노력해야 한다."고 명시하고 있다.

현재 우리나라에서 실시되고 있는 교원연수는 그 실시 단위를 중심으로 분류할 때, ① 교육부, 시·도 교육청, 시·군·구 교육지원청, 시·도 교육연수원, 대학부설 교원연수원, 중앙교육연수원 등에서 실시하는 기관 중심 연수, ② 학교단위 안에서 교원의 필요와 요구에 의하여 자체계획으로 실시하는 학교 중심 연수, ③ 교사 개인이 자신의 전문성 향상을 위해 대학원에 진학하거나 교육현장에서 자기연찬활동을 수행하는 개인 중심 연수 등을 들 수 있다.

교원연수에 대한 내용은 「교원 등의 연수에 관한 규정」에 명시되어 있다. 교원의 연수는 교육의 이론·방법 및 직무수행에 필요한 능력 배양을 위한 직무연수와 교원의 자격을 취득하기 위한 자격연수로 구분한다. 직무연수의 연수과정과 내용은 연수원장(연수를 위탁하여 실시하는 경우에는 그 위탁받은 기관의 장)이 정한다.

자격연수의 연수과정은 정교사 2급과정·정교사 1급과정·전문상담교

교원연수
- 기관 중심 연수
- 학교 중심 연수
- 개인 중심 연수

현직연수 종류
- 직무연수
- 자격연수

표 9-2 자격연수의 연수기간 및 이수시간

구분	정교사 1급, 교감, 원감	교장·원장
연수기간	15일 이상	25일 이상
이수시간	90시간	180시간 이상

※ 위의 내용은 교육부에서 제시한 최소 기간 및 시간임.

사(1급)과정 · 사서교사(1급)과정 · 보건교사(1급)과정 · 영양교사(1급)과정 · 원감과정 · 원장과정 · 교감과정 및 교장과정으로 구분한다. 자격연수의 연수기간 및 이수시간은 〈표 9-2〉와 같다. 이 중에서 정교사 1급 자격을 갖고 교직경력 3년을 쌓으면 정교사 1급 자격연수를 받을 수 있다.

현직연수의 문제점과 방향　　우리나라 현직연수의 문제점은 불확실한 연수목적, 경직된 연수기회와 여건, 현실성이 부족한 연수내용, 획일적인 연수방법, 비합리적인 연수일정과 운영 등이 지적되고 있다. 앞으로 교원들이 전문성을 개발하고 급변하는 사회변화에 대응하기 위해서는 학교단위 중심의 연수와 개인 중심의 연수가 확대될 필요가 있다. 또한 연수방법도 토의 · 토론학습의 적용을 확대 · 강화하여 토론문화 정착과 현장 문제해결이 가능하도록 이루어져야 한다. 미국의 경우 지난 10여 년에 걸쳐서 현직교원교육의 방향은 결핍 모델에 근거한 단순한 지식 전달이 아니라, 교사의 지식과 기능, 경험을 자산으로 한 능력 모델, 즉 보다 분석적이고 반성적(reflective)이며 탐구심에 기초한 방향으로 전환되어 가고 있다. 중앙통제적 형태보다는 각 학교 현장에 기초한 형태로 자리 잡아 가고 있다. 이는 교사교육이 종래의 훈련 모델(training model)로부터 **학습 모델**(learning model)로 전환되었다는 것을 의미한다.

　이와 같이 학습 모델에 기반한 현직연수의 방향을 제시하면 다음과 같다(이석열, 이미라, 2006). 첫째, 교사들이 스스로 교직에 대한 비전과 가치관을 확립할 수 있어야 한다. 둘째, 현직연수의 내용은 학교단위의 특수성이 반영되어야 한다. 셋째, 교사가 자율적으로 팀을 구성하여 연수하는 자율적 연수 풍토를 조성할 필요가 있다. 예를 들어, 우수 교과 연구회 및 단위 학교의 자율연수 프로그램이 자발적으로 이루어지도록 직능별 전문조직의 육성 및 지원을 강화할 필요가 있다. 넷째, 연수기관이 상호 지원하고 협력하는 연수 풍토를 조성할 필요가 있다. 이제 학교단위에서도 특성화된 연수 프로그램을 개발하고 이를 타 기관에 공개하는 분위기가 조성되어야 한다. 학교단위의 자체연수가 활성화되고, 학교단위 간 상호 교류가 이루어지도록 교육청 및 연수기관에서 인적 및 물적 지원을 해야 한다.

현직연수의 방향
• 교직에 대한 비전, 가치관
• 학교의 특수성 반영
• 자율적 풍토
• 기관 간의 협력

3) 교원의 승진

교원의 승진
경력평정 + 근무성적평정 +
연수성적평정 + 가산점

교원의 승진에 관한 사항은 인사행정의 공정을 기함을 목적으로 「교육공무원승진규정」에 교육공무원의 ① 경력(70점), ② 근무성적(100점), ③ 연수성적(30점-교육성적 27점 + 연수실적 3점), 그리고 ④ 가산점(13점 = 공통가산점 3점 + 선택가산점 10점)의 평정과 승진후보자명부의 작성에 관한 사항이 명시되어 있다.

경력평정(70점)
• 기본 경력(64점): 15년
• 초과 경력(6점): 5년

경력평정은 당해 교육공무원의 인사기록카드에 의하여 평정한다. 다만, 필요하다고 인정하는 경우에는 인사기록카드의 기재 사항의 정확 여부를 조회하여 확인할 수 있다. 경력의 평정자와 확인자는 승진후보자명부 작성권자가 정한다.

일반승진(교사 → 교감)의 경우
20년 교육경력이 필요

경력평정은 매 학년도 3월 1일부터 다음 연도 2월 말일까지로 하며, 매년 12월 31일을 기준으로 하여 정기적으로 실시한다. 경력은 기본 경력과 초과 경력으로 나누고 기본 경력은 평정시기로부터 15년을 평정기간으로 하고, 초과 경력은 기본 경력 전 5년을 평정기간으로 한다. 기본 경력 및 초과 경력의 경력평정점을 계산함에 있어서 소수점 이하는 넷째자리에서 반올림하여 셋째자리까지 계산하며 경력평정의 등급과 평정점은 〈표 9-3〉과 같다. 〈표 9-3〉에서 교감을 평정할 경우 '가경력'은 교장·교감, 교육전문직 경력을 의미하며, '나경력'은 각급학교 교사 경력, '다경력'은 기간제교원의 경력을 말한다. 또한 교사를 평정할 때는 '가경력'은 교장·교감, 교육전문직 및 교사의 경력이며 '나경력'은 기간제교원의 경력이며, '다경력'은 없다.

경력평정의 평정기간 중에 휴직·직위해제 또는 정직기간이 있는 때에는 그 기간을 평정에서 제외한다. 그러나 다음 경우는 재직기간으로 본다.

• 공무상 질병 또는 부상 휴직 100%
• 병역의무 수행 휴직 100%
• 법률에 의한 의무수행 휴직 100%
• 전임강사, 임시교원 100%

표 9-3 경력의 등급별 평정점(개정 2007. 5. 25.)

구분	등급	평점만점	근무기간 1월에 대한 평점점	근무기간 1일에 대한 평점점
기본 경력	가경력	64.00	0.3555	0.0118
	나경력	60.00	0.3333	0.0111
	다경력	56.00	0.3111	0.0103
초과 경력	가경력	6.00	0.1000	0.0033
	나경력	5.00	0.0833	0.0027
	다경력	4.00	0.0666	0.0022

비고: 교육공무원의 경력이 기본 경력 15년, 초과 경력 5년인 경우에는 그 경력평정 점수는 각각 평점만점으로 평정한다.

- 고용 휴직 상근: 100%, 비상근: 50%
- 육아 휴직 100%
- 연수 휴직 50%

경력평정에 있어 평정경력 기간은 월수를 단위로 하여 계산하되, 15일 이상은 1월로 계산하고, 15일 미만은 일수로 경력에 산입한다.

근무성적의 평정은 당해 교육공무원의 근무실적·근무수행 능력 및 근무수행 태도를 평가한다. 근무성적 평정은 교감·장학사 및 교육연구사의 근무성적평정과 교사의 근무성적평정으로 구분하여 살펴본다. 우선 교감·장학사 및 교육연구사의 근무성적평정부터 보면, 근무성적평정자는 평정 대상자로 하여금 평정 대상기간 동안의 업무수행실적에 대하여 매년 12월 31일을 기준으로 자기실적평가서를 작성하여 제출하게 하여야 한다(「교육공무원 승진규정」 제16조). 근무성적평정자는 평정 대상자가 작성하여 제출한 자기실적평가서를 참작하여 평가하여야 한다.

교사의 근무성적평정은 매년 12월 31일을 기준으로 하여 해당 교사의 근무수행태도(다음 페이지의 ④) 및 근무실적·근무수행능력(⑤)에 관하여 근무성적평정과 다면평가를 정기적으로 실시하고, 각각의 결과를 합산한다. 근무성적평정자는 평정 대상자로 하여금 평정 대상 기간 동안의 업무수행

교사의 근무성적평정(100점)
- 근무성적평정(60점)
 - 평정자(20점) + 확인자(40점)
- 다면평정(40점)

실적에 대하여 자기실적평가서를 작성하여 제출하게 한다.

교사가 제출한 자기 실적평가서를 바탕으로 근무성적을 평정하는 주요 내용은 다음과 같다.

• 승진후보자명부작성권자 = 교육감
• 근무성적평정자 = 근무성적평정 대상자의 차상급자
• 근무성적확인자 = 평정자의 차상급자

① 근무성적의 평정자 및 확인자는 승진후보자명부작성권자가 정하고, 다면평가자는 근무성적의 확인자가 선정

② 근무성적의 평정점은 평정자가 100점 만점으로 평정한 점수를 20%로, 확인자가 100점 만점으로 평정한 점수를 40%로 환산한 후 그 환산된 점수를 합산하여 60점 만점으로 산출

③ 근무성적의 확인자는 평가대상자의 동료 교사 중 3명 이상을 다면평가자로 선정

④ 근무성적의 확인자는 근무성적의 평정자를 위원장으로 하고, 평가 대상자의 동료 교사 중 3명 이상 7명 이하를 위원으로 하는 다면평가관리위원회를 구성 · 운영(위원회의 구성에 관한 기준 및 절차 등에 관하여 필요한 사항은 승진후보자명부작성권자가 정함)

⑤ 다면평가점은 다면평가자가 수업교재 연구의 충실성 등 정성평가의 방법에 따라 100점 만점으로 평가한 점수를 32%로, 주당 수업시간 등 정량평가의 방법에 따라 100점 만점으로 평가한 점수를 8%로 각각 환산한 후 각각의 점수를 합산하여 40점 만점으로 산출

⑥ 합산점은 근무성적평정점과 다면평가점을 합산하여 100점 만점으로 산출

⑦ 교감 등의 근무성적을 평정할 때에는 근무성적평정조정위원회의 심의 · 조정을 거쳐야 함(조정위원회는 승진후보자명부작성 단위기관별로 두는데, 초등학교 또는 이와 같은 등급 학교의 교감의 경우에는 승진후보자명부작성 단위기관 외에 교육장 소속하에 둘 수 있음).

⑧ 조정위원회는 평정 대상자의 상위직공무원 중에서 그 설치기관의 장이 지정하는 5인 이상 7인 이내의 위원으로 구성하고, 그 설치기관의 장의 차순위자가 위원장

교사의 자기실적평가서와 근무성적평정표는 [그림 9-3], [그림 9-4]와 같다.

교사 자기실적평가서

1. 평가 지침

근무성적평정의 신뢰성과 타당성이 보장되도록 객관적 근거에 따라 종합적으로 평가하여야 한다.

2. 평가 기간:　　년　　월　　일부터　　년　　월　　일까지

3. 평가자 인적 사항

• 소속:　　　　　　　　　　• 직위:　　　　　　　　　　• 성명:

4. 평가자 기초 자료

• 담당 학년 및 학급:　　　　　　　　• 주당 수업시간 수:

• 담당 과목:　　　　　　　　　　　　• 연간 수업공개 실적:

• 담임 여부:　　　　　　　　　　　　• 연간 학생 상담 실적:

• 담당 업무:　　　　　　　　　　　　• 연간 학부모 상담 실적:

• 보직교사 여부:　　　　　　　　　　• 그 밖의 실적 사항:

5. 자기실적평가

　1) 학습지도

　　• 학습지도 추진 목표(학년 초에 계획되었던 학습지도 목표)

　　• 학습지도 추진 실적(학년 초에 목표한 내용과 대비하여 추진 실적을 구체적으로 작성)

　2) 생활지도

　　• 생활지도 추진 목표

　　• 생활지도 추진 실적

　3) 전문성 개발

　　• 전문성 개발 추진 목표

　　• 전문성 개발 추진 실적

　4) 담당 업무

　　• 담당 업무 추신 목표

　　• 담당 업무 추진 실적

　　• 창의적 업무 개선 사항

※ 자기 평가 종합 상황

자기평가	목표 달성도	설정한 목표에 대한 달성 정도	만족	보통	미흡
	창의성	학습지도, 생활지도, 전문성 개발, 담당 업무 등의 창의적인 수행 정도	만족	보통	미흡
	적시성	학습지도, 생활지도, 전문성 개발, 담당 업무 등을 기한 내에 효과적으로 처리한 정도	만족	보통	미흡
	노력도	목표 달성을 위한 노력, 공헌도	만족	보통	미흡

　　　　　　　　　　　　　　　　　　　　　년　　　　월　　　　일

　　　　작성자(본인) 성명　　　　　　서명(인)

그림 9-3 교사의 자기실적평가서

교사 근무성적평정표

① 평정 기간			② 확인자		③ 평정자	
． ． .부터 ． ． .까지			직위 성명　　　　　(인)		직위 성명　　　　　(인)	

평정 대상자 소속	평정 대상자 성명	평정 사항 평정 요소	근무수행 태도 ④ 교육공무원 으로서의 태도(10점)	근무실적 및 근무수행능력				⑨ 평정점	⑩ 환산점	⑪ 총점
				⑤ 학습지도 (40점)	⑥ 생활지 도(30 점)	⑦ 전문성 개발 (5점)	⑧ 담당 업무 15점)			
		평정자								
		확인자								
		평정자								
		확인자								
		평정자								
		확인자								
		평정자								
		확인자								
		평정자								
		확인자								
		평정자								
		확인자								
		평정자								
		확인자								
비고										

평정자의 환산점 = 평정점 × 20/100, 확인자의 환산점 = 평정점 × 40/100

평정자와 확인자는 다음 각 목의 분포 비율에 맞도록 평정해야 하며, 평정점은 특별한 사정이 없으면 동점을 주지 않도록 해야 한다. 다만, 라목의 평정점에 해당하는 사람이 없거나 라목의 평정점에 해당하는 사람의 비율이 10% 이하일 때에는 라목의 비율을 적용하지 않고 다목에 가산할 수 있다.

가. 수(95점 이상) 30%

나. 우(90점 이상 95점 미만) 40%

다. 미(85점 이상 90점 미만) 20%

라. 양(85점 미만) 10%

그림 9-4 교사의 근무성적평정표

■ 교육공무원 승진규정 [별지 제4호의 3 서식] (개정 2012. 11. 6.)

교사 근무성적평정표 및 다면평가 합산표(예시)

① 평정 기간	② 평정 분포비율	③ 조정자	④ 확인자	⑤ 평정자
.　.　.부터 .　.　.까지	수(95점 이상) 30% 우(90점 이상 95점 미안) 40% 미(85점 이상 90점 미만) 20% 양(85점 미만) 10%	직위 성명　　　(인)	직위 성명　　　(인)	직위 성명　　　(인)

평정 대상자 소속	평정 대상자 성명	평정 종류	점수 및 순위	⑥ 환산점	⑦ 총점	⑧ 조정점	⑧ 순위
		근무성적평정	평정자				
			확인자				
		다면평가					
		근무성적평정	평정자				
			확인자				
		다면평가					
		근무성적평정	평정자				
			확인자				
		다면평가					
		근무성적평정	평정자				
			확인자				
		다면평가					
		근무성적평정	평정자				
			확인자				
		다면평가					
		근무성적평정	평정자				
			확인자				
		다면평가					

그림 9-5 교사의 근무성적평정표 및 다면평가 합산표

연수성적평정(30점)
• 교육성적평정(27점): 직무
연수 성적(18점) + 자격연
수 성적(9점)
• 연구실적평정(3점): 연구대
회 입상 실적 + 학위취득
실적

연수성적의 평정은 매년 12월 31일을 기준으로 하여 교육성적평정과 연구실적평정으로 이루어진다. 교육성적평정은 직무연수성적과 자격연수성적으로 이루어지는데, 직무연수성적의 평정은 당해 직위에서 10년 이내에 이수한 60시간 이상의 직무연수 성적 및 직무연수 이수실적을 대상으로 평정하며 18점 만점으로 이루어진다. 자격연수성적은 승진대상직위와 가장 관련이 깊은 자격연수성적 하나만을 평정 대상으로 하는데, 만점은 9점이다.

연구실적평정은 연구대회 입상실적과 학위취득실적으로 나누어 평정한 후 이를 합산한 성적으로 한다. 연구대회입상실적평정은 1년에 1회의 연구대회 입상실적에 한하여 다음과 같이 평정한다.

표 9-4 연구대회 입상실적평정

입상 등급	전국 규모 연구대회	시·도 규모 연구대회
1등급	1.50점	1.00점
2등급	1.25점	0.75점
3등급	1.00점	0.50점

전국 규모 연구대회는 시·도 규모 연구대회에서 1등급을 받은 연구물을 바탕으로 한다.

석사 및 박사학위 취득실적은 다음과 같이 평정한다.

표 9-5 석사 및 박사학위 취득실적

박사	직무와 관련 있는 학위	3점
	그 밖의 학위	1.5점
석사	직무와 관련 있는 학위	1.5점
	그 밖의 학위	3점

연수성적표를 보면 [그림 9-6]과 같다.

■ 교육공무원 승진규정 [별지 제4호의 3 서식] (개정 2012. 11. 6.)

연수성적평정표(예시)

1. 평정 대상자

• 소속: 　　　　　　　　• 직위: 　　　　　　　　• 성명:

2. 교육성적평정

교육 구분	교육명	교육기간	교육시간	교육성적 또는 환산성적	평정점
자격연수					
직무연수					
계					

3. 연구대회 입상실적평정

대회 주관 기관	대회명	입상일	전국 규모			시·도 규모			평정점 합계
			1등급	2등급	3등급	1등급	2등급	3등급	
계									

4. 학위취득실적평정

석사·박사 구분	직무 관련 구분	학위명	학위 수여기관	학위 취득일	평정점
석사	직무 관련				
	기타				
박사	직무 관련				
	기타				

5. 연수성적평정점

6. 평정자 · 확인자

구분	소속	직위	성명	서명 ㉑
평정자				
확인자				

210mm×297mm[백상지 80g/m^2(재활용품)]

그림 9-6　연수성적표

가산점은 공통가산점과 선택가산점으로 구분하여 운영한다.

표 9-6 교원 승진을 위한 가산점 내역

	평정 항목	월 평정점	일 평정점	상한점
공통 가산점 (3점)	교육부장관 지정 연구학교 근무경력	0.018	0.0006	총 1.00점
	재외국민교육기관 파견 경력	0.015	0.0005	총 0.5점
	직무연수이수실적	1학점당 0.02점	–	총 2점 1년 0.12점
	• 학교폭력의 예방 및 대응 관련 실적 　-학교폭력 예방을 위한 교육 · 홍 　　보 · 상담 　-학교폭력 발생 점검 및 실태조사 　-학교폭력 대응 조치 및 사후관리 • 인정 기준은 교육부장관이 정함	–	–	1.00점
선택 가산점 (10점)	• 교육감이 평정기간 시작 6개월 전 　에 기준 결정 • 경력 또는 실적이 중복되는 경우 　공통가산점을 우선하여 인정	–	–	10.00점

　📖
가산점
• 공통가산점
• 선택가산점

〈표 9-6〉에서 선택가산점의 총합계는 10점을 초과할 수 없고, ①「도서 · 벽지교육진흥법」 제2조에 따른 도서벽지에 있는 교육기관 또는 교육행정기관에 근무한 경력이 있는 경우, ② 읍 · 면 · 동 지역의 농어촌 중 명부작성권자가 농어촌교육의 진흥을 위하여 특별히 지정한 지역의 학교에 근무한 경력이 있는 경우, ③ 그 밖의 교육발전 또는 교육공무원의 전문성 신장 등을 위해 명부작성권자가 필요하다고 인정하는 경력이나 실적이 있는 경우에 해당된다.

승진후보자 명부 작성　　교감 및 장학사, 연구사의 경우는 경력평정점 70점, 근무성적평정점 100점, 연수성적평정점 18점, 가산점 13점을 각각 만점으로 평정하여 그 평정점을 합산한 점수가 높은 승진후보자의 순서대로 승진후보자 명부를 작성한다.

교사의 경우는 경력평정점 70점, 근무성적평정 합산점 100점, 연수성적 평정점 30점, 가산점 13점을 각각 만점으로 평정하여 그 평정점을 합산한 점수가 높은 승진후보자의 순서대로 승진후보자 명부를 작성한다. 평정점 은 소수점 이하는 넷째자리에서 반올림하여 셋째자리까지 계산한다.

승진후보자 명부는 매년 1월 31일을 기준으로 작성하며,「교육공무원 법」제14조는 "교육공무원의 임용권자 또는 임용제청권자는 대통령령이 정하는 바에 의하여 자격별로 승진후보자 명부를 작성하고 비치해야 하며, 교육공무원의 승진임용에 있어서는 승진후보자 명부의 고순위자 순으로 결원된 직에 대하여 3배수의 범위 안에서 승진임용하거나 승진임용을 제 청하여야 한다."고 규정하고 있다.

4) 전직과 전보 · 휴직

조직에서 직위의 위치를 변경시키는 인사이동을 통해 구성원의 능력개 발을 유도하고, 조직의 목적을 효율적으로 달성하기 위한 노력을 기울이게 된다. 이러한 노력의 하나로 직무순환이 있는데, 교육공무원의 경우는 전 직과 전보를 들 수 있다.

전직과 전보　　전직은 '교육공무원의 종별과 자격을 달리하는 임용'을 말한다. 이는 직렬을 달리하는 임명을 말하는데, 직렬이란 직무의 종류가 유사하고 그 책임과 곤란성의 정도가 상이한 직급의 군을 가리킨다.「교육 공무원법」상에는 직군과 직렬의 구분이 명시된 바는 없지만, 교육공무원 의 직렬은 직무의 성질과 책임에 따라 교육직, 장학직, 교육연구직, 교육행 정직으로 구분할 수 있다. 즉, 전직은 교사가 장학사나 교육연구사로, 교장 이나 교감이 장학관이나 교육연구관 또는 교육장으로, 그리고 초등교원이 중등교원으로 상호 인사교류가 되는 것이다.

전보는 교육공무원이 동일 직렬 내에서 현 직위를 유지하면서 그 근무지 를 변경하는 임용행위를 말한다. 예를 들면, 공립학교에 근무하는 교장, 교 감, 교사의 근무학교의 이동, 장학사의 근무처의 이동 등을 들 수 있다. 교

전직
• 교사 → 장학사, 연구사
• 연구사 → 장학사
• 초등학교 교원 → 중등학 교 교원
• 유치원 교원 → 초등학교 교원

직렬

직급	초등	중등	전문직
	교장	교장	장학관, 교육연구관
	교장	교감	장학관, 교육연구사
	교사	교사	

직위

감, 교장, 교육전문직의 전보는 매년 3월 1일과 9월 1일, 교사의 전보는 매년 3월 1일에 실시한다.

전보는 본인의 희망, 소속기관장의 내신 또는 의견, 생활근거지, 부부교사의 경우 그들의 가정환경, 근무 또는 연구실적, 근무지 또는 근무교의 위치와 사회적 명성, 근무연한 등 여러 가지 요인을 고려하여 실시한다. 교육공무원의 전보 원칙으로 단기이동의 금지, 적재적소, 생활안정, 적정량 이동, 학년말 이동을 들 수 있다.

전보의 시기
- 교육전문직, 교감, 교장: 매년 3월 1일과 9월 1일
- 교사: 매년 3월 1일
- 학기 도중 전직, 전보는 부득이한 경우에 한함

휴직   휴직이란 공무원이 재직기간 중 일정한 사유로 직무에 종사할 수 없을 경우 면직시키지 않고, 일정기간 신분유지가 가능하면서도 직무에 종사하지 않아도 되는 제도다. 공무원의 휴직은 두 가지로 나뉜다. 직권휴직은 질병, 병역, 생사불명, 법정의무수행 등 임면권자가 휴직을 명령하는 것이고, 청원휴직은 당사자가 휴직을 신청하는 경우로 유학, 고용, 육아, 연수, 간병 등이 있다.

「교육공무원법」에서 휴직에 대해 더 공부하자.

5) 교원능력개발평가

목적 및 성격   교원능력개발평가는 교원의 전문성 진단을 통한 지속적 능력개발 지원을 목적으로 한다. 교원의 교육활동 전반에 대한 전문성을 진단하고 그 결과에 따라 능력개발을 지원하여 교원 자신의 교육활동 전반을 새로운 관점에서 검토, 분석할 수 있도록 필요한 자료를 제공하고, 공정하고 타당한 평가의 실시 및 그 결과 활용을 통해 교원의 지속적인 능력개발을 유도한다. 또한 교원의 능력개발 및 학교 구성원의 만족도 향상을 통한 각 학교단위의 교육력 제고와 신뢰 증진 및 학생에게 양질의 교육을 제공하는 데 목적이 있다.

| 교육부 장관 | • 교원능력개발평가 시행 <u>기본계획</u> 수립
• 교원능력개발평가 시행 상황 점검
※ 중앙컨설팅단 및 시·도 컨설팅단 연계 |

↕

| 교육감
(교육청 평가관리
위원회) | • 교육청 교원능력개발평가 <u>시행계획</u> 수립
• 관할 학교 평가 운영 지도 위원
• 관할 학교 교원에 대한 능력개발 지원 계획 수립
※ 위임에 따라 교육지원청 교육장은 관할 초·중학교 소속 교원에 대한 평가 관리 |

↕

| 학교장
(학교 평가관리
위원회) | • 학교 교원능력개발평가 <u>운영계획</u> 수립
• 교원능력개발평가 학교 기본 방향 제시 및 총괄
• 교원능력개발평가 평가관리자 임명
• 교사 개인별 평가 결과 관리 및 평가 결과 정보 공시
• 학교단위 운영 보고서 작성
• 자체 능력개발 지원 및 교육청 보고 |

↕

| 교감
(평가관리자) | • 평가관리위원회 구성 및 지원
• 학교 운영계획(안) 마련, 홍보 및 연수 실시
• 회의, 협의회, 간담회 등 계획 및 조정
• 교원능력개발평가를 위한 정보 제공 및 업무 추진
• <u>평가참여자 평가 결과 수합 및 정리 보관</u>
• 평가 결과 분석 및 능력개발 지원
• 기타 교원능력개발평가 관련 업무 추진 |

↕

| 평가 실무자 | • 평가 운영 관련 평가 관리자의 업무 지원 |

그림 9-7 평가 관리 체계

학교단위 운영계획   학교단위에서는 시·도 교육청의 시행계획을 바탕으로 학교여건 및 학사일정 등을 고려하여 자체 운영 계획을 수립하고 평가를 실시한다. 학교단위 운영계획은 실제 평가 실시에 필요한 세부적인 사항을 정하는 것으로 가급적 명확하게 수립하는 것이 바람직하며, 계획수립 시에는 학교 구성원(교원, 학생, 학부모)의 의견을 충분히 수렴하여 절차적 타당성을 확보하는 것이 중요하다.

동료교원평가에서 지적되는 온정주의란 무엇인지 생각해 보자.

표 9-7 교원능력개발평가 요약

구분		주요 내용	
목적		• 교원 전문성 신장을 통한 공교육 신뢰 제고	
평가 대상		• 국·공·사립, 초·중·고 및 특수학교 재직 교원(계약제 교원 포함)	
평가 종류/ 평가 참여자	동료 교원 평가	• 교장·교감 중 1인 이상 + 수석교사 또는 부장교사 1인 이상 + 동료 교원 포함 5인 이상	
	학생 만족도 조사	• 지도 받은(는) 학생(초 4 · 고 3) → 개별 교원 대상(단, 2개월 미만 재학생은 참여에서 제외) • 교과전담교사, 비교과교사 등의 학급 무선표집 가능(학급 무선표집의 범위는 각 학교별 실정에 맞게 자율 결정)	
	학부모 만족도 조사	• 지도 받은(는) 학생(초 4 · 고 3) → 개별 교원 대상(단, 2개월 미만 재학생의 학부모는 참여에서 제외) • 교장, 담임교사는 필수이며 교감·교과 및 비교과교사 중 1인 이상(3인 필수) 선택적 참여 • 학부모 참여율 50% 이상 권장 • 평가지 명칭 '자녀의 학교생활에 대한 만족도 조사'로 변경	
평가 시기		• 매년 1회 실시: 9~11월	
평가 시행 주체(주관)		• 교사: 학교단위장 • 교장·교감: 교육감	
평가 영역/ 요소·지표	교사	학습지도	수업준비, 수업실행, 평가 및 활용 등 평가 요소
			교수-학습 전략 등 12개 지표
		생활지도	개인생활지도, 사회생활지도 ※ 비교과교사의 경우 담당 직무를 평가 영역(학생 지원)으로 함
			가정연계지도 등 6개 지표(특수, 비교과 교사는 별도)
	교장 교감	학교경영	학교교육계획, 교내장학, 교원인사, 시설 및 예산운용 ※ 교감은 시설 및 예산운용 제외
			학교경영목표관리 등 8개 지표
평가 문항		□ 평가 문항 • 동료교원평가(15문항 이상), 학생만족도조사(5문항 이상), 학부모만족도조사(5문항 이상) ※ 학부모만족도조사 평가 문항을 평소 자녀와의 대화나 관찰을 통해 알게 된 정보를 바탕으로 응답할 수 있도록 문항 개선	

평가 방법	• 동료교원평가 시 자기진단 자료 제시 • 학부모에 대한 교육활동 등 정보 제공 • 학부모 대상 참여 절차, 방법 등에 대한 홍보 강화 • 5단 척도 절대평가 방식과 자유서술식 평가 방식 병행 • 학생 대상 연수 의무적 실시(평가 관리자)
결과 통보	• 교육감 · 학교장은 개별 교원에게 평가 종류별 결과표(문항별 응답자 수, 환산점 등), 개인별 합산표(평가 종류별 지표별 응답자 수, 환산점, 평어, 학교평균, 표준편차 등)를 통보 ※ 학교평가 결과 및 문항지는 익년 2월에 정보 공시
결과 활용	• 객관적인 분석들을 활용한 맞춤형 연수 선정 및 교육활동 계획 • 평가 결과 구성원 공유 확대 및 정보 공시(가정통신문 발송 권장) • 학습연구년 특별연수 환류 강화 등 운영 방안 개선
평가관리 기구	• 교육청(교육지원청) 및 학교에 교원능력개발평가관리위원회 설치(교원, 학부모, 외부 전문가 등 5인 이상 11인 이내로 구성) • 학부모컨설팅단(학년당 2인 이상)의 구성 · 운영

3. 인력자원개발을 위한 교원의 사기

이 절에서는 인력자원개발을 위한 교원의 사기 중 권리와 의무, 보수와 근무조건, 단체교섭, 사기 양양 방안에 대해 알아보자.

1) 권리와 의무

교원에게는 교육의 목표를 효율적으로 달성할 수 있도록 법률적으로 보장된 권리와 교원이 수행해야 할 법적인 의무가 있다.

권리   교원의 권리는 그 관점에 따라 다양하게 분류되고 있다. 서정화 (1995: 411-421)는 교원의 권리를 적극적인 권리와 소극적인 권리로 나누어 **적극적인 권리**로는 자율성의 신장, 생활보장, 근무조건의 개선, 복지 · 후생 제도의 확충을 들고, **소극적인 권리**로는 신분보장, 쟁송제기권, 불체포특권,

교원의 권리
• 교육자주권
• 생활보장권
• 신분보장권
• 청구권

교직단체활동권을 들고 있다. 김창걸 외 3인(2005: 488-490)은 교원의 권리 내용을 교육자주권, 생활보장권, 신분보장권과 이와 관련된 청구권으로 구분하였다. 교육자주권은 교원이 교육활동에서 고도의 전문성을 가지고 자율적인 역할 수행을 통해서 교육 본래의 목적을 효율적으로 달성하는 것이다. 생활보장권은 "교원의 경제적·사회적 지위는 우대되고"라는 규정(『교육기본법』 제14조)을 두어 교원의 지위를 확실히 보장하고 있다. 신분보장권은 임용에 의하여 발생한 공무원의 신분은 법이 정한 이유와 절차에 의하지 않고서는 함부로 박탈당하지 않을 것을 주장할 수 있는 권리다. 청구권은 불이익 처분을 받았을 때 이에 대한 심사를 청구할 권리(『국가공무원법』 제76조) 및 인사 상담 고충 심사를 청구할 권리다(『국가공무원법』 제76조, 『교육공무원법』 제49조).

교원의 의무
• 선서의 의무
• 성실의 의무
• 복종의 의무
• 친절공정의 의무
• 비밀엄수의 의무
• 청렴의 의무
• 품위유지의 의무

의무   교육공무원의 의무에는 교원으로서 의무와 공무원으로서의 의무가 있다. 교원으로서의 의무는 교육 및 연구수양의 의무가 있고, 정치활동을 제한하고 있다. 공무원으로서 교원은 선서의 의무, 성실의 의무, 복종의 의무, 친절공정의 의무, 비밀엄수의 의무, 청렴의 의무, 품위유지의 의무를 다해야 한다. 또한 신분상 직장이탈의 금지, 정치운동의 금지, 집단행위의 금지, 영리업무의 금지, 겸직금지 등 신분상의 의무를 해야 한다.

■ 국가공무원 복무규정 [별표 1] 〈개정 2010. 7. 15.〉

선서문(제2조 제2항 관련)
선서

나는 대한민국 공무원으로서 헌법과 법령을 준수하고, 국가를 수호하며, 국민에 대한 봉사자로서의 임무를 성실히 수행할 것을 엄숙히 선서합니다.

한편 초·중·고교 교원의 근무시간은 직무의 특수성을 감안하여 연중 9시부터 17시(토요일 13시)까지로 하되, 학교장은 직무상의 성질 또는 학교

의 특수성에 의하여 등·하교 지도 등 교육활동을 위해 필요하다고 인정할 때에는 근무시간을 단축하지 아니하는 범위 내에서 소속 교원들의 출·퇴근시간을 변경·지정할 수 있다. 이 경우 변경된 근무시간을 감독청에 보고하여야 한다(「교원복무지침」 제8항).

신분상의 의무(금지 사항)
• 직장이탈 금지
• 정치운동 금지
• 집단행위 금지
• 영리업무 금지
• 겸직 금지 등

2) 보수와 근무조건

보수 정책　　교육공무원의 보수결정의 원칙은 「교육공무원법」 제34조에 다음과 같이 규정되어 있다. "교육공무원의 보수는 자격 및 경력과 직무의 곤란성 및 책임의 정도에 따라 보수가 지급된다." 자격과 경력에 따라 보수가 결정된다 함은 동등한 학력과 동등한 임금의 직무급의 원칙을 뜻한다.

보수　　'보수'라 함은 봉급과 기타 각종 수당을 합산한 금액을 말한다. 다만, 연봉제 적용 대상 공무원은 연봉과 기타 각종 수당을 합산한 금액을 말한다.

보수 + 수당

봉급과 호봉 책정　　'봉급'이라 함은 직무의 곤란성 및 책임의 정도에 따라 직책별로 지급되는 기본급여 또는 직무의 곤란성 및 책임의 정도와 재직기간 능에 따라 계급(직위를 포함한다)별·호봉별로 지급되는 기본급여를 말하고, '수당'이라 함은 직무 여건 및 생활 여건 등에 따라 지급되는 부가급여를 말한다.

이때 신규 채용되는 교육공무원의 초임호봉 획정과 경력교사를 대상으로 하는 호봉의 재획정 방법은 〈표 9-8〉과 같다. 초임호봉은 신규교사로

초임호봉 획정 요소
① 기산호봉
② (학령-16)
③ 가산연수
④ 환산경력연수

표 9-8	초임호봉 획정과 호봉의 재획정
초임호봉 획정	• 환산경력연수 + (학령-16) + 가산연수 = 경력 • 기산호봉 + (경력 ÷ 호봉승급기간) = 호봉
호봉의 재획정	현재까지의 총경력 + 새로운 경력(초임 호봉 획정방법에 의함) • 잔여 기간은 다음 승급 기간에 산입 • 특별승급 또는 승급제한 등의 사유가 있을 때는 이를 가감

자신의 초임호봉을 획정해 보고 이에 준하는 봉급표를 확인해 보자.

임용되면서 획정하는데, **기산호봉+(학령−16)+가산연수+환산경력연수**, 이렇게 간편하게 계산해도 된다.

먼저 **기산호봉**이란 학령 등을 고려하여 정해 놓은 수치, 이를 기점으로 호봉이 정해진다. 다음으로, 학령(學齡)은 학교 다닌 해수를 말하는데 초등학교에서 대학까지를 말한다. 이때 〈표 9−1〉에 부기한 내용에 따라 4년제 대학을 두 번 졸업한 경우 하나의 대학 졸업에 대해서는 80%(3.2년)을 추가한다. 교육공무원의 기산호봉은 〈표 9−9〉와 같다.

표 9-9 교육공무원의 기산호봉표

자격별	기산호봉	자격별	기산호봉	비고
1급 정교사	9	사서 교사	8	교장 · 원장 · 교감 · 원감 · 교
2급 정교사	8	실기 교사	5	육장 · 장학관 교육연구관 · 장
준교사	5	1급 보건교사	9	학사 · 교육연구사에 대하여는
교도교사	9	2급 보건교사	8	1급 정교사의 호봉 적용

* 동등 정도의 2개 이상의 학교를 졸업한 자에 대하여 1학교 이외의 수학연수는 8할의 율을 적용
* 학력과 경력이 중복되는 경우에는 그중 1개만 산입

한편 **가산연수**는 교원양성과정의 성격(사범계 학과 여부)에 따라 일정 연수를 더해 주는 것이다. ① 수학연한 2년 이상인 사범계학교(학과) 졸업자는 1년, ② 특수교사 자격증 소지자가 특수학교에 근무하거나, 일반학교의 특수학급을 담당할 경우에 사범계학교(학과) 졸업자는 2년(사대: +1년, 특수: +1년), 비사대 졸업자는 1년을 가산한다.

마지막으로, **환산경력연수**는 「공무원보수규정」 중 [별표 22] '교육공무원 등의 경력환산율표'에 따르는데, 기간제교사로 근무한 경력, 군복무 기간은 100% 인정한다.

승급 '승급'이라 함은 일정한 재직기간의 경과 기타 법령의 규정에 의하여 현재의 호봉보다 높은 호봉을 부여하는 것을 말하는데, 호봉은 1년에 1호봉씩 올라간다. 호봉에 따른 봉급액은 당해 연도의 공무원 보수표에 나와 있다(「공무원보수규정」 제4조).

수당　교육공무원은 봉급 이외의 각종 수당을 받을 수 있다. 「공무원의 수당 규정」에 수당의 종류 등이 자세하게 규정되어 있다. 수당이란 특별한 업무로 인하여 받게 되는 봉급 이외의 부가적 급여다. 교육공무원에게 지급되는 수당은 봉급비례수당으로 기말수당, 성과상여금 등이 있고, 월정액 수당으로 가족수당, 자녀학비보조수당, 시간외 근무수당 등이 있으며, 특수업무수당으로 교직수당이나 보전수당이 있고, 그 밖에 가계지원비, 명절휴가비, 정액급식비, 교통보조비 등이 있다.

교원들의 각종 수당 금액을 확인해 보고, '요약 및 적용'에서 더 익혀 보자.

표 9-10　교원의 수당

구분	수당 및 가산금 명칭	대상 지급 조건
공통 수당 (9종)	정근수당	• 모든 교원 연 2회(1월, 7월) • 근수 연수별 차등(11 등급) 지급 　－월 봉급액 기준: 2년 미만 5%, 3년 미만 10% 　－10년 이상 월 봉급액의 50%
	정근수당가산금	• 5년 이상 근속교원, 근무 연수별 4등급 　－5~10년 미만 5만 원, 10~15년 미만 월 6만 원, 　2016~2020년 미만 　월 8만 원, 20년 이상 월 10만 원(2020~2025년 　미만 1만 원, 25년 이상 월 3만 원 추가)
	성과상여금	• 연 1회－S등급 상위 20% 이내=기준액의 172.5% 　금액 　A등급 20% 초과~60% 이내=기준액의 125% 금액 　B등급 60% 초과~90% 이내=기준액의 85% 금액 　C등급 90% 초과~100%=지급하지 않음
	관리업무수당	• 각급 학교 교장 등－교장 월 봉급액의 7.8% 　※ 교장에게 월정직책급(특정업무비) 월 25만 원 　지급(12학급 기준으로 1학급 초과마다 3,000원 　가산)
	가족수당	• 부양가족이 있는 교원, 4인 이내(자녀 4인 초과해 　도 지급)－배우자 4만 원, 직계존비속(부모, 자녀) 　2만 원, 둘째 6만 원, 셋째 이후 10만 원 　－부 60세 이상, 모 55세 이상, 자녀 20세 이하 • 장애 형제, 자매 부양의 경우 지급

자녀학비보조수당	• 외국 학교에 다니는 유 · 초 · 중 · 고교 자녀
육아휴직수당	• 최초 휴직일로부터 1년 이내-만 6세 이하의 초등학교 취학 전 자녀 양육 또는 여교원이 임신, 출산을 위해 30일 이상 휴직/남녀 교원 모두 가능 • 3개 월 전-월 봉급액의 80%, 150만 원 상한 • 4개 월 이상-월 봉급액의 50% 이상, 120만 원 상한/최저 70만 원
특수지근무수당	• 도서 벽지 근무 교원-5년마다 지정 • 가 지역 6만 원, 나 지역 5만 원, 다 지역 4만 원, 라 지역 3만 원
시간외근무수당	• 기준호봉 봉급액의 근무시간 당 209의 1의 150% 지급-19호봉 이하=18호봉, 20~29호봉=21호봉, 30호봉 이상=23호봉, 교감=25호봉 ※ 모든 교원에서 한 달에 10시간은 기본으로 제공함
모범 공무원수당	• 모범공무원으로 선발된 다음달부터 3년간 5만 원
특수 업무 수당 (11종)	교직수당	• 모든 교원-월 25만 원
	원로교사가산금	• 교육경력 30년 이상, 55세 이상 교사 및 수석교사
	보직교사가산금	• 고교 이하 각급 학교 보직교사-월 7만 원
	교원특별가산금	• 특수, 미감아 담당 교원-월 7만 원, 국악고 교원, 고교부설방송통고교 겸직교원-월 5만 원, 초등학교 특수학교 등하교 통학버스 동승 교원 월 10회 이상-3만 원
	담임교사가산금	• 월 13만 원
	보건교사 가산금, 영양 교사가산금, 사서교사가산금, 전문상담교사가산금	
	보전수당	
실비 변상 (3종)	명절휴가비	모든 교원-추석과 설에 월 봉급액의 60%
	정액급식비	월 14만 원
	직급보조비	교장 40만 원, 교감 25만 원

보수표(급여명세서)   2023년 3월에 공립중학교에 신규 발령을 받은 신규교사의 급여명세표(보수표)를 보면 [그림 9-8]과 같다.

급여명세서

급여지급 연월　2023년　03월　성명 ○○○

[○○ 중학교]　[국공립 교원 / 교사 / 13호봉 / 4년]　　　　　　　　　　　　　재직

공무원 구분	행정부 국가공무원	급여 관리구분	호봉제	급여직종	국공립교원	최초 임용일	2023. 03 .01
기관명	○○ 중학교	급여 관리기관	충청남도 ○○ 교육지원청	직위	교사 (중등)	현직급 임용일	2023. 03. 01.
보직 구분	담임교사	담당 과목		교원 구분	교사 (중학교)	현직위 임용일	2023. 03. 01.

[세부내역]

급여 내역		세금 내역		공제 내역	
본봉	2,432,200	소득세	68,160	일반기여금	303,450
정액급식비	140,000	지방소득세	6,810	건강보험	124,070
교직수당	250,000			노인장기요양보험	15,890
교직수당(가산금 4)	130,000				
교원연구비(중등 5년 미만)	75,000				
급여 총액	3,027,000	세금 총액	74,970	공제 총액	443,410
실수령액		2,508,620			

급여 내역	계산 근거
조회된 데이터가 없습니다.	

그림 9-8　급여명세표(보수표) 예시

　사례 신규교사의 경우 기산호봉 8호봉 · 가산연수 1년(호봉), 기간제교사 경력 3년(3호봉), 그리고 군복무 1호봉(18개월)으로 초임호봉이 13호봉이다. 참고로, 군복무 기간 중 초임 발령 때 우선 12개월이 1호봉으로 인정되고, 나머지 6개월은 초임 발령 후 6개월이 지나 호봉 재확정을 거쳐 1호봉이 승급될 것이다. 급여명세서(보수표)에서 교직수당(가산금 4)은 담임수당을 말한다.

교원 성과상여금   성과금 제도는 교직사회의 협력과 경쟁 유도를 통해 교육의 질을 개선함과 동시에 교원의 사기진작을 도모하고, 교원들의 수업 전문성 신장과 생활지도 강화를 목적으로 2001년부터 시행되고 있다.

개인성과급은 매년 1회 1월 1일부터 12월 31일까지를 평가기간으로 하여 수업지도, 생활지도, 담당 업무, 전문성 개발 영역을 평가 기준으로 하여 시·도 교육청별, 학교별 세부 영역을 구성하여 자체 성과상여금심사위원회의 심의를 통해 평가 등급을 결정하게 된다. 이러한 성과금 제도는 최고 등급과 최저 등급의 격차가 백만 원 정도까지 확대되면서 학년의 특수성, 업무성격이 다른 개인별 실적의 평가문제, 평가 기준의 모호성, 지급 결과와 등급 분포의 비공개 등으로 내부의 불신과 위화감을 조장하고 있다며 합리적인 성과금 제도 개선을 지속적으로 요구하고 있다.

표 9-11 교육공무원 성과상여금 기본 모델

지급 단위	지급 비율	차등지급률 평가등급 (배정 비율)	지급 방식
개인성과급	100%	3등급(S, A, B) (30%, 40%, 30%)	개인별 평가 후 차등 지급

근무 시간   고등학교 이하 각급학교에서는 학교단위별 탄력적 근무시간제를 2002년 3월 1학기부터 시행하고 있다. 또한 2012학년도부터 매주 토요일마다 휴업을 하기 시작하였다. 학교의 휴업일은 관공서의 공휴일과 감독청 또는 학칙에서 정하는 하기, 동기, 학기말 휴가 또는 개교기념일로 되어 있다(「교육법 시행령」 제66조).

교원의 휴가
연가, 병가, 공가, 특별휴가

휴가   공무원의 휴가는 연가, 병가, 공가 및 특별휴가로 구분하여 실시하고 있으며(「국가공무원복무규정」 제14조), 연가일수, 병가, 공가, 특별휴가에 관한 구체적 사항은 「공무원 복무규정」 제15조 내지 제20조에 각각 규정되어 있다.

연가는 재직 기간에 따라 정신적·신체적인 휴식을 취함으로써 근무 능률을 유지하고 개인생활의 편의를 위하여 사용하는 휴가다(〈표 9-12〉). 병

표 9-12 재직 기간별 연가 일수

재직 기간	연가 일수	재직 기간	연가일수
1개월 이상~1년 미만	11일	4년 이상~5년 미만	17일
1년 이상~2년 미만	12일	5년 이상~6년 미만	20일
2년 이상~3년 미만	14일	6년 이상	21일
3년 이상~4년 미만	15일	–	

표 9-13 경조사별 휴가 일수(「국가공무원 복무규정」 제20조 제1항 관련)

구분	대상	일수
결혼	본인	5
	자녀	1
출산	배우자	10
입양	본인	20
사망	배우자, 본인 및 배우자의 부모	5
	본인 및 배우자의 조부모 · 외조부모	2
	자녀와 그 자녀의 배우자	2
	본인 및 배우자의 형제자매	1

* 입양은 「입양촉진 및 절차에 관한 특례법」에 따른 입양으로 한정하며, 입양 외의 경조사 휴가를
  실시할 때 원격지일 경우에는 실제 왕복에 필요한 일수를 더할 수 있음.

법정휴가 일수를 초과한 휴가는 결근으로 처리한다.

가는 질병 또는 부상으로 직무를 수행할 수 없을 때, 또는 전염병에 걸려 다른 사람의 건강에 영향을 미칠 우려가 있을 때 사용한다. 일반병가(개인적 사유로 인한 병가)는 연간 60일 범위 내에서 사용(허가)할 수 있으며, 공무상 병가는 연간 180일 범위 내에서 사용할 수 있다. 공가는 공적인 업무를 수행하기 위해 쓰는데, 「병역법」에 의한 소집, 검열점호 등이 그 예다. 특별휴가는 경조사나 기타 특별한 경우에 사용할 수 있다. 대표적으로 임신하거나 출산한 교원이 출산 전 · 후에 90일 동안(출산 후 45일 이상) 허가할 수 있다.

4. 요약 및 적용

1) 요약

① 교원인사행정이란 교육목적을 달성하기 위하여 유능한 교원을 채용하여 적재적소에 배치하고, 그들의 능력개발을 도모하며, 직무수행에 전념할 수 있도록 사기를 진작시키는 행정과정이다.

② 교육인사행정은 「교육공무원법」에 근거하여 다루어지고, 관련 법령, 대통령령, 훈령 등이 관계되어 있다. 교육직원의 분류에서 경력직 공무원 중에 특정직에 속한다.

③ 교원은 '학교에서 학생을 가르치는 자'를 말하며 초 · 중등학교 및 유치원의 교(원)장 · 교(원)감, 교사와 대학의 교수, 부교수, 조교수, 전임강사, 조교를 포함하며 초 · 중등교원은 소정의 자격증을 취득해야 교원으로 임용될 수 있다.

④ 교원의 신규임용, 현직교육, 승진, 전직 및 전보 등을 통해서 교원의 인사행정이 이루어지고 있다. 임용된 교원은 계속적인 재교육을 통해 전문성을 강화하고 승진, 전직 그리고 전보를 통해 학교조직 목표 달성에 기여하고 나아가 자기 개발 및 자아실현을 위한 계기로 삼는다.

⑤ 최근 교원의 능력개발을 인력자원개발(HRD)의 관점에서 강조하는데, 개인개발 · 경력개발 · 조직개발이 구성 요소다.

⑥ 최초로 신규임용을 받고 교육경력 3년이 있으면, 90시간의 자격연수를 받아 정교사 1급이 된다.

⑦ 교원의 승진은 경력평정 + 근무성적평정 + 연수실적평정 + 가산점에 의해 이루어진다.

⑧ 교원의 보수는 봉급과 각종 수당을 포함하는데, 경력별 수급에 따른 호봉수에 따라 보수의 차액이 달라진다. 초임교사의 초봉은 ㉠ 기산호봉 + ㉡ (학령－16) + 가산연수 + 환산경력연수로 정해진다.

⑨ 교원능력개발평가는 교원의 전문성 진단을 통한 지속적 능력개발 지원을 목적으로 하며, 교원의 능력 개발 및 학교 구성원의 만족도 향상을 통한 각 학교단위의 교육력 제고와 신뢰 증진 및 학생에게 양질의 교육 제공을 목적으로 한다.

2) 적용

▣ 서술형 문제

1. 교육인사행정의 영역을 '나'의 생각과 언어로 설명하시오.

2. 교육조직에서 인력자원개발의 의미와 구성 요소를 '나'의 생각과 언어로 설명하시오.

3. 초임호봉을 획정하는 방법을 기초로, '나'의 초임호봉을 가정하여 획정하시오.

　① 초임호봉 획정을 위한 요소를 쓰시오.

　　㉠ _____ + ㉡ _____ + ㉢ _____ + ㉣ _____

　② ①을 고려하여 초임호봉 획정에 들어갈 내용(요소)을 가정하시오.

　③ ②를 반영하여 '나'의 초임호봉을 계산하시오.

반영 요소					'나'의 호봉
반영 호봉					

4. 교사가 교감으로 승진하기 위한 규정(요소와 내용)에 따라 '나'의 경력을 관리하기 위한 원칙을 세우시오.

승진 반영 요소	주요 내용	'나'의 원칙(계획)

5. 교원능력개발평가의 장점, 단점(또는 개선점)을 교원과 학부모 관점에서 각각 2가지씩 제시하시오.

	교원	학부모
장점		
단점(개선점)		

6. 교원이 자녀를 출산하고 양육하는 과정에서 취할 수 있는 휴직과 휴가를 설명하시오.

휴직	휴가

■ 토의 · 토론 문제

1. 현행 초 · 중등 교원양성체제의 주요 문제점과 개선 방안을 토의해 보시오.
2. 현행 교원자격제도의 문제점과 개편 방안을 토의해 보시오.
3. 교원승진제도의 문제점과 발전 방안을 토의해 보시오.

'장학'의 느낌

학교에서 장학사가 오신다는 소식이 선생님의 입에서 나오자, 학교는 분주해졌다. 먼저 대청소가 시작되어 복도와 유리창을 닦고, 각종 화분과 전시물도 새로워졌다. 선생님들은 수업 계획을 짜기 시작했다. 발표하는 학생의 순서를 정하고 발표 내용을 외우도록 하고, 질문할 학생도 미리 지정되었다. 그리고 장학사가 오면 학교는 완전히 다른 모습으로 변한다. 선생님들은 일반적으로 사용하지 않는 경어체로 학생들을 대하며 발표와 질문에 친절하게 대응해 준다.

당시 나의 눈에 비친 장학사님이 매우 위엄이 있고 높아 보였다. 그들은 교실 뒤쪽에 서서 수업을 지켜보시고, 교장선생님의 안내로 다른 반으로 이동하셨다. 그리고 장학사님의 일행이 지나가고 나서야 선생님은 안도의 한숨(?)을 내쉬었다. 그렇다면 왜 장학사가 오게 되면 학교는 이렇게 분주해지는 걸까요? (교육행정 및 교육경영 수강했던 한 학생의 회고 중에서)

장학에 대해 공부하는 여러분도 자신의 초 · 중등학교 시절 장학에 대한 느낌을 공유하고, 이 장에서는 장학의 본질과 방법 등에 대해 알아보도록 한다.

교육과정 행정과 장학

학
습
목
표

- 교육과정 행정의 의미를 이해하고, 장학과의 관계를 설명할 수 있다.
- 장학의 의미와 본질을 이해하고, 장학의 과업을 설명할 수 있다.
- 장학의 여러 가지 모델의 차이를 구분하여 설명할 수 있다.
- 임상장학의 방법과 절차를 이해하고, 실제 수업에 적용할 수 있다.

학습내용

1. 교육과정 행정
   의미와 내용
   - 1) 교육과정 행정의 의미
   - 2) 교육과정 행정과 장학

2. 장학의 의미
   - 1) 장학의 개념
   - 2) 장학 담당자

3. 장학의 과업
   - 1) 교육과정의 질적 관리
   - 2) 교수효과성
   - 3) 능력개발
   - 4) 학교 개선
   - 5) 학습환경 개선과 학생성취도 평가

4. 장학의 모델
   - 1) 일반장학과 수업장학
   - 2) 임상장학과 마이크로티칭
   - 3) 발달장학
   - 4) 협동적 동료장학
   - 5) 자기장학
   - 6) 전통적 장학
   - 7) 선택적 장학

5. 임상장학 방법
   - 1) 임상장학의 개관
   - 2) 수업관찰과 분석

6. 요약 및 적용
   - 1) 요약
   - 2) 적용

주요 개념

교육과정 행정, 장학, 장학 담당자, 교수효과성, 능력개발, 임상장학, 수업관찰과 분석

1. 교육과정 행정 의미와 내용

교육은 학습자의 성장을 전제로 이루어지는 활동이고, 성장을 위한 중심 내용이 바로 교육과정에 의해서 이루어진다. 교육과정은 교육활동에서 구현하고자 하는 목적에 맞게 교육내용을 선정하고, 조직하여 운영하는 일련의 과정이다. 교육과정 행정은 이러한 일련의 과정이 제대로 기능하여 교육활동이 제대로 전개될 수 있도록 하는 것이다. 그동안 강조되지 않았던 교육과정 행정의 의미와 내용에 대한 이해가 중요해지는 이유다.

1) 교육과정 행정의 의미

교육과정과 행정　교육과정(curriculum)은 교육기관에서 교육목적 달성을 위해 정한 교육 프로그램이다. 이러한 교육과정은 학생들의 능력 향상과 인성 발달을 위해 중요한 역할을 한다. 그동안 교육과정은 교육행정에서 다루기보다는 주로 교육과정 전공자들이 교육의 목적, 교육내용의 선정과 조직, 교육과정 운영과 평가를 통한 환류 등의 일련의 과정을 다루었다. 교육과정 분야는 일반적으로 교육할 그 '무엇'을 규명하는 데 초점을 두고 있다(박창언, 2021). 교육과정을 설계하고, 개선을 위한 교육과정 전문가들은 학생들의 학습능력과 필요한 기술 등을 고려하게 된다. 이러한 교육과정은 학생들의 학습 수준을 고려해서 학생들이 학습할 목표에 따라 내용이 설계되며, 학습 단계와 내용, 평가 방법 등이 체계적으로 이루어진다. 하지만 이런 교육과정은 교육과정의 정책결정과 그 집행과정 등의 합리성을 위해서는 교육과정 내용의 선정과 조직과 같은 내적인 측면의 사항이 합리적으로 이루어지도록 지원하고, 이를 촉진하는 행정이나 법규 등의 외적인 측면이 동시에 중요하다. 교육과정에 대한 행정은 교육과정이 결정되는 과정뿐만 아니라, 학교 교육과정을 편성·운영하고, 그 성과를 점검하는 등 교육활동 전반에 걸쳐 이루어지고 있다. 따라서 교육과정 행정을 어떠한 관점에서 보고, 일을 처리하느냐에 따라 학교교육과정의 운영 모습은 달라

교육과정 행정의 중요성
교육과정은 교육과정의 정책 결정과 그 집행과정 등의 합리성을 위해서는 교육과정 내용의 선정과 조직과 같은 내적인 측면의 사항이 합리적으로 이루어지도록 지원하고, 이를 촉진하는 행정이나 법규 등의 외적인 측면이 동시에 중요

지고, 학생의 성장 역시 강화되거나 제한될 수도 있다(박창언, 2021). 결국 교육과정 행정은 학습자에게 유의미하게 마련된 교육과정이 유효적절하게 운영될 수 있도록 제도적 조건을 정비하는 것이 바로 교육과정 행정의 출발점이다. 교육과정 행정은 학습자에게 교육의 기회를 제공하고, 공적인 교육체제에서 교육의 일정 수준을 유지하도록 내용적 기준을 설정하고, 그러한 기준이 적절하게 운영될 수 있도록 여건을 정비함으로써 교육과정 중심의 교육활동이 전개될 수 있도록 기반을 마련하는 것이다(박창언, 2021). 그럼에도 교육과정 행정은 우리나라에서는 교육과정이나 장학에서 부분적으로 다루어지거나 다루지 않고 넘어가는 경우가 대부분이었다. 주요 내용은 교육과정과 관련된 법과 규정이나 문서의 내용 등에 이해를 높이는 수준이고, 교육과정의 개발과 운영 및 성과의 점검이라 측면에서는 제대로 다루지 않고 있다. 천세영 등(2013)은 한국교육행정학의 내용체계를 분석한 결과를 토대로 한국교육행정학의 내용 체계와 관련해서 가장 관심을 가져야 할 분야는 공통적으로 소홀히 취급되고 있는 교육과정 행정 곧 교육내용의 행정이라고 했다. 김종철(1980)은 『교육행정의 이론과 실제』라는 저서에서 처음으로 교육내용 행정을 포함하였고, 이후 이종재(2012)의 『한국교육행정론』에서도 다루고 있다. 실제 교육행정 분야에서 다루고 있는 교육과정 행정과 관련된 사항의 구체적인 내용은 교육목표, 교육과정 문서 내용 제시, 교과서 제도에 대한 법적 규정과 그에 대한 교육부의 기구에 대한 설명으로 되어 있다(박창언, 2021). 향후 교육행정학의 내용 체계에서 교육과정 행정은 본격적인 탐구활동으로 주목을 받게 될 것이다.

교육과정 행정
학습자에게 교육의 기회를 제공 하고, 공적인 교육체제에서 교육의 일정 수준을 유지하도록 내용적 기준을 설정하고, 그러한 기준이 적절하게 운영될 수 있도록 여건을 정비함으로써 교육과정 중심의 교육활동이 전개될 수 있도록 기반을 마련하는 것

　　교육과정 행정의 정의　　교육과정 행정에 대한 정의는 일반적으로 교육행정 관련 저서에서 그동안 구체적으로 다루지 않았다. 교육행정학 분야에서 교육과정 행정에 대한 정의는 김종철(1980)이 『교육내용의 행정과 장학』에서 언급하고 있다. 김종철은 교육과정의 핵심은 '교육내용'이라는 전제하에, 교육과정 행정을 '교육내용의 행정'이라고 표현했다. 여기서 교육내용의 행정은 교육의 목표, 교육과정, 교과서와 교육자료 등을 포괄하는 개념이라고 했다. 교육과정 행정의 개념에는 행정의 속성으로서 관리적 기

능이 포함된다. 박창언(2021)은 교육과정 행정의 개념 규정을 위해 고려해야 할 기준 중에 하나가 교육과정의 운영 방식에 따라 국가, 지역 및 학교와의 관계를 고려하여야 한다고 했다. 학교의 자율을 존중하는 취지에서 직접적인 교육활동과 관련된 교육과정에 관한 사항은 학교의 전문적 자율에 맡기고, 인적·물적 사항과 학교 이용의 원칙에 관한 사항 등 조건을 정비하는 사항은 교육부와 교육청에 있다고 보았다. 이런 관계를 바탕으로 교육부와 교육청은 교육과정에 대해 지도·조언하는 행위를 중심으로 관리를 한다. 하지만 이런 관리는 단순히 교육과정과 관련된 법령의 집행에서 벗어나 정책의 결정과 이를 적용하는 과정에서의 조정의 역할까지 고려하고 있다. 교육과정 행정은 교육과정의 기준과 내용의 기본적 사항이 교육현장의 특성을 고려해 학교교육과정으로 편성·운영이 효과적으로 이루어질 수 있도록 하는 데 주안점을 둔다.

　이러한 교육과정 행정은 교육행정의 하위 영역이라는 협의의 관점이 아니라 교육과정 중심의 학교 운영이라는 관점에서 교육활동 그 자체와 동일하게 보아야 한다고 강조한다. 박창언(2021)은 교육과정 행정의 정의를 "인간의 교육적 성장을 위해 지도·조언을 바탕으로 한 교육과정 정책의 형성과 집행"이라고 정의하고 있다.

교육과정 행정의 정의
인간의 교육적 성장을 위해 지도·조언을 바탕으로 한 교육과정 정책의 형성과 집행

2) 교육과정 행정과 장학

　교육과정을 효율적으로 운영하기 위한 교육과정 행정은 여러 가지로 고려해 볼 수 있다. 교육과정은 준비 단계와 편성 단계, 운영 단계, 환류 단계로 구분하고 각각 세부 영역에 따른 표준절차를 마련하고 시행하게 된다. 이러한 교육과정을 수행하는 과정에서 야기되는 지원체제의 마련이 필요하다. 특히, 우리나라의 경우, 교육과정의 법적 근거가 「헌법」, 「교육기본법」, 「초·중등교육법」에 명시되어 있다. 이 중에서 「초·중등교육법」 제23조(교육과정 등)에는 교육과정 운영에 대해서 구체적으로 제시되어 있다. ① 학교는 교육과정을 운영하여야 한다. ② 국가교육위원회는 제1항에 따른 교육과정의 기준과 내용에 관한 기본적인 사항을 정하며, 교육감은 국가교육

교육과정의 법적 근거
「초·중등교육법」 제23조

위원회가 정한 교육과정의 범위에서 지역의 실정에 맞는 기준과 내용을 정할 수 있다. ③ 교육부 장관은 제1항의 교육과정이 안정적으로 운영될 수 있도록 대통령령으로 정하는 바에 따라 후속지원 계획을 수립ㆍ시행한다. ④ 학교의 교과(敎科)는 대통령령으로 정한다. 이를 근거로 교육과정 운영 주체를 보면 교육부 장관은 초ㆍ중등학교 교육과정의 기준과 내용에 관한 기본적인 사항을 총론과 각론으로 규정하고, 시ㆍ도 교육감은 교육부 장관의 고시에 근거하여 지역 설정에 적합한 기준과 내용을 규정하게 된다. 학교장은 「초ㆍ중등교육법」 제23조 제1항에 의거 학교 교육과정을 운영하게 된다. 교육과정 행정에서도 국가 수준의 관리ㆍ통제, 지역 수준의 특수성 그리고 교육과정 운영단위인 학교의 자율성 간에 조화를 이루는 것이 중요하다(주삼환 외, 2022).

이러한 교육과정은 1945년부터 역사를 가지고 교육과정이 개정되었고, 현행 교육과정은 2015 개정 교육과정이 적용되고 있다. 고등학교의 경우를 초점으로 보면 현행 2015 개정 교육과정의 배경은 미래 사회가 요구하는 창의융합형 인재 양성을 위해 인문ㆍ사회ㆍ과학기술ㆍ기초소양을 균형 있게 함양하는 교육과정으로 되어 있다. 주요 교육과정의 방향은, ① 공통 과목 신설로 교과 영역별 기초소양의 균형 있는 함양, ② 문ㆍ이과 통합 강화로 칸막이 없는 고등학교 교육과정 편제 개발, ③ '일반 선택 과목' 외에 '진로 선택 과목'을 신설, ④ 학생 진로에 따른 선택권을 확대하여 진로 선택 과목을 3개 이상 이수하도록 하고 있다. 향후 2025학년도 고등학교 입학생부터 적용하는 새로 개정한 2022 개정 교육과정의 배경은 학생 개개인의 특성과 진로에 맞는 학습을 지원해 주는 맞춤형 교육에 대한 요구를 바탕으로 이루어져 있다. 2022 개정 교육과정이 적용되면 지금 논의되고 있는 성취평가제가 본격적으로 적용될 것이다. 이와 같이 교육행정에서도 교육과정에 대한 이해를 통해서 교육과정이 학교 현장에 제대로 적용될 수 있도록 하는 행정지원이 이루어져야 한다. 즉, 교육과정 행정은 학생들이 배워야 할 목표와 내용에 따라 교육과정에 기반하여 이루어지도록 해야 한다.

교육과정 행정을 수행하는 과정에서 교육과정의 실행이 잘 이루어지고

교육과정 운영 주체
• 교육부 장관
• 시ㆍ도 교육감
• 교장

2022년 개정 교육과정 배경
• 학생 개개 인의 특성과 진로에 맞는 학습을 지원해 주는 맞춤형 교육
• 성취평가제

있고 학생들이 학습목표에 대한 도달하고 있는지를 모니터링하는 과정이 필요하고. 이를 위해 수업개선 등을 유도하는 한 행위가 바로 장학에서 이루어진다. 교육과정 운영과 교육과정 행정 그리고 장학은 성공적인 학생 학습 결과를 달성하기 위해서 중요하게 상호작용이 이루어져야 한다. 교육과정은 학습의 내용과 구조를 제공하고, 교육과정 행정은 이를 위한 필요한 조치를 수행하고, 장학은 교사들에게 피드백과 지원을 제공하여 수업개선을 해서 학생들의 학습요구에 대응할 수 있도록 하는 것이다. 이 과정에서 장학은 학생들의 학습결과를 향상시키고 교육의 전반적인 질을 개선하도록 교사의 교수행위에 초점을 두게 된다.

교육과정 행정은 교육과정을 개발, 운영, 평가하는 데 필요한 일련의 행정적 절차와 관리 활동을 의미하고, 이는 교육과정을 효과적으로 운영하고, 학생들이 학업 목표를 달성할 수 있도록 지원하는 역할을 한다. 장학은 교육과정 행정 속에서 교육과정의 실천과 평가, 교사와 학생의 지원, 학교 운영 및 개선 등의 역할을 수행한다. 결국 교육과정 행정과 장학은 교육과정이 효과적으로 운영될 수 있도록 지원해서 학생들이 원하는 교육을 제공하고, 목표한 학습결과에 도달하도록 하는 데 있다.

교육과정 행정의 역할
교육과정을 개발, 운영, 평가하는 데 필요한 일련의 행정적 절차와 관리 활동을 의미하고, 이는 교육과정을 효과적으로 운영하고, 학생들이 학업 목표를 달성할 수 있도록 지원

장학의 역할
교육과정 행정 속에서 교육과정의 실천과 평가, 교사와 학생의 지원, 학교 운영 및 개선 등

2. 장학의 의미

1) 장학의 개념

세계 여러 나라들이 심각한 교육의 질 경쟁을 하다 보니 교육의 중요한 변인이라고 할 수 있는 교사, 교육과정, 학습환경을 바꿔야겠다는 것을 깨닫게 되었다. 이들 변인과 밀접하게 관련된 교육활동이 바로 장학(獎學)이라는 것을 알고 장학을 통하여 교사, 교육과정, 교육환경에 변화를 주어 교육의 질을 향상시키려고 시도하여 장학의 전문화에 대한 관심이 높아지게 되었다.

수업 장면 그림

장학의 어원
장학(supervision)=superior
+vision

장학의 정의
학교조직이 학생의 학습을
촉진시키고 학교조직의 목적
을 달성하기 위하여 직접적
으로 교사의 행위에 영향을
주기 위해 공식적으로 지정
한 행위

장학의 발전
• 기본 성격: 권위주의적 통제
  방식 → 민주주의적인 방향
• 방법 면: 학사시찰 방식 →
  협동적, 자율적 방식
• 내용 면: 교사평가 위주 →
  학교학습에 관한 것
• 장학담당자: 비전문가 집단
  → 교육행정전문가 집단

장학의 정의　　장학이 무엇이냐에 대해서는 학자들 간에 의견의 일치를 보지 못하고 있는데 접근방법, 강조점에 따라 차이가 있다. 우리나라에서 김종철은 법규적·기능적·이념적 접근에 따라 세 가지로 정의하고 있는데 장학의 핵심이라 할 수 있는 **수업개선**을 중심에 놓고 보고 있다. 그 외 여러 학자의 장학에 대한 접근들을 분류해 보면, ① 행정, ② 경영, ③ 인간관계, ④ 교육과정, ⑤ 수업, ⑥ 지도성의 측면에서 정의하려고 한 것으로 묶어질 수 있다. 이것도 교사들이 학생들과 상호작용하는 수업현장을 중심에 놓고 볼 때 다섯 개의 동심원을 그릴 수 있다.

교실과 멀리 떨어진 교육부나 시·도 교육청은 행정적·경영적 측면을 강조하는 반면, 교실과 가까이 있는 학교와 교육청에서는 수업과 교육과정에 밀접한 장학을 해야겠다는 것을 느낄 수 있을 것이다.

여기서도 장학을 한마디로 정의하기보다는 다원적으로 접근하되 수업을 강조하고자 한다. 즉, 장학은 "학교조직이 학생의 학습을 촉진시키기 위해 교사의 행위에 영향을 미치는 행위"라고 할 수 있다.

장학의 발전　　우리나라에서 장학이 어떻게 발전되어 왔는지에 대하여 정확히 연대별로 정리되어 있는 문헌은 없다. 그러나 분명한 것은 일제시대의 독재적 시각으로부터 8·15의 정초기, 6·25 후의 재건기, 1960년대의 개혁기, 1970년대의 발전기, 1980년대의 팽창기를 거치면서 민주장학의 방향으로 지향해 온 것만큼은 부인할 수 없는 사실이다. 민주장학의 방향을 지향하면서 완전히 전문적인 질 높은 장학을 하지 못함으로써 오히려 최근에 장학력이 약화되었다는 점이 문제이다.

미국에서는 시학(視學)과 강제적 장학, 과학적 장학, 관료적 장학, 협동적 장학, 교육과정 개발장학, 임상장학, 경영으로서의 장학, 지도성으로서의 장학으로 변화·발전해 왔는데 이는 과학적 관리시대, 인간관계시대, 행동과학시대, 상황조건론, 인간자원론의 시대라는 제1장에서 언급된 행정이론의 발전과정과 맥을 같이하며 그 흐름은 〈표 10-1〉과 같다.

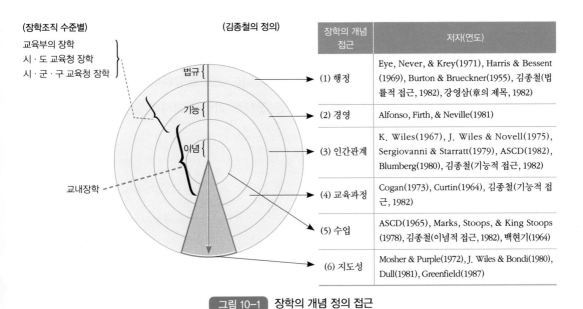

그림 10-1 장학의 개념 정의 접근

표 10-1 장학의 발전과정(미국 중심)

장학형태	시기	장학 방법	사회적 분위기	교육행정 관련 이론
관리 장학	1750~1910 1910~1920 1920~1930	사학과 강제 과학적 장학 관료적 장학	공교육제도 확립 분업, 기술적 전문화, 조직 규율	과학적 관리론
협동 장학	1930~1955	협동적 장학	진보주의 운동 교사 중심 장학 자유방임적	인간관계론
수업 장학	1955~1965 1965~1970	교육과정 개발 임상장학	스푸트니크 쇼크(1957) 교육과정 개발 수업효과 증진	행동과학론
발달 장학	1970~1980 1980~현재	경영으로서의 장학 인간자원 장학 지도성으로서의 장학 선택적 장학	협동장학의 새로운 대안	일반체제론 인간자원론 공공선택론

장학의 본질　　우리나라에서는 장학의 본질을 잃어버리고 주변적이고 외형적인 것, 형식적이고 획일적인 것에 맴돌고 있다. 김영식과 주삼환 (1990: 23)은 장학의 본질을 [그림 10-2]로 요약하여 제시하였다. 이들의 설명에 의하면, 장학의 본질은 장학에 의하여 교사의 교수행위에 변화를 일

장학의 본질
① 교사의 교수행위에 변화를 일으켜 학생의 학습을 향상시키고, ② 교육과정과 내용을 개발·수정·보완하여 학생의 성취를 높이고, ③ 교육자료와 학습환경을 개선하여 학생의 학습을 촉진하는 것. 궁극적으로 **수업개선**

장학의 본질: 수업개선

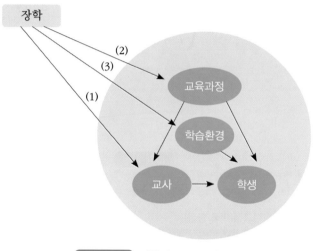

그림 10-2　장학의 본질: 수업개선

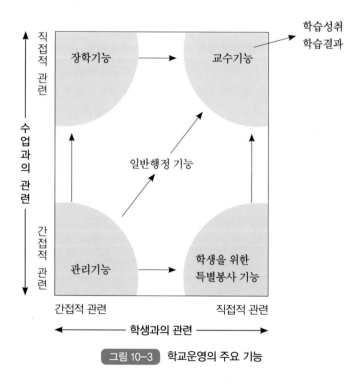

그림 10-3　학교운영의 주요 기능

으켜 학생의 학습을 향상시키고, 또 교육과정과 내용을 개발·수정·보완하여 학생의 성취를 높이고, 교육자료와 학습환경을 개선하여 학생의 학습을 촉진하는 것으로, 궁극적으로는 '수업개선'이라고 할 수 있다. 이렇게 볼 때 현재 우리나라의 장학이 '수업개선'이라는 본질과 얼마나 동떨어진 것인가를 알 수 있다.

학교운영에서 장학기능의 위치를 [그림 10-3]과 같이 나타낼 수 있는데 장학은 관리와 행정의 지원을 받아 교수기능을 뒷받침해 준다는 것을 알 수 있다(Harris, 1985: 10).

2) 장학 담당자

우리나라 장학은 장학조직들 간에 서로 기능을 분화하고 전문화하여야 한다. 중앙에서는 우리나라 교육의 방향을 잡는 철학적이고 정책적인 장학을 담당하고, 시·도 교육청은 이를 각 지역에 맞게 행정적인 장학을 하고, 학교는 교육과정과 수업에 밀착된 장학을 전문적으로 맡아야 한다. 교사양성기관은 다른 장학조직과 수업적인 연관 속에서 장래의 수업기술을 향상시키고, 장학이론을 개발하고 다듬고 또 계속적인 연구를 통해 장학현장을 뒷받침해 주어야 한다.

이런 장학조직 속에서 교사의 교수기술을 향상시키고 계속적인 전문적 성장을 도우며, 교육과정과 교육환경 개선을 위하여 일하는 모든 사람을 장학담당자라고 넓게 정의하고자 한다. 장학사와 장학관만을 장학담당자로 생각하는 것은 너무 협소한 관점이다. 물론 장학전문가로서 행정과 장학을 동시에 맡고 있으며, 장학이 근본적으로 올바른 방향으로의 변화를 촉진하는 변화 촉진자임은 분명하다. 앞으로 높은 수준의 양성교육을 받고 장학사 자격증을 제도화하도록 해야 할 것이며 가능한 한 전직을 막고 전문화시키도록 해야 한다.

하지만 과거처럼 장학을 특정 장학전문가에만 의존하는 시대는 지나가고 있다. 오히려 교사와 함께 일하며 이들의 올바른 자아개념과 태도, 행동양식에 실질적으로 영향을 줄 수 있는 사람은 바로 동료 교사다. 이 점 때

협의의 관점
장학사와 장학관 등 교육전문직

광의의 관점
학교단위 내의 동료교사

문에 교사들이 스스로 장학에 대한 이해를 새롭게 하고, 장학을 교사의 수업개선의 하나로 당연하게 받아들이는 장학문화가 필요하다. 결국 교사들이 장학에 대한 올바른 철학을 갖는 것이 중요하다. 효과적인 장학을 하기 위해서는 교사들도 장학에 대한 과학적 측면의 지식, 연구, 이론과 직관적 측면의 경험, 지혜, 상식, 관찰 등이 필요하며, 이들을 교육목적과 목표, 철학, 자아개념으로 형성된 평가적 망으로 걸러낼 수 있어야 한다.

3. 장학의 과업

장학의 과업
- 교육과정의 질 관리
- 교수효과성
- 능력개발
- 학교 개선
- 학습환경 개선 및 학생성취도 평가

장학에서 해야 할 과업은 [그림 10-4]에 나타난 대로 장학의 본질의 세 변인에 관련된 것으로 교육과정의 질적 관리, 교수효과성, 능력개발, 학교 개선, 학습환경 개선과 학생성취도 평가의 다섯 가지 과업으로 나누어 다루기도 한다. [그림 10-4]의 네모 안의 것을 염두에 두고 이 절을 구성한다.

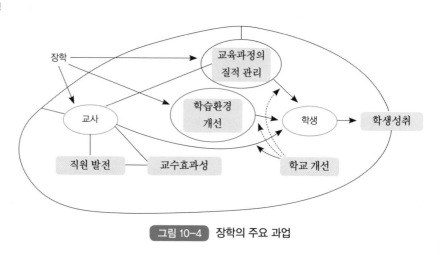

그림 10-4 장학의 주요 과업

1) 교육과정의 질적 관리

교육과정
- 교과중심 교육과정
- 경험중심 교육과정
- 학문중심 교육과정
- 인간중심 교육과정
- 대안적 교육과정

지금까지 우리나라에서 장학이 지나치게 행정에 치우쳐 있었으나 우리가 장학의 본질에서 살펴본 것처럼 장학은 교육과정과 아주 밀접한 관계가 있다는 것을 알 수 있다. 교육과정의 운영과 교수전략에 다양한 교육과정이 있을 수 있다. 그동안에 있었던 교과중심 교육과정, 경험중심 교육과정, 학문중심 교육과정, 인간중심 교육과정뿐만 아니라 여러 대안적 교육과정이 있을 수 있다. 예를 들면, ① 국사와 한국문학, 물리와 수학을 상호 관련시키는 상관교육과정, ② 지질학과 지리학을 융합하여 지구과학을, 식물학과 동물학을 융합하여 생물학을 형성하는 융합교육과정, ③ 역사, 철학, 시각예술과 건축학, 드라마, 문학과 언어학을 종합하여 인문과학으로 다루는 광역교육과정과 같은 교육과정은 모두 대안적 교육과정이라고 할 수 있다. 그리고 장학담당자는 다양한 교육과정을 이해해야 할 뿐만 아니라 교사들에게 이를 자극하고 격려해야 할 것이다. 또한 여러 가지 교수 전략을 교과목과 다루려고 하는 내용에 맞게 적용하여 효과를 거둘 수 있도록 해야 할 것이다.

2) 교수효과성

장학적 과업의 하나는 잘 가르치게 하여 교수효과성을 높이는 일이다. 그런데 과연 장학에 의하여 효과적인 교수를 하였는가를 알아보는 일은 그리 쉬운 일은 아니다. 교수효과성은 학생의 학습결과로 나타나는데 교사가 통제할 수 없는 외적 변인의 영향을 받기도 하기 때문이다. 하지만 학생을 가르칠 때의 교사의 행동에 따라 교수효과성이 달라진다.

교수효과성
학생의 학습결과

교사의 능력은 교사의 교수수행을 하는 데 가지고 오는 일련의 지식, 능력, 신념을 말한다. 그래서 교사의 능력은 교사가 이미 가지고 있는 특성과 훈련에 의하여 달라질 가능성이 높으며, 이로 인해 교사의 수행이 달라질 가능성이 높다. 이렇게 볼 때 장학은 교사의 능력과 수행에 영향을 주어서 교수효과성을 높이려는 외적 노력의 일부로 볼 수 있다.

3) 능력개발

교사를 발전시키는 일은 장학의 주요 과업의 하나다. 과거 직원연수가 교수의 결손 부분을 보충해 준다는 의미에서 행정적 · 관료적 통제 위주로 실시되었던 데에 반기를 들고 새로운 접근으로 대두된 개념이 능력개발이다. 따라서 능력개발이라는 말은 현직연수 또는 현직교육이라는 용어에서 발전되어 나온 말이다. 그래서 양자를 비교해 봄으로써 개념이 밝혀질 수 있다.

우선 **능력개발**은 교사 스스로 교육적 성장을 위해 자신의 능력과 역량을 계발 및 개발하는 것을 의미한다. **현직교육**은 교육 당국이 지향하는 정책 실현을 위해 모든 교원양성 과정 후 입직하여 변화하는 교육현장에 필요한 역량을 교원이 갖출 수 있게 하는 계획적인 보수교육이라 할 수 있다. 따라서 현직교육은 학교나 기관이 교사에게 제공하는 데 비하여 능력개발은 교사가 자신을 위해서 행하는 것이며, 현직교육은 행정적·통제적·형식적인 데 비하여 능력개발은 성취적이고 종합적이다. 그리고 현직교육이 교사 개인을 다루는 데 비하여 능력개발은 학교의 변화를 위하여 협력적이고 체계적인 전략을 수행한다. 이러한 용어의 변화는 장학에 대한 관점의 변화와 일치하는 것으로 장학에 대하여 중요한 시사점을 준다. 교원의 능력개발을 위해서는 교사학습이 이루어지는 능력개발 프로그램을 계획하고, 실행하고, 평가해야 하는 일련의 과정이 필요하다. 전문적 능력개발은 학생 학습 향상에 필요한 교육자의 기술과 능력, 깊은 이해의 습득에 초점을 맞춘다. 결국 교원의 능력개발도 장학의 본질과 마찬가지로 '학생 학습'에 초점을 맞추어야 한다. 학생 학습에 영향을 주지 못하는 교원연수나 능력개발은 의미가 없다.

교원의 전문적 능력개발은, ① 교육자의 일상적인 직무에 초점이 맞춰져야 하고, ② 학습에도 선택과 수준의 여지가 있어야 하고, ③ 협력적 지식과 공유지식에 기초하고, ④ 효과적인 교수와 평가 전략을 적용하고, ⑤ 학습과 개발에 관한 교사의 지식을 확장하고, ⑥ 교사들의 일상적인 직무에 관한 정보를 제공해야 한다(주삼환 외 역, 2011). 전문적 능력개발은 교사가 학생의 학습을 위해 문제해결과 실행연구의 실천 기회와 협력적 적용을 지속적으로 집중하는 활동이다. 즉, 교사의 전문적 능력개발을 위해서는 학교가 학습공동체의 학습문화를 형성해 나가야 한다. 결국 앞에서 논의한 학습조직, 전문 학습공동체, 문화리더십이 중요하고, 지금 학교 현장에서 협

🔲
능력개발
교사 스스로 교육적 성장을 위해 자신의 능력과 역량을 계발 및 개발하는 것

🔲
현직교육
교육 당국이 지향하는 정책 실현을 위해 모든 교원양성 과정 후 입직하여 변화하는 교육 현장에 필요한 역량을 교원이 갖출 수 있게 하는 계획적인 보수교육

🔲
능력개발과 현직교육의 차이

능력개발	현직교육
자신을 위해서 하는 것	교사의 결함에 초점
성장지향적, 성취적	행정적, 통제적, 형식적

력과 팀워, 공동체가 강조되는 이유다. 전문적 능력개발의 조건은 리더십과 정책, 시간, 신뢰와 협력, 유인가와 인정, 자원 등이 교사의 지속적인 전문적 학습을 형성하는 강력한 기초가 된다(주삼환 외 역, 2011: 72-82). ① 능력개발은 지속적으로 수업개선을 안내하는 유능한 학교 리더와 교육청 정책을 필요로 한다. ② 전문적 능력개발을 위한 적당한 시간이 교사들에게 최고의 관심사 중 하나이다. 이를 위해서 학교는 일반적인 학사일정 내에서 전문적인 학습을 위한 시간을 편성하거나 학사일정을 연장하여 사용해야 한다. ③ 신뢰와 협력은 학습공동체 발달과 교사 성장을 위해 제시되어야 하지만, 구축하기에 쉽지 않은 대표적 조건이다. 학교가 학습공동체가 됨에 따라 신뢰와 협력이 개발되고, 상호 신뢰와 존중의 분위기에서 의사결정, 문제해결, 새로운 아이디어를 찾아 협력하는 기회가 생긴다. ④ 모든 교사는 지속적인 학습의 동기를 갖도록 하기 위해서 어떻게 할 것

전문적 능력개발의 조건
• 리더십과 정책
• 시간
• 신뢰와 협력
• 유인가와 인정
• 자원

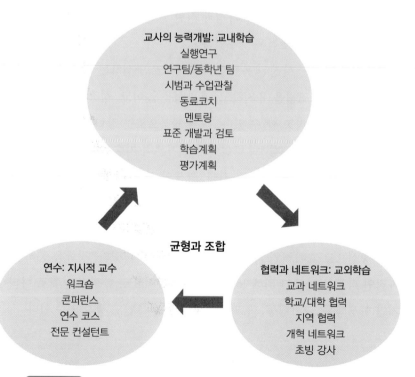

그림 10-5 전문적 능력개발: 전문적 능력개발 실제에서 학습의 균형과 조합

출처: Lieberman & Miller(1999)에서 인용한 주삼환, 유수정, 오형문, 이기명, 진재열 공역(2011). 교원의 전문적 능력개발. 시그마프레스, p. 84에서 재인용.

인가를 검토해야 한다. 전문적 능력개발을 위해서는 교사들에게 의미 있는 동기나 인정을 제공해야 한다. ⑤ 자원은 기본적으로 학교 향상 노력을 지속시키고 교사와 행정가가 변화를 수행하는 과정에 영향을 준다. 교사들이 혁신 교수법을 적용한다고 할 때 적절한 교재나 도서, 소프트웨어, 과학기술, 시설 등의 자원이 없다면 어떻게 되겠는가? 전문적 능력개발 조건에 대한 지원이 없다면 전문적 능력개발은 교사학습의 이벤트성 단계에서 멈출수 있다. 전문적 능력개발이 되기 위해서는 계획적으로 체계적인 접근이 이루어져야 하고 실제 전문적 능력개발 실제에서 학습의 균형과 조합을 제시하면 [그림 10-5]와 같다.

4) 학교 개선

학교 개선
• 효과적인 학교의 의미

장학의 주요 과업의 하나는 효과적인 학교를 만드는 것이다. 어떤 의미에서는 앞에서 언급한 교수효과성과 직원 발전이 모두 포함되지만 여기서는 효과적인 학교에 초점을 맞추었다.

효과적인 학교는 설정된 목표를 효과적으로 달성하는 학교라고 할 수 있다. 또 우선 학교조직을 유지하고, 효과성을 높이고, 성장·발전하는 학교를 효과적인 학교라고 할 수 있다. 더 구체적으로는 강력한 행정적 지도성, 학습을 조장하는 학교풍토, 교실에서의 기본적 기술과 수업의 중시, 학생의 능력에 대한 교사의 낙관적 기대, 학생의 성장에 대한 지속적인 평가가 효과적인 학교의 요소로 지적되기도 하였다. 또한 효과적인 학교는 학교환경과 학교, 교실 수준으로 나누어 효과적인 학교에 영향을 주는 여러 변인을 중심으로 효과적인 학교의 모델을 그려 볼 수 있다. 장학을 통하여 효과적인 학교를 만들기 위해 노력했다면 최종적으로 학생의 성취로 나타나지만 학생행동, 교사행동, 학교풍토, 지도성의 측면도 생각할 수 있다.

5) 학습환경 개선과 학생성취도 평가

장학의 본질에서 밝힌 것처럼 학습환경을 개선하여 학생의 성취도를 높이려는 것이 장학의 주요 과업 중 하나다. 그리고 모든 장학의 성과는 학생의 성취로 나타나게 된다. 아무리 교사의 교수행위를 바꾸고 교육과정과 학습환경을 좋게 만들어도 학생들이 얻는 것이 없다면 모든 일이 허사로 끝나 버린다.

학습환경은 학교학습에 지대한 영향을 준다. 그래서 장학에서도 학습환경의 개선에 노력해야 한다. 만일 학습과 아무런 관련이 없다고 하더라도 많은 어린이와 청소년이 많은 시간 머무르고 있는 학교와 학습과정은 편안하고 쾌적해야 할 것은 두말할 여지가 없다. 교육적 입장에 우선하여 인간적 입장에서라도 우리나라의 학습환경을 개선해야 할 절박한 입장에 있다. 가정과 주택환경이 바뀌고, 성인들이 생활하는 직장환경이 쾌적해지고, 특히 향락산업과 사치가 극에 달한 요즈음 학교환경이 상대적으로 퇴보·열악해지는 현상은 장래를 생각하면 불행이라 하지 않을 수 없다.

우리가 지금까지 학습평가, 학생성취도 평가에 대해서는 많이 들어왔으나 이를 장학적 관점에서 보는 안목이 필요하다. 그리고 장학의 효과는 결국 학생의 성취도로 나타난다는 점을 생각할 필요가 있다.

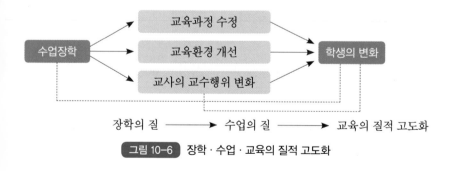

그림 10-6　장학·수업·교육의 질적 고도화

4. 장학의 모델

장학에는 여러 형태의 장학이 있을 수 있다. 여기서는 몇 가지 주요 장학 모델에 대하여 개괄하기로 한다.

1) 일반장학과 수업장학

일반장학, 수업장학, 임상 장학의 관계

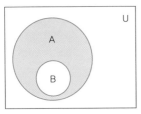

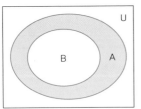

U: 모든 형태의 일반장학
A: 수업장학
B: 임상장학

일반장학이라고 하면 모든 형태의 장학을 포괄하는 개념으로 쓰인다. 그러나 일반장학이라고 해도 우리나라에서는 행정적 장학에 치우쳐 있으나 외국에서는 일반적으로 수업장학이 많은 비중을 차지한다.

장학의 목적은 궁극적으로 수업개선에 있기 때문에 가능한 한 수업개선에 직접적으로 도움을 주려고 하는 장학을 수업장학이라고 할 수 있다. 수업장학 중에서도 많은 비중을 차지하는 것이 다음에 설명하려는 임상장학이다. 그래서 임상장학은 수업장학에 포함되고 수업장학은 다시 일반장학에 포함된다.

일반장학과 수업장학은 상당히 광범위하고 포괄적인 의미를 포함하고 있기 때문에 구체적인 어떤 형태를 포착하기는 상당히 어렵다.

2) 임상장학과 마이크로티칭

임상장학은 교실현장에서 장학자와 교사가 일대일의 친밀한 관계 속에서 교사의 교수기술 향상과 계속적인 전문적 성장을 위하여 **계획협의회, 수업관찰, 피드백협의회**의 과정을 거치는 특별한 하나의 장학대안이다.

임상장학은 교사의 필요에 의하여, 교사의 요청에 의하여 교사를 중심으로 이루어지는 장학이기 때문에 교사중심 장학이라고 할 수 있다.

종래의 장학과는 달리 장학의 범위를 교실로 좁히고 그중에서도 수업에 초점을 맞추고, 수업 중에서도 교사가 문제점으로 삼는 부분에만 제한하여 조금씩 개선해 나아가려고 한다는 점이 특징이다.

또 과거의 장학과는 달리 수업과 장학이 시작되기 전에 사전에 장학자와 수업자가 만나서 여러 가지 계획을 협의하고 약속을 하고, 또 이 약속에 의하여 수업관찰을 하여 객관적인 자료를 수집하고, 수집된 자료를 놓고 피드백협의를 통하여 수업기술을 향상시키려 한다는 점이 특색이다.

　마이크로티칭도 임상장학과 비슷한 과정을 거치는데 정식수업이 아닌 축소된 연습수업이라고 할 수 있다. 학생 수도 줄이고, 수업시간도, 수업과제나 동원되는 수업기술도 모두 축소시킨 연습수업이다. 계획을 세워 수업을 하고 이를 녹화하여 되돌려 보면서 비평하고 이 비평에 따라 재계획을 세워 수업하고 다시 녹화하여 재비평하는 식으로 반복하면서 수업기술을 향상시키는 장학방법이다.

마이크로티칭
실제 상황의 수업이 아니라 시간을 7~20분, 학생을 3~10명의 소집단으로 시간과 대상을 축소하고, 학습주제도 한두 주제만 가지고, 교수기술에 초점을 둔 하나의 연습수업

준비 단계
• 마이크로티칭의 개념 및 진행 과정 설명 • 비디오테이프 등을 통한 시범 • 주제와 상황을 선택하고 수업을 준비

교수 단계
• 모의수업 진행(비디오 촬영) • 학생 역할을 하며 강의자의 모습 관찰, 평가

평가 단계
• 수업 진행과 교수기술 평가 • 비디오 기록과 체크리스트 사용

그림 10-7 마이크로티칭의 절차

출처: 성균관대학교(2001), 민혜리, 심미자, 윤희정(2012). **한국형 수업컨설팅**. 학이시습, p. 45에서 재인용.

표 10-2 마이크로티칭 관찰 체크리스트*

구분	강사:　　장소:　　일시: 강의 제목:	주요 학습 형태	강의	실습·실기	토론	기타
	문항	5	4	3	2	1	코멘트
동기 부여	학생들이 강의에 주의 집중하도로 하였는가?						
	학생들의 관심을 끌었는가?						
	학생들에게 본 학습이 왜 중요한지를 설명하였는가?						
	학생들에게 본 수업에 그들과 어떤 관련이 있는지 설명하였는가?						
	학생들에게 적절한 질문을 던졌는가?						
	학생들의 활동이나 반응에 대하여 적절한 긍정적인 보상을 주었는가?						
도입	오늘 수업에 대한 목적을 제시하였는가?						
	지난 시간에 배운 내용을 간단히 설명하였는가?						
	오늘 배울 내용 전반에 대하여 간단히 설명하였는가?						
	흥미로운 도입 접근방법을 수행하였는가?						
전개	개념이나 기술에 대하여 체계적인 방법으로 설명 또는 시연을 하도록 조직화되었는가?						
	강의 중 학생들의 적극적인 참여도가 높았는가?						
	강의 내용과 관련된 예나 사실 등을 제시하였는가?						
	여러 하위 주제 간의 연결의 전이가 매끄러웠는가?						
	학생들의 학습활동에 대한 관리를 잘하였는가?						
	강의 내용이 오늘의 학습주제나 제목과 관련이 있었는가?						
	수업내용과 관련하여 강사의 지식 수준이 높았다고 생각하는가?						
정리	수업의 종료가 가까워졌다는 힌트나 신호를 보냈는가?						
	오늘 배운 내용의 핵심 테마나 포인트를 재정리하였는가?						
	수업내용에 대한 학생들 수준을 평가하였는가?						
	다음 차시 수업내용에 대하여 언급하였는가?						
표현 몸짓 진행	학생들과 지속적으로 눈을 마주쳤는가?						
	학생들의 이해나 기술 습득의 정도를 파악하면서 강의를 전개하였는가?						
	의미 전달을 위하여 적절한 몸짓을 하였는가?						
	속도는 적절하였는가?						
	강사 소리의 크기는 적당하였는가?						
	강사의 발음이 정확하였는가?						
	강의의 억양이 적절하였는가?						
	강의가 예정된 시간 내에 적절히 진행되었는가?						
매체	매체 사용에 능숙하였는가?						
	사용된 매체가 수업내용과 적절하였는가?						
	매체의 질적 수준이 높았는가?						
	매체의 내용을 강의에 통합하는 기술이 적절하였는가?						
최종 코멘트	교수자에게 도움이 될 만한 사항을 적으십시오.						

5=매우 좋음; 4=좋음; 3=보통; 2=좋지 않음; 1=아주 좋지 않음.

* 민혜리(2011). 마이크로티칭 관찰 체크리스트 수정.

3) 발달장학

교사의 발전 정도에 따라 다른 장학방법을 적용하고 장학에 의하여 발전 수준을 높여 나가는 장학을 발달장학이라 한다.

낮은 수준의 교사에게는 지시적 장학을 적용하고, 중간 정도의 교사에게는 협동적 장학을 적용하고, 높은 수준의 교사에게는 비지시적 장학을 적용한다. 물론 장학에 대한 교사 참여 정도도 차차 높아진다. 이렇게 차등적인 장학으로 교사의 발전 정도, 참여 정도를 높여 나간다는 의미에서 발달장학이라는 말이 나왔다.

> **발달장학**
> 교사의 발달 정도와 장학방법에 맞게 장학하여 교사의 발달수준을 높인다는 원리에 근거한 장학

4) 협동적 동료장학

전문직에서는 행정적인 상급자보다는 전문적 동료 간의 협동을 더 선호하고 또 필요로 한다. 교직도 전문직이라면 전문 동료교사끼리 장학적 기능을 할 수 있고 또 실제로 교사들은 동료장학을 좋아한다. 상급자가 장학하더라도 동료의식을 가지고 장학한다고 하여 동료장학이라고도 하며 여기서는 주로 교사끼리 하는 동료장학을 생각한다.

초등학교에서는 같은 학년의 교사끼리, 중등학교에서는 같은 교과의 교사끼리 수업기술 향상을 위하여 협동하게 할 수도 있고, 경험 있는 유능한 교사와 초임교사가 짝을 이루어 장학의 기능을 하게 할 수도 있고, 또 비슷한 문제와 관심을 갖고 있는 3~4명의 교사끼리 팀을 구성하여 협동적으로 문제를 해결하게 하는 방안도 생각할 수 있다.

최근에는 동료코치라고 하여 운동코치처럼 수업기술 향상을 위하여 코치하도록 하는 방안이 외국에서 널리 퍼져 나가고 있다. 이것도 단순히 자료만 수집해서 수업자에게 제공해 주는 수준의 코치, 문제해결을 위하여 대등한 관계에서 협동적 노력을 하게 하는 코치, 전문가의 입장에서 수업자를 도와주는 입장의 전문적 코치의 세 수준으로 나누어 볼 수 있다.

이러한 동료장학도 계획적으로 해야 하며 행정적 · 제도적 뒷받침이 있어야 한다.

> **협동적 동료장학**
> 둘 이상의 교사가 서로 수업을 관찰하고, 그 결과에 대하여 피드백을 제공해 주고, 공통적인 전문적 관심에 대하여 토의하면서 자신들의 전문적 성장을 위해 함께 하는 비교적 반형식적인 과정의 장학

5) 자기장학

자기장학
교사 혼자서 일정한 목표를 세워 놓고 그 목표를 향해서 혼자서 독립적으로 노력하는 장학

　원래 장학은 상급자가 감독한다는 데서 출발했지만 동기 유발이 잘된 유능한 교사들은 자기 혼자서도 교수기술의 향상을 위해서 노력하여 장학적 기능을 발휘할 수 있다.

　자기 스스로 자신의 수업을 녹화 또는 녹음하였다가 분석할 수 있고, 학생이나 학부모, 동료교사로부터 수업에 대한 피드백을 받을 수도 있고, 상급과정 대학원 과목을 수강할 수도 있고, 각종 세미나와 학회에 참석하고, 전문서적을 구독하여 전문성을 높일 수도 있다. 그러나 자기장학을 자유방임으로 생각해서는 안 된다. 자기장학이라도 계획서를 제출하고 그 결과를 보고해야 한다.

　스스로 자신에 대한 자기평가를 통해 반성하고 새로운 교수기술 향상에 도전하게 할 수도 있다. 어떤 의미에서 자기장학은 최선의 방안이 될 수 있다.

6) 전통적 장학

전통적 장학
교장이나 교감이 잠깐(2~3분) 비공식적으로 교실에 들러서 수업을 관찰하는 방법

　전통적 장학은 장학사나 교장, 교감이 잠깐 교실에 들러 수업을 관찰하고 평을 하는 형식을 취한다. 그래서 교사의 눈에는 도와주려는 의도로 비춰지기보다는 감독을 하는 것으로 이해되어 전통적 장학에 대하여 일반적으로 거부감을 가졌던 것이다.

　그러나 장학진의 수적 제약과 시간적 제약 때문에 어쩔 수 없이 이런 장학을 할 수밖에 없고 현재도 대부분 이런 전통적 장학에 의존할 수밖에 없는 실정이다. 단지 전통적 장학을 하더라도 계획적으로, 또 수업에 초점을 맞춰 도와주겠다는 의도로 실시되어야 한다. 또 잠깐 동안 교실을 방문했다고 하더라도 피드백을 제공함으로써 개선과 발전을 도모할 수 있도록 개선되어야 한다.

7) 선택적 장학

교사는 학생들보다도 개인차가 더 심할지도 모른다. 더 많은 인생을 살고, 교직생활을 하는 동안 학생들보다 더 차이가 벌어졌을 것으로 미루어 생각할 수 있다. 그래서 학생들에게 개별화 학습이 필요하듯이 교사들이야말로 **개별화 장학**(individualized supervision)이 요구된다.

그런데 교사 개개인에 맞는 개별화 장학을 할 만한 장학인력과 시간이 없다. 그래서 실행 가능한 몇 개의 장학대안을 마련해 놓고 교사들로 하여금 자신에게 맞는 장학방법을 선택하게 하는 장학방법이 선택적 장학이다. 마치 자동판매기에 동전을 넣고 자신이 좋아하는 선택 버튼을 누르게 하는 것과 마찬가지다. 그러나 완전히 선택에 맡길 경우 한쪽에 편중될 수 있을 것이므로 [그림 10-8]과 같이 권장하고 조정하여야 한다.

장학의 선택대안으로는 임상장학, 협동적 동료장학, 자기장학, 전통적 장학 등으로 학교나 교육청의 사정과 형편에 따라 늘릴 수도 있고 줄일 수도 있다.

선택적 장학
교사와 교장이 필요와 사정에 의하여 여러 장학적 대안 중에서 그 교사에게 맞는 것을 합의·선택하여 그것을 적용한다.

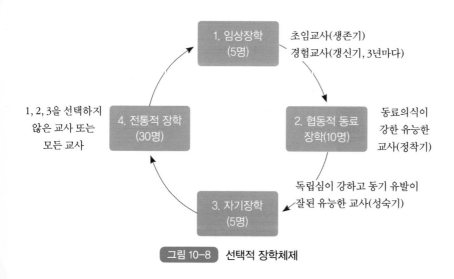

그림 10-8 선택적 장학체제

5. 임상장학 방법

앞의 장학의 모델에서 이미 임상장학에 대하여 소개하였는데 그 구체적인 방법에 대하여 설명하기로 한다.

1) 임상장학의 개관

우선 임상장학이 무엇인가에 대하여 대체적인 개관을 하고 나서, 구체적인 방법을 설명하기로 한다.

현행 장학의 문제   장학은 필요하기 때문에 존재하는 중요한 교육활동인데 교사들과 밀착되지 못하여 오히려 도와준다는 장학에 대하여 교사들이 부정적인 태도를 갖는 점이 문제다. 이런 문제점은 비단 우리나라에만 있는 것이 아니라 외국의 경우도 마찬가지다. 이런 현상은 장학의 의도나 목적, 내용에 대하여 거부반응을 보이는 것이 아니라 장학의 방법에 대한 불만에서 나온 것이다. 따라서 장학의 방법을 바꾸면 장학에 대한 부정적인 태도는 바뀔 수 있다는 것이다.

구체적으로 교사들이 장학을 감독이나 평가와 동일시하고, 또 장학이 교사의 필요에 의하여 실시되기보다는 장학자의 필요에 의하여 실시된다는 데 문제가 있다. 이런 문제점을 해결하려는 대안으로 나온 것이 임상장학이다.

임상장학
교실에서 교사와 장학사의 친밀한 일대일 관계 속에서 계획협의회, 수업관찰과 분석, 피드백협의회의 순환적 과정을 거치면서 교사의 전문직적 성장, 특히 교사의 교수기술 향상을 실현하는 하나의 장학 대안이다.

임상장학의 의미   임상장학은 과거의 장학과는 반대로 지시적이기보다는 장학자와 교사 간 상호작용적이고, 권위주의적이기보다는 민주적이고, 장학자 중심적이기보다는 교사 중심적인 하나의 대안적 장학 모델이라고 할 수 있다. 즉, 교사의 필요에 의하여 교사가 주체가 되어 실시되는 장학이다.

임상장학은 임상이라는 말 속에 병리적 · 처치적인 뉘앙스가 풍기는 것과는 정반대로 오히려 건전한 교사, 발전지향적 교사라는 기본 가정에서 출발한다. 임상장학은 우리가 지금까지 배워서 많이 들은 칼 로저스(Carl Rogers)의 내담자 중심 카운슬링의 정신과 목적, 원리와 같다.

교사의 잠재능력을 믿고 이를 개발해 주어 교수기술을 향상시키고 전문적 성장을 하게 하여 교사를 행복하게 해 주자는 의도를 갖고 있다. 그런데 간접적·우회적으로 도와주는 것이 아니라 교실활동에 실질적·직접적으로 도움을 주자는 것이다.

임상장학에서는 우선, ① 교사에게 객관적인 피드백을 제공해 주어 교사로 하여금 이를 활용하게 하고, ② 수업상의 문제점을 진단하고 해결하며, ③ 교사로 하여금 수업 전략을 세울 수 있도록 하고, ④ 평가가 필요하다면 객관적인 평가를 할 수 있도록 하는데 우리나라에서는 이 항목은 적용하지 말도록 권고한다. ⑤ 계속적인 전문적 성장에 긍정적 태도를 갖도록 하는 등 다섯 가지를 구체적 목표로 하고 있다.

이제 장학에 대하여 계속 부정적인 태도만을 가질 수는 없다. 평생을 건 교직에서 보람을 느낄 수 있도록 임상장학을 받을 필요가 있다.

임상장학의 과정　　임상장학은 구체적인 과정과 단계를 제시하고 있다. 처음에 임상장학 방법을 개발한 하버드 대학 팀은 8단계를 적용했으나 그 후에 많은 사람들이, ① 관찰 전 협의회, ② 수업관찰, ③ 분석과 전략, ④ 관찰 후 협의회, ⑤ 관찰 후 협의회 분석의 5단계로 압축하였다. 이것을 더 압축한 것이 ① 계획협의회, ② 수업관찰, ③ 피드백협의회의 3단계다.

> 임상장학의 3단계
> 계획협의회 → 수업관찰 →
> 피드백협의회

임상장학에서는 사전에 계획협의회를 한다는 것이 하나의 특징이다. 계획협의회에서 친밀한 관계를 형성하여 교사, 학급, 수업, 장학의 필요성 등에 대하여 상호 이해를 같이 하고 또 사전 계획을 세우고, 상호 약속을 하여 일종의 계약을 하는 단계라고 할 수 있다.

수업관찰은 계획협의회에서 약속한 대로 약속한 도구로 필요한 객관적인 자료를 수집하기 위하여 교실을 방문하여 실제로 수업을 관찰하는 임상장학의 핵심적인 단계다.

피드백협의회는 수집된 자료를 놓고 협의하여 수업개선과 수업기술 향

목적
1. 래포의 형성
2. 수업관찰의 목적과 기능 설정
3. 수업관찰 측면에 대한 합의
4. 관찰 중 사용한 절차 개발
5. 관찰 중 장학자가 교사가 수행한 역할 확인
6. 피드백협의회의 목적과 성격을 결정
7. 수업관찰과 피드백협의회에 대한 교사의 질문에 대답

방법
1. 수업에 대한 교사의 관심 확인
2. 교사의 관심을 관찰 가능한 행동으로 바꾸기
3. 교사의 수업개선을 위한 절차 확인
4. 교사로 하여금 자기개선의 목표를 설정하도록 돕기
5. 수업관찰의 시간 결정
6. 기록할 관찰도구와 관찰행동을 선정하기
7. 자료 기록을 위한 수업 장면을 명료화하기

목적
1. 교사의 장점과 개선 필요 영역을 확인 진단
2. 학생학습을 손상시키는 상황을 관찰
3. 수업에 관한 객관적 자료의 수집

방법
A. 부분적인 정확한 기록 방법
  1. 교사의 방문
  2. 교사의 피드백 방법
  3. 교사의 지시와 구조적 진술
B. 좌석표에 관찰 기록
  1. 과업집중
  2. 언어흐름
  3. 이동양식
C. 광각렌즈 방법
  1. 일화기록
  2. 녹음·녹화기록
D. 체크리스트
  1. 교사 이미지 질문지
  2. 학생 관찰 조사
  3. 교사 스타일에 대한 학생의 지각
  4. 문답식 수업
  5. 강의–설명식 수업
  6. 시간선에 따른 기록

목적
1. 수업 상황에 대한 지각과 그 이유에 대한 이해
2. 수업문제에 대한 가능한 해결책 탐색
3. 수업개선의 행동계획의 설계와 합의
4. 교사의 수업개선 시의 진전 상황 검토

방법
1. 객관적 관찰자료에 의해 교사에게 피드백
2. 교사의 추측과 의견, 느낌을 끌어내기
3. 대안적 수업목적, 방법, 이유를 고려하도록 교사를 격려하기
4. 교사에게 연습과 비교의 기회를 제공하기

※ 비지시적 교사중심협의회 방법
  1. 많이 경청하고 덜 말하기
  2. 교사가 말하는 것을 인정, 의역, 사용하기
  3. 명료화하는 질문
  4. 교사의 성과와 성장에 대해 구체적 칭찬
  5. 직접적 조언을 피하기
  6. 언어적 지지를 하기
  7. 교사가 느끼고 있는 것을 인정하고 사용하기

그림 10-9 임상장학의 단계별 목적과 방법

상의 전략을 모색하는 단계라고 할 수 있다. 임상장학의 3단계별로 목적과 방법을 요약하면 [그림 10-9]와 같다.

2) 수업관찰과 분석

수업관찰은 임상장학뿐만 아니라 모든 장학활동의 핵심 부분이다. 그래서 수업을 정확하게 관찰할 수 있는 방법을 연구하는 일은 장학을 잘하는 지름길이라고 본다. 수업을 잘 관찰하기 위해서는 많은 훈련과 연습이 필요한데 여기서 이것을 자세히 설명할 만한 여유가 없으므로 간단히 관찰도구의 이름을 제시하는 것으로 대신한다.

부분적인 정확한 기록방법   교사가 관심을 갖고 또 문제점을 생각하는 그 부분만 정확하게 기록했다가 분석하는 방법이다. ① 교사의 질문이나 ② 피드백, ③ 지시와 구조적 진술의 부분을 정확하게 기록했다가 분석하는 방법이다. 교사의 질문을, ① 질문의 인지적 수준, ② 정보의 양, ③ 재지시, ④ 탐색적 질문, ⑤ 복수질문의 측면에서 분석할 수 있다. 교사의 피드백을, ① 양, ② 다양성, ③ 구체성 등의 관점에서 분석하고, 교사의 지시하는 말과 구조적 진술도 피드백과 같은 관점에서 분석할 수 있다. 예를 들면, 교사의 발문법에 관심을 갖는다면 수업 중에 교사가 했던 질문을 대사 그대로 기록해 놓았다가 분석하여 해결 방안을 찾는 것이다. 질문의 수준이 브룸의 인지적 영역인, ① 지식, ② 이해, ③ 적용, ④ 분석, ⑤ 종합, ⑥ 평가의 범주 중 어디에 집중이 되어 있는지를 분석하는 것이다.

좌석표에 의한 관찰기록   학생들의 교실 내 좌석표 위에다 여러 가지 정보를 담아 놓을 수 있다. 예를 들면, 학생들이 얼마나 열심히 수업에 집중하는지, 또 말이 오고 가는 언어의 흐름, 교실 내 교사와 학생의 움직임 등을 여러 가지 범례에 따라 기록했다가 분석하고 해석하면 도움이 될 것이다. 좌석표에 과업집중을 기록한 예는 [그림 10-10]이며, 전체를 종합한 것이 〈표 10-3〉과 같다. 언어의 흐름과 이동양식의 관찰기록의 예시는 [그림

발문
질문을 만들고 준비하는 것으로 교사가 학생의 사고와 학습을 자극하는 기본적인 방법의 하나다.

과업집중표의 내용을 분석해
보자.

나영		현숙		선영	
1. F	5. B	1. D	5. A	1. D	5. A
2. D	6. A	2. D	6. A	2. D	6. A
3. B	7. D	3. D	7. D	3. D	7. A
4. B	8. D	4. F	8. D	4. A	8. D

병철	
1. A	5. E
2. D	6. E
3. E	7. E
4. E	8. E

병렬	
1. D	5. E
2. D	6. E
3. E	7. E
4. E	8. E

〈범례〉
A = 과업 중, 혼자 읽기
B = 과업 중, 교사나 보조원과 읽기
C = 이석
D = 잡담
E = 교실 밖
F = 장난

☆동철	
1. C	5. F
2. D	6. D
3. A	7. F
4. C	8. F

민수	
1. F	5. E
2. C	6. E
3. E	7. E
4. E	8. E

1.9 : 20
2.9 : 22
3.9 : 24
4.9 : 26
5.9 : 28
6.9 : 30
7.9 : 32
8.9 : 34

☆은숙	
1. D	5. F
2. D	6. A
3. F	7. F
4. F	8. B

경희	
1. D	5. B
2. A	6. B
3. A	7. B
4. A	8. B

영숙	
1. A	5. F
2. F	6. D
3. C	7. A
4. C	8. C

철수(결석)	봉환		영수	
	1. A	5. E	1. A	5. E
	2. D	6. E	2. E	6. E
	3. E	7. E	3. E	7. E
	4. E	8. E	4. E	8. E

교사용 책상

☆ 1학년 교사가 특별히 관찰해 주기를 바랐던 어린이들

그림 10-10 과업집중표

표 10-3 [그림 10-11]에서 나온 과업집중표 요약표

행동	9:20	9:22	9:24	9:26	9:28	9:30	9:32	9:34	합계	%
A = 과업 중, 혼자 읽기	4	1	2	2	2	4	2	0	17	18
B = 과업 중, 교사나 보조원과 읽기	0	0	1	1	2	1	1	2	8	8
C = 이석	1	1	1	2	0	0	0	1	6	6
D = 잡담	5	8	2	0	0	2	2	3	22	23
E = 교실 밖	0	1	5	5	5	5	5	5	31	32
F = 장난	2	1	1	2	3	1	2	1	12	13

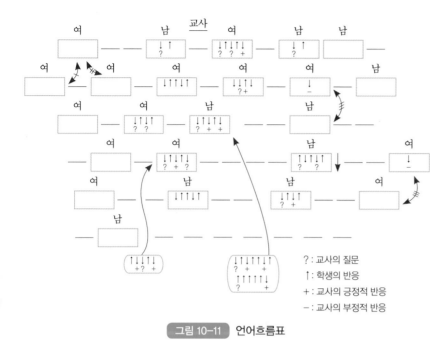

언어흐름표의 내용을 분석해
보자.

? : 교사의 질문
↑ : 학생의 반응
+ : 교사의 긍정적 반응
− : 교사의 부정적 반응

그림 10-11　언어흐름표

10-11], [그림 10-12]와 같다. 언어흐름 중의 화살표가 밑으로 내려온 것은 교사가 학생에게 언어를 보낸 것이고 위로 올라간 것은 그 좌석 학생이 교사에게 언어를 보낸 것이다.

전반적 관찰 방법　　원래 임상장학은 교사가 문제점으로 삼는 부분에 초점을 맞춰 수업관찰을 하고 자료를 수집하는 것이지만 필요에 따라서는 또는 수업상의 문제점 자체를 찾기 위해서 교실 내의 모든 상황 또는 수업 전반에 걸쳐 관찰할 수도 있다. 여기에는 일화기록 방법, 녹음과 녹화, 기타의 질적 기록 방법 등이 있다.

일화기록 방법은 교실 내에서 관찰자의 오관을 통하여 들어오는 모든 것을 그때그때 기록할 수 있는 대로 기록하고 기술하는 방법이다. 물론 주관적일 수 있다. 따라서 주관적인 판단을 기록하는 것이 아니라 객관적인 사실을 기록하도록 노력해야 한다.

녹음과 녹화는 가장 정확하고 객관적인 수업관찰 기록이다. 그러나 여기에도 주관성이 개입될 수 있다. 마이크와 카메라를 어디에 설치하느냐에

수업컨설팅을 위한 수업관찰

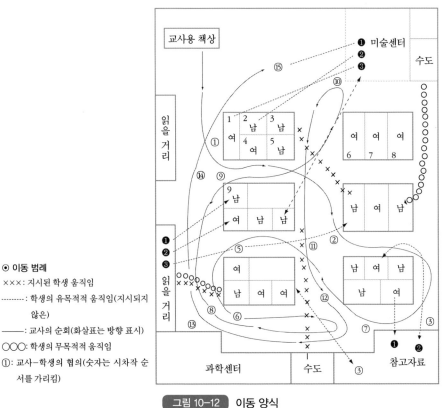

그림 10-12 이동 양식

따라 기록을 받아들이는 것이 달라지기 때문이다.

그 외에 자유기술식으로 수업을 기록하고, 또 아이스너(Eisner)의 말대로 수업을 비평하고 감상할 수 있다.

체크리스트와 평정법   현장에서 현재도 많이 사용하는 방법으로 몇 가지 항목과 관점을 제시하여 해당되는 항목에 체크하게 하거나 척도상에 점수로 표시하게 하는 방법이다. 〈표 10-4〉는 체크리스트 평정의 예다.

이 체크리스트와 평정 척도는 성인 관찰자에게 적용할 수도 있고, 또 가르침을 받은 학생에게 적용하도록 고안될 수도 있다.

표 10-4 체크리스트 평정의 예

구분		진단 내용	아주만족	만족	보통	불만	아주불만
수업 준비	1	학생에 대한 사랑과 교육에 대한 열정을 갖고 있는가?	⑤	④	③	②	①
	2	수업준비는 충분히 하는가?	⑤	④	③	②	①
	3	학습내용은 학생들의 수준에 적절하고 도전할 과제인가?	⑤	④	③	②	①
	4	학습목표와 주제, 내용에 적합한 학습 전략을 세우는가?	⑤	④	③	②	①
	5	적절한 수업 단계의 시간 배분 등 수업진행의 밑그림을 그리는가?	⑤	④	③	②	①
	6	수업내용과 관련한 동기 유발을 할 자료 또는 전략을 준비하는가?	⑤	④	③	②	①
수업 신행	1	수업 시종 시간을 지키는가?	⑤	④	③	②	①
	2	수업 시작과 끝에 수업 규칙에 따라 학생들과 인사를 나누는가?	⑤	④	③	②	①
	3	수업을 시작할 때 출석 확인과 수업준비 상태를 확인하는가?	⑤	④	③	②	①
	4	과제물 확인과 피드백을 제공하는가?	⑤	④	③	②	①
	5	수업을 시작할 때 본시에 공부할 개요를 알려 주는가?	⑤	④	③	②	①
	6	전시학습 내용을 상기하는가?	⑤	④	③	②	①
	7	학습목표를 고려하여 동기를 유발하는가?	⑤	④	③	②	①
	8	학습목표를 정확히 세시하는가?	⑤	④	③	②	①
	9	수업의 중요한 내용을 부각하여 강조하는가?	⑤	④	③	②	①
	10	학생들의 반응에 적절하게 대응하는가?	⑤	④	③	②	①
	11	학습내용을 평가 방법 및 기준과 연계하여 제시하는가?	⑤	④	③	②	①
	12	학습목표와 관련하여 학습내용에 관한 형성평가를 실시하는가?	⑤	④	③	②	①
	13	학습내용을 요약 정리해 주는가?	⑤	④	③	②	①
	14	학습내용과 관련한 질의와 응답의 회를 갖는가?	⑤	④	③	②	①
	15	차시에 학습할 내용을 제시하는가?	⑤	④	③	②	①
수업 방법	1	효과적인 다양한 수업 방법을 적용하는가?	⑤	④	③	②	①
	2	교과서와 노트의 활용이 적절하게 이루어지는가?	⑤	④	③	②	①
	3	정보매체 자료와 유인물 등 다양한 자료를 활용하는가?	⑤	④	③	②	①

	4	교사 주도적 수업과 학생 주도적 수업이 적절하게 이루어지는가?	⑤	④	③	②	①
	5	수업내용을 학생들의 수준에 맞게 제공하는가?	⑤	④	③	②	①
	6	수업내용에 알맞은 학습활동 유형을 제공하는가?	⑤	④	③	②	①
	7	판서의 구조화와 판서의 자세는 적절한가?	⑤	④	③	②	①
	8	보상과 강화는 적절하게 이루어지는가?	⑤	④	③	②	①
	9	개방적 발문과 폐쇄적 발문을 적절하게 사용하는가?	⑤	④	③	②	①
수업 평가	1	수업 전에 평가 문항 구안을 미리 준비하는가?	⑤	④	③	②	①
	2	수업의 내용에 대한 평가 방법과 기준을 제시하는가?	⑤	④	③	②	①
	3	학습목표와 관련된 성취 정도를 평가하는가?	⑤	④	③	②	①
	4	평가 결과에 대한 피드백을 제공하는가?	⑤	④	③	②	①
언어	1	음성의 크기, 높낮이, 강약의 변화는 적절한가?	⑤	④	③	②	①
	2	말의 빠르기가 적절하고 정확하게 전달되는가?	⑤	④	③	②	①
	3	개방적 발문과 폐쇄적 발문을 적절하게 사용하는가?	⑤	④	③	②	①
	4	거슬리는 습관성 말투를 사용하지 않고, 올바른 교수언어를 사용하는가?	⑤	④	③	②	①
	5	학생들의 이해와 성장을 돕고, 칭찬과 격려는 긍정적 언어를 사용하는가?	⑤	④	③	②	①
태도	1	단정한 복장을 갖추고 있는가?	⑤	④	③	②	①
	2	몸동작 등 자세가 자연스럽고 적절한가?	⑤	④	③	②	①
	3	교실 앞에서의 위치 변화와 학생들 사이의 순회는 적절한가?	⑤	④	③	②	①
	4	표정이 온화하고 밝으며 친화적인가?	⑤	④	③	②	①
	5	학생들과 고르게 시선을 교감하면서 수업을 진행하는가?	⑤	④	③	②	①
관계	1	학생들의 이름을 불러 주는가?	⑤	④	③	②	①
	2	학생들을 긍정적 시각으로 바라보는가?	⑤	④	③	②	①
	3	학생들의 의견을 수용하고 존중하는가?	⑤	④	③	②	①
	4	학생들과의 상호작용이 활발하게 이루어지고 있는가?	⑤	④	③	②	①
	5	학생들이 교사의 권위를 존중하고 따르는가?	⑤	④	③	②	①

범주별 빈도 측정도구　이것은 몇 개의 범주를 마련해 놓고 그때그때 일어나는 일을 빈도수로 표시하여 분석하는 방법이다. 이는 필연적으로 계획적인 방법이 될 수밖에 없다.

플랜더스(Flanders)의 언어 상호작용 분석기법　이 방법은 과거에 우리나라에서 한참 유행했던 방법으로 수업 중 교사의 행동과 학생의 행동을 지시적 행동과 비지시적 행동으로 나누어 매 3초마다 체크하게 했다가 지시적 수업행위 대 비지시적 수업행위의 비율을 내어 수업이 지시적으로 아니면 비지시적으로 흘러갔는지를 분석하는 방법이다.

교사의 행동 중에서, ① 감정의 수용, ② 칭찬이나 격려, ③ 학생의 아이디어 수용은 **비지시적 행동**의 범주에 들어가고, ④ 강의, ⑤ 지시, ⑥ 학생에 대한 비평과 교사의 권위의 정당화는 **지시적 행동**으로 분류한다. ⑦ 학생의 피동적 반응은 지시적 행동으로, ⑧ 학생의 주도적 발언은 비지시적 행동으로 분류하고, ⑨ 교사의 질문은 중립으로, ⑩ 침묵이나 혼란은 별도로 계산한다. 플랜더스의 언어 상호작용 분석 카테고리와 이를 관찰표에 표시하는 시간선표는 〈표 10-5〉와 [그림 10-13]과 같다.

표 10-5 플랜더스 상호작용 분석 카테고리* (FIAC)

비지시적 행동	교사	1. 감정의 수용: 비위협적인 방법으로 학생의 감성석 색소나 태도를 수용하거나 명료화한다. 감정은 긍정적이거나 부정적일 것이다. 감정을 예측하고 회상하는 것도 포함된다.
		2. 칭찬이나 격려: 학생을 칭찬하거나 격려한다. "으흠", "그렇지"라고 말한다. 긴장을 완화하는 농담을 한다. 그러나 학생을 무시하는 것은 아니다.
		3. 학생의 아이디어를 수용 또는 사용: 학생의 말을 인정한다. 학생의 아이디어에 기반을 두어 질문을 명료화한다.
	학생	9. 학생의 말-주도: 학생이 자발적으로 또는 교사의 유도에 의한 반응으로 학생 자신의 아이디어를 주도하거나 표현한다. 의견과 사고의 선을 개발할 자유, 현존구조를 넘어서 간다.
중립		4. 질문: 학생이 대답할 것을 기대하는 의도로 교사의 아이디어에 기반을 두고 내용 또는 절차에 대하여 질문을 한다.

지시적 행동	교사	5. **강의**: 내용이나 절차에 대하여 사실이나 의견을 제시한다. 교사 자신의 아이디어를 표현하고, 자기 자신의 설명을 하고, 학생 이외의 권위를 이용한다.
		6. **지시**: 학생이 수락할 것을 기대하는 지시, 지휘, 명령을 한다.
		7. **학생을 비평 또는 권위를 정당화**: 받아들일 수 없는 양식으로부터 받아들일 수 있는 양식으로 학생활동을 변화시킬 의도를 가지고 진술을 한다. 학생의 대답을 독단적으로 정정한다. 야단친다. 교사가 하고 있는 것을 왜 하고 있는지 말한다. 극단적인 자기 참조를 한다.
	학생	8. **학생의 말-반응**: 상황을 구조화하거나 제한하는 교사의 접촉에 대한 반응으로 학생이 말한다. 자신의 아이디어를 표현할 자유가 제한된다.

10. **침묵이나 혼란**: 관찰자가 의사소통을 이해할 수 없는 정지, 잠깐 사이의 침묵, 혼란의 기간

* Flanders, Analyzing Teaching Behavior, 1970에 기초를 둠. 여기의 숫자는 '척도'를 암시하는 것이 아니다. 각 숫자는 '분류'를 위한 것이다. 즉, 특별한 종류의 의사소통을 가리킨다. 관찰하는 동안 이 숫자를 쓰는 것은 판단이 아닌 척도상의 위치만을 열거하는 것이다.

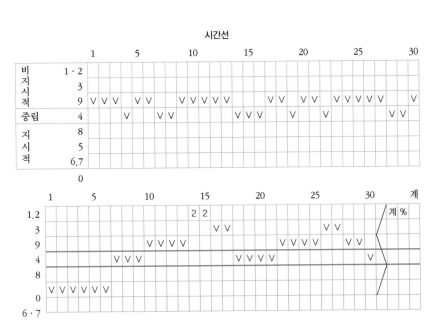

그림 10-13 시간선 표

　　언어 상호작용을 분석하는 Flanders 수업관찰도구 이후에 학업성취를 높일 수 있는 효과적인 교수를 측정해서 적절한 피드백의 제공이 가능한 활동 중심의 양적 관찰도구를 개발하려는 연구가 이어졌다. 이런 연구는 학업성취를 높이는 좋은 수업에 관한 타당한 요소를 반영한 수업관찰도구를 개발·개선하고, 이 요소를 발현하는 수업행동에 초점을 맞춰 수업을 관찰하고, 측정한 결과를 분석해서 수업의 개선에 환류하려 한다. 최근에 해외의 수업관찰은 이런 연구로 제시된 좋은 수업의 요소를 반영해 개발한 양적 관찰도구를 사용해서 진행된다(정일화, 2020).

　　국제적으로 알려진 양적 수업관찰도구의 예로는, 네덜란드에서 개발되어 교과 전반에 적용이 가능한 ICALT(International Comparative Analysis of Learning and Teaching) 관찰도구, 미국의 MET(Measures of Effective Teaching) 연구에서 사용된 것으로 언어와 수학교과용인 CLASS(Class Assessment Scoring System)와 FfT(Framework for Teaching), 또 다른 수학교과용 MQI(Mathematical Quality of Instruction), 수학과 과학교과용 UTOP(UTeach Observational Protocol), 언어교과용 PLATO(Protocol for Language Arts Teaching Observation), 과학교과와 수학교과 겸용인 QST(The Quality Science Teaching) 관찰도구가 있다(Gill, B., Shoji, M., Coen, T., & Place, K., 2016; Kane, T. J. et al., 2012b). 그리고 20개 국가가 공동 개발한 ISTOF(International System for Teacher Observation and Feedback), 세계은행이 저개발 국가의 교육을 위해 개발한 Teach, 독일에서 개발된 GDTQ(Generic Dimensions of Teacher Quality) 등이 있다(김득준, 김지은, 정일화, 2020).

　　비디오 테이핑　　일상에서 이루어지는 정규 수업 가운데 한 차시 전부를 캠코더를 이용하여 녹화한 후에, 수업의 처음부터 마지막까지 컨설턴트와 강의자 단둘이 함께 녹화한 수업을 시청하며 수업에 관한 피드백을 받는 방법이다. 최근에 학교마다 교사의 수업 동영상을 촬영하여 학교 홈페이지에 탑재하기도 한다. 교사 상호장학의 일환으로 동일 교과 교사들은 동료 교사의 수업 동영상을 보고, 자신이 관찰한 바를 기록한 수업관찰록을 서로의 수업개선을 위해 교환하기도 한다.

비디오 테이핑 '비디오 피드백'이라고 하지만, 마이크로티칭에도 비디오 피드백 절차가 포함될 수 있기 때문에 두 용어가 혼용되기도 하여 구분하기 위해 '비디오 테이핑'이라 한다(조벽, 2012: 22). 하지만 '비디오 피드백'이 '비디오 테이핑'을 포함한 개념으로 '비디오 피드백'으로 일반화하고 있다. 비디오 피드백은 녹화한 비디오를 통해 수업을 관찰하면서 피드백은 관찰 직후에 이루어질 수도 있고 며칠 후에 이루어질 수도 있다. 컨설턴트는 피드백을 위해서 수업에 참여한 학생들에게 수업에 관하여 인터뷰하거나 질문지를 이용해 수업에 관한 피드백 자료를 수집하기도 한다.

비디오 테이핑은 평상시 수업을 그대로 촬영하기 때문에 특별히 시간을 내어 수업을 공개한다는 부담이 없다. 내부 구성원이 중심이 되어 수업 관찰이 진행되면 마이크로티칭을 권장되고, 외부에서 수업 컨설팅 전문가가 개입하는 경우에는 비디오 테이핑이 권장된다(조벽, 2012: 24).

6. 요약 및 적용

1) 요약

① 학교조직에서 장학은 "학생의 학습성과를 촉진, 제고시키고 학교조직의 목적을 효과적으로 달성하기 위해 직접적으로 교사의 행위에 영향을 주는 체계적인 행위"라고 볼 수 있는데, 궁극적인 목적은 '수업개선'에 있다.

② 장학의 구체적인 과업은 교육과정의 질적 관리, 교수효과성, 교원능력개발, 학교 개선, 학습환경 개선과 학생성취도 평가에 있다.

③ 장학은 강조하는 목적이나 방법에 따라 일반장학, 수업장학, 임상장학과 마이크로티칭, 발달장학, 협동적 동료장학, 자기장학, 전통적 장학, 선택적 장학, 과학적 장학 등으로 구분될 수 있다.

④ 장학의 궁극적인 목적이 교사의 수업개선에 있다고 볼 때, 교사의 교

실 수업활동이나 수업기법을 발전시키는 데 초점을 둔 장학으로 임상장학이 있다. 임상장학은 장학담당자가 교사의 교수기술을 향상시키기 위해 직접적으로 도움(피드백)을 주자는 것으로 교사 중심적인 장학의 한 대안이다.

2) 적용

■ 서술형 문제

※ 다음 내용을 읽고 물음에 답하시오.

> (가) 학습의 단계와 일치시키고 교사 중심적, 지시적 수업의 성격을 갖고 있다. 장학 과정에서 수업관찰과 수업내용 녹음이 중요한 요소다. 완전학습(mastery teaching)이라고 일컬어지는 이 장학 모델은 사전협의회, 수업관찰, 사후협의회가 뼈대를 이루고 있다.
>
> (나) 장학 담당자와 교사 간의 수평적 관계 속에서 이루어지고, 교사의 자발성을 최대한 보장하는 방식의 장학 방법으로 의뢰 교사의 문제에 대한 정확한 진단과 문제해결을 위해 전문성을 갖춘 사람들이 조언 및 지원을 하는 장학 활동이다.

1. (가), (나)에 알맞은 개념을 쓰시오.

(가) _____

(나) _____

2. (가)와 (나) 영역 장학의 일반적 절차를 제시하시오.

(가) 영역: _____

(나) 영역: _____

3. 임상장학 기법을 사용하여 교수의 수업행동을 분석해 보시오.

■ 토의 · 토론 문제

1. 교육과정 행정의 의미를 고려해서 교육행정에서 고려해야 할 사항을 토의해 보시오.

2. 이 장의 서두에 제시된 '장학의 느낌'처럼, 자신이 초 · 중등학교를 다니면서 경험한 장학의 이미지를 서로 이야기해 보고, 향후 어떤 장학을 자신에게 적용시켜 볼 것인지를 토의해 보시오.

학교경영과 학급경영

제4부는 교육경영 차원에서 학교와 학급경영을 다룬다. 학교경영은 교육행정이 학교에서 어떻게 이루어지는지를 통해서 이해하게 될 것이다. 또한 교사가 되어서 가장 중요하면서도 어렵게 느끼는 일이 학급경영이다. 성공적인 교사가 되기 위해서는 학급경영에 대한 이해가 필요하다. 어떻게 하면 바람직한 학급경영을 할 수 있는지 공부하자.

성공적인 학교경영

전통적으로 학교경영은 교장의 몫으로 간주되었다. 학교경영 책임의 상당 부분과 최종 책임은 교장에게 있지만, 학교경영은 구성원의 공동 책임이라고 여기는 것이 타당하다. '공동운명체'인 학교는 '집단 지성'을 발휘하여 참여·협업하고, 분산적 리더십에 따라 각자가 맡은 역할과 책임을 다해야 한다. 빠른 변화의 세상을 특정인 혼자의 능력으로 헤쳐 가기란 불가능에 가깝다. 훌륭한 화음을 조율하는 오케스트라 지휘자, 또는 풍랑을 헤치고 안전하게 배를 항구에 닿게 하는 선장과 같은 리더인 교장을 중심으로 공동체 구성원의 역할이 유기적으로 연결되어 작용할 때, 성공적인 학교경영이 이루어질 수 있다.

제11장

학교경영

학
습
목
표

- 학교경영의 정의와 원리를 이해할 수 있다.
- 학교경영계획의 수립 과정을 알 수 있다.
- 학교평가에 대해 알 수 있다.
- 학교경영의 사례를 알 수 있다.
- 성공적인 학교경영의 교장 역할과 직무를 알 수 있다.

학습내용

주요 개념

학교경영, 교장, 학교경영의 원리, 학교효과, 학교경영계획, 학교평가, 혁신학교

1. 학교경영과 교장

이상적인 지도자는 권한을 제대로 사용하여 목적과 가치를 실현하려 할 것이다. 교장은 공동체가 지향하는 교육의 목적지에 안전하고 만족스럽게 도착할 수 있게 솔선해야 한다. 이를 위해 교장은 교육의 본질에 충실한 교육철학을 바탕으로 구성원의 신망을 얻는 리더십을 발휘하며 역할과 직무를 수행해야 한다.

1) 교장의 교육철학

학교경영은 학교의 교육목표를 달성하는 봉사적 활동이다. 교장은 국가와 지방교육자치의 수준에서 제시된 교육과정의 틀을 근거로 설정한 학교경영의 목표와 방침을 구성원들과 공유한다. 또한 교장은 학교교육계획을 수립하고, 계획에 따른 목표의 달성을 확인하는 평가에 이르는 전 과정을 관리한다. 이러한 과정에서 교육철학은 행정과 교수를 포함한 제반 교육적 행위의 실천적 준거가 되고, 목적과 결과에 대한 본질적 가치판단의 준거가 된다. 따라서 교장의 교육철학은 학교경영의 의미와 방향, 당면하는 현상이나 문제에 대한 접근에 지대한 영향을 미친다.

"로마로 갈 수 있는 길이 많듯이, 교장들은 같은 방식으로 생각하거나 행동하지 않는다"(Blumberg & Greenfield, 1980; 주삼환, 2005b: 252-253 재인용)라는 말이 있다. 이처럼 많은 교장과 여러 갈래의 길이 있고, 구성원의 교장에 대한 기대도 달라서, 다양한 의견의 차이는 당연히 따를 수밖에 없다. 하지만 어떤 경우에도 교육의 본질을 실현하는 올바른 교육철학을 어떻게 바르게 구현할지를 고민하고 구성원의 공감을 이끈다면, 학교공동체는 모든 학생의 성공을 지향한 목적지에 다다를 수 있을 것이다.

가치체계인 교육철학은 교육의 목표를 생성하는 근원이다. 교육철학은 교육의 목적 달성을 위한 행위와 과정에서 일관성 있게 그 가치를 확인하고 반성하게 한다. 교육철학이 어떠한가에 따라 교육내용, 교육과정, 교육

James Hilton(1900~1954)
의 소설 『Good-bye, Mr.
Chips』에 나오는 주인공. 영
국 브룩필드 학교 교사인 Mr.
Chips의 모습을 통해 따스한
인간미를 지닌 스승상을 제
시함

방식, 그리고 결과에 큰 차이를 가져올 수 있다. 교육행정과 학교경영은 올
바른 철학적 사고가 밑받침되지 않으면 교육의 본질을 제대로 실현하기 어
렵다(주삼환 외, 2007).

2) 교장의 역할과 직무

사회가 다변화되고 학교의 교육환경과 조직구조도 복잡해지면서 교장
은 과거보다도 더 큰 역할을 요구받는다. 시대별로 변화한 교장의 이미지
는 ① Mr. Chips, ② 수석교사, ③ 행정가, ④ 변화 촉진자, ⑤ 지도자로 구
분된다(주삼환, 2005a: 19). 학교장의 권한과 책임을 확대하는 **단위학교 책
임경영제**(School-Based Management: SBM)에서, 교장의 역할에 대한 이미
지의 변화는 더 많은 분야에서 더 높은 전문성을 요구하는 경향을 동반한
다(김이경 외, 2005). 특히, 수업 리더로서의 교장의 역할이 갈수록 더욱 강
조되면서, 교수–학습 분야의 전문성이 각별하게 중요해지고 있다(Hale &
Moorman, 2000).

미국은 교장 직무의 개발 방향과 정책의 강조점으로 '학생의 학습에 대
한 중점 반영'을 제시한다(CCSSO, 2008). 미국의 학교지도자자격컨소시엄
(Interstate School Leaders Licensure Consortium: ISLLC)은 직무의 수행을 표
준화의 관점으로 접근한다. 즉, 기능이나 과업보다는 가치 있는 목적과 결
과에 중점을 둔 교장의 직무 기준의 영역을 다음과 같이 통합적이고 일관
성 있게 제시한다. 먼저, 교장의 직무 영역을, ① **학교비전**, ② 학교문화와
수업 프로그램, ③ 학교관리, ④ 학부모와 지역사회 관계, ⑤ 행정가의 윤
리, ⑥ **광범한 상황적 맥락**으로 구분한다. 그리고 이러한 직무 영역별로 직
무 영역의 요소와 교장이 지녀야 할 가치와 신념인 '**직무성향**', 훌륭한 직무
수행을 위해 알아야 할 '직무지식', 교장으로서 마땅히 해야 할 '직무수행'의
기준을 구체적으로 밝히고 있다.

이와 비교해서 우리나라는, 「초·중등교육법」 제20조(교직원의 임무) 제1항
'교장은 교무를 통할하고 소속직원을 감독하며 학생을 교육한다.' 그리고
제3항 '교사는 법령이 정하는 바에 따라 학생을 교육한다.'라는 규정처럼,

단위학교 책임경영제
학교가 달성하고자 하는 목표
를 성취하기 위해 학교운영의
자율성을 부여하여 학교의 책
무성을 높이고자 하는 제도

학교비전
지역사회를 포함한 학교공동
체와 공유할 수 있고 지지를
받을 수 있는 학교의 비전을
개발하고, 상세화하고, 실행
하고, 헌신, 봉사하여 모든 학
생들의 성공을 증진하는 교
육지도자

표 11-1 우리나라 법령상의 규정에 따른 교장의 권한과 임무

영역	권한과 임무	
학교기획	• 학교운영 계획 입안, 실행 • 내부 조직 구성 및 업무 분장	• 학교규칙 제정 • 학교운영위원회의 설치 운영
교수-학습의 지원	• 교육과정 편성 및 운영 • 교과용 도서의 선정 • 교내 장학 • 연구 · 시범학교 운영	• 학생이 입학, 진급, 졸업 관리 • 학생평가 자료의 작성, 관리 • 학생자치활동의 보장 및 지원 • 학생 학습권의 보호
교직원 관리	• 교직원 인사 관리 • 교직원 복무 관리	• 사무분장 및 교직원의 조직 관리 • 교직원의 능력 발전 지원
사무 · 재무 · 시설 관리	• 사무 효율화 및 기록 관리 • 학사 사무 관리 • 재무 관리	• 학교시설 · 설비 관리 • 학교 안전 관리 • 구성원의 안전 및 보건 유지
대외 협력	• 관할청에 대한 보고 및 협조 • 학교시설의 개방 및 안내	• 학부모 및 자원인사 협력 • 학교 홍보

출처: 이차영(2006). 직무명료화에 기초한 교장 평가제도의 설계. **교육행정학연구**, 24(2), p. 234.

광범위한 상황적 맥락
정치, 사회, 경제, 법, 문화적 배경과 상황 등을 이해하고, 알맞게 반응하고, 영향력을 미쳐서 모든 학생들의 성공을 증진하는 교육지도자

직무성향
신념과 가치, 행동이 자유로운 세계에서, 다양한 의견을 수렴해서 모든 학생의 성공을 위한 방향으로 일관되게 이끄는 기질

법적인 차원에서 접근한다. 그렇지만 〈표 11-1〉처럼 법령상의 규정에 따른 교장의 제반 권한과 임무를 학업성취를 높이는 교수-학습 개선과 연결이 되게 요구하는 측면이 있다. 따라서 교육과정과 교수-학습에 더 높은 전문성을 갖춘 수업 리더로서 역할이 갈수록 강조되리라 예상된다.

3) 훌륭한 교장의 특성

인간 존중의 교육철학을 바탕으로 하는 성공적인 교장은 모든 학생의 인격 도야와 성공을 추구하고, 교직원의 자아실현을 돕고, 학교를 행복한 배움의 공동체로 이끈다. 미국 교육부가 효과적인 학교 간에 상호 관련된 요인을 분석해서 밝힌 성공적인 교장의 특징은 다음과 같다. ① 수업지도자, ② 안전하고 질서 있는 학교풍토, ③ 기초 기능의 강조, ④ 성과를 측정하는 평가체제, ⑤ 모든 학생의 높은 성취에 대한 교사의 기대, ⑥ 명확한 학업목표 선언, ⑦ 높은 **교사효능감**, ⑧ 교사와 학생에 대한 보상과 인센티브,

교사효능감
자아효능감이 교사에게 적용된 개념. 교사에게 기대되는 행동이나 상황에 맞게 교사 자신이 얼마나 잘 수행할 수 있는지에 대한 판단

교수적 자원(instructional resource)
새로운 교수적 전략 사용을 장려하고, 교수-학습 지원에 관심을 갖고 지원하기 위해 성과를 평가하는 등의 멘토 역할

가시적 현존자(visible presence)
필요할 때 언제나 어디서나 눈에 띄는 존재

⑨ 지역사회의 지원, ⑩ 주요 학업에 대한 학습 시간의 집중, ⑪ 빈번한 숙제와 검사 강조, ⑫ 짜임새 있는 교육과정, ⑬ 다양한 수업 전략, ⑭ 학생이 학교 일에 참여할 기회의 제공과 책임감의 제고이다(주삼환, 2005a).

성공한 학교에서 교장과 교사들 간에 이루어지는 네 가지 전략적인 상호작용의 범주는 ① 자원제공자, ② 교수적 자원, ③ 의사소통자, ④ 가시적 현존자다. 교사는 이 네 가지를 통해 강력한 교장, 평범한 교장, 그리고 미흡한 교장을 구별한다. 강력한 교장은 평범한 교장과 미흡한 교장보다 네 가지 모두에서 더 긍정적인 평가를 받는다.

미국의 성공적인 학교의 교장의 특성으로는 다음의 여덟 가지를 들 수 있다. ① 열심히 가르치다 보니 상관의 권유로 교장양성 과정에 진입한다. ② 교사와 학생에 대한 믿음을 가진다. ③ 사람들과의 협력을 공고히 하며 효과적으로 일할 능력이 있다. ④ 학교에 필요한 조직 편성을 확실히 하기 위해 적극적이다. ⑤ 직업이 아닌 열정적인 사명으로 자신의 책임을 수용한다. ⑥ 헌신적이며 장·단기 교육목표를 구분한다. ⑦ 적응력이 있다. ⑧ 능력 있는 전략가다(Goldhammer et al., 1971; Sergiovanni, 2001: 23 재인용).

우리나라는 우수 교장의 리더십 특성을 인성, 사고, 지도행위로 구분해서 밝힌 바 있다. 인성 특성은, ① 강한 열정과 성취동기, ② 계획성과 책임감, ③ 변화지향, ④ 자아와 타인 신뢰, ⑤ 인내심, ⑥ 윤리의식, ⑦ 겸손, ⑧ 배려와 포용력 등이다. 사고 특성은, ① 학생과 학습을 핵심으로 한 확고한 학교관, ② 비전 제시자, 봉사자, 도덕인, 지원자 등의 확고한 교장관, ③ 투명경영, 신뢰경영, 교육과정 최우선경영, 열린 경영 등의 확고한 학교경영관, ④ 교사에 대한 신뢰 등이다. 지도행위 특성은, ① 합리적 의사결정, ② 강력한 과업 추진력, ③ 갈등수용력 등이다(김이경 외, 2006).

토드 휘태커(Todd Whitaker, 2021)는 훌륭한 교장의 주요한 특성을 20가지로 밝혔다. ① 학교를 개선하는 것은 프로그램보다 사람임을 안다. ② 자기인식을 올바르게 하고 유익한 일에 귀를 기울인다. ③ 학교의 최대 변인은 교장인 것을 인정하고 높은 기대를 품는다. ④ 늘 타인을 존중한다. ⑤ 불신을 거르고 긍정적인 분위기를 유지한다. ⑥ 훌륭한 상호작용의 본보기를

격려한다. ⑦ 최고의 교사를 채용하고 능력을 펼칠 여건을 마련한다. ⑧ 개방적 풍토를 조성하고 교사의 적응과 안착을 돕는다. ⑨ 학교문화와 풍토의 변화 역동성을 이해한다. ⑩ 학력평가를 학습의 넓은 관점에서 이해한다. ⑪ 행동에 먼저 초점을 맞추고, 신념으로 옮긴다. ⑫ 학생들에게 가장 유익한 것이 무엇인지를 생각한다. ⑬ 훌륭한 교사에 맞춘 결정을 한다. ⑭ 결정을 내리기 전에 구성원 간의 유불리를 헤아린다. ⑮ 사소한 실수는 넘기고 자율성을 부여하여 높은 성취를 이끈다. ⑯ 구성원의 감성을 다독여 마음을 구한다. ⑰ 늘 자신을 성찰하고 바로잡는다. ⑱ 부정적 요소의 제거를 마다하지 않는다. ⑲ 학년 초에 높은 기대치를 명확히 설정한다. ⑳ 일관된 리더십을 지속해서 발휘한다.

2. 학교경영계획

학교는 교육행정이 실천되는 일선 기관이다. 1991년 이후 지방교육자치가 실시되면서 학교경영의 자율화, 민주화를 위한 학교장 중심 학교경영체제의 전환이 강조되고 있다. 학교의 성패는 교육의 성패를 좌우하기 때문에 학교경영은 교육행정에서 대단히 중요하다. 학교경영을 효율적으로 하기 위해서는 그에 관한 이론과 실제에 관한 이해가 필요하다.

> 학교경영이 중요해지는 이유에 대해 생각해 보자.

1) 학교경영의 정의와 원리

학교경영의 정의   학교경영은 일반적으로 학교에서 교육활동에 참여하는 구성원들이 교육목표를 달성하는 데 보다 효과적으로 일할 수 있도록 필요한 자원을 확보하고 여러 사람들의 노력을 조화롭게 결합해 나가는 활동이다.

> 학교경영의 정의

김종철, 진동섭, 허병기(1991: 27)는 "학교경영이란 학교단위, 특히 초 · 중등학교에 있어서 교육목표를 설정하고 그것을 달성하기 위한 프로그램 및 인적 · 물적, 기타 지원 조건을 정비 · 확립하며 목표 달성을 위한 계획과 결정, 집행과 지도, 통제와 평가 등을 포함하는 일련의 봉사활동을 지칭하며 학교조직 내에서의 집단적 협동행위를 위하여 효과적으로 지원하는 것을 본질로 하는 작용"이라고 정의하였다. 서정화(1989: 15)는 "학교의 교육목표를 달성할 수 있도록 제반 자원들을 확보하여 이를 배분하고 조정하며 평가하는 일련의 활동 내지 행위"라고 정의하였다.

이처럼 학교경영이란 "학교단위에서 교장의 자율적 창의적 관점하에 교육목표를 설정하고 필요한 제반 조건을 정비·확립하여 목표 달성을 위한 활동을 지도·감독하는 일련의 봉사활동"이라고 할 수 있다.

학교경영의 유사 개념으로 '학교관리'와 '학교운영'을 들 수 있다. 김창걸(1991: 15)은 "학교관리란 위임된 법규하에서 교육목적을 달성하기 위하여 교장이 타율적·법규적으로 학교를 운영하는 것으로서 주로 인사, 재정, 시설 등에 관한 것"이라고 정의하였다. 그러나 교장은 이와 같이 양자를 따로 구별하여 이해하는 것보다는 구체적으로 경영에 관리가 밀착되어 유기적인 작용이 되도록 역할을 수행해야 할 것이다. 학교운영이라는 용어는 학교경영의 집행에 중점을 두고 사용하는 경우가 많지만, 때로는 학교가 작동되는 전 과정을 포함시켜 학교경영과 동의어로 사용되기도 한다. 이 용어는 학술 용어로서보다는 일상적으로 자주 사용된다.

학교경영의 원리   일반적으로 원리는 상당한 경험적 근거를 가진 보편타당한 진술로서 적용해야 할 합리적 기준을 의미한다. 따라서 학교경영의 원리란 "문화유산과 공중의 공통된 기대에서 이끌어 낸 제 가치의 체계"로서 학교경영에 적용해야 할 합당한 기준을 의미한다. 김종철(1982: 56-62)은 법제 면에서 학교경영의 원리로 법치행정의 원리, 기회균등의 원리, 자주성 존중의 원리, 적도집권의 원리를 제시하였고, 서정화 등(1989: 20-24)은 합목적성의 원리, 자율성의 원리, 민주적 운영의 원리, 능률성의 원리, 과학성의 원리, 합법성의 원리를 제시하였다. 그리고 김창걸(1991: 345-347)은 민주화의 원리, 합리화의 원리, 과학화의 원리, 조직화의 원리, 효율화의 원리, 지역화의 원리를 들었다. 이런 견해들을 종합하여 볼 때 학교경영의 원리로는, ① 타당성, ② 합법성, ③ 민주성, ④ 자율성, ⑤ 능률성,

학교경영의 유사 개념
학교관리, 학교운영

적도집권의 원리
중앙집권과 지방분권 간의 적절한 균형을 이루려는 원리

⑥ 과학성, ⑦ 지역성의 원리를 제시할 수 있다.

학교경영의 7가지 원리
타당성, 합법성,
민주성, 자율성,
능률성, 과학성,
지역성

(1) 타당성의 원리

타당성의 원리는 바람직한 학교교육 목표를 설정하고 그에 타당한 경영활동이 이루어져야 한다는 것을 말한다. 학교경영은 학교교육 목표를 효율적으로 달성하기 위해 필요한 조건을 정비해 주는 봉사활동이며 수단이다. 말하자면 학생과 교육내용과 교사가 만나는 교수-학습의 장을 잘 지원하고 유도하는 데 그 본질이 있다. 타당성의 원리를 학교교육 목표에 부합되는 경영활동이 되어야 한다는 의미에서 합목적성의 원리라고도 한다.

(2) 합법성의 원리

합법성의 원리는 학교경영이 법에 의거하고 법이 정하는 범위 내에서 이루어지는 것을 원칙으로 한다는 것을 의미한다. 학교경영은 「헌법」 제31조를 비롯하여 「교육기본법」과 「초·중등교육법」 등 교육 관련 법률과 명령, 조례, 규칙 등에 의거하여 집행되어야 한다. 이는 국민의 교육권을 보장하고 국가예산을 효율적으로 집행하며 부당한 직무수행과 행정재량권의 남용을 방지하기 위한 것이다.

(3) 민주성의 원리

학교교육의 목표 설정과 경영계획의 수립, 실천, 평가 등 학교경영의 제반 과정과 영역에 교직원과 학생 및 학부모 등의 광범위한 참여를 통하여 공정한 의사를 반영해야 한다. 특히, 실천과정에 있어서 권한의 이양을 통하여 독단과 전횡을 막는 것을 의미한다. 학교경영의 책임은 궁극적으로 교장에게 있지만, 교장 한 사람의 지시로 학교를 운영하는 것이 아닌 교직원회를 비롯한 각종 위원회를 통하여 여러 사람의 아이디어와 지혜를 모아 계획하고 실천하는 민주성의 원리를 따라야 한다.

(4) 자율성의 원리

학교경영의 자율성이란 단위 교육기관인 학교조직체가 효율적인 교육

활동을 위하여 상부나 외부 조직의 지시나 간섭 없이 자주적으로 의사결정
을 하고 조직을 운영하는 것을 말한다. 학교에서의 자율성은 개인적 자유
와 기관의 자율성을 포함하는 개념으로 규정할 수 있고, 좁게 보면 기관의
자율성을 의미한다. 기관의 자율성은 기관의 관리운영에 관한 필요한 기준
을 설정하고 집행하며 학교발전의 제반 정책결정을 자주적으로 할 수 있는
것을 말한다. 학교가 변화에 신축성 있게 적응하고, 자율적이고 창의적인
민주시민을 육성하고, 학교조직이 전문적 조직이며 이완결합체제라는 점
을 고려한다면 학교경영의 자율성은 당연히 필요하다.

(5) 능률성의 원리

능률성의 원리는 학교교육 활동을 최소한의 경비와 노력을 통하여 최대
한의 성과를 거두자는 것이다. 바꿔 말하면 최소한의 인적·물적 자원과
시간과 정보 등을 투입하여 교육목표 달성의 극대화를 거둘 수 있도록 하
는 것이다. 여기서 반드시 고려해야 할 점은 교육은 단기적 유형의 성과보
다는 장기적인 무형의 성과가 더 중요하다는 점이다. 따라서 학교경영에서
능률성의 원리를 주장할 때는 한시적 평가에 의한 능률과 단순한 경제적
능률보다는 구성원의 만족을 높이는 사회적 능률을 더욱 강조해야 한다.
능률성의 원리는 민주성의 원리를 희생하면서까지 강조될 수는 없는 것이
며 양자 사이에 조화를 이루어야 한다.

(6) 과학성의 원리

과학성의 원리란 학교경영이 합리적인 계획과 체계적인 운영 및 과학적
인 평가가 실현되어야 함을 의미한다. 말하자면 학교교육 현장의 실태에
관한 정확한 진단과 전망을 기초로 학교경영계획이 수립되고, 이를 차질
없이 실천하여 객관적이고 공정하게 평가되며, 그 결과가 피드백되어야 한
다는 것이다. 근래에 체제접근 방법을 통하여 교육의 문제를 해결하고 학
교조직의 과업을 설계하기 위하여 목표관리 등 다양한 경영기법을 활용하
고 있다.

(7) 지역성의 원리

지역성의 원리는 학교가 위치하고 있는 지역사회의 특성을 고려하여 학교를 경영하는 것을 말하며 그렇게 함으로써 교육의 생활화, 학교의 사회화의 원리가 실현될 수 있다. 이는 사회성의 원리라고도 할 수 있는데, 그 방법으로 사회의 인사들과의 유대 강화, 교육자원의 획득, 사회 개선에의 봉사 등을 들 수 있다.

학교와 지역사회

2) 학교경영의 영역과 과정

학교경영의 영역   학교경영의 영역은 학교경영의 과업, 대상, 범위, 한계 등을 포괄한다. 학교경영이 교수와 학습을 조장하는 것이라면, 그러한 목적을 달성하는 데 필요한 주요 과업이 검토되어야 된다. 사실 학교경영을 위한 여러 가지 활동은 상호 간에 긴밀한 관련을 가지고 있어서 그 사이에 명확한 구분을 하기가 어렵지만, 경영계획의 수립, 권한과 업무의 분담, 또는 문제의 소재 파악을 위해서는 학교경영 활동의 내용을 영역별로 구분하는 것이 필요하다.

그리피스(Griffiths, 1964)는 수업과 교육과정 개발, 교직원 인사, 학생인사, 재정과 사무관리, 학교시설 건물과 봉사, 학교와 지역사회 관계를 제시하였다. 고튼(Gorton, 1983: 47-49)은 교직원 인사, 학생인사, 지역사회와 학교의 관계에서의 지도성, 수업과 교육과정 개발, 학교재정과 사무관리, 학교시설 관리, 일반적 과업을 학교경영의 과업으로 제시하고 있다. 그러나 이를 분석해 보면 교장의 과업은 단지 열거 순서에 차이가 있을 뿐이며 공통적인 주요 과업은, ① 교수, ② 교직원, ③ 학생, ④ 지역사회 관계다. 다만 재정, 시설, 사무에서만 좀 더 세분되거나 통합되는 차이가 있다.

강길수 등(1973: 104-112)은 장학, 인사관리, 시설관리, 재정, 사무관리, 지역사회 관계, 조직과 운영으로 구분하였고, 김종철(1985: 22-23)은 기획행정, 조직, 교육내용, 장학, 학생, 교직원 인사, 재정, 시설, 사무관리, 연구·평가 및 홍보로 구분하였다. 이처럼 학자들에 따라 분류한 학교경영의 내용별 영역은 다소 차이가 있지만 이를 종합하면, ① 교육과정 운영과

Daniel E. Griffiths
(1917~1999)
의사결정과 인간관계론에 대해 연구한 교육행정학자

학교경영의 6가지 영역
교육과정 운영과 장학, 학적
관리 및 학생 생활의 지원,
교직원 인사, 시설 · 재정 관
리, 사무 관리, 대외관계

장학, ② 학적 관리 및 학생 생활의 지원, ③ 교직원 인사, ④ 시설 · 재정 관리, ⑤ 사무 관리, ⑥ 대외관계의 6개 영역으로 대별할 수 있으며 구체적인 내용은 다음과 같다.

① **교육과정 운영과 장학:** 교육목표를 달성하기 위한 교육과정의 운영 문제와 시간의 편성, 교사의 교수기술 향상과 교육과정 운영 개선, 그리고 학급 및 학년경영의 합리화를 위한 전문적 보조활동으로서 수업장학, 임상장학 등
② **학적 관리 및 학생 생활의 지원:** 입학, 재학, 퇴학, 생활지도, 복지 등
③ **교직원 인사:** 교직원의 채용, 능력 발전, 사기 양양 문제 등
④ **시설 · 재정 관리:** 교지, 교사, 운동장 등의 제 시설이나 교재와 교구 등 제 설비를 실제 교육에 알맞도록 정비하는 문제, 학교를 운영 · 관리하기 위하여 필요한 제반 회계, 경리를 교육 실정에 맞게 재조직 등
⑤ **사무 관리:** 학교경영 활동을 수행하는 과정에서 수반되는 제반 기록과 장부의 작성 및 보관, 공문서 처리 등
⑥ **대외관계:** 학부모와의 관계, 지역사회와의 관계, 교육청과의 관계 등

학교경영의 과정　　학교경영의 과정이란 학교교육 목표를 합리적으로 달성하기 위하여 학교경영이 어떤 절차를 거쳐서 수행되느냐를 말하는 것으로, 학교경영은 학교교육의 계획, 실천, 평가라는 동태적 활동과정이 순환적으로 전개된다고 할 수 있다.

페욜(Fayol, 1949: 139)은 경영의 요소로 계획, 조직, 명령, 조정, 통제를 제시하였다. 김종철 등(1991: 33)은 기획, 결심, 조직, 교신, 지도, 조정, 통제, 평가를 들었다. 여기서는 학교에 초점을 두고 학교경영의 과정을, ① 계획, ② 조직, ③ 지시, ④ 조정, ⑤ 평가 등으로 나누어 구체적으로 살펴본다.

(1) 계획

계획이란 한 조직에 있어서 목적이나 목표를 설정하고 그 목표 달성을

위한 최적의 수단, 방법, 절차 등을 상정하는 행위로서 미래의 행동을 예정하고 준비하는 일련의 과정을 의미한다. 계획은 학교경영 활동에서 가장 중요하게 다루어져야 할 과업으로 과학적이고 합리적이며 민주적으로 이루어져야 한다. 조직, 지시, 조정, 평가 등의 과정도 사전에 계획 단계에서 논의되어야 한다. 학교의 계획은 보통 한 학년도 계획과 같이 비교적 단기적인 것이 보통이지만 장기적인 계획도 병행시키는 것이 좋다.

(2) 조직

조직이란 교육목표를 효율적으로 달성하기 위하여 분업적 협동체제인 관리조직을 구성하고 거기에 인적 조직은 물론 자원의 배정까지 포함한다. 학교조직은 교육조직과 운영조직으로 구분할 수 있다. 교육조직에는 담임조직, 교과담임조직, 특별활동조직, 생활지도조직 등이 있고, 운영조직에는 직원회, 기획위원회, 사무분장, 동학년회 등이 있다. 조직의 핵심은 자원을 적재적소에 배치하는 일이다. 학교에서 조직은 계선과 참모의 두 조직을 병용하는 것이 일반적이다. 단층적 조직은 명령의 계통 내지 단계가 적은 조직이다. 이러한 형식적 조직의 이면에 생기는 비공식적 조직에도 유의할 필요가 있다.

(3) 지시

지시는 지휘, 명령, 자극, 영향, 동기화, 지도라고도 한다. 지시는 교육목표를 달성하기 위하여 교사들로 하여금 교수-학습지도, 생활지도, 학급경영 등의 제 업무에 자발적으로 노력을 경주하도록 하는 것이다. 따라서 일방적인 지시나 지나친 권위의 행사보다는 민주적 지도성의 발휘, 원활한 의사소통, 역동적인 집단과정 등이 중시된다.

(4) 조정

조정은 교직원의 역할과 노력, 그리고 각 부서의 활동과 제 자원을 교육목표의 달성에 이바지하도록 조화하고 통합하는 것이다. 이는 전 교직원들의 노력을 학교교육 목표의 성취를 위하여 집중시키고 교육지도조직 및 사

학교경영의 과정
계획, 조직, 지시, 조정, 평가

무조직 등의 업무활동을 서로 균형 있게 조화시키는 활동이다. 이러한 조정활동은 학교조직의 역할 갈등을 해소시키고 학교조직 목표와 교직원 개인의 목표를 조화시켜 학교경영 업무수행의 능률을 향상시켜 준다. 조정은 업무의 수행에 있어서 낭비 요소를 줄이고, 교직원의 사기를 진작시켜 목표의 달성을 위하여 윤활유적인 역할을 수행하도록 해 준다. 조정이 어떻게 이루어지는가는 제 법규, 학교의 규모, 교직원의 목적의식 내지 인식의 일치도 및 구성원의 역량, 학교장과 교직원의 조정방식에 대한 생각, 그리고 적절한 시점의 결정과 행동 등에 좌우된다.

(5) 평가

평가는 설정된 목적에 비추어 학교경영 업무의 수행과정 및 그 결과를 분석·검토하여 과정의 합리성과 결과의 효율성을 알아보는 행위로 전자를 과정평가, 후자를 산출평가라고 한다. 이와 같은 평가활동은 학교경영 업무 전반에 관하여, 그리고 경영과정 전체에 대한 과학적인 측정과 자료를 수집하여 문제점을 찾아내고, 개선 방안을 모색하여 다음 경영계획에 반영시킴은 물론 궁극적으로 학교교육 목표의 달성도를 판정하며 학교경영의 성과를 높이는 데 있다. 이러한 평가는 업무 및 경영과정 요소별로 수시로 할 수도 있고, 정기적으로 할 수도 있다.

3) 학교경영계획 수립의 실제

학교경영계획　학교경영계획은 장래에 대한 예측과 분석된 학교 여건을 바탕으로 하여 일정한 목표를 설정하고, 이를 달성하는 데 요구되는 합리적인 행동을 예정하고 계획하는 과정을 말한다. 학교경영계획에서는, ① 문제 구명, ② 목표 및 방침 설정, ③ 활동계획, ④ 조직계획, ⑤ 평가계획을 포함한다. 이를 도식화하면 다음과 같다.

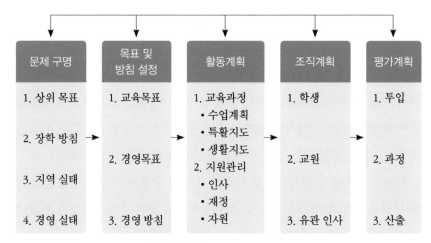

그림 11-1 학교경영계획 과정

(1) 문제의 구명(究明)

학교의 경영계획을 작성하는 밑그림으로서 먼저 교육의 요구가 무엇이며, 현재 학교의 여건에서 교육의 문제는 무엇인가를 학교교육의 상위 목표, 지역사회의 실태, 학교의 여건을 중심으로 분석한다. 「헌법」, 「교육기본법」 등에 제시된 상위 교육목표와 교육부(교육청)의 정책목표 또는 장학방침을 근거로 국가와 사회가 요청하는 교육의 요구를 분석하여 지역사회의 환경, 학부모의 사회경제적 배경을 중심으로 지역사회가 요청하는 교육의 요구나 문제를 분석한다. 마지막으로, 학생 실태, 교사 실태, 학교의 물리적 환경 등을 중심으로 학교교육의 문제점을 분석한다. 정리하면 학교여건, 학생 실태, 교육과정 운영 실태, 학생·교원·학부모의 의견을 분석하는 것이다.

(2) 목표 및 방침의 설정

학교교육 목표는 장기적인 안목에서 학생이 궁극적으로 도달해야 할 인간상을 제시한 것이거나 그 행동 특성을 종합적으로 명시한 것이다. 이것은 학교 내의 모든 교육활동이 나아가야 할 방향을 밝혀 주는 지향점이 되며, 모든 의사결정의 적절성 내지는 타당성 여부를 판별해 주는 중요한 지표가 되기도 한다.

교육목표를 설정하는 데는 앞서 언급한 「헌법」, 「교육기본법」 등과 교육 관련 자료가 그 기초를 이룬다. 교육목표의 추출원이 동일하기 때문에 학교별로 정하는 교육목표는 실제로 진술상의 차이가 있을 뿐 내용상의 큰 차이는 없다. 따라서 교육목표는 구체성, 주체성, 포괄성이 있으며 행동적 용어로 진술되고, 지역성과 시대성이 반영된 것이어야 한다. 특히, 이러한 교육목표를 결정할 때는 집단에 의한 합리적 의사결정이어야 한다.

학교경영 목표는 교육목표를 달성하기 위해 수행되어야 할 경영안의 기본 방향을 제시한 것이다. 이것은 경영활동이나 결정이 합리적인가를 판단케 하며 아울러 경영성과의 측정과 평가의 기준이 된다.

경영목표에는 교육부의 교육방침, 교육청의 교육의 방향과 노력 중점 등이 반영되어야 하며, 아울러 학교의 여건과 지역사회의 특성이 고려되어야 한다. 경영방침은 경영목표가 더욱 구체화된 수단으로서 경영목표 달성을 위해 채택해야 할 기본적 지침 내지 활동 원칙이다. 이는 경영목표를 어떻게 실천할 것인가 하는 수단적 지침을 마련해 준다.

졸업한 학교의 홈페이지에 들어가서 학교교육 목표와 학교경영 방침을 알아보자.

(3) 활동계획

활동계획은 경영목표를 달성하고 경영방침을 실천하기 위한 일련의 세부 활동계획이다. 이는 경영방침에 따라 구체적인 과업이나 활동을 합목적적으로 연결시키는 경영활동이나 사업들을 계획하는 과정이다. 이 활동계획은 교과지도, 특별활동, 생활지도를 중심으로 하는 교육과정 운영과 이러한 교육과정을 정상적으로 운영하도록 하는 지원과 관리의 기능을 포함한다. 이 활동은 교육과정 운영을 중핵으로 하여 지원·관리의 기능이 유기적으로 상호 관련되게 학교경영의 전 영역을 포괄해야 한다. 이것들은 부문별로 창출된 전략적 대안 중에서 비교·평가하여 선정되고 다시 세부 계획화한다.

교육과정 운영, 장학, 생활지도, 교원인사, 시설, 재정, 지역사회 관계에 대한 활동계획의 예는 다음과 같다.

① 교육과정 운영계획

목표

- 학교의 모든 교육활동을 수요자 중심의 교육을 실행함으로써 21세기 미래 사회를 이끌어 갈 창조적이고 능력 있는 인간을 기르고자 한다.

방침

- 각 학교는 학교교육의 교육목표 및 내용과 방법에 대해 국가 수준에서의 기준, 그리고 시 · 도 교육청 수준에서의 기준과 내용을 바탕으로 학교의 전통과 특성, 학부모 및 지역사회, 학생 등의 요구를 반영하여 교육과정을 편성 · 운영한다.
- 자율탐구 활동을 강화하여 개념, 원리, 법칙 등을 스스로 발견하게 하고, 표현력과 창의력을 신장시키며, 착하고 바른 심성을 기르는 전인교육에 역점을 둔다.
- 교과와 특별활동은 학교의 실정을 고려하여 교육과정을 재구성하여 지도한다.
- 학생의 소질, 적성, 능력, 개인차를 존중하여 수준별 다양한 학습활동을 전개함으로써 학생의 자기주도적 학습능력을 신장시킨다.
- 결과보다 과정을 중시하고, 현장체험학습 기회를 확대하며, 개별탐구 과제의 제시 및 다양한 소집단 협력활동을 통하여 더욱 창의적인 인간 육성에 힘쓴다.
- 연간계획과 학기별 계획, 월간계획, 주간계획을 수립 운영하며, 매주 주간학습 안내를 각 가정에 통신하여 교육과정 운영의 효율화를 기한다.
- 지역사회 및 학교 실정, 계절 등을 고려하여 평상기, 증가기, 감축기를 두어 교육과정을 효율적으로 운영한다.
- 모든 교육활동은 교과와 창의적 체험활동을 중점적으로 지도하되, 생활지도를 포함한 학교교육 전반에 걸쳐 통합적으로 이루어지도록 하고, 지역사회, 기관, 단체 및 가정과의 연계 지도에 힘쓴다.
- 학생 · 교사 · 학부모가 동참하는 대화의 기회를 확대함으로써 학교 토론문화 정착에 힘쓴다.

학교교육과정 편성으로 운영되는 일반적인 학사일정은 〈표 11-2〉와 〈표 11-3〉과 같다.

표 11-2 학사일정 예시(조현초등학교)

1학기		2학기	
구분	주요 교육활동	구분	주요 교육활동
3월	• 2(목) 시업식/입학식 • 3(금) 유치원 입학식 • 8(수) 1학기 학급 임원선거 • 15(수) 학부모 총회 • 28(화)~4.7(금) 가정방문(상담) 주간	8월	• 18(금) 개학식 • 1(월) 2학기 시작 • 29(화) 2학기 방과후 시작
4월	• 4. 4(화) 방과후 시작 • 17(월)~21(금) 장애인식 개선 주간	9월	• 4(월)~8(금) 학부모 공개수업 및 상담 주간 • 28(목)~10.3(화) 가을방학
5월	• 1(월) 조현가족한마당(운동회) • 8(월) 재량휴업일 • 15(월)~19(금) 모내기 주간 • 24(수)~26(금) 6학년 수학여행 • 29(월) 대체 휴업일	10월	• 2(월) 재량휴업일 • 9(월) 한글날 • 16(월)~20(금) 벼 베기 주간 • 27(금) 학교 축제
6월	• 5(월) 재량휴업일 • 15(목)~16(금) 학교 야영(3~6학년)	11월	• 11. 22(수) 대토론회
7월	• 7. 7(금) 1학기 방과후 종료 • 2(수) 2학기 학급 임원선거 • 21(금) 여름 방학식	12월	• 1(금) 개교기념일/재량휴업일 • 13(수) 전교 임원선거 • 22(금) 2학기 방과후 종료
		1월	• 5(금) 종업식/졸업식

표 11-3 학사일정 예시(흥덕고등학교)

1학기		2학기	
구분	주요 교육활동	구분	주요 교육활동
3월	• 2(목) 입학식/개학식 • 21(화) 학부모총회 • 23(목) 전국연합학력평가 • 27(월) 미디어읽기반, 사제동행 공감독서 • 29(수) 1·2학년 표준화 검사	8월	• 16(수) 개학식 • 30(수) 2학년 학년 수업연구회

4월	• 3(월)~7(금) 도서관 주관 행사 • 4(화) 1학기 학부모 아카데미 • 8(토) 백두대간(1차) • 11(화) 1학기 학부모 아카데미 • 12(수) 전국연합학력평가 • 25(화)~28(금) 1차 지필평가	9월	• 5(화) 2학기 학부모 아카데미 • 6(수) 전국연합학력평가 • 9(토) 백두대간(4차) • 12(화) 2학기 학부모 아카데미
5월	• 3(수) 1학기 좋은 수업 간담회 • 10(수) 융합과학자 초청 강연 • 13(토) 백두대간(2차) • 17(수) 인문학 아카데미 • 19(금) 종합체육축제 • 22(월) 교내학교 스포츠클럽대회 • 23(화)~25(목) 과학토론회 • 24(수) 1학기 교과수업 연구회 • 24(수) 1학기 학부모수업 공개일 • 29(월) 재량휴업일 • 31(수) 학생 교육과정 설명회	10월	• 6(금) 1차 지필평가 • 11(수) 2학기 좋은 수업 간담회 • 12(목) 전국연합학력평가 • 14(토) 백두대간(5차) • 16(월)~31(화) 교내학교스포츠클럽대회 • 18(수) 과학커뮤니케이터 • 25(수) 2학기 교과수업 연구회
6월	• 1(목) 전국연합학력평가 • 5(월) 재량휴업일 • 8(목)~9(금) 학급 프로젝트/통합기행 • 14(수) 학부모 대상 교육과정 설명회 • 21(수) 학생자치후보토론회 • 21(수) 학생자치회선거 • 26(월)~29(목) 2차 지필고사 • 30(금) 진로아카데미(직업인 특강)	11월	• 1(수) 인권 아카데미 • 4(토) 백두대간(6차) • 10(금) 천체관측행사 • 16(목) 대학수학능력시험 • 16(목)~17(금) 재량휴업일 • 21(화) 전국연합학력평가 • 22(수) 공공정책 제안 프로젝트 발표회
7월	• 3(월)~4(화) 진로아카데미(직업인 특강) • 8(토) 백두대간(3차) • 11(화) 전국연합학력평가 • 13(목) 1학기 3주체 간담회 • 18(화) 방학식	12월	• 12(화)~15(금) 2차 지필고사 • 27(수) 동아리 발표회/홍덕축제 • 28(목) 2학기 3주체 간담회
		1월	8(월) 종업식/졸업식

② 장학계획

목표

- 부단한 자기장학과 협동장학, 임상장학을 통하여 교육의 전문성을 제고하고 존경받는 스승상을 정립한다.

방침

- 자율연수에 중점을 두고, 시간과 경비의 지원을 극대화한다.
- 교내연수는 전문성 신장을 위한 교수−학습방법에 관한 연수를 중점적으로 실시한다.
- 연수비의 지원을 최대화하여 연수활성화를 촉진한다.

추진내용

- 교내장학
- 자율장학

③ 생활지도계획

목표

- 올바른 생활 태도와 건전한 가치관을 지니고, 변화하는 사회에 능동적으로 적응할 수 있는 자주적이고 진취적인 민주시민의 자질을 육성한다.

지도방침

- 학교, 가정과 지역사회의 긴밀한 협조 체제를 구축하여 생활지도의 효과를 높인다.
- 체벌 금지를 원칙으로 사랑과 이해를 바탕으로 지도한다.
- 형성에 역점을 두어, 교육과정 전반에 걸쳐 지도하며, 일관성 있고 지속적인 지도가 되도록 한다.
- 서로 협동하고 친구를 칭찬해 주는 분위기 조성으로 따돌림 없는 학교·학급 만들기에 노력한다.

장학의 제 모델
① 일반장학과 수업장학
② 전통적 장학
③ 임상장학
④ 마이크로티칭
⑤ 발달장학
⑥ 동료장학
⑦ 자기장학
⑧ 인간자원장학
⑨ 선택적 장학

잠재적 교육과정

지도계획

- '사랑의 대화시간' 운영
- 1학급 1주제 인성교육 프로그램 운영
- '학생 생활규범' 제정 실천
- 일일 생활지도계획 수립 실천
- 연간 생활지도계획 수립 실천
- 부적응 행동아 지도계획

−방침

- 부적응 행동의 원인을 분석하여 계획적이고 끈기 있게 지도한다.
- 일대일 대화를 통하여 지도하며, 개개인의 욕구를 충족시켜 성취감을 느끼게 한다.
- 부적응 아동이 지도교사 또는 가족들을 신뢰할 수 있도록 한다.
- 행동을 자세히 관찰하여 누가 기록하고, 그 자료를 바탕으로 지도전략을 조정한다.

−부적응 행동의 진단

- 여러 가지 생활 상황을 토대로 진단

  생활기록부의 활용: 교과, 특별활동, 행동발달 상황

  가족, 질문지, 면접의 방법: 가정환경 및 생활 실태 분석

- 각종 검사 결과를 토대로 진단

  지능검사, 인성검사, 흥미검사, 사회성 조사 등의 자료 활용

−부적응 행동의 지도

④ 교원인사관리계획

목표

- 교원의 인사에 관련된 의사결정 시스템을 민주적이고 합리적인 방향으로 변화시킴으로써 교원의 적극적인 교육활동 참여와 자발적인 실천을 유도한다.

인사관리위원회

방침

- 인사관리위원회를 구성하여 교내 인사에 관련된 의사결정을 민주적으로 시행한다.
- 사전에 전 교직원의 의견을 수렴하는 과정을 거치도록 한다.

⑤ 시설관리 및 안전 계획

목표

- 교육적이고 안전하며, 쾌적한 학습환경의 조성으로 학생의 바른 인성을 함양하고, 학습의 효율성을 높인다.

방침

- 학습 친화적 시설관리에 최우선을 둔다.
- 학생, 학부모, 지역사회가 함께 활용하는 학교시설을 구축한다.
- 시설의 안전관리 및 교육활동의 안전에 최선을 다하고, 사안 발생 시 신속하게 대처할 체계를 구축한다.

　　학교 내에서의 안전사고 발생이 증가하는 추세를 보이면서 학교경영에서 '안전사고예방'에 대한 책무성이 강조된다. 「학교안전법」과 그 시행령에 따르면, '학교안전사고'라 함은 '통상적인 경로 및 방법에 의한 등·하교 시간, 휴식시간 및 교육활동 전후의 통상적인 학교체류 시간, 학교장의 지시에 의하여 학교에 있는 시간, 학교장이 인정하는 직업체험, 직장견학 및 현장실습 등의 시간, 기숙사에서 생활하는 시간, 학교 외의 장소에서 교육활동이 실시될 경우의 집합 및 해산 장소와 집 또는 기숙사 간의 합리적 경로와 방법에 의한 왕복 시간 등 교육활동 중에 발생한 사고를 일컫는다. 이러한 시간과 교육활동 중에 학생·교직원 또는 교육활동 참여자의 생명 또는 신체에 피해를 주는 모든 사고 및 학교급식 등 학교장의 관리·감독에 속하는 업무가 직접 원인이 되어 학생·교직원 또는 교육활동 참여자에게 발생하는 질병이 학교안전사고에 포함된다. 조금 더 구체적으로 살피면, 학교급식이나 가스 등에 의한 중독, 일사병(日射病), 이물질의 섭취 등에 의한 질병, 이물질과의 접촉에 의한 피부염, 외부 충격 및 부상이 직접적인 원인이 되어 발생한 질병을 들 수 있다.

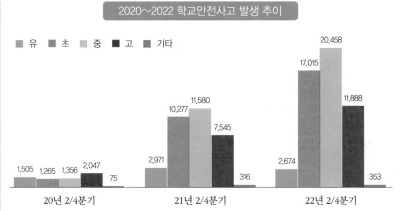

출처: 학교안전중앙공제회, 시·도 학교안전공제회.

학교안전공제중앙회와 시·도 학교안전공제회가 공동으로 발표한 2022년 2/4분기의 학교안전사고의 특성을 보면, 유치원은 수업과 방과후교실 중에 놀이와 장난 및 보행과 주행을 하다가 얼굴 부위를 찔리거나 베이는 사고가 주로 발생했다. 초등학교는 체육시간과 점심시간 중에 보행 또는 놀이와 장난 같은 활동을 하다가 부딪혀서 손가락과 발목 부위를 다치는 사고가 주로 발생했다. 중·고등학교는 체육시간에 축구와 농구 같은 구기 활동을 하다가 일어나는 손가락과 발목 부상이 주를 이룬다.

학교안전사고가 발생하면 신속한 구호활동이 최우선이다. 긴급 정도에 따라 응급처치, 보건교사 연락 및 교사 간 협력, 119 신고, 병원 후송이 유기적으로 이루어져야 한다. 병원으로 이동할 때는 교사가 동행하고, 필요한 우선석인 구호 조치가 이루어지면 보호자에게 연락한다. 사고 대처 후에 학교장 보고와 관련 서류의 구비, 학교안전공제회의 학교안전사고보상지원시스템을 통한 공제 급여 청구 등의 절차를 밟는다.

⑥ 재정계획

목표

- 교원 협의에 의한 예산안 작성 및 투명한 재정의 공개로 신뢰받는 학교경영을 도모한다.

방침

- 교직원의 협의에 의한 예산안을 작성한다.
- 교수–학습과 직접적으로 관련되는 부분에 중점을 두고 작성한다.
- 예산, 결산의 공개를 통해 투명성을 확보한다.

⑦ 지역사회 관계

목표

- 지역사회의 학교교육 참여 기회 확대로 교육의 애로 사항에 대한 공감대를 형성하여 학교교육에 협조하는 체제를 구축한다.

방침

- 지역사회의 인사 및 기관을 학습의 장으로 활용한다.
- 긴밀한 협조체제 구축으로 교육 공동체 의식을 형성한다.

(4) 조직계획

인사행정

　활동계획이 수립되고 나면 실천 단계에서 과업을 수행할 부서를 마련하고 담당자를 정하게 된다. 학교는 한 집단으로서 학생, 교직원, 유관 인사들로 조직될 수 있으므로 목표 달성을 위하여, ① 교육지도조직, ② 사무분장조직, ③ 운영조직 등을 만들어 협동체제로서 학교경영이 가능하도록 한다. 학생조직은 교육지도조직과 밀접하게 관련된다. 이러한 조직과 관련된 여러 가지 자원이 적절히 배분되고, 정보가 잘 교환되어야 학교경영이 원활하게 될 수 있다.

　학교교무분장조직의 예는 [그림 11–2]와 같다.

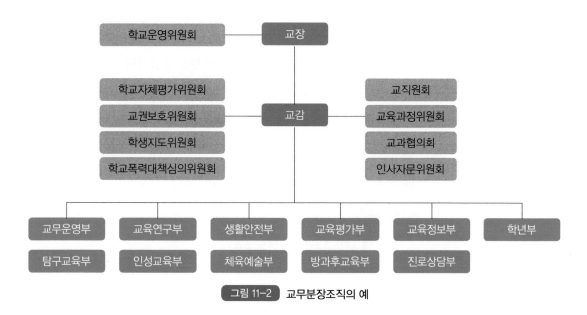

그림 11-2   교무분장조직의 예

(5) 평가계획

계획 단계의 마지막 과정은 평가의 영역, 내용, 방법, 도구의 선정 등 평가에 관한 계획을 수립하는 것이다. 학교경영계획에서 계량적으로 설정된 목표들이 달성될 수 있도록 모든 체제의 하위 요소들이 적절하게 투입되고, 그 과정에서 최적으로 상호작용하여, 그 산출을 극대화할 수 있는지를 검토한다. 경영의 목표 달성이 가능하겠는지를 투입 요인을 중심으로 평가하고, 투입에서 산출에 이르는 과정도 평가하며, 목표 달성의 수준을 평가하는 것 등에 관한 총괄적 학교평가의 계획과 피드백의 절차도 마련하여 계획을 완성하게 된다.

학교경영 평가계획의 예

목표

• 학교교육계획 수립과 실천과정 및 결과에 대한 정확한 평가와 환류로 효율적인 학교 · 학급경영 자료를 얻고자 한다.

> **방침**
> • 학교교육계획의 수립, 실천과정, 결과별로 평가한다.
> • 학급경영 평가는 투입, 과정 및 결과평가를 실시한다.
> • 전 교직원 및 학부모, 지역사회 및 전 학부모의 의견을 수렴한다.
> • 평가의 결과는 피드백하여 계획의 수정·보완 및 차년도 학교교육
>   계획 수립에 반영한다.
>
> **평가 시기 및 방법**
> • 시기: 매 년도 12월~익년도 2월
> • 평가자: 전 교직원, 학부모 모니터 위원, 평가위원회 위원
> • 평가방법 및 내용: 교육계획의 달성도 및 만족도

3. 학교경영평가의 실제

「초·중등교육법」 제9조 제2항과 「초·중등교육법시행령」 제11조, 제12조, 제13조는 학교경영의 결과에 대해 학교평가를 시행하도록 하고 있다. 시·도 교육청은 교육부의 시·도 교육청평가 기준과 지방교육자치의 특색, 소속 학교의 의견 수렴을 반영하여 마련한 학교평가 기준에 따라 학교평가를 실시한다. 그리고 「교육관련기관의 정보공개에 관한 특례법」 제5조 ①항 15호, ③항과 「교육관련기관의 정보공개에 관한 특례법 시행령」 제3조 ①에 따라 학교평가의 결과를 공개해야 한다.

1) 학교평가의 기본

학교평가의 목적　학교는 자체의 여건을 고려하고, 특색을 살리며, 공동체 구성원의 필요를 반영하여 학교를 자율적으로 운영할 수 있다. 이러한 학교경영의 자율성과 더불어 책무성도 요구된다. 학교평가는 학교경영에

대한 책무성을 객관적으로 산출하는 것이라고 할 수 있다. 학교평가는 국가
수준에서 추구하는 교육의 방향이 시·도 교육청을 통해 학교단위에까지
스며들 수 있는 기제다.

학교평가의 방향   학교평가는 교육부의 시·도 교육청 평가 지표, 시·
도 교육청 산하의 교육지원청 등 기관평가, 그리고 학교평가 등과 연계하
여 추진한다. 「초·중등교육법 시행령」 제13조 ③에 따르면, 교육정보 시
스템에 저장된 자료와 공시정보 등을 이용한 정량평가의 방법으로 하되,
정량평가만으로 정확한 평가가 어려운 경우에는 서면평가, 설문조사, 관
계자 면담 등을 이용한 정성평가의 방법을 병행할 수 있다. 학교평가는 구
성원의 자율성과 책무성을 바탕으로 하는 소통 중심의 자체평가로 운영
한다.

학교평가의 결과 반영   시·도 교육청은 학교별로 실시한 자체평가의
결과를 종합 분석하여 학교교육의 개선을 위한 자료로 활용하고 교육정책
에 반영한다. 그리고 각 학교의 교육활동에 도움이 될 수 있도록 학교별 우
수한 사례를 발굴하여 공유한다. 학교는 자체적으로 실시한 학교평가의
결과에서 개선점을 찾아내어 다음 연도의 학교교육계획 수립에 반영한다.

2) 학교평가의 적용

학교평가의 방법 및 평가지표   최근의 학교평가는 자체평가로 운영된
다. 평가 주기는 3월 1일부터 다음 해 2월 말까지 1년으로 하되, 시작 연도
의 12월까지 평가를 종료한다. 평가의 영역은 교육과정 운영, 교수−학습
방법, 교육활동 및 교육성과로 구성한다. 정량평가로 실시되는 평가지표
는 초·중·고 학교급의 특성을 반영하여 학교 간 공통지표와 학교별 자율
지표로 구분한다. 시·도 교육청 수준에서 공통지표를 제시하고, 학교별로
구성된 자체평가위원회는 시·도 교육청이 예시로 안내한 자율지표를 참
고해서 학교평가의 지표를 최종 선정한다.

학교평가의 과정   교육부장관은 매 학년도 시작 전까지 시·도 교육청 평가에 관한 기본 계획을 수립하고 이를 공표한다. 이를 근거로 교육감은 평가가 실시되는 해의 학년도가 시작되기 전까지 학교평가에 관한 기본 계획을 수립하여 공표하고, 학교별로 자율 운영되는 학교자체평가의 원활한 진행을 지원한다. 학년 초에 구성된 학교단위의 학교자체평가위원회는 시·도 교육청의 지침과 전년도에 실시한 학교평가의 결과를 기초로 삼아, 학생과 학부모의 면담과 설문 등을 통한 의견 수렴의 절차를 거쳐 당해 연도의 학교평가 계획을 수립한다. 또한, 원활한 자체평가의 진행을 위해 외부 전문가에게 자문받을 컨설팅 계획을 마련하고, 교직원과 학부모에게 학교평가의 취지 및 이해, 평가 방법 등을 안내한다. 학교자체평가위원회는 평가지표별로 연중 실시한 교육활동 자료를 교육행정정보시스템(NEIS), 정보공시 사이트, 에듀파인 등을 통해 수집하여 정리하고, 교원, 학생, 학부모 만족도를 설문으로 조사한다. 위원회는 이를 종합 분석한 결과를 바탕으로 결과 보고서를 작성한다. 보고서에는, ① 학교 현황 및 추진 과정, ② 전년도 학교평가 결과의 환류, ③ 당해 연도의 지표별 학교평가 결과, ④ 당해 연도의 학교평가 영역별 특징, ⑤ 추진 성과 총평 및 학교평가 종합으로 구성되고, 여기에는 학교 우수 사례의 소개가 포함한다. 최종적으로, 보고서를 '학교 알리미'에 탑재하고, 새로운 학년도의 학교교육계획, 학교평가계획, 중장기 발전계획에도 반영한다.

절차	추진 내용	시기
교육부	• 시 · 도 교육청평가에 관한 기본 계획의 수립과 공표	매 학년도 시작 전
시 · 도 교육청	• 해당 연도의 학교평가 기본 계획 수립 및 공표 • 평가지표 관리와 학교별 안내 • 학교평가 운영 방안 연수 • 학교평가 가이드북 안내 및 홈페이지 운영 관리 • 초 · 중 · 고 · 특수학교 학교평가 운영 지원	매년 1~2월
학교평가위원회 구성 및 지표 선정	• 학교자체평가위원회 구성 　-학교의 교육과정위원회와 통합 운영 가능 　-교직원, 학부모, 학생, 외부 인사 등 학교의 특성과 　 여건을 고려하여 구성 • 학교 연간 추진과제 자체 진단 · 분석 • 공통 선택 및 자율지표 선정	매년 3~4월
학교평가 계획 수립 및 연수	• 학교자체평가 계획 수립 및 연중 추진 • 교직원 및 학부모 대상으로 학교평가 연수 · 홍보 　-학교평가의 취지 및 이해, 평가 방법 등에 관한 안내	매년 3~4월
학교평가 실시	• 연중 추진한 평가지표에 대한 자료 수집 및 정리 • 평가 결과 토의 및 결과서 작성	매년 12월
학교평가 결과 공개 및 환류	• 학교자체평가 결과 보고서 작성 　-시 · 도 교육청이 지정한 홈페이지 탑재 　-'학교알리미'에 정보 공시 • 학교자체평가 결과 공유 및 환류 　-학교교육의 질 관리와 교육활동 개선 자료로 활용 　-차년도 학교교육계획 수립에 학교평가 결과 반영	익년 1~4월
시 · 도 교육청 종합 분석 및 환류	• 학교평가 결과 교육정책 반영 • 학교평가 결과분석 보고서 개발 및 공유	익년 초 및 연중

그림 11-3 학교평가 추진 과정

학교자체평가위원회　　각 학교는 시·도 교육청이 안내한 학교평가 기본계획에 따라 학교자체평가위원회를 조직한다. 학교자체평가위원회는 교직원, 학부모, 학생, 외부 인사 등 학교의 특성과 여건을 고려하여 구성하되, 학교의 교육과정위원회와 통합 운영이 가능하다. 학교자체평가위원회는 시·도 교육청이 제시한 공통선택지표 및 자율지표를 참고하여 학교 실정에 맞는 평가 문항을 선정한다. 위원 간에 지표별 사업 수행과 관리에 관한 역할을 분담하고 수집할 자료의 목록 작성과 수집 방법을 정한다. 연중

표 11-4 학교평가 자율지표의 예시

영역	연번	자율지표(예시)	평가유형 (예시)	적용 학교급				
				초	중	일반고	직업계고	특수
I. 교육과정 운영 및 교수-학습 방법	1-1	인성교육 내실화 노력	정량	○	○	○	○	○
	1-2	기초 학력 보장을 위한 노력	정량	○	○	○	×	×
	1-3	놀이통합교육 놀이활동 운영	정량	○	×	×	×	×
	1-4	독서인문교육 활성화	정량	○	○	○	○	○
	1-5	고교학점제 학생 중심 교육과정 운영 노력	정량	×	×	○	○	×
	1-6	NCS 기반 교육과정 운영	정량	×	×	×	○	×
	1-7	장애공감문화 확산 조성	정량	○	○	○	○	○
	1-8	창의·융합 교육 활성화 노력	정량	○	○	○	○	○
	1-9	진로체험 교육 활성화	정량	×	○	○	○	×
II. 교육활동 및 교육성과	2-1	수업혁신 중심 교원 전문성 신장 노력	정량	○	○	○	○	○
	2-2	학교체육교육 활성화	정량	○	○	○	○	○
	2-3	학교예술교육 활성화	정량	○	○	○	○	○
	2-4	민주시민교육 활성화	정량	○	○	○	○	○
	2-5	학교폭력 예방과 근절 노력	정량	○	○	○	○	○
	2-6	다문화 감수성 제고 노력	정량	○	○	○	○	○
	2-7	직업교육 성과	정량	×	×	×	○	×
	2-8	개별화 교육의 내실화	정량	○	○	○	○	○
	2-9	학업중단예방과 대안교육 확대 노력	정량	○	○	○	○	×
	2-10	학부모 및 지역사회와의 협력	정량	○	○	○	○	○

출처: 대전광역시교육청(2023). 2023학년도 학교평가 기본계획, p. 14.

실시한 교육활동에서 학교자체평가 자료를 수집하여 정리하고, 학교평가 추진과제를 분석한 결과를 토대로 보고서를 작성하여 공개한다.

4. 학교경영의 사례

정보통신의 발달과 정보의 홍수 시대에 지식과 배움의 개념이 달라지고 있다. 세상의 급변과 더불어 학교도 변화해야 한다. 지난날의 학교는 일사불란하게 한 방향으로 빨리 노를 젓는 모습이었다면, 이제는 사방의 물의 흐름과 세기가 다른 조류를 헤쳐 가는 다양한 능동적 참여의 모습으로 바뀌어야 한다. 대내외의 변화에 부응하려는 노력의 일환으로, 최근에는 학교의 구성원이 민주적이고 자율적으로 교육과정 편성 등 학교경영에 참여하여 활기 있는 학교로 운영하는 '혁신학교', 미래지향적인 교육과정의 운영과 교육과정에 대한 만족도를 높인 '미래학교'와 '행복학교'를 선보이고 있다.

1) 혁신학교의 이해

혁신학교의 지향   혁신학교는 기존의 학교교육의 반성과 미래 사회의 변화에 대비하기 위한 요구에서 시작되었다. 입시 위주의 암기식 교육으로 인한 교육과정의 획일화는 미래의 주체인 학생들이 장래의 다양한 삶의 주체가 되는 데 한계를 가져왔다. 학생, 학부모, 교직원, 지역사회 등이 '소통'하고 창의적으로 '집단지성'을 발휘한다면, 미래 사회를 준비하는 새로운 모습의 학교를 만들 수 있을 것이다. 다양성을 존중하며 소통하고 집단지성을 발휘하기 위해서는 학교공동체 구성원이 학교단위 경영에 책무성을 갖고 민주적으로 참여할 수 있어야 한다. 또한, 배움이 중심인 전문적 학습공동체를 구현할 수 있어야 한다.

혁신학교의 특징   혁신학교는 학교단위 주도로 지역사회와 협력하여 학교의 운영을 행정 중심에서 교육과정 중심으로 변화시키고자 한다. 입시 성적이 좌우하는 기존의 좋은 학교의 개념에서 벗어나 학생과 학부모가 만족하는 다양한 배움 중심의 학교를 추구한다. 이를 위해 혁신학교에서는 학생 중심의 교육과정과 수업혁신, 교직원회와 학생회의 학교 경영 참여를 촉진하는 권한위임, 행정 중심에서 교육과정 중심으로 학교운영, 학교단위 자율평가제, 주민참여 예산제 등 교육의 지속적인 성장과 발전을 추구하는 변혁적이고 선도적인 특징을 찾을 수 있다.

혁신학교의 운영　　혁신학교는 학생들이 자기주도적으로 상호 협력하고 학습자가 미래 삶을 공동체와 더불어 살아갈 수 있는 기본적이고 실제적인 역량을 위한 학습자 중심의 교육과정을 운영한다. 이를 위해 혁신학교는 자율적 책무성을 바탕으로 학생들의 교육활동을 촉진하고 교사들이 수업에 집중할 수 있도록 교육과정 중심의 학교 운영을 한다. 교사들의 교수-학습 전문성 신장을 위한 지원의 확대와 학교의 자원뿐만 아니라 지역사회가 교육활동의 확산된 터가 될 수 있게 학부모 및 지역사회와 연대성을 갖고 소통한다.

혁신학교의 유형　　혁신학교의 유형은 지역적 특색에 따라 전원형, 중소도시형, 대도시형으로 구분하고, 교육내용의 지원에 따라 교원 중심형, 학부모 지원형, 지역사회 지원형으로 나뉜다. 그리고 교육활동의 지향에 따른 유형으로는 교육내용의 재구성을 강조하는 교육과정 중심형, 학교의 문화를 새롭게 하고자 하는 학교문화 중심형, 돌봄 프로그램 등을 운영하는 교육복지 중심형으로 분류한다(강충열, 권동택 외, 2014: 36-37).

2) 혁신학교의 사례

조현초등학교는 모두의 수월성과 형평성을 추구하는 공공의 가치를 실현하는 학교, 참여와 협력을 바탕으로 운영하는 학교, 아이들과 함께 교사, 학부모가 함께 성장하는 공동체 학교를 지향한다. 이 학교는 학교공동체의 소통과 협력 및 자발적 참여로 운영되는 민주적 학교를 추구한다. 학교의 비전과 목표를 달성하기 위해, 더불어 나누는 삶의 자세를 지니고, 자기 장점을 최대한 발휘하고, 자연과 예술을 사랑하는 학생의 모습을 실현하고자 노력한다. 이 학교는 구성원이 자율적이고 주체적으로 참여하는 배움과 돌

- 지향

  <u>배움과 나눔을 실천하며 함께 성장하는 학교</u>

- 성격

  –교원, 학부모, 학생, 지역사회의 참여와 자치로 운영되는 공동체 학교

  –학생의 창의성과 자기주도적 학습을 중시하는 학습자 중심의 학교

  –지역사회에 긍지와 희망을 주는 학교

- 운영방식

  민주적 운영으로 소통, 협력, 자발성을 존중하는 학교

- 교육방법

  ① 개인의 능력을 최대한 살리는 맞춤 교육

  ② 자연과 예술을 사랑하는 감성 교육

  ③ 더불어 사는 삶을 익히는 실천 교육

- 학습방법

  프로젝트 학습, 협력학습, 토론학습, 표현학습, 체험학습 등 배움과 나눔이 이루어지는 교수–학습 적용

- 학생활동

  학생회, 창의적 체험활동, 학교행사를 학생 스스로 만들고 꾸려 가는 학생이 주인 되는 학교

- 학생관

  –아이들은 누구나 자주성이 있고 자신만의 장점을 지니고 있다.

  –아이들 삶의 진정한 변화는 배움과 생활의 감동에서 온다.

  –감동을 주는 교육은 아이들에 대한 신뢰와 열정으로 이루어진다.

그림 11–4　조현초등학교상

출처: 조현초등학교 홈페이지(https://johyeon-e.goeyp.kr).

봄의 학교공동체를 만들기 위해서, 교무실과 행정실을 교육지원실로 통합 운영하고, 교직원협의회를 강화하여 교육과정 운영권을 위임하고, 학교경 영에 학부모와 지역사회의 참여를 확대하는 등 변혁적 리더십을 발휘한다.

아이들은 누구나 자주성이 있고 자신만의 장점을 지니고, 아이들 삶의 진정한 변화는 배움과 생활의 감동에서 오고, 감동을 주는 교육은 아이들 에 대한 신뢰와 열정으로 이루어진다는 학생관을 밝히는 이 학교의 교육방 식은 맞춤형 교육, 감성 교육, 실천 교육에 중점을 둔다. 학생 중심의 교육 과정을 운영하는 농촌의 작은 이 학교는 학부모, 문화예술인, 지역사회와 협력하여 학생들에게 예술교육, 생태학습, 통합학습, 다양한 체험활동은 물론이고 국제문화 교류의 기회도 마련하고 있다. 〈표 11-5〉는 이 학교의 10대 프로그램이다.

표 11-5 조현교육 10대 프로그램

영역	추진 내용	세부 내용
학력 향상 (3)	−조현 오름길 −자기 생각 만들기 (논술평가) −통지표 개선	−학력증진 프로그램 −기초학력지도 (특별보충, 학습심리지도 강사 활용) −3~6학년 국, 수, 사, 과 −학생 자기평가 반영 및 평가 영역의 다양화
독서교육 (2)	−작가와 만남 −학습도서 선정 활용	−연 6회 유명작가 초청 −학년별 학습도서 선정(20권) −교재의 다양화
진로교육 (3)	−진로적성검사 −초청인사 강연 −진로 관련 행사	−학년마다 각종 심리검사 매년 실시 −학생이 원하는 분야의 인사 −학부모, 교원, 학생이 함께하는 학교축제 −학생의 소질, 적성을 발휘하는 교내 대회
인성교육 (2)	−학생 기획의 학교행사 −조현 공동체 수련 활동	−학생이 만들어 가는 행사(리더십 캠프) −나눔캠프(학년별 봄, 가을 수련 활동) −배움캠프(영어, 수영, 독서, 스키캠프)

　보평중학교의 학교경영 목표는 학교공동체의 참여와 협력을 바탕으로 인성과 실력을 갖춘 창의·지성 인재 육성이다. 학생이 진리를 깨닫고 성취의 기쁨을 경험하는 수업, 학습의 주체이자 창조자라는 믿음을 바탕으로 비판적 사고를 통해 자기 생각을 형성하는 수업, 서로의 차이와 다양성을 인정하고 포용하는 가운데 상호의 생각을 나누는 수업을 추구한다. 그리고 사제가 함께 성장하고 발전하는 행복한 학교를 만들고자 한다.

　이를 위해 학교장과 학교공동체는 미래 핵심 역량 개발을 촉진하는 자기주도적 교수-학습방법의 개선, 건강한 심신을 가꾸는 인성교육, 창의·지성 및 특기와 적성을 살리는 교육을 중점 추진한다. 또한, 서로를 인정 포용하고, 존중 배려하고, 공감 경청하고, 칭찬 격려하는 교풍의 정착을 위해 노

교훈
창조하는 지성 · 소통하는 감성

비전	스승과 제자가 함께 성장, 발전하는 우리들의 행복한 학교
교육목표	지성과 감성이 조화로운 참(CHARM) 보평인 양성

창의인 **C**reativity	문화인 **H**armony	자주인 **A**ctivity	건강인 **R**esilience	포용인 **M**anners
미래를 주도할 역량 있는 학생	지성과 감성이 조화로운 학생	스스로 삶을 개척하는 주도적인 학생	위기를 극복하고 더 높이 도약하는 학생	공감과 배려로 더불어 성장하는 학생

	창의인	학생상	교사상	학부모상	지역사회상
학교 기대상	• 배움이 즐거운 학교 • 안전한 학교 • 민주주의를 실천하는 학교 • 꿈과 끼를 키우는 학교 • 책 읽는 학교	• 창의인 • 문화인 • 자주인 • 건강인 • 포용인	• 열정적인 교사 • 사명감이 있는 교사 • 부단히 연찬하는 교사 • 역량 있는 교사 • 신뢰받는 교사	• 학교를 신뢰하고 지지하는 학부모 • 학교와 소통하고 참여하는 학부모 • 자녀에게 모범과 귀감이 되는 학부모	• 학교 발전에 동참하는 지역사회 • 학교 밖 교육의 장이 되는 지역사회

그림 11-5 보평중학교 교육목표

출처: 보평중학교 홈페이지(https://bopyung-m.goesn.kr).

력한다. 이 학교는 학교공동체가 함께하는 학교를 경영하기 위해 민주적 의사결정과 권한 위임, 학생 자치 활동 보장, 학부모와 지역사회의 협력 및 참여의 확대, 교수과정과 교무·행정을 융합한 행정조직, 교원의 교무·행정 업무 경감을 위한 행정전담자 배치, 교과연구회 활성화 등 학교공동체 구성원과 수평적·협력적 관계로 학교를 경영한다.

흥덕고등학교는 참여와 소통을 통한 희망과 신뢰의 배움 공동체를 지향한다. 이 학교의 교육목표는 열정과 공공에 헌신하는 마음을 갖춘 미래 시민 육성이다. 이를 달성하기 위해, 자신의 품격을 높일 줄 알고, 자신의 열정과 역량을 이웃과 나누고, 주체적으로 삶을 기획하고 정직하게 행동하고, 상상력으로 비전을 만들어 가며 세계를 품는 사람으로 학생을 키우고자 한다.

이 학교의 4대 중점 교육 과제는 자율경영체제 구축, 민주적 학교공동체 형성, 전문적 학습공동체 형성, 창의적 교육과정 운영이다. 학교교육의 기본 체제는 원칙과 책임의 자율 경영 체제 구축, 참여와 소통 및 자치와 협력의 민주적 학교공동체 문화 형성, 전문적 학습공동체를 통한 교사의 전문성 향상, 배움과 나눔으로 세상과 더불어 성장하는 교육과정의 구성이다.

이 학교는 교원의 교무·행정 업무 경감을 위한 지원, 혁신학교 간의 교육 협력 모델 구축, 교육활동 중심의 교육비 집행과 시설 개선, 교육활동 컨

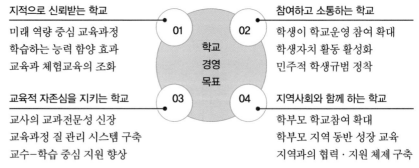

그림 11-6 흥덕고등학교의 학교경영 목표

출처: 흥덕고등학교 홈페이지(https://hd-h.goeyi.kr).

설팅 지원단 운영, 교직원협의회를 통한 보직교사 추천제 도입, 인사자문 위원회의 내실화, 학교운영에 대한 교원의 자발성과 교육활동 보장, 학부모 및 지역사회와의 협력을 강화하고자 노력한다.

5. 요약 및 적용

1) 요약

① 학교에 대한 사회의 영향력 확대로 인한 교육의 지배구조가 변화하면서 학교경영의 최종 책임자인 교장은 과거보다도 더 큰 역할과 책임을 요구받는다. 학교경영의 성공을 위해서는 학교장의 올바른 교육철학과 리더십이 중요하다. 최근에 교장의 지도력에서 강조되는 분야는 교육과정과 교수-학습이다.

② 학교경영은 학교교육 목표를 달성하기 위해 제반 조건을 정비 · 확립하고 목표 달성을 위한 활동을 지도 · 감독하는 일련의 봉사활동이다. 학교경영은 목표 설정의 합리성 추구, 자원의 확보 배분 활용의 능률성 강조, 목표 달성의 효과성 추구, 경영과정의 합리성 중시, 경영과정의 기획 · 운영(실천) 평가의 기능을 하는 것이 특징이다.

③ 학교경영의 영역은 학자에 따라 약간씩 의견을 달리하지만 크게 교육과정 운영과 장학, 학생관리, 교직원 인사, 시설 · 재정 관리, 사무 관리, 대외관계로 유목화할 수 있다. 이 영역 중 교육과정 운영과 장학, 학생 관리, 교직원 인사는 본질적인 영역이고, 시설 · 재정 관리, 사무 관리, 대외관계는 학생 교육을 위한 수단적 영역이라고 볼 수 있다.

④ 학교교육은 합리적인 경영과정을 거쳐 이루어질 때 그 효과를 극대화할 수 있다. 학교경영의 과정은 목표 달성을 위한 최적의 수단, 방법 절차를 선정하는 계획 단계, 계획 실천을 위한 분업화 단계인 조직 단계, 조직이 그 기능을 활성화하여 목적 달성을 위해 통합되도록 하는 지시 · 조정 단계, 그리고 목표 달성에 대한 분석 · 검토 및 피드백을

위한 평가 단계의 절차를 거친다.

⑤ 학교경영의 자율성과 더불어 학교경영에 대한 책무성도 요구된다. 학
교평가는 학교경영에 대한 책무성을 객관적으로 산출하는 것이다.
시·도 교육청평가와 더불어 학교평가는 국가 수준에서 추구하는 교
육의 방향이 시·도 교육청을 통해 학교에 스며들 수 있는 기제다. 최
근에 학교평가는 구성원의 자율성과 책무성을 존중하여 학교의 자체
평가로 운영된다.

2) 적용

■ 서술형 문제

1. 다음 내용을 잘 읽고 물음에 답하시오.

> (가) 학교단위에서 교육활동에 참여하는 구성원들이 교육목표를 달성
> 하는 데 보다 효과적으로 일할 수 있도록 필요한 자원을 확보하고
> 여러 사람들의 노력과 자원을 조화롭게 결합해 나가는 활동
> (나) 교육활동조직의 최종 단계인 학급에서 담임교사가 교육목표의 달
> 성을 위하여 교육활동을 계획·조직·실행하는 제 활동을 의미하
> 며, 그 궁극적인 목적은 학년별 교육과정 목표 달성을 위한 생활지
> 도와 교수-학습의 촉진

1) (가), (나)에 알맞은 개념을 쓰시오. (가) _____, (나) _____

2) (가)와 (나)의 영역을 각각 5가지만 제시하고, 둘의 공통점과 차이
점을 쓰시오.
(가) 영역: _____
(나) 영역: _____

　　공통점: _____

　　차이점: _____

2. 학교경영 우수학교의 기준을 제시하고, 혁신학교의 긍정과 비판적인 양 측면을 고려하여 성공적인 학교경영을 위한 학교공동체 구성원의 역할에 대해 서술하시오.

3. 학교평가가 학교경영에 미치는 영향에 대해 서술하시오.

▣ 토의 · 토론 문제

1. 학교단위 중심 학교경영체제 확립을 위한 방안을 학교경영의 원리에 비추어 말해 보시오.
2. 학교경영의 절차를 구체적 예를 들어 설명해 보시오.
3. 교사의 전문성 향상을 위한 방법을 세 가지 이상 말해 보시오.
4. 학생 관리와 관련하여 교장이 관심을 가져야 할 부분은 무엇인지 토의해 보시오.
5. 어떤 학교의 신임 교장으로 부임하였다고 가정하고, 학교경영을 통해 새롭게 전개해 보고자 하는 일은 무엇일지에 대해 생각한 바를 서로 나눠 보시오.

▌기억에 남는 선생님은?

여러분은 어떤 담임선생님이 가장 기억에 남나요? 열정을 가지고 지도해 주셨던 선생님, 여러 가지 학급 행사를 통해 추억을 만들어 주셨던 선생님, 사랑으로 감싸 주시고 나의 고민을 들어 주셨던 선생님 등 좋은 담임선생님의 모습이 떠오르나요? 아니면 심하게 혼을 낸 선생님, 학생들에게 무관심했던 선생님, 나의 마음을 몰라주었던 선생님의 모습이 떠오르나요?

기억에 남는 선생님의 좋았던 점과 싫었던 점을 떠올려 보고, 좋은 담임선생님이 되기 위해서는 어떻게 해야 할지 생각해 봅시다. 또, 좋은 담임선생님이 되기 위해서는 어떻게 학급을 이끌어 나아가야 할지에 대해 이야기 나누어 봅시다.

제 **12**장

학급경영

학
습
목
표

- 훌륭한 교사의 덕목과 성공적인 학급경영에 대해 알 수 있다.
- 담임교사의 역할을 이해하고 학급경영계획을 세울 수 있다.
- 교사 자신이 실천할 수 있는 특색 있는 학급경영의 예를 들 수 있다.

학습내용

주요 개념

학급경영, 담임교사, 학급조직, 생활지도, 학부모 상담

1. 학급경영과 교사

이 장에서는 교사가 갖추어야 할 덕목과 자질, 그리고 학급을 담당하는 교사의 역할은 무엇인지와 어떠한 마음가짐으로 학생들을 대해야 하는지를 알아본다.

1) 교사와 학생

태아는 태교를 받고 세상에 태어난다. 세상에 나갈 준비를 하는 학생에게 교실은 태중으로, 선생님의 가르침은 태교에 비유해도 무리는 아니라는 생각이다. 교사는 자신이 맡은 교실에서 아이들이 올바르게 자라도록 행동거지를 조심하고 좋은 가르침을 주고 싶어 한다. 교사가 어떤 마음가짐, 태도, 관심으로 대하느냐에 따라 학생들의 마음에 영향을 미칠 것이고, 학생들의 마음을 얻으면 성공적인 학급을 이룰 수 있을 것이다.

학생은 교사의 말 한마디, 행동 하나하나에 주의를 기울이고 시선을 모은다. 심리학자인 밴듀라(Bandura)의 사회학습이론처럼, 학생은 선생님이 하는 말로만 배우는 게 아니라 선생님의 모습과 행동을 보고 따라 하며 배운다(Bill Soomt, 2010; 노상미 역, 2011 재인용). 선생님의 언행이 미치는 영향력 때문에 같은 학년이라도 담임교사가 누구냐에 따라 교실마다 분위기가 달라진다고 대부분 이야기한다.

가르치는 일의 경이로움 가운데 하나는, 전혀 예상하지 못한 일이 언제든 일어날 수 있다는 것이고(Jonathan Kozol, 2009; 김명신 역, 2011 재인용), 교사와 학생이 함께 생활하는 교실에서는 더욱 빈번하게 일어나게 된다. 교사가 어느 순간에 잠시 잠깐 드러내는 미소조차 이를 바라보는 학생의 마음과 미래를 밝히는 빛이 될 수도 있기에, 교사의 언행이 어떠하냐에 따라 학생에게 평생 지우기 어려운 영혼의 상처가 될 수 있고, 오래 소중하게 품을 훈장이 될 수 있다(정일화, 2020). 이런 면에서, 학생에게는 교사의 존재 전부가 살아 있는 교육이라고 할 수 있다.

2) 교사의 덕목

교사가 갖추어야 할 덕목

배너와 캐넌(Banner & Cannon, 2017)은 교사가 갖추어야 할 덕목으로, ① 학습, ② 권위, ③ 윤리, ④ 질서, ⑤ 상상, ⑥ 연민, ⑦ 인내, ⑧ 끈기, ⑨ 인격, ⑩ 즐거움을 제시한다. 교사는 배움의 모범으로서 한 가지라도 더 잘 가르치는 방법을 찾고자 연구하고, 권위가 자연스레 발산되고, 소임을 수행하는 생활이 도덕적으로 비치고, 질서정연하고 편한 분위기를 유지하고, 틀에 매이지 않고 새로운 가능성을 수용하고, 학생을 어여쁘게 여기고, 어려움을 견디며 뜻한 바를 끈질기게 이루고, 존중과 신뢰의 관계를 중시하고, 교실을 밝게 이끌어야 한다.

훌륭한 교사의 특성

토드 휘태커(Todd Whitaker, 2020)는 훌륭한 교사의 19가지 특성을 제시한다. ① 해법을 프로그램이 아닌 사람에게서 찾는다. ② 기대의 힘을 믿는다. ③ 가벼운 말이 아닌 가치 있는 말을 한다. ④ 처벌보다 예방에 중점을 둔다. ⑤ 가르침에 요구되는 단순한 관계 이상의 것들을 갖춘다. ⑥ 주어진 상황에 가장 적합한 교육 방법을 선택한다. ⑦ 학생뿐만 아니라 자신에 대해서도 높은 기대치를 가진다. ⑧ 교실의 최대 변수는 교사라는 것을 안다. ⑨ 학생이 우선이다. ⑩ 매일매일 최선을 다한다. ⑪ 긍정의 눈으로 바라본다. ⑫ 어긋난 것을 즉시 바로 잡는데 민감하다. ⑬ 사소한 소란과 실수를 모른 척하고 넘기는 아량을 보인다. ⑭ 명확한 목적을 염두에 두고 신중하고 사려 깊게 계획하고 움직인다. ⑮ 잘하는 학생에 기초한 결정을 한다. ⑯ 결정을 내리기 전에 학생들 간의 유불리를 헤아린다. ⑰ 학생의 입장을 살핀다. ⑱ 시험이 전부가 아니라는 것을 이해한다. ⑲ 진심 어린 보살핌을 통해 학생의 마음을 움직인다.

이상의 것을 간략히 간추리면, 교사는 성공적인 학급을 이루기 위해서 첫째, 긍정적이고 자신감 있는 태도와 원활한 의사소통으로 신뢰관계를 구축하고, 안정적이고 질서 있는 분위기를 조성해야 한다. 둘째, 자신과 학생에 대한 높은 기대치를 갖추고, 이를 달성할 수 있는 계획과 전략을 마련해 실천으로 옮기고, 지속적인 성찰과 평가를 통해 목표 달성을 확인해야 한다. 셋째, 이런 일련의 과정에서 상대를 존중하며 다양한 의견을 경청하고,

실수와 실패에서 배우고, 유머 감각과 인내심 및 회복력을 갖추어야 한다. 마지막으로, 정해진 틀에서 벗어난 모험도 즐길 줄 아는 창의성과 유연성이 필요하다.

3) 담임교사의 역할

교육의 성과는 학생 자신, 학부모의 관심, 그리고 교사의 헌신에 의해 대부분 결정된다고 할 수 있을 것이다. 학년 초에 '학생의 담임이 누가 되느냐?' 하는 문제는 학생 자신은 물론 학부모에 있어서도 지대한 관심사다. 학생들과 학부모들이 원하는 담임교사의 모습은 여교사, 남교사; 패기 있는 신참교사, 노련한 경력교사; 인성교육을 우선하는 교사, 학력 신장을 우선하는 교사; 엄격한 교사, 수용적인 교사 등과 같이 아주 다양하다. 학생들과 학부모들이 자신의 취향에 맞는 담임교사가 임명되기를 바라는 것은 그만큼 학생이 속해 있는 학급의 담임교사가 중요한 역할을 하고 있다는 사실을 반증해 준다고 할 수 있다.

교사들에 있어서도 학년 초에 자신이 맡게 될 업무분장과 함께 주된 활동 영역, 대상이 될 학년과 학급, 그리고 담당할 학생들이 누구인지는 지대한 관심사가 아닐 수 없다. 교사들은 담임을 맡을지 않을지, 맡는다면 몇 학년을 맡을지에 대해 고심해서 희망하거나 선택하는 것이 일반적이나. 학교경영자들은 교사들 간의 요구가 다르거나 담임 및 특정 학년의 담임 기피현상이 생겨날 경우, 이에 대한 조정과 설득을 해야만 한다.

학급의 담임으로 임명되면, 어떠한 학생들이 자신의 학급에 소속되었는지에 따라 개개 학생에 대한 지도 전략과 함께 학생집단을 특성에 따라 유사한 그룹으로 나누어 지도 전략을 수립해야 할 것이다. 담임교사의 이러한 준비 및 노력과 지도력 여하에 따라 학급의 모습은 다양하게 드러나게 된다.

초등학교에서는 한 사람의 담임교사가 한 학급의 학습지도와 생활지도를 전담하는 학급담임제를 대부분 채택하고, 교과전담제를 실시하는 중등학교에서도 1명의 학급담임을 배치하는 등 학교 수준에 관계없이 학급담

담임교사의 역할과 임무에 대해 생각해 보자.

학급담임의 역할
• 수업활동
• 생활지도
• 특별활동 지도
• 교실환경 정비
• 학급사무 처리
• 학교운영 참여

임이 해야 할 임무는 다음과 같이 학습지도와 생활지도를 포함하여 아주 다양하다.

① **수업활동**: 수업활동은 학급 내 활동의 가장 큰 부분을 차지하며, 교사의 입장에서 보면 교수활동이고 학생의 입장에서 보면 학습활동이다. 이를 위해서 교사는 수업활동 이전에 학생들에게 어떤 경험을 학습하게 할 것인가 하는 방법을 계획하고, 그 결과를 평가해야 한다.

② **생활지도**: 학생의 안정적인 생활 자세는 성공적인 학교생활의 전제 조건이 된다. 교사는 학생들로 하여금 자신의 문제를 해결하도록 지도하고 도와주어야 한다. 특히, 문제 학생을 조기에 발견하고 학부모와의 긴밀한 협조관계를 구축하여 지도를 해야 한다.

③ **특별활동 지도**: 담임교사는 학급 내에서 이루어지는 학급회를 포함한 학생자치활동, 체험학습, 수학여행, 체육대회, 각종 수련회를 포함한 단체 활동, 그리고 학생봉사활동에 대한 이해를 통해서, 이러한 활동이 의도하는 교육적 효과를 거둘 수 있도록 해야 한다.

④ **학급의 교실환경 정비**: 쾌적하고 정돈된 교실환경과 신뢰감에 기초한 사회심리적 환경 구성은 학급에서의 교수-학습을 안정적으로 진행하기 위한 필요조건이다. 교실의 물리적 환경 구성에는 담임교사의 학급에 대한 관심이 일차적으로 반영된다.

⑤ **학급사무의 처리**: 담임교사는 학급운영과 관련 있는 각종 사무와 학교 내의 다른 부서에서 요구하는 다양한 사무를 처리해야 한다. 관료화된 행정 풍토에서는 서류를 잘 작성하고 갖추는 것이 책임 추궁을 면하는 길이기도 하다. 하지만 실질적인 본연의 학생지도보다 우선시하는 것을 경계해야 한다.

⑥ **학교운영에 대한 참여**: 담임교사는 학생들을 가르치고 학교생활을 지도하는 것 이외에도 교무회의, 교과협의회, 학년회의, 인사자문위원회의 구성원이 되어 학교행정에 직접적으로 참여하여 바람직한 교육환경의 조성을 위해 노력해야 한다.

4) 성공적인 학급경영

담임교사는 학부모와 원만한 관계를 형성하여 협력하고, 학생들과도 서로 신뢰하는 관계를 이루어야 성공적인 교육이 가능하다. 이 때문에, 담임교사는 학생이 믿고 따를 수 있는 자질과 존경받는 품성을 갖추고 변함없는 언행으로 이를 드러내야 한다. 다음의 좋은 교사의 요건을 염두에 두면 성공적인 학급을 이루는 데 도움이 될 것이다.

김병찬(2005)은 학생들과의 심층 면담을 통해, '인간적으로 대우하고, 수업을 잘 이끌고, 아이들을 사랑하고, 신념이 바르고, 지도력을 갖추고, 정의감 있고 공평한 선생님'을 바람직한 교사상으로 도출했다. 김회용(2007)은 '인격, 전문성, 미래사회 역량을 갖춘 교사'를 좋은 교사의 요건으로 규정하였다. 안길훈(2007)은 '좋은 선생님'에 대한 학생들의 글짓기 내용을 분석해서 학생들이 선호하는 교사상을 밝힌 결과, '유머 감각을 보유하고 수업을 재미있게 하는 교사, 자상하고 너그러운 교사, 삶의 지혜를 강조하고 많은 추억을 심어 주며 학교 안팎에서 관계의 끈을 놓지 않는 교사'를 좋아하는 것으로 나타났다.

안지혜(2020)는 예비 보육교사의 성찰적 글을 통해 구성한 좋은 교사의 요건으로, '건강하고, 따뜻하고, 자신의 존재 가치를 잊지 않고, 아이들을 존중하고, 성장하기 위해 꾸준히 노력하는 교사'를 꼽았다. 오선아, 이순닉(2011)에 따르면, 초등 현직교사와 예비교사는 '학생을 이해하고 존중하는 선생님'을 좋은 교사로, '학생들에게 참여 기회를 부여하여 지식을 재구성할 수 있는 수업'을 좋은 수업으로 인식하는 것을 밝혔다. 김정자(1986)는 연구를 통해, 중등학교 학생들은 원만한 인간성을 가진 교사로부터 사랑받고, 확고한 교육관을 가진 실력 있는 교사로부터 쉽고 재미있게 지도받고, 이해와 관심과 공평한 인격적 대우를 받기를 원한다는 것을 알아냈다. 또한 교사의 관심과 격려는 그 교사의 담당 과목의 선호와도 높은 상관관계가 있음도 밝혔다.

이종재 등(1981)이 연구한 이상적인 교사의 자질에 대한 조사에서 집단별로 다소의 차이를 보이고 있으나, '학생에 대하여 깊은 관심과 사랑을 지닌 교사(32.5%)', '교육자로서 신념을 지닌 교사(32.5%)', '인생에 대한 자세를 가르쳐 주는 교사(16.8%)'를 바람직한 교사상으로 보고 있고, '담당 교과에 뛰어난 실력을 지닌 교사(7.6%)'가 그 뒤를 이었다. 집단별 반응 내용은 〈표 12-1〉과 같다.

표 12-1 이상적인 교사상에 대한 가치의식의 분포(%)

교사상	교사	학부모	학생	전체(순위)
담당 과목의 실력	7.7	7.2	7.8	7.6(4)
교육자로서의 신념	34.8	33.5	29.2	32.5(2)
예절, 질서 지도	2.7	10.4	3.3	5.5(5)
요령 있는 수업 지도	1.3	6.6	7.5	5.1(6)
학생에 대한 깊은 관심, 사랑	35.3	30.6	31.5	32.5(1)
인생에 대한 자세 지도	18.2	11.6	20.6	16.8(3)
계	100.0	100.0	100.0	100.0

출처: 이종재 외(1981). 한국인의 교육관. 한국교육개발원, pp. 106-109.

바람직한 교사의 특성

미국에서 갤럽이 실시한 바람직한 교사의 특성에 관한 여론조사의 결과는 다음과 같은 순위로 나타났다(Brainard, 1997).

- 이해와 의사소통을 잘하는 교사
- 공정하게 대하는 교사
- 높은 도덕성을 지닌 교사
- 어린이에 대한 사랑과 관심을 지닌 교사
- 헌신적인 교사
- 친근하고 좋은 성품을 지닌 교사
- 정결하고 깔끔한 외모를 지닌 교사

오래전부터 학교교육의 신뢰가 훼손되기 시작하면서 교육전문가, 학부모단체, 교사단체는 학교교육을 바로 세우기 위해 교사와 학부모가 각각 지켜야 할 다섯 가지 지침'을 다음과 같이 제시한 바 있다(동아일보, 1999. 4.

6.). 교사를 위한 지침은 교사 스스로가 교직의 권위를 지키는 데 필요한 것이며, 학부모를 위한 지침은 궁극적으로 자녀의 올바른 성장에 필요한 것으로 여겨진다. 여기서 중요한 것은 무엇보다도 교사는 '내 아이처럼' 학생을 사랑하고, 학부모는 '내 아이만' 우선하는 생각을 버려야 모든 학생이 다 함께 건강하게 성장할 수 있다는 사실이다.

교사 수칙

- 모든 학생을 동등하게 대하라. 아이들은 차별대우에 민감하다.
- 성적보다도 인성이나 소질을 소중히 여기자.
- 끊임없이 관심을 가지자. 아이들은 자신을 이해하지 못하는 교사의 말을 따르지 않는다.
- 소외되고 어려운 아이들을 더 배려하라. 그것이 실천하는 교육이다.

학부모 수칙

- 교사의 명예와 자존심을 존중하고 학교와 교사를 믿어야 한다.
- 내 아이만 생각하는 사랑은 교육을 망친다.
- 성적보다 아이의 소질과 개성을 살려 달라고 하라.
- 자녀 문제와 관련하여 교사와 적절한 커뮤니케이션 통로를 유지하라.

김정섭 등(2007)은 성공적인 학급공동체의 특징을 언급하면서 '협력', '개방', '역할', '정서'를 핵심어로 제시한다. 성공적인 학급경영을 위해서 교사는, 첫째, 원활한 의사소통을 통해 학부모와 협력하고 학생의 의견을 수렴하는 개방적 분위기를 조성한다. 둘째, 학생들이 학급활동에 주체적으로 참여할 수 있는 여건을 마련한다. 셋째, 가정에서 부모가 자녀를 돌보듯, 학교에서는 교사가 학생을 돌본다는 마음으로 학생들을 사랑과 깊은 관심을 가지고 대한다. 넷째, 바람직한 윤리적 행동의 모범으로 신뢰관계를 구축하고, 교실을 안정된 환경으로 가꾼다. 마지막으로, 학급의 질서를 위해 규칙을 명확하게 제시하고 적용할 때 일관성을 유지한다.

2. 학급경영계획

이 장에서는 학급경영의 이론적 기초로서 학급경영의 개념과 영역을 알아보고, 학급경영 연간 계획의 예시를 통해 학급경영의 전반적인 흐름을 살펴본다.

1) 학급경영의 개념과 영역

학급경영의 개념   학급은 교수-학습을 통하여 교육과정의 목표를 구현하는 가장 기본적인 단위로, 학생에게는 인격 형성과 지식 습득의 장이고 교사에게는 교육 실천의 장이다. 학급은 학생을 직접 상대하는 교육의 보루로, 좁게는 학생과 교사, 넓게는 가정과 학교를 연결하는 가교적(架橋的) 위치에 있다.

학교교육의 성공은 학급의 교육활동이 좌우한다고 할 수 있고, 학급 내 교육활동의 실패는 교육과 정부의 교육정책의 실패로 이어질 수 있다. 따라서 교육부, 시·도 교육청, 학교의 교육행정은 학급 내의 의도적인 교육활동을 위한 지원에 초점을 맞춰야 한다. 궁극적으로 교육의 성패를 가름하는 학급을 책임진 담임교사는 최일선의 관리자라고 말할 수 있다. 우리나라에서는 학급경영이라고 하지만 미국에서는 'classroom management'라고 해서 학급관리나 수업관리를 의미한다. 학급경영에 대한 학자들의 견해는 다음과 같다.

- 학급경영은 학교교육 활동의 기본단위인 학급을 대상으로 교육목표 달성을 위한 계획·조직·실행·지도·평가 등을 시행하는 교육활동이면서 동시에 교수-학습활동과 생활지도가 효율적으로 이루어질 수 있도록 도와주는 교육지원활동이라고 할 수 있다(윤정일 외, 2021: 460).
- 학급경영은 학급을 대상으로 교육목표 달성을 위한 교육계획을 수립

하고, 계획 실행에 필요한 인적 · 물적 자원을 정비하고, 계획을 실행하고, 학생을 지도하고, 교육활동을 평가하는 일련의 교육활동이다(송기창 외, 2021: 291).

- 학급경영은 학급의 교육목표 실현과 학급 구성원의 개인적 · 집단적 욕구충족을 효율적으로 달성하기 위해 인적 · 물적 자원을 활용하고 계획 · 조직 · 지도 · 통제하는 활동을 통해서 학급을 운영하는 활동이다(박병량, 1997: 20-23).

이러한 정의를 통해서 볼 때, **학급경영**은 교육활동조직의 최종 단계인 학급에서 담임교사가 교육목표의 달성을 위하여 교육활동을 계획 · 조직 · 실행하는 제 활동을 의미하며, 그 궁극적인 목적은 학년별 교육과정의 목표 달성을 위한 생활지도와 교수–학습의 촉진이라고 할 수 있다.

학급경영의 영역   학급경영의 영역에 대한 입장은 크게 교실 내의 수업과 경영을 분리하여 학급경영을 파악하려는 입장, 학급에서 이루어지는 모든 활동을 학급경영으로 파악하여 수업활동을 학급경영에 포함시키는 입장, 수업활동과 경영활동을 분리시키고 이들 두 활동 사이에서 중첩되는 경계 영역 활동을 인정하는 입장으로 분류된다.

수업과 경영을 분리하여 학급경영을 파악하려는 입장은 학급 내에서 생활지도와 같은 질서를 유지하는 활동과 학급 내 교수–학습활동을 지원하는 조건을 정비하는 활동을 별개의 차원으로 분류하는 입장이다.

존슨(Johnson)과 바니(Bany)는 학급경영을 조건 정비적 측면에서 파악하여 학급경영을 조장활동과 유지활동으로 구분한다(1970: 63-65). **조장활동**은 학급을 협동적인 사회체제로 발전시키기 위한 활동으로서, 여기에는 학급집단의 통합적이고 협동적인 관계의 수립, 학급에서의 행동 기준이나 규칙의 확립과 과업수행 절차의 조정, 문제해결 방식에 의한 학급체제 내의 조건 개선, 학급체제 조건의 수정 및 변화 등의 활동이 포함된다. **유지활동**은 학급 구성원 간에 갈등해소를 포함하여 인간관계에서 발생하는 문제들을 조정하는 과정으로서 역동성 있고 안정감 있는 학급 분위기를 유지하는

조건 정비적 측면
조장활동, 유지활동

활동이다.

반면에 학급활동 전체를 학급경영으로 보는 관점은 학급에서 이루어지는 교수–학습활동이 학급경영에 포함되는 활동으로 간주하며, 이러한 관점은 렘레취(Lemlech)에 의해 대표된다(1979: 5). 그는 담임교사의 역할 중에서 수업을 가장 중요한 역할로 보고, 학급경영은 교육과정을 계획하고 학급의 절차와 자원을 조직하고 효율성을 극대화하기 위해 환경을 정비하고 학생의 진도를 점검하며 학급에서 발생 가능한 문제들을 예측하는 활동 등을 통해 학급활동 전체를 조화시키는 것이라고 보았다.

초등학교의 학급경영 vs. 중등학교의 학급경영

이러한 학급경영에 대한 입장을 우리나라의 현실에 비추어 보면, 초등학교에서는 일부 교과에 대한 교과전담 교사의 수업을 제외하고는 담임교사가 수업을 전담하고 있고, 중등학교에서는 교과전담제에 의해 담임교사가 자신의 학급에서 극히 일부분의 수업만을 담당하고 있기 때문에 렘레취의 관점은 초등학교, 존슨과 바니의 관점은 중등학교의 학급경영을 설명하는 데 보다 설득력이 있다고 볼 수 있다.

따라서 담임의 입장에서 초등학교에서의 학급경영은 교수–학습활동과 밀접한 관계가 있는 것이며, 중등학교에서의 학급경영은 담임교사의 수업과 다른 교과전담 교사의 수업을 위한 교수–학습활동을 위한 조건을 정비하고 유지하는 지원활동으로 볼 수 있다. 그리고 교수–학습활동은 학교 교육뿐만 아니라 학급경영에서 가장 중요한 부분이면서 동시에 학급경영의 한 부분으로 여겨진다. 학급경영의 하위 영역과 주요 활동은 다음과 같다.

① **교수–학습 영역**: 교과지도, 특수아 지도, 가정학습 지도
② **특별활동 영역**: 학급활동, 클럽활동, 단체 활동, 학교행사 조직
③ **생활지도 영역**: 인성지도, 교우관계 지도, 진로상담 지도, 출결석 지도, 학교폭력예방 지도, 안전사고예방 지도
④ **교실환경 영역**: 교실환경 게시, 학급시설 및 비품의 유지관리, 청소 지도
⑤ **학급사무 영역**: 학생부기록, 각종 장부(출석부, 학급일지) 관리, 성적 관리
⑥ **대외관계 영역**: 학부모 면담, 가정방문, 지역사회 협조 유도, 봉사활동

앞에서 제시된 여섯 가지 영역은 상호 유기적인 작용을 한다. 생활지도 영역으로 제시된 '인성지도'와 부주의 또는 안전교육의 미비로 인해 일어나는 사고를 예방하는 '안전사고예방 지도'는 각각 교수−학습 영역과 교실환경 영역과 밀접하고, 같은 영역에서 지도할 내용도 서로 긴밀하게 연결된다. 〈표 12−2〉처럼, 학교폭력의 피해 유형 가운데 40% 내외를 차지하는 언어폭력은 사이버폭력과도 관련이 있다. 따라서 학교폭력예방 지도는 고운 말 쓰기와 상호 존중 같은 인성지도와 관련이 깊다고 할 수 있다. 이런 측면에서, 생활지도가 잘 이루어지지 않으면 교실환경의 정비와 유지에 힘이 들고, 생활지도와 교실환경이 부실해지면 인성지도와 교수−학습지도가 제대로 이루어지기 어렵고, 이는 학교폭력과 안전사고의 발생으로 이어질 수 있다.

표 12−2 학교폭력 피해 유형별 비율

구분	언어폭력	집단따돌림	스토킹	신체폭력	사이버폭력	금품갈취	성폭력	강요
전체	41.8	13.3	5.7	14.6	9.6	5.4	4.3	5.3
초	42.8	12.9	6.3	14.6	8.7	5.5	3.6	5.6
중	37.8	14.3	3.4	15.5	12.9	5.4	6.6	4.1
고	40.0	15.4	3.9	11.8	12.6	4.4	7.1	4.6

출처: 교육부 보도자료(2022. 9. 6.). 2022년 1차 학교폭력 실태조사 결과 발표.

2) 학급경영의 연간 계획

학급경영을 잘하기 위해서는 학교의 전체 교육과정 계획을 참고하여 학급경영에 대한 연간 계획을 미리 구상해 보고, 담임으로서 어떤 행사나 활동을 미리 준비해야 하는지 생각해 보는 것이 필요하다. 일반적인 내용을 중심으로 학급경영 연간 계획의 예를 제시하면 〈표 12−3〉과 같다.

표 12–3 학급경영 연간계획 예

월	주제	학급활동
2월	담임 준비	−연간 교육과정, 교과서 살펴보기 −학급생활 운영 계획 −책걸상, 사물함, 신발장 배치 확인
3월	학급 구성 및 학급 분위기 조성	−연간 교육과정, 교과서 살펴보기 −급훈 설정 및 실천 지도 −자리 배치, 청소 및 1인 1역 배정 −학급회 운영 지도, 학급환경 조성, 학급 비품 준비 −학생 및 학부모 상담, 학생 비상연락망 조직 −학생 태도 및 실내정숙 지도 −학부모 총회 개최
4월	면학 분위기 조성 및 소속감 심어 주기	−식목일 지도 및 과학의 달 행사 −교실 환경 꾸미기 완료 −현장체험학습 및 모둠 단합대회
5월	은혜를 생각하는 시간	−체육대회, 자연보호 활동 −어린이날, 어버이날, 성년의 날, 스승의 날 관련 행사 −중간고사
6월	나라와 민족을 생각하는 시간	−현충일 행사, 6 · 25 계기 교육 −호국 보훈의 달 행사
7월	한 학기 마무리 점검 및 2학기 계획	−기말고사 및 결과 처리 −학생평가 누가기록 정리, 통지표 작성 −방학 중 생활계획표 작성 지도 −제헌절 훈화 지도, 광복절 행사 −1학기 학급운영 반성 및 2학기 계획
8월	여름 방학	−이메일, 학급 홈페이지 활용 −개별, 모둠별 봉사활동 −방학 중 생활지도
9월	면학 분위기 조성 및 공동체 의식 심기	−개학에 따른 생활지도, 면학 분위기 조성 −2학기 모둠 재구성 및 모둠 단합대회 −청소지도 및 기초 질서 지도, 교실환경 구성
10월	실력을 다지는 날	−개천절, 한글날 훈화 지도 −체육대회, 현장체험학습 −모둠 활동 성과 정리

11월	인권을 생각하는 달	−동계 화기 단속 지도, 화재 예방 지도 −개인 상담 및 집단 상담 −학급 및 학교 문화예술 행사
12월	끝맺음 지도 및 방학 계획	−기말고사 및 결과 처리 −학년말 성적 처리 및 통지표 작성 −취미와 소질에 맞는 특기 계발 지도
1월	겨울 방학	−이메일, 학급 홈페이지 활용 글쓰기 −방학 중 교외 생활지도 −학력 미달 학생 보충 수업
2월	다시 태어나는 우리	−종업식 및 졸업식 준비 −학년말 생활지도 강화 −학급경영 평가 및 생활지도 반성

3. 학급경영의 실제

이 장에서는 실제적인 학급경영 측면에서 교사들이 실천해야 할 내용인 학급조직, 급훈 제정, 학생 생활지도, 학부모 상담에 대하여 알아본다.

1) 학급조직

비슷한 집단의 학급이라 하더라도 구성원을 어떻게 조직하고 운영하는 가에 따라 학급 간에 상당한 차이가 난다. 따라서 학년 초에 이루어지는 학급 조직의 구성은 이후의 학급생활에서 중요한 의미를 갖게 된다. 학급 구성원 모두가 학급의 일에 적극적으로 참여하기 위해서는 역할을 분담하고 의견을 수렴할 수 있는 조건이 선행되어야 한다.

학급조직에는 학급회와 운영위원회 조직, 각 부서 및 부서별 활동조직이 포함될 수 있다. 또한 학급의 조직에 있어서 반장과 부반장을 포함한 학급 임원의 선출은 학급운영을 위한 조건을 확립하고 그 절차와 방법을 통해서 바람직한 민주시민으로 성장시키는 데 목적이 있다. 따라서 학급 임원의

학급조직
학급회의, 운영위원회,
학급 부서

선출 과정은 학생들이 학급의 주체로서 긍지와 자부심을 가질 수 있고, 그 절차를 통하여 민주주의의 실천과 지도자의 중요성을 학습할 수 있는 좋은 기회라고 할 수 있다. 학급운영의 조직구조는 학급의 상황과 학교의 학칙 등에 따라 여러 가지 제한적 요소가 있다. 따라서 다음에 제시하는 조직구조는 하나의 시안에 불과하며, 담임교사와 학생들이 뜻을 모아 보다 효과적인 학급조직을 구성하는 것이 바람직하다.

① **학급회**: 반장은 학급회의 의장이 되고, 부반장은 부의장이 된다. 학급 구성원 모두가 참여해서 논의해야 할 중요한 일은 학급회를 통하여 결정한다.

② **운영위원회**: 의장, 부의장, 각 부서 부장, 그리고 자발적 지원자 1~2명으로 구성한다. 여기에서는 각 부서로 모아진 의견을 논의하고 결정한다. 학급 전체와 관련된 중요한 사항은 학급회에 상정하여 논의한다. 여기서 결정되고 논의된 사항은 담임의 조언을 받은 후 그 내용을 학급 전체에 발표한다.

③ **학급 부서**: 학급 내에서 이루어지는 여러 활동을 영역별로 나누어 부서를 정하고 부원을 배치한다. 각 부서는 담당하는 행사를 주도적으로 실시한다.

학급조직 시 고려할 사항

학급의 조직을 편성하고 운영할 때의 고려할 사항에는 여러 가지가 있는데, 몇 가지 중요한 내용을 살펴보면 다음과 같다.

• 반장 등 학급 임원선거는 민주적 절차에 따른다.
• 소외되거나 독점하는 학생이 없도록 조직한다. 학생마다 무슨 일이든지 하나의 역할을 갖는 것이 좋다. 분기별이나 학기별로 임무를 돌아가면서 맡게 하는 방법도 있다.
• 맡은 일에 대하여 자율성과 창의성을 발휘하도록 도와준다. 예를 들어, 학급회의 조직에 각 부장이 선출되면 각자 어떤 일을 할 것인가에 대한 계획을 세워 보도록 한다.

- 학생들이 하는 일에 대하여 조언하고 격려한다. 예를 들어, 체육대회 준비를 담당한 학생들이 체육대회를 어떻게 치를 것인가를 상의할 때 학생들의 의견을 경청한 다음 핵심적인 사항에 대하여 담임의 의견을 제시한다.
- 지도가 필요한 학생은 가급적 담임 곁에 둔다. 장난을 심하게 치거나 수업 분위기를 흐리는 소수의 학생 때문에 어려움을 겪는 경우가 있다. 이런 학생과 수시로 상담하며 책임감 있는 일을 할 수 있도록 하고, 학급의 일을 결정할 때 참여하도록 유도하여 소속감을 갖게 한다.

학급 부서를 조직하고 부서별 활동 내용을 정하는 것은 학교 및 학급의 형편에 따라 다를 수 있다. 일반적인 부서를 중심으로 활동 내용을 분류해 보면 〈표 12-4〉와 같다.

표 12-4 학급 부서별 활동 내용

순서	내용
기획부	• 출석부 관리 및 출석 점검을 한다. • 학급의 각종 회의와 협의 내용을 기록 관리한다. • 학급 물품을 관리한다.
문예부	• 각종 글짓기, 표어, 포스터 관련 작품에 대한 업무를 한다. • 학급 문집을 편찬한다. • 문예, 학예행사 관련 업무를 추진한다.
환경부	• 교실 환경미화를 주관하며 환경 게시물을 관리하고 보수한다. • 교실의 청결을 유지한다. • 청소 도구 관리 및 분리수거를 담당한다.
체육부	• 학급의 건강 증진과 안전사고 예방을 담당한다. • 학교의 체육대회에 참여할 준비를 한다. • 체육시간에 필요한 교구 준비 등 수업 준비를 한다.
도서부	• 학급의 독서 실태를 파악한다. • 학생 생활에 도움이 되는 도서목록을 작성하여 소개한다. • 학급 문고를 관리한다. • 도서관 이용을 안내한다.

학습부	• 학습 분위기를 조성한다. • 공부가 어려운 학생들을 도와준다. • 학습에 도움이 되는 자료를 게시한다.
생활부	• 바른말 및 고운말 사용을 장려한다. • 학교 및 학급의 규칙 준수를 유도한다.

학급회의 진행 순서

　학급회의를 진행할 때에는 그 순서가 명확하게 규정되어 있는 것은 아니다. 담임교사는 학급회의를 할 때, 조언자로 참가한다. 일반적으로 시행할 수 있는 학급회의 진행 요령은 다음과 같으나, 학급 실정에 맞게 창의적으로 재구성하여 회의를 실시하도록 한다.

① **개회사**: 회장은 서기로부터 학급회의 개회에 필요한 정족수를 확인 받고 개회를 선언
② **국민의례**: '국기에 대한 경례', '애국가 제창'의 순으로 진행
③ **협의 사항 발표**: 의장은 이번 주에 협의할 사항에 대해 발표
④ **지난주 생활 반성**: 부서별로 지난주의 활동 내용에 대해 보고 및 반성
⑤ **토의 및 토론**: 안건에 대해 학급회의에서 협의할 세부 사항 선정
⑥ **건의 사항**: 의견 및 제안 발표, 지난 건의 사항에 대한 처리 상황 알림
⑦ **회의록 낭독**: 서기는 학급회의 내용을 정리한 회의록을 낭독
⑧ **지도 조언**: 회의 태도나 안건의 내용 등에 관해 조언
⑨ **교가(반가) 제창**: 교가 또는 반가를 제창
⑩ **폐회사**: 회장은 회의 소감을 간단히 발표하고 폐회를 선언

2) 급훈 제정

　급훈을 정하는 일은 1년간 학급의 나아갈 방향을 결정하기 때문에 중요하다. 급훈을 정하는 방법에는 담임교사가 학급의 경영방침 및 교육관 등을 바탕으로 적절한 내용을 직접 제시하거나, 교사가 몇 가지 안을 제시하고 학생들이 다수결로 결정하는 방법, 학생들에게 공모를 해서 교사가 그

중 하나를 결정하는 방법, 학급회의를 통해 학생들이 스스로 정하는 방법
등 여러 가지가 있다. 담임교사가 교육적 소신에 따라 급훈을 제시하여 정
하고자 할 경우에는 학생들의 의견이 무시되지 않도록 충분한 설명을 통해
공감대를 형성해서 정하는 것이 좋다. 학생들이 공모하고 표결하는 경우
에는 학생들의 의견을 존중해 준다는 장점이 있으나 여러 가지 의견이 나
올 경우 결정하기가 어렵다는 단점도 있다. 이럴 경우 학생들에게 공모하
고 교사가 몇 가지 급훈을 1차로 선발한 뒤 학급회의를 통하여 정할 수도
있다.

　급훈의 내용은 학급 담임교사의 교육철학이 담기고, 생활하며 계속적으
로 인식될 수 있는 것이 좋다. 최근에는 인성적 측면을 고려해 '인성 급훈'
을 정하는 경우도 늘고 있다. 급훈은 학생들에게 와 닿도록 하되 너무 어려
운 말로 제시하지 않아야 한다. 막연하고 추상적인 내용, 상투적인 내용,
장난스러운 내용, 경쟁과 이기심을 유발할 수 있는 내용은 부적절하다. 급
훈의 예는 〈표 12-5〉와 같다.

급훈의 내용

표 12-5 급훈의 예

적절한 급훈의 예시	부적절한 급훈의 예시
−서로 알고 서로 돕자.	−노력 · 성실 · 근면
−나에게는 엄격하게 남에게는 너그럽게	−하면 된다 해야 한다 할 수 있다
−생각은 깊게 행동은 바르게	−아는 것이 전부다.
−시간에는 성실, 일에는 자신	−사람답게 살아 보자.
−스스로 서고 더불어 살자.	−오늘의 고생, 내일의 영광
−서로 돕는 마음씨	−내가 한눈팔 때, 친구는 공부한다.
−더불어 어울리며	−정숙한 학생, 조용한 교실
−말보다 앞선 실천	−모든 면에서 앞서자.
−최고보다는 최선을	−끝없는 연습만이 살길이다.
−더불어 사는 삶	−노력만이 살길이다.
−예의 바른 학생이 되자.	−동포사랑 · 국가경영 · 세계정복
−모두가 주인 되는 교실	−엄마가 보고 있다.

3) 학생 생활지도

요즘 학생들에게 일방적인 강요나 지시는 비효과적이다. 일단은 학생에게 마음을 열고 학생의 입장에서 생각해 보아야 하고, 학생을 믿으려는 노력이 필요하다. 담임선생님과는 무슨 이야기를 해도 괜찮다는 믿음을 준다면 생활지도의 90%는 달성한 셈이다. 학생들에게 가까이 가기 위해서는 어울리려는 노력이 필요하다. 담임교사는 학생들과 평소에 자주 대화하고, 신뢰한다는 차원에서 부담이 되지 않는 가벼운 심부름도 시켜 보는 것이 좋다. 청소시간에도 가끔씩 학생들과 같이 청소하고, 체육대회 때 응원도 같이하면 학생들의 마음에 담임교사에 대한 긍정적인 인식이 생기게 되고, 그것은 그대로 생활지도에 좋은 영향을 미치게 된다. 생활지도에 참고해야 할 항목은 다음과 같다.

① **예절지도**: 교무실 출입지도, 인사 잘하기, 질서 지키기, 식사 예절 등
② **교우관계 지도**: 친구 배려하기 등
③ **3무 운동지도**: 따돌림, 싸움, 두려움 없는 교실 만들기
④ **지각, 결석생 지도**: 출결 사항 파악 및 결석 사유 분석, 가정과 연계 지도
⑤ **학교시설 이용지도**: 시설물 바르게 사용하기, 전기 및 물 절약 지도
⑥ **안전사고 예방지도**: 등 · 하교 및 현장체험 학습, 교내외 안전지도
⑦ **실내정숙**: 복도에서 뛰지 않기, 우측 보행 지도
⑧ **바른말 고운말 사용**: 욕설하지 않기, 별명 부르지 않기
⑨ **인터넷 사용지도**: 네티켓, 사이버 범죄 예방
⑩ 유해업소 출입금지 지도
⑪ 학교 규칙 지키기 지도
⑫ 특별한 주의가 필요한 학생 지도
⑬ 학교폭력예방 지도, 성희롱 · 성폭력예방 지도
⑭ 흡연과 약물 오남용예방 지도, 자살예방, 가출예방 지도

학생 생활지도에 대한 월별 목표와 추진 내용은 학교 및 학급의 실정에

맞게 자율적으로 운영되고 있지만, 학교에서 주로 이루어지는 지도 내용은
〈표 12-6〉과 같다.

표 12-6 월별 주요 생활지도 내용 예

1학기		2학기	
구분	주요 생활지도 내용	구분	주요 생활지도 내용
3월	-생활지도 기본 계획 수립 -기본 생활습관 형성 -학습 분위기 조성 -학교폭력예방 지도 강화	9월	-2학기 생활지도 내실화 -학습 분위기 정착 -학교폭력예방 지도 강화
4월	-가정과 연계한 생활지도 강화 -학생 생활지도에 대한 가정교육의 　중요성 인식 확산 -학교폭력예방 지도	10월	-학생 인권존중 풍토 조성 -내실 있는 학교 행사 추진
5월	-건강한 청소년상 확립 -효 체험의 날 운영 -청소년 보호 캠페인 활동 -안전교육 실시	11월	-건전한 학생 문화 활동 장려 -안전교육의 내실화
6월	-호국보훈 정신 계승 지도 -생명존중 의식 고취 -학생 인성교육 강화	12월	-겨울방학 생활지도 강화 -가정과 협력체제 유지 -생활지도 지속 전개
7~8월	-가족과 함께하는 보람찬 방학생활 -여름방학 생활지도 강화 -가정과 협력체제 유지 -봉사활동 실천	2월	-선선한 학풍 소성 -졸업식 및 종업식 전·후 생 　활지도 -건강한 겨울방학 보내기

　문제행동을 일으키거나 학교 적응에 어려움을 겪는 학생들에게는 교사와
함께하는 인성교육을 통해 친밀한 관계를 형성하고 학습 참여와 동기를 부
여하여 학교 적응력을 향상시킬 수 있도록 한다. 인성교육 방안의 예는 〈표
12-7〉과 같다.

표 12-7 인성교육 방안의 예

프로그램 명	내용
사제 동행하기	운동장 걷기, 학교 뒷산 산책하기, 대화의 시간 갖기
동영상 감상하기	인성교육 관련 동영상 감상 후 감상문 쓰기
시 암송하기	시 외워 쓰기, 느낀 점 쓰기
편지 쓰기	부모님, 선생님, 친구에게 편지 쓰기
글 쓰면서 되돌아보기	편지 쓰기, 자기행동 이행계획서 쓰기, 마음일기 쓰기
규칙과 권리 생각하기	규칙과 상호 권리 존중에 대해서 생각하기
독후감 쓰기	줄거리 쓰기, 갈등 상황 대처하기, 느낀 점 쓰기

4) 학부모 상담

학생지도와 밀접하게 연결되는 것이 바로 학부모와의 관계다. 최근 학부모의 학교 참여가 활발해지면서 교사와 학부모의 관계가 더욱 긴밀해지고 있다. 학부모의 학교 참여란 학부모가 의사결정자, 지원자, 교사보조자 등의 여러 가지 역할로서 교육현장에 참여하는 것을 말한다. 「교육기본법」 등을 통해 학부모의 학교 참여를 보장하며, 학부모는 자녀 또는 아동의 교육에 관하여 학교에 의견을 제시할 수 있다. 예전보다 학부모의 참여가 더 강조되고 있는 이유는 가정 교육환경의 변화, 학생 지도의 어려움 증대, 학부모와의 소통 필요성, 학생들의 성장을 위한 교육 파트너로서의 협력 등을 들 수 있다. 학부모의 학교 참여를 통해 학생들의 긍정적 태도를 향상시키고, 성적 및 과제 완성도를 높일 수 있다. 학부모의 학교 참여에는 다음과 같은 방법들이 있다.

학부모의 학교 참여 방법

① 학부모회: 학부모들의 의견 수렴이 이루어지는 대표적인 학부모 조직
② 학교교육 모니터링: 학부모와 학교 간 소통하는 기회
③ 학부모 대상 수업 공개: 연 2회 이상 수업공개의 날, 수업공개 주간 운영
④ 교원능력개발평가 학부모 만족도 조사: 자녀의 학교생활에 대한 만족도 조사에 참여

⑤ 학교운영위원회: 법적 기구로 학교운영의 주요 사항 심의

⑥ 학부모 상담주간: 자녀의 학교 생활에 대한 이해를 돕는 상담 주간

⑦ 학부모 참여활동: 자녀와 부모가 함께하는 체험활동 등을 통해 자녀와의 소통 강화 및 학부모의 참여 확대

⑧ 교육(재능) 기부 활동: 학부모의 재능에 따라 학교의 교육활동 지원

학부모를 대할 때는 학생의 좋은 점을 먼저 이야기하는 등 긍정적인 자세로 임하며, 학부모와의 래포(rapport) 형성과 경청이 우선적으로 이루어진 후에 교사의 견해를 제시하는 것이 좋다. 또한, 학부모 상담 시에는 교육의 동반자로서 대하고 학부모와의 개인적 만남에는 신중을 기하고 공식절차를 밟아서 한다. 학부모 상담 시에 참고해야 할 내용은 다음과 같다.

학부모 상담 시 유의할 점

- 상담에 집중할 수 있도록 분위기를 갖춘다.
- 친절과 존중의 태도로 래포를 형성한다.
- 학부모의 이야기를 먼저 듣고, 교사의 견해는 나중에 제시한다.
- 부모−자녀 관계를 포함한 가족관계까지 이해하면 학생과 학부모를 효과적으로 도울 수 있다.
- 감정을 내세우지 않고 긍정적인 관점을 제시한다.
- 전문적인 용어 대신 학부모가 쉽게 이해할 수 있는 용어를 사용한다.
- 조언 시에는 학부모의 연령, 성향, 교사와의 관계를 고려한다.

학부모와 상담을 진행할 경우 사전에 가정통신문을 발송하여 희망 여부를 조사한 뒤 상담 주제 및 시간과 장소에 대하여 미리 확인하도록 한다. 또한, 상담 후에는 상담내용 및 상담결과를 기록하여 추후 상담을 위한 자료로 활용할 수 있도록 한다. 학부모 상담 안내에 대한 가정통신문의 예시는 [그림 12−1]과 같다.

교표 교훈	제2023-○호 가정통신문	교무실 ○○○)○○○-○○○○
	학부모 상담주간 안내	행정실 ○○○)○○○-○○○○

가정에 행복이 가득하시길 기원합니다.

학생들의 학교생활 전반에 대한 학부모님의 궁금증을 해소하는 데 도움을 드리고자 상담주간을 아래와 같이 운영하오니 많은 참여 바랍니다. 상담을 원하시는 학부모님께서는 아래의 '신청서'를 작성하시어 학생 편에 보내 주시면 시간을 조정해서 연락드리겠습니다.

○학부모 상담주간
  −상담교사와 상담: 2023. ○○. ○○~2023. ○○. ○○ (9:30~16:30)
  −담임교사와 상담: 2023. ○○.○○ (15:30~18:30)
○신청기간: 2023. ○○.○○~2023. ○○. ○○

2023. ○○. ○
○○○ 학교장

-------------- 절 -------------- 취 -------------- 선 --------------

학부모 상담 신청서

○학생: 학년   반 이름:
○학부모: 휴대전화: (상담시간을 문자로 안내해 드립니다.)

구분

구분	상담 일자 (상담을 원하시는 날짜에 '○'표 해 주세요.)		원하는 상담시간	
			대면 상담	전화 상담
상담교사 상담신청	○월 ○일			
	○월 ○일			
	○월 ○일			
담임교사 상담신청	○월 ○일			
	○월 ○일			
	○월 ○일			

○○○ 학교장 귀하

그림 12-1 학부모 상담 안내 가정통신문의 예시

4. 학급경영의 사례

1) 새 학년 첫 만남

아이들과의 첫 만남은 함께 하는 생활의 첫 시작인 만큼 중요하고도 긴장된 순간이다. 따라서 교사는 첫 만남 이전에 담임 소개를 어떻게 할 것인지, 어떤 학급을 만들어 나갈 것인지 미리 마음의 준비를 해야 할 것이다. 학년 초에 세워야 할 계획에는 다음과 같은 항목들이 있다.

- 교수-학습: 수업준비, 평가 기준, 학습 부진학생 지도 등
- 생활지도: 1인 1역, 예절생활, 독서지도, 급식지도, 학급규칙 등
- 교실 환경: 학급 게시판, 사물함, 책꽂이, 책상 정리 등

학부모에게는 학급운영 계획을 담은 가정통신문을 발송하여 학급경영을 어떻게 할지에 대한 전반적인 내용을 전달하고 유대관계를 만들어 나가는 것이 좋다. 그리고 학생의 자기소개서나 학부모 설문을 통해 학생들에 대해 파악할 수 있도록 한다. 또한, 학기 초에 이루어지는 학부모 총회 시 학급경영 방침을 효과적으로 안내하는 것이 필요하다. 학급경영 방침 안내는 〈표 12-8〉과 같으나 이는 학급 실정에 따라 수정하여 특색 있게 내용을 구성하는 데 참고할 하나의 예시에 불과하다.

새 학년이 시작되는 3월에는 학생들과 함께 학급규칙을 만들고 정착시키는 것이 매우 중요하다. 이때 만들어진 규칙의 성공적인 정착 여부가 1년 동안의 학급 분위기를 좌우하기 때문이다. 학급규칙을 정할 때에는 모든 학생이 인정하고 수용할 수 있도록 함께 기준을 정하고, 벌을 주기 위한 내용이 아니라 자신과 친구에게 미치는 영향을 생각하면서 학교생활을 점검하도록 도와주는 내용으로 선정한다. 일반적으로 학급규칙에 포함되어야 할 내용의 예는 〈표 12-9〉와 같다.

학년 초 준비 영역
교수-학습, 생활지도, 교실 환경

학급규칙 제정

표 12-8 학급경영 방침 안내 예시

구분	내용
자기소개	• 성명, 연령, 학력, 총경력, 본교 경력, 특기, 교과, 가족관계 등
학급 실태	• 해당 학년의 발달 단계 및 특징 • 학습 면: 학력 상황 • 생활 면: 기본 생활습관, 질서생활, 예절생활, 공동체의식
학급경영 방침	• 인성지도에 중점을 두며 학생을 사랑으로 보살피고 교육한다. • 생활지도를 강화하여 바른 기본 생활습관을 정착시킨다.
학습지도	• 기초학력 정착 • 자기주도 학습력의 정착 • 학습 미진 학생 지도 방안
생활지도	• 기본 생활습관 정착 및 1인 1역 이행 • 공동체의식과 민주시민 자질 함양
기타 사항	• 학급 특색 사업 • 일과 운영 안내
당부 말씀	• 수시 상담 안내 • 가장 훌륭한 교육은 훌륭한 모범을 보여 주는 것

표 12-9 학급규칙에 포함되어야 할 내용의 예

구분	내용
생활시간	각종 교육활동의 시간 지키기
학급활동	교실생활, 소집단 활동, 전체 학급활동, 복도생활
학급 업무	학습지도, 생활지도, 학급·학교 행사, 학급관리
활동 공간	교실, 복도, 운동장, 특별교실, 가정, 사회 등

2) 특색 있는 학급경영

특색 있는 학급경영에 대해 생각하기

생일 축하

① 운영 내용

-창의적 체험활동(자율활동) 시간에 생일잔치를 한다.

-학급운영비로 필요한 물건을 구입하고 칠판에 장식도 한다.

－간소하게 생일을 축하해 준다.

② 기대 효과
－저렴한 비용으로 모든 학생의 생일잔치가 가능하다.
－교실에서 선생님과 모든 친구의 축하를 받을 수 있다.
－학급의 결속력을 다지고, 학생들의 자아존중감을 향상시킬 수 있다.

학급 야영

① 운영 내용
－여름 방학을 이용하여 교실에서 실시하는 1박 2일을 보낸다.
－모둠별로 작성한 식단에 따라 취사를 하고 교실에 텐트를 설치하여 야영 활동을 체험한다.
－장기자랑, 촛불의식, 취침, 기상 미션 등 다양한 프로그램을 실시한다.

② 기대 효과
－소중한 추억으로 기억될 수 있다.
－나눔과 배려를 배우고 서로 소통하게 된다.
－준비를 함께 하면서 협동심과 신뢰감이 높아진다.

모둠 장기자랑

① 운영 내용
－정기고사 후 학급 구성원들 간에 친목과 화합을 도모한다.
－장기자랑 후 게임(피구, 축구, 농구 등)을 통해 화합을 다진다.

② 기대 효과
－개성을 드러낼 수 있으며 추억을 만들 수 있다.
－협력을 다지고 쌓였던 에너지를 발산할 수 있다.
－친밀감을 형성한다.
－학급의 유대감을 형성한다.

학급 문화행사 안내

① 운영 내용

– 학생들의 희망을 수합하여 문화행사를 실시한다.

– 학교 인근의 공연장, 영화관을 활용한다.

– '참여 희망 조사서'를 배부하여 희망하는 학부모도 동참할 수 있다.

② 기대 효과

– 평소 접하기 힘들었던 공연 등을 관람하는 기회가 된다.

– 학생들의 감성을 자극하고 문화예술에 대한 관심이 제고된다.

– 교사·학생·학부모가 함께하는 의미 있는 시간이 된다.

모둠일기와 나눔일기

① 운영 내용

– 모둠일기는 모둠별로 1권씩 노트를 마련하여 모둠원들이 돌아가며 일기를 쓴다. 어떠한 내용이라도 상관없으며, 담임교사의 댓글뿐만 아니라 학급 구성원 모두가 댓글을 달아서 의견을 자유롭게 표현할 수 있다.

– 나눔일기는 개인별로 노트를 1권씩 가진다.

– 지정된 요일에 담임에게 제출한다.

– 담임교사는 일기를 확인하고 댓글을 달아서 격려해 준다.

② 기대 효과

– 글쓰기 능력이 향상된다.

– 다른 사람의 생각을 이해할 수 있게 된다.

– 서로 소통할 수 있다.

– 나눔일기를 통해 마음속 깊은 이야기도 할 수 있으며, 모둠일기에서 하지 못한 이야기를 담임교사와 나눌 수 있다.

– 나눔일기는 알림장, 시험 계획 세우기 등 다양하게 활용 가능하다.

비빔밥 데이

① 운영 내용

- 비빔밥 데이를 사전에 공지한다.
- 각자 가져와야 할 재료를 정해서 만들어 먹는다.
- 담임교사는 모든 모둠의 비빔밥을 조금씩 시식하면서 소감을 이야기
  해 주고, 칭찬도 한다.

② 기대 효과

- 친밀감을 높일 수 있다.
- 아이들의 개성을 엿볼 수 있다.

동아리 활동

① 운영 내용

- 동아리별로 관심 분야에 대한 내용을 수집 · 분석 · 정리한다.
- 토의 · 토론을 통해 정보 공유 및 정교화하는 시간을 갖는다.
- 활동 내용에 대한 결과물을 제작할 수 있다.

② 기대 효과

- 친구들과 함께 진로를 탐색할 수 있고, 지도교사의 조언을 얻을 수 있다.
- 진로 선택 시 활동 내용을 활용할 수 있다.

학급 시간

① 운영 내용

- 학생 자치 시간: 사회자가 회의 시작을 알린 후 각 담당자가 공지 사항
  이나 전달할 내용을 발표하는 등의 활동을 한다.
- 정다운 대화가 있는 시간: 조회나 종례 때 생활을 소재로 대화한다.
- 역사가 살아 숨 쉬는 시간: 세시풍속이나 역사적인 사건과 관련된 이
  야기를 나눈다.
- 감동적인 이야기가 있는 시간: 마음을 움직일 수 있는 이야기를 나눈다.

- 나의 좌우명 말하기 시간: 각자 좌우명을 만들고 그 이유와 내용을 3분 정도의 분량으로 발표한다.
- 신문 기사를 이용한 '생각하는 하루' 시간: 생각해 볼 가치가 있는 기사 (칼럼, 토막기사, 만평 등 다양하게 이용)를 3~5분에 걸쳐 발표한다.
- 테마가 있는 시간: '좋은 생각'이나 '작은 책' 같은 매체를 활용하는 방법으로 일주일이나 하루 단위의 주제와 이야기로 운영한다.

② 기대 효과
- 학생과 학생, 담임교사와 학생의 삶이 서로 공유될 수 있다.
- 학생이 주도하는 운영이 가능하여 자율성을 높일 수 있다.

5. 요약 및 적용

1) 요약

① 교사는 학생과 학급에 지대한 영향을 미친다. 배너와 캐넌은 교사가 갖추어야 할 덕목으로 '학습, 권위, 윤리, 질서, 상상, 연민, 인내, 끈기, 인격, 즐거움'을 제시한다. 휘태커는 이를 좀 더 구체화해서 훌륭한 교사의 19가지 특성을 제시한다. 성공적인 학급을 이루기 위해서는 그 무엇보다 교사는 긍정적이고 자신감 있는 태도와 원활한 의사소통으로 신뢰관계를 구축하고, 안정적이고 질서 있는 학급 분위기를 조성해야 한다.

② 학급경영은 교육활동의 최종 단계인 학급에서 담임교사가 교육목표의 달성을 위하여 계획·조직·실행·평가하는 제반 활동을 의미하는 것으로 정의된다. 학급경영의 영역은 교수-학습활동, 특별활동, 생활지도, 교실환경, 학급사무, 대외관계로 분류할 수 있다.

③ 학급경영의 성패는 담임교사의 역할에 따라 좌우된다. 담임교사의 임무로는 수업활동, 생활지도, 특별활동 지도, 학급의 교실환경 정비,

학급사무의 처리, 학교운영에 대한 참여로 분류할 수 있다.

2) 적용

■ 서술형 문제

1. 담임교사로서의 출근을 앞두고 고민이 많은 새내기 교사인 김 교사는 경력이 많은 박 교사를 찾아가서 조언을 듣고자 한다. 다음 제시문의 사례를 통하여 조언해 줄 수 있는 담임교사의 역할과 학급경영 방법에 대하여 서술하시오.

> 다음은 새내기 교사인 김 교사와 경력교사인 박 교사 간의 대화의 일부이다.
>
> 김 교사: 다음 주면 담임교사로서 출근해야 하는데, 너무 두렵고 막막합니다. 그동안 공부도 많이 했고, 학급경영 관련 책도 읽었는데 왜 이럴까요?
>
> 박 교사: 나도 새내기 시절엔 두려움이 많았어요. 교생실습을 통해 학생들 앞에 서 보긴 했지만, 담임교사는 처음이니까 긴장되는 것은 어쩌면 당연한 일 같아요. 하지만 그 두려움은 다른 말로 설렘이 아닐까 해요. 얼마나 기다리던 순간인가요!
>
> 김 교사: 학급경영을 잘하기 위해서는 담임이 다방면에 신경을 써야 한다는데, 수업도 걱정이지만 학생과 학부모와의 관계가 더 걱정이 됩니다.
>
> 박 교사: 학생과 학부모와의 관계가 성공적인 학급경영의 대부분을 차지한다고 볼 수 있어요. 무엇보다도 3월에 학급 정비를 잘해야 합니다. 3월 한 달 동안 어떻게 학급 분위기를 조성하느냐가 1년을 좌우한다는 말이 있지요.
>
> 김 교사: 어떻게 학급 분위기를 조성해야 할까요? 무조건 무섭게 해야 할지, 아니면……

1) 담임교사의 역할: _____

_____

2) 학급경영 방법: _____

_____

■ 토의·토론 문제

1. 교사의 전문성 향상을 위한 방법을 3가지 이상 말해 보시오.

2. 생활지도와 관련하여 교사가 관심을 가져야 할 부분은 무엇인지 토의해 보시오.

3. 교장과 교감을 포함하는 학교행정가와 학부모, 그리고 동료 교사들이 원하는 이상적인 담임교사의 모습을 생각해 보고, 효과적인 학급경영을 위해서 여러분이 이들에게 요구할 수 있는 사항은 어떤 것이 있을지에 대해 토의해 보시오.

4. 여러분이 신임교사로서 학급운영을 한다면, 새롭거나 중점을 둘 일에 대해 생각해 보시오. 그리고 특색 있는 학급경영을 하고 있는 사례를 조사하고 공유해 보시오.

5. 좋은 수업을 하기 위해서는 수업지도성을 갖추는 것이 매우 중요하다. 이와 관련하여 바람직한 교사상에 대하여 토의해 보시오.

참고문헌

강길수 외(1973). 교육행정. 서울: 서울대학교 출판부.

강충열, 권동택 외(2014). 혁신교육의 이론과 실제 기초과정 (1) 연수교재. 한국교원대학교 학교혁신 연구지원센터.

강태룡, 정규서(1999). 기획론(2판). 서울: 대왕사.

경기도교육정보연구원(2009). 상담으로 풀어가는 행복한 학급경영. 경기: 경기도교육정보연구원.

공병호(1996). 시장경제란 무엇인가. 서울: 한국경제연구원.

공은배(1991). 학교재정 운영 개선 방안. 서울: 한국교육개발원.

공은배, 김지하, 우명숙, 이광현, 김현철, 김중환(2011). 2011년 유·초·중·고등학교 표준교육 비 산출 연구. 수학인구 CR 2011-80. 서울: 한국교육개발원.

공은배, 이혜영, 한만길(1982). 학교·학급의 적정규모. 서울: 한국교육개발원.

공은배, 천세영(1989). 한국교육투자정책의 진단. 서울: 한국교육개발원.

공은배, 천세영(1990). 한국의 교육비 수준. 서울: 한국교육개발원.

교육개혁위원회(1995). 세계화·정보화 시대를 주도하는 신교육체제 수립을 위한 교육개혁 방안. 대통령자문교육개혁위원회.

교육개혁위원회(1996). 제4차 교육개혁안 시안: 신직업교육체제를 중심으로. 서울: 교육개혁위원회.

교육부 보도자료(2014. 9. 9.). 2014년 OECD 교육지표 조사결과 발표.

교육부 보도자료(2022. 9. 6.). 2022년 1차 학교폭력 실태조사 결과 발표.

교육부 보도자료(2022. 12. 24.). 교육부 2023년 예산 및 기금 102조 원 국회 확정.

교육부(2013). 교직원을 위한 학부모 학교참여 길라잡이.

교육부(2013). 학교운영위원회 핸드북.

권희경(2020). 인간관계와 의사소통. 경기: 양서원.

김갑석(2019). 교육법 체계에서의 「교육기본법」의 역할과 위상. 교육법학연구, 31(2), 1-16.

김기수, 고형일, 박덕제, 성태제, 변종임, 노석준, 민혜영, 박미선(1998). 2002학년도 이후의 입학 제도 개선에 관한 연구. 교육부 정책연구보고서.

김낙운(1974). 교육공무원인사법 요론. 서울: 교학사.

김남형(2001). 리더십(3판). 서울: 경문사.

김남형, 김정원 공역(2001). 리더십. 서울: 경문사.

김도기(2013). 컨설팅 장학의 절차와 컨설턴트의 역할. 2013년도 고등학교 컨설팅장학지원 워크숍 특강 원고. 대전광역시교육청.

김도기(2018). 인간관계의 5C 이론. 강의 원고.

김두정(1997). 열린교육과 수준별 교육과정. 충남대교육발전연구소 97년 연차대회 자료.

김득준, 김지은, 정일화(2020). 수석교사의 수업관찰전문성 제고를 위한 수업관찰 훈련 탐색. 한국교원교육연구 37(1), 55-78.

김명한(1995). 지방교육자치제도 개혁방안에 대한 토론. 교육개혁위원회 3차 공청회 자료.

김병성(2001). 학교효과론. 서울: 학지사.

김병주(2014). 지방교육재정의 실태 및 수요증대 요인과 대책. 2014년 한국교육재정경제학회 추계 학술대회 발표자료.

김병찬(2005). 현대 교사상 탐색을 위한 질적 분석 연구. 한국교육 32(4), 57-90.

김성렬, 문낙진, 신현석, 이군현, 이기문, 정영수, 주삼환(1994). 교육행정 및 교육경영. 서울: 과학과 예술.

김성열 외 6인(1995). 교육행정 및 교육경영. 서울: 삼광출판사.

김성열(1987). 학교조직에서 교사의 행동유형 분석을 위한 연구. 청주사대 논문집, 제19집.

김성열(1997). 학교교육행정체제와 조직의 발전. 교육행정학연구, 15(1), 57-87.

김신복(1998). 지방교육행정의 환경변화와 개혁방향. 교육행정학연구, 16(3), 4-13.

김신일(1986). 교육사회학. 경기: 교육과학사.

김영돈(1971). 학교경영의 이론과 실제. 서울: 익문사.

김영돈(1983). 학교경영의 이론과 실제. 경기: 교육과학사.

김영식, 주삼환(1987). 장학론: 장학사와 교사의 상호관계성. 서울: 교육출판사.

김영식, 주삼환(1990, 1993). 장학론. 서울: 한국방송통신대학교 출판부.

김영철(1999). 현행 지방교육자치제도 무엇이 문제인가? 교육개발, 통권 117호. 서울: 한국교육개발원.

김영철, 김홍주(1999). 전환기에 선 지방교육자치제도. 교육개혁정책의 심층 해부. 서울: 한국교육개발원.

김영환(2011). 헌법상 지방교육자치의 기본원리. 공법연구, 40(2), 103-132.

김용, 강명숙, 김영석, 박동열, 박상옥, 윤상준, 신민영, 손성호(2019). 교육정책 중장기 방향과 과제 수립을 위한 연구. 교육부, 청주교육대학교.

김용남(2012). 학교회계제도. 송기창(편). 2012 교육재정백서(299-340). 서울: 한국교육개발원.

김용남(2017). 단위학교 재정 운영의 쟁점 및 개선방안 연구. 교육재정경제연구, 26(1), 119-145.

김용남, 김효정, 김중환, 노선옥, 안재영, 우명숙, 윤홍주, 이호준, 최은영, 최상준(2021). 2020년 유·초·중·고 특수학교 표준교육비 산출 연구. 충북: 한국교육개발원.

김용남, 김효정, 이선호, 손호성, 윤홍주, 구균철(2021). 초·중등 교육투자 영향 분석: 경제·사회분야를 중심으로. 서울: 한국교육개발원.

김윤태(1986, 1994). 교육행정·경영신론. 서울: 배영사.

김이경(2006). 학교장의 리더십 개선 방안 연구. 연구보고서 RR 2006-14. 서울: 한국교육개발원.

김이경, 김갑성, 김도기, 서원근(2006). 학교장의 리더십 개선 방안 연구. 연구보고서 RR 2006-14. 서울: 한국교육개발원.

김이경, 한만길, 박영숙, 홍영란, 백선희(2005). 교원의 직무 수행 실태 분석 및 기준 개발 연구. 연구보고서 RR 2005-8. 서울: 한국교육개발원.

김이경, 한유경, 박상완, 정일화(2008). 교장 자격제도 개선방안 연구. 교육과학기술부.

김정섭, 오은주, 윤채영, 김지희, 이나영(2007). 학급공동체의 필요성과 성공적인 학급공동체의 특징: 초등학교를 중심으로. 사고개발 3(2), 37-59.

김정자(1986). 중등학교 학생이 바라는 바람직한 교사의 자질. 이화여자대학교 대학원 석사학위논문.

김종철(1975, 1982, 1983). 교육재정의 이론과 실제. 서울: 교육과학사.

김종철(1980). 교육행정의 이론과 실제. 교육과학사.

김종철(1985). 교육행정학신강. 서울: 세영사.

김종철(1985). 학교행정의 이론과 실제. 서울: 교육출판사.

김종철(1989). 한국교육정책연구. 서울: 교육과학사.

김종철, 이종재(1994). 교육행정의 이론과 실제. 서울: 교육과학사.

김종철, 진동섭, 허병기(1991). 학교·학급경영론. 서울: 한국방송통신대학교 출판부.

김주아(2006). 학교효과 이론에 의한 학교평가 방법으로서 다층모형의 적절성 탐구: 모의실험 연구. 연세대학교 박사학위 청구논문.

김지윤, 정가윤(2015). SNS기반 지지모임을 활용한 긍정심리 프로그램이 보육교사의 직무만족도, 소진, 교사효능감에 미치는 영향. 학습자중심교과교육연구, 15(7), 87-108.

김창걸(1991). 교육행정 및 교육경영. 서울: 형설출판사.

김창걸(1992). 교육행정학신론-교육행정 및 교육경영-. 서울: 형설출판사.

김창걸(1996). 교육행정학 및 교육경영신강. 서울: 형설출판사.

김창걸(1998). 교육행정 및 교육경영신강(개정증보판). 서울: 형설출판사.

김창걸(2001). 교육행정 및 교육경영의 이론과 실제의 탐구. 서울: 형설출판사.

김창걸, 이봉우, 김창수, 배상만(2005). 교육인사행정의 이론과 실제. 서울: 형설출판사.

김천기(2008). 교육의 사회학적 이해(3판). 서울: 학지사.

김현주(1999). 학교 효과성에 의한 학교평가 방법. 연세대학교 석사학위 청구논문.

김혜숙, 박선환, 박숙희, 이주희, 정미경(2019). **인간관계론**. 경기: 양서원.

김회용(2007). 좋은 교사의 자질. **교육철학연구, 38**, 27-46.

김홍주(1998). **한국의 교육비 조사연구**. 서울: 한국교육개발원.

김희수(2016). 보육교사의 인간관계(원장 · 동료교사 · 학부모), 업무보상, 근무 조건과 심리적 소진. 경희대학교 대학원 석사학위논문.

나정, 천세영, 장명림(1996). **유치원 교육 공교육화를 위한 단계적 발전 방안 연구**. 서울: 한국교육개 발원.

남정걸(1984). **교육조직행위론**. 서울: 배영사.

남정걸(1992, 1996). **교육행정 및 교육경영**. 서울: 교육과학사.

남정걸(2002). **장학의 이론과 실제**. 서울: 교육과학사.

남정걸(2006). **교육행정 및 교육경영(4판)**. 경기: 교육과학사.

남한식(1991). **학교와 학급경영 총론**. 서울: 형설출판사.

노종희(1992). **교육행정학**. 경기: 양서원.

노종희(1994). 교육행정가의 변혁지향적 리더십의 개발 연구. **교육행정학연구, 12**(2), 135-154.

노종희(1994). **교육행정학: 이론과 연구**. 서울: 문음사.

대구광역시교육청(2014). 가르치는 기쁨 · 배우는 즐거움이 가득한 행복교실 만들기.

대구광역시교육청(2014). 새내기 시절 가볍게 뛰어넘기.

대전광역시교육청(2007). 신규교사 및 교생실습 교육자료.

대전광역시교육청(2014). 2014학년도 학교평가 기본 계획.

대전광역시교육청(2023). 2023학년도 학교평가 기본 계획.

류승호(1996). **후기산업사회와 서비스 산업**. 서울: 녹두.

명제창(1998). 학교 조직에서의 도덕적 지도성 측정에 관한 연구. 충남대학교 대학원 박사학위 청구논문.

문성윤(2013). 분산적 리더십 진단 도구 개발 연구. 충남대학교 대학원 박사학위논문.

문성윤(2013). 분산적 리더십 진단 도구 개발 연구: 학교조직을 중심으로. **교육행정학연구, 31**(1), 159-181.

민혜리(2011). 수업촬영으로 내 강의 성찰하기. 2차 멘토-멘티 오프라인 세미나 자료집. 한국교 원학술정보원, 한구교총.

민혜리, 심미자, 윤희정(2012). **한국형 수업컨설팅**. 서울: 학이시습.

박내회(1989). **조직행동론**. 서울: 박영사.

박내회(1993). **현대 리더십론**. 서울: 법문사.

박병량(1997). **학급경영**. 서울: 학지사.

박병량(2003). 학급경영(개정판). 서울: 학지사.

박병량, 주철안(2001). 학교 · 학급경영. 서울: 학지사.

박성철, 이윤서, 이상민, 유용흠, 황준성, 김진욱, 김은하(2018). 미래 교육환경에 대응하는 교육시
　　　설 연구 (I): 학습자 중심의 학교시설 재구조화 방안. 충북: 한국교육개발원.

박성희(2012). 인간관계의 필요 · 충분조건들 간의 관계. 초등상담연구, 11(3), 407-426.

박영목(2000). 의사소통의 맥락과 전략. 홍익대학교 교육연구 논총.

박영숙, 김낙흥(2019). 사례기반학습(Case-Based Learning)에 기초한 「유아교사와 인간관계」
　　　교육대학원 교과과목 개발 및 적용. 유아교육연구, 39(5), 213-241.

박영숙, 신재철, 조진일, 김은정, 황은희(2009). 학교시설의 교육효과 분석 연구. 서울: 한국교육개
　　　발원.

박제훈, 박영숙, 전제상, 조동섭, 황준성(2011). 교육인사행정론. 경기: 교육과학사.

박종렬(1994). 학교단위 책임경영을 위한 영기준예산제도. 교육재정 · 경제연구, 3(2).

박창언(2021). 교육과정행정 이론과 실제. 서울: 동문사.

박효정, 변재연, 박윤주, 서상현(2008). 교육환경 평가 및 정비구역 내 학습환경 보호위원회 제도
　　　활성화 방안 연구. 한국교육개발원 연구보고서.

박희경, 이성은(2007). 초등학교 학교장의 수업지도성 측정도구의 타당화. 열린교육연구, 15(2),
　　　51-70.

백욱인 역(1996). 디지털이다(네그로폰테 저). 서울: 박영률 출판사.

백욱인(1995). 인터네트와 정보고속도로: 사회적 측면을 중심으로. 경제와 사회 95년 가을호(통권
　　　제27호).

백일우(2007). 교육경제학. 서울: 학지사.

백현기(1964). 교장학. 서울: 현대교육총서 출판사.

서시연(2019). 교사-학생 간 바람직한 인간관계 형성을 위한 5C-AGE 모형 개발. 지방교육경영,
　　　22(3), 77-97.

서울특별시 교육청(2022). 질의와 사례로 알아보는 알기 쉬운 학부모회.

서윤정, 최서영, 이선정, 이대균(2012). 유아교사의 직업갈등에 관한 이야기. 유아교육학논집,
　　　16(5), 287-313.

서정화(1984). 교사론. 서울: 교육과학사.

서정화(1989). 교육인사행정. 서울: 세영사.

서정화(1995). 교육인사행정. 서울: 교육행정학연구회.

서정화, 김세기, 김용숙(1988). 학교경영. 서울: 갑을출판사.

성균관대학교(2011). 신임교수 오리엔테이션 자료집. 성균관대학교 대학교육개발센터.

송기창 외(2021). 교직실무. 서울: 학지사.

송기창(1994). 지방교육재정정책 변천과정 분석연구. 서울대학교 사범대학원 교육학과 박사학위 청구논문.

송기창(1997). 교육자치와 일반지방자치의 발전적 관계 정립방안 연구. 서울: 성곡학술문화재단.

송기창, 김도기, 김민조, 김민희, 김병주(2014). 중등 교직실무. 서울: 학지사.

송기창, 김민희, 김용남, 김지하, 나민주, 박소영, 우명숙, 윤홍주, 이선호(2012). 2012 지방교육재정백서. 서울: 한국교육개발원.

송기창, 김병주, 김용남, 나민주, 남수경, 엄문영, 오범호, 우명숙, 윤홍주, 이선호(2018). 2017 지방교육재정백서. 충북: 한국교육개발원.

송화섭(1992). 교육행정이론과 경영론. 경기: 양서원.

신유근(1985). 조직행동론. 서울: 다산출판사.

신재철, 박선형, 박수정, 전제상(2009). 학교시설의 환경 진단 및 교육효과 측정 기준 개발 연구. 서울: 한국교육개발원.

신중식 외(1984). 신간 교육행정학. 서울: 교육출판사.

신중식 외(1998). 현대교육행정학. 서울: 교육출판사.

신중식, 김영철, 석진복, 유향산, 한은숙(1995). 교육시설 행정론. 강원: 하우.

신진수, 조향미(2019). 학생 맞춤형 수업을 위한 학교 공간 분석: 스웨덴 비트라 텔레폰플랜(Vittra Telefonplan) 학교를 중심으로. 한국산학기술학회논문지, 20(10), 433–445.

신철순(1993). "교육 지도성" 곽영우 외 6인. 교육행정 및 교육경영. 서울: 과학과 예술.

신현석(1995). "교육 지도성" 김성렬 외 6인. 교육행정 및 교육경영. 서울: 삼광출판사.

신현석(2014). 교육자치와 일반자치의 관계 분석 및 미래 방향. 교육행정학연구, 32(2), 27–59.

신현석, 한유경 공역(2007). 교육정책의 이론과 실제. 서울: 아카데미프레스.

심임섭 역(1989). 교육행정(待田榮一 외 공저). 서울: 거름.

안길훈(2007). 학생들의 선호–교사상에 대한 내용분석적 연구. 교육행정학연구, 25(4), 117–140.

안지혜(2020). 예비보육교사가 구성한 좋은 교사의 의미. 한국유아교육·보육복지연구, 24(1), 126–152.

오두범(1994). 조직 커뮤니케이션 원론. 서울: 서울대학교 출판부.

오선아, 이순덕(2011). 초등 현직교사와 예비교사의 인식론적 신념과 좋은 교사, 좋은 수업, 수업방법 결정요인 비교. 교육실천연구, 10(1), 25–45.

오영재, 신현석, 양성관, 박종필 공역(2007). 교육행정 이론, 연구, 실제. 서울: 아카데미프레스. (원저. Wayne K. Hoy & Cecil G. Miskel, Educational Administration, 7th ed., McGraw-Hill).

왕기항, 권기욱, 조남두, 오영재, 조남근, 최창섭, 신현석(2000). 교육조직론탐구. 서울: 학지사.

우명숙, 권삼수(2011). 학교재정 현황 분석 및 개선방안 연구. 울산광역시 교육청.

유현숙, 김동석, 고전(2000). 학교 경영환경 변화와 학교장의 리더십 연구. 연구보고서 RR 2000–

8. 서울: 한국교육개발원.

윤봉준(1997). 교육위기 타개는 공교육의 민영화로. 제2회 자유주의 워크숍 발표자료집.

윤정일(1992). **교육재정론**. 서울: 세영사.

윤정일, 곽영우, 김재범, 김태완, 김윤태, 최정일(1995). **교육재정론**. 서울: 하우.

윤정일, 송기창, 김병주, 나민주(2015). **신교육재정학**. 서울: 학지사.

윤정일, 송기창, 조동섭, 김병주(2015). **교육행정학원론(6판)**. 서울: 학지사.

윤정일, 송기창, 김병주, 남수경(2021). **교육행정학원론(7판)**. 서울: 학지사.

윤형모(1971). **학급경영의 계획과 기술**. 서울: 현대교육총서.

이계식(1991). **지방정부간 재정조정제도 연구**. 서울: 한국개발연구원.

이계윤(1991). 학교장의 지도성 비전과 학교 조직 개선에 관한 연구. 충남대학교 대학원 박사학
　위 청구논문.

이고미(2003). 유치원 교사들 간의 인간관계에 관한 연구. 이화여자대학교 교육대학원 석사학위
　논문.

이고은(2021). 초등학교 교사의 학교재정 운용 자율성 인식에 영향을 미치는 학교 수준 요인 분
　석. 서울교육대학교 교육전문대학원 석사학위논문.

이군현(1997). **교육행정과 경영: 조직 이론적 접근**. 서울: 형설출판사.

이규한 역(1986). **자본주의와 학교교육**(Bowles, S., & Gintis, H. 공저). 서울: 사계절.

이남희(2008). 유아교사의 이직결정에 영향을 미치는 동료, 원장 및 학부모와의 인간관계연구.
　성균관대학교 생활과학대학원 석사학위논문.

이덕로, 김태열, 박기찬, 박원후 공역(2011). **조직행동론(제14판)**. 서울: (주)피어슨에듀케이션 코
　리아. (원저. Stephen P. Robbins & Timothy A. Judge, *Organizational Behavior*, 14th ed.,
　Person Education)

이돈희(1999). **교육정의론**. 서울: 교육과학사.

이만규(1987). **조선교육사(하)**. 서울: 거름.

이미라(2007). 교장의 감성리더십과 학교의 조직감성과 조직학습의 관계. 충남대학교 대학원 박
　사학위논문.

이병진(2003). **교육리더십**. 서울: 학지사.

이상민, 조진일, 황은희, 최형주, 오요섭, 박태근, 배정익, 송병준, 김보미(2018). **교육환경 개선을
　위한 학교시설 현황 데이터 활용 방안**. 충북: 한국교육개발원.

이석열(1997). 학교조직문화 · 교장의 수업지도성 · 교사의 전문적 수용권 간의 관계. 충남대학
　교 박사학위 청구논문.

이석열(2006). 교장의 감성리더십 진단척도 개발. **교육행정학연구**, 24(3), 51-77.

이석열(2018). 교사의 전문학습공동체 진단 척도 개발 및 적용. **교육행정학연구**, 36(2), 201-228.

이석열(2020). 교사가 지각한 학교조직문화와 전문학습공동체가 학교조직효과성에 미치는 영향 분석. 교육행정학연구, 38(4), 133-153.

이석열, 김규태, 주영효 공역(2011). 분산적 리더십(Alma Harris 저, *Distributed School Leadership: Developing tomorrow's leader*). 서울: 시그마프레스.

이석열, 이미라(2006). 학습조직이론 관점에서 현직교원교육의 내용과 절차에 대한 재해석. 인문학 연구, 33(1), 147-167.

이석열, 이미라(2015). 학교조직문화 유형과 교사의 전문적 수용권의 관계 분석. 예술인문사회 융합 멀티미디어 논문지, 5(4), 539-547.

이선호, 김민희, 김병주, 김용남, 김지연, 김효정, 남수경, 송기창, 오범호, 오병욱, 우명숙, 우인혜, 윤홍주, 이수진(2023). 2022 지방교육재정백서. 충북: 한국교육개발원.

이성무(1997). 한국 과거제도사. 대우학술총서: 인문사회과학, 99. 서울: 민음사.

이승헌(2019). 교실공간의 재구조화 유형. 한국공간디자인학회 논문집, 14(5), 53-64.

이옥화(1995). 세계 속의 교실: 초·중·고등학교에서의 인터넷의 교육적 활용. 정보과학회지, 13(6), 통권 제73호 6월호.

이완정(1985). 학교조직관리론. 서울: 성원사.

이욱범(2003). 교육기획론. 서울: 문음사.

이윤식(2002). 교장의 수업지도성에 관한 최근 연구와 시사. 한국교원교육연구, 19(2), 31-55.

이은상, 김명희, 김보현, 민광미, 배정호, 성소영, 이소정, 이완희, 홍자영(2013). 보육교사론. 경기: 공동체.

이재규 역(1996). 자본주의 이후의 사회(Drucker, P. 저, *Post-capitalist society*. NY: Harper Collins, 1993). 서울: 한국경제신문사.

이정석(1996). 몸으로 가르치니 따르고 입으로 가르치니 반항하네. 서울: 가리온.

이종열(1985). 정책학원론. 서울: 대왕사.

이종재(2012). 한국교육행정론. 경기: 교육과학사.

이종재, 이차영, 김용, 송경오(2012). 한국교육행정론. 경기: 교육과학사.

이종재, 정영애, 이인효, 이영노(1981). 한국인의 교육관: 유형적 특성과 갈등. 서울: 한국교육개발원.

이차영(2006). 직무명료화에 기초한 교장 평가제도의 설계. 교육행정학연구, 24(2), 225-250.

이학종(1986). 기업 문화와 조직 개발: 이론과 기법. 서울: 법문사.

이한검(1994). 인간행동론. 서울: 형설출판사.

이혜영, 천세영 외(1991). 교육이란 무엇인가. 경기: 한길사.

임병인(2014). 지방교육재정 운영 실태 및 개선 방안. 2014년 지방교육재정 정책포럼 자료집.

임성일(2015). 지방교육재정의 책임성 강화와 지방자치단체 간 협력적 재정관계 구축. 2015년도 지방교육재정정책포럼. 한국교육개발원 지방교육재정연구센터.

임성일, 손희준(2011). 지방교육재정제도의 개선방안: 지방재정과 지방교육재정간의 관계 재정립. 지방행정연구, 25(3), 59-92.

임연기(2018). 한국의 교육행정탐구. 경기: 공동체.

임창희(2004). 조직행동(3판). 서울: 비엔엠북스.

장상호(1997). 학문과 교육. 서울: 서울대학교 출판부.

전라남도교육연구정보원(2012). 학급 담임 업무, 아는 만큼 쉬워집니다.

전라남도교육청(2001). 2000년대를 주도할 도덕적·창의적 인재육성 중등 학급담임 업무편람.

정덕희(2014). 보육교사가 어린이집에서 경험하는 인간관계의 양상. 아동교육, 23(1), 321-343.

정세욱(1998). 지방교육자치제도의 개혁에 관한 의견. 지방교육자치제도 개선에 관한 공청회 자료집(토론자료). 교육부 지방교육자치제도개선 특별위원회.

정윤정(2003). 유아교사의 성인애착유형과 인간관계 연구. 숙명여자대학교 교육대학원 석사학위논문.

정일재 역(1995). 슈퍼 리더십. 서울: 21세기 북스.

정일화(2008). 교장의 직무기준 개발에 관한 연구. 교육학연구, 46(3), 193-218.

정일화(2020). 새내기 교사론. 경기: 한국학술정보.

정일화(2020). 수업관찰 연수에 관한 사례 연구. 한국교원교육연구, 37(1), 61-83.

정일환(2000). 교육정책론-이론과 적용. 서울: 원미사.

정재걸(1990). 한국 근대교육의 기점에 관한 연구. 교육사학연구, 제2, 3집. 서울대 교육학회.

정정규(1998). 지방교육자치제도의 원리와 이념에 충실하여야 한다. 지방교육자치제도 개선에 관한 공청회 자료집(토론자료). 교육부 지방교육자치제도 개선 특별위원회.

정태범, 김세기, 서정화(1981). 학교경영핸드북. 서울: 한국교육개발원.

조경원, 한유경, 서경혜, 조정아, 이지은(2006). 학교행정가 핵심역량강화 프로그램 개발을 위한 요구분석. 교육행정학연구, 24(2), 251-274.

조광제 역(1989). 푸코와 마르크스주의: 생산양식 대 정보양식(Poster, M. 저). 서울: 민맥.

조대연(2009). 교사 발달단계별 직무역량 요구분석: 서울초등교사를 대상으로. 한국교원교육연구, 26(2), 365-385.

조동기 역(1996). 정보사회이론(Webster, J. 저, The Theories of information society). 서울: 사회비평사.

조벽(2012). 조벽 교수의 수업컨설팅. 서울: 해냄.

조평호, 김기태(2004). 교육재정과 교육시설. 서울: 교육과학사.

주삼환(1986). 장학론: 선택적 장학체제. 서울: 문음사.

주삼환(1988). 장학론: 임상장학방법. 서울 : 학연사.

주삼환(1988). 장학·교장론: 특강. 서울: 성원사.

478 참고문헌

주삼환(1990). 장학·교장론: 교육의 질 관리. 서울: 성원사.

주삼환(1995). 우리 교육 몸으로 가르치자. 대전: 대교출판사.

주삼환(1996). 학교경영과 교내장학. 서울: 학지사.

주삼환(1997). 변화하는 시대의 장학. 서울: 원미사.

주삼환(1997). 한국교육행정체제와 조직의 발전. 교육행정학연구, 15(1), 4-14.

주삼환(1999). 교육행정강독. 서울: 원미사.

주삼환(2003). 장학의 이론과 기법. 서울: 학지사.

주삼환(2005a). 미국의 교장. 서울: 학지사.

주삼환(2005b). 장학론-장학사와 교사의 상호관계성. 경기: 한국학술정보(주).

주삼환(2006). 교육개혁과 교장의 리더십. 경기: 한국학술정보.

주삼환(2006). 교육행정학 특강. 경기: 한국학술정보(주).

주삼환, 신봉섭, 이석열, 김병윤, 김용남(2022). 교육행정학. 서울: 학지사.

주삼환, 신봉섭, 이석열, 이명주, 조상일, 명제창(2005). 대안적 교육행정학. 경기: 한국학술정보(주).

주삼환, 신익현(1987). 인간자원장학론. 서울: 배영사.

주삼환, 유수정, 오형문, 이기명, 진재열 공역(2011). 교원의 전문적 능력개발(Speck M. & Knipe C. 저, *Why Can't We Get It Right?*) 서울: 시그마프레스.

주삼환, 정일화, 김용남, 박소화, 김미정, 김수구, 남기윤(2007). 교육행정철학. 서울: 학지사.

주철안, 김대성, 김혜영, 이상철, 이영내, 이용철, 이지영, 홍창남(2021). 교직실무(2판). 서울: 학지사.

진동섭, 김도기(2005). 컨설팅 장학의 개념 탐색. 교육학연구, 23(1), 1-25.

진동섭, 이윤식, 김재웅(2007). 교육행정 및 교육경영의 이해. 경기: 교육과학사.

진동섭, 정수현, 박상완, 나민주, 김병찬, 박진형, 박인심, 김민조, 김진숙, 박지웅, 이승복, 이은주, 한점숙(2005). 한국학교조직탐구. 서울: 학지사.

차병권(1987). 재정학개론. 서울: 박영사.

천세영 외(1999). 정보사회교육론. 서울: 원미사.

천세영(1987). 학교예산제도의 원리와 실제. 학교관리기술 7월호.

천세영(1995). 교육재정 문제에 대한 두 가지 이해. 경남대학교 교육문제연구소. 교육이론과 실천 제6권.

천세영(1996). 지식정보화 사회에서의 민간교육투자의 방향. 교육재정경제연구, 5(1).

천세영, 이삼경, 방인자(2013). 한국교육행정학의 내용 체계. 교육연구논총, 34(1). 충남대학교 교육연구소, 25-41.

최예슬(2014). 유아교사의 대인관계 스트레스와 이직결정 경험에 대한 연구. 숙명여자대학교 교육대학원 석사학위논문.

최지희(2008). 초등학교 교원 간 의사소통 네트워크 분석-A초등학교를 중심으로. 부산교육대학교 교육대학원 석사학위논문.

최희선(1996). 학교·학급경영. 서울: 형설출판사.

충청북도교육청(2002). 수업 전무가 멘토링 길라잡이.

크리스찬아카데미 편(1997). 정보화시대 교육의 선택. 서울: 대화출판사.

표시열(2002). 교육정책과 법. 서울: 박영사.

하연섭(1998). 지방교육자치제도의 개선방안. 지방교육자치제도 개선에 관한 공청회 자료집. 교
　　육부 지방교육자치제도개선 특별위원회.

하연섭(1999). 교육자치와 일반자치의 관계 재정립 방안. 교육개발, 통권 117호. 서울: 한국교육개
　　발원.

학교안전중앙공제회·시·도학교안전공제회(2022). 〈2022년 2/4분기〉 통계로 알아보는 학교안
　　전사고.

한국경영자총협회(1989). 단체교섭과 표준단체협약. 서울: 한국경영자총협회.

한국경제정책연구회 역(1996). 사회적 시장경제의 이해(볼프람 엥겔스 저, *Grundtexte zur*
　　sozialen marktwirtschaft, Stuttgart, New York: Fisher, 1981). 서울: 비봉출판사.

한국교육개발원(1997). 통계로 본 한국 교육의 발자취.

한국교육개발원(2012). 교원을 위한 한 눈에 들어오는 학교회계.

한국교육재정, 경제학회(1994). 초중등학교의 재무관리. 학교행정가의 재무관리 능력 향상을 위
　　한 워크숍 자료.

한국교육학술정보원(2006). 초임교사를 위한 장학가이드북.

한국교육행정학회(1995). 교육재정학. 교육행정학 전문서 6. 서울: 도서출판 하우.

한국교육행정학회(1996a). 교육정책론. 교육행정학 전문서 1. 서울: 도서출판 하우.

한국교육행정학회(1996b). 교육제도론. 교육행정학전문서 2. 서울: 도서출판 하우.

한국재정 40년사 간행위원회(1991). 한국재정 40년사. 서울: 한국개발연구원.

한덕웅(1983). 조직행동의 동기이론. 서울: 법문사.

한성호, 하헌식 공역(1997). 정보경제(스탠 데이비스, 벨 데이빗슨 공저). 서울: 박영률 출판사.

한숭희(1996). 기업교육: 지식산업으로서의 성인교육의 팽창과 재구조화. 평생교육연구, 2(1).

한유경(1992). 국가기간산업으로서의 교육: 교육투자의 확대논리 연구. 서울: 한국교육개발원.

한의영(1987). 신고 경영학원론. 서울: 법문사.

허병기(1989). 자유주의적 평등론에 의한 한국 교육정책의 공정성 평가. 서울대학교 대학원 박사
　　학위 청구논문.

현주, 이호진, 이화룡, 류호섭, 정기오, 김창환, 성병창, 손종렬, 변재연, 김갑수, 박재윤, 현병호
　　(2007). 교육시설의 현황과 발전과제. 서울: 한국교육개발원.

현주, 이화룡, 옥종호, 조진일(2006). 교육환경개선사업 평가 및 향후 발전방향 모색에 관한 연구. 충

북: 한국교육개발원.

황경식 역(1989). **사회정의론**. 서울: 서광사.

황병준(1975). **인사관리**. 서울: 한국방송통신대학교 출판부.

황성온(2006). 유아교사의 이직 결정 원인 조사. 중앙대학교 대학원 석사학위논문.

Adams, J. S. (1963). Toward on understanding of Inequity. *Journal of Abnormal and Social Psychology, 67.*

Alderfer, C. P. (1972). *Existence, Relatedness and Growth: Human needs in Organizational settings.* NY: Free Press.

Banathy, B. H. (1991). *Systems design of education: A journey to create the future.* Englewood Cliffs, NJ: Educational Technology Publications.

Banner, J. M., & Cannon, H. C. (2017). *The elements of teaching.* Yale University Press.

Barnard, C. I. (1938). *The functions of the executive.* Cambridge, Mass.: Harvard Univ. Press.

Bass, B. M. (1985a) *Leadership: Good, Better, Best. Organizational Dynamics, 8*(3), 32.

Bass, B. M. (1985b). *Leadership and Performance beyond Expectations.* NY: Free Press.

Bell, D. (1976). *The coming of post-industrial society: A venture in social forecasting.* Hamondsworth: Penguin, Peregrine Books.

Bidwell, C. E. (1965). "The School as a Formal Organization." In *Handbook of Organizations,* edited by J. March, 974-1022. Chicago: Rand McNally.

Blake, R., & Mouton, J. (1964). *The Managerial Grid: The Key to Leadership Excellence.* Houston, TX: Gulf Publishing Company.

Blau, P. M., & Scott, R. (1962). *Normal organization: A comparative approach.* San Francisco: Chandler Publishing Co.

Bleedorn, B. D. (1983). *Leadership and Some Related Proposition: A Response to the Ideas of J. M. Burns.* Paper presented at the Education Division of the World Future Society Conference. Texas.

Blumberg, A., & Greenfield, W. (1980). *The Effective Principal: Perspectives on School Leadership.* Boston: Allyn and Bacon.

Bobbitt, F. (1924). *How to Make a Curriculum.* Boston: Houghton-Mifflin.

Bovee, C. L., et al. (1993). *Management.* NY: McGraw-Hill.

Bowen, H. R. (1984). *The cost of higher education.* San Francisco: Jossey-Bass Pub. Inc.

Boyd, W. L., & Kerchner, C. T. (Eds.) (1988). *The politics of excellence and choice in education.* NY: Falmer.

Brainard, E. (1997). An analysis of public attitude toward education: The annual gallup polls on education. *The Journal of Research and Development in Education, 10*(2), 3-4.

Bryman, A. (1992). *Charisma and Leadership in Organization.* California: SAGE Publicational.

Burns, J. M. (1978). *Leadership.* NY: Harper & Row.

Campbell, R. F., Corbally, J. E. Jr., & Ramseyer, J. A. (1968). *Introduction to educational administration.* Boston: Allyn & Bacon, Inc.

Cartwright, D., & Zander, A. (1969). *Group dynamics: Research and theory* (3rd ed.). NY: Harper & Row.

Castetter, W. B. (1986). *The personnel function in educational administration* (4th ed.). Boston: MacMillan.

CCSSO (1996). Interstate School Leaders Licensure Consortium: Standards for School Leaders. http://www.ccsso.org/content/pdfs/isllcstd.pdf.

CCSSO (2008). Educational Leadership Policy Standards: ISLLC 2008. http://www.ccsso.org/publications/details.cfm?PublicationID=365.

Chubb, J. E., & Moe, T. M. (1990). *Politics, Markets and American schools.* Washington, DC: The Brookings Institution.

Cibulka, J. G. (1983). Response to enrollment loss and financial decline in urban school systems. *Peabody Journal of education, 60*(2), 64-78.

Cibulka, J. G. (1987). Theories of education budgeting: Lessons from the management of decline. *Educational administration quarterly, 23*(1), 7-40.

Clark, R. (2004). *Excellent 11: Qualities Teachers, and Parents Use to Motivate, Inspire, and Educate Children.* Hachette Book Group.

Cohen, M. D., March, J. G., & Olsen, J. P. (1972). A Garbage Can Model of Organizational Choice. *Administrative Science Quarterly, 17*(1), 1-25.

Conger, J. A., & Kanungo, R. N. (1987). Toward a Behavioral Theory of Charismatic Leadership in Organizational Settings. *Academy of Management Review, 12.*

Conger, J. A., & Kanungo, R. N. (1988). Behavioral Dimensions of Charismatic Leadership. In J. A. Conger & R. N. Kanungo (Eds.), *Charismatic Leadership: The Elusive Factor in Organizational Effectiveness.* San Francisco: Jossey-Bass.

Coombs, P. H., & Hallak, J. (1987). *Cost analysis in education: A tool for policy and planning.* Baltimore and London: The Johns Hopkins University Press.

Culbertson, J. (1983). "Theory in Educational Administration: Echoes from Critical Thinkers." *Educational Researcher, 12*(10), 15-22.

Cunningham, W. G., & Gresso, D. W. (1993). *Cultural leadership: The culture of excellence in education*. Boston: Allyn & Bacon.

David, J. L. (1989). Synthesis of Research on School-Based Management. *Educational Leadership, 46*(8), 45-53.

Deal, T. E., & Kennedy, A. A. (1982). *Corporate culture*. Mass: Addison- Wesley.

Deal, T. E., & Peterson, K. D. (1994). *The Leadership Paradox: Balancing Logic and Artistry in Schools*. San Francisco: Jossey-Bass Publishers.

DeFleur, M. L., Kearney, P., & Plax, T. G. (1993). *Mastering Communication in Contemporary America*. Mountain View, CA: Mayfield.

Delors, J. (Ed.) (1996). *Learning: The treasure within. Report to Unesco of the International Commission on Education for the Twenty-first Century*. Unesco.

DfES (2004). National Standards for Headteachers. http://publications.teachernet.gov.uk/ eOrderingDownload/NS4HFinalpdf.pdf

Doud, J. L., & Keller, E. P. (1998). *The K-8 principal in 1998 a ten-year study*. Alexandria, VA: National Association of Elementary School Principals.

Dror, Y. (1963). *The Planning Process: a Facet Design International Review of Administration, 24*(1), 50-52.

Dror, Y. (1968). *Public Policy Making Reexamined*. California: Chandler Publishing Co.

Easton, D. (1953). *The Political System*. An Inquiry into the State of Political Science, New York: Knopf.

Easton, D. (1969). The new revolution in political science. *APSR. Vol. LX III*, No. 4.

Easton, T. E. (1993). Enrollment changes and school finance. *Journal of education finance, 19*(1), 69-80.

EdSource Report (1998). *California's School Principals: At the Center of School Improvement Efforts*. Palo Alto, CA: Author.

Etzioni, A. A. (1964). *Modern organizations*. Englewood Cliffs. NJ: Prentice-Hall Inc.

Etzioni, A. A. (1967). Mixed-Scanning: A third approach to decision-making. *Public Administration Review, 27*.

Evertson, C. M., et al. (1997). *Classroom management for elementary teachers* (4th ed.). Boston: Allyn & Bacon.

Fayol, H. (1949). *General and industrial management*. trans. by Constance Starrs. London: Sir Issac Pitman and Sons, Ltd., cited by Campbell, Cobally and Ramseyer, op. cit.

Feinstein, L., Sabates, R., Anderson, T. M., Sorhaindo, A., & Hammond, C. (2006, March).

What are the effects of education on health. In Measuring the effects of education on health and civic engagement: Proceedings of the Copenhagen symposium (pp. 171-354). Paris: Organisation for Economic Co-operation and Development.

Fiedler, F. E. (1967). *A Theory of Leadership Effectiveness.* NY: McGraw-Hill Book Company.

Fiedler, F. E., & Chemers, M. M. (1984). *Improving Leadership Effectiveness: The Leader Match Concept* (2nd ed.). NY: Wiley.

Foster, W. (1986). *Paradigms and Promises: New Approach to Educational Administration.* NY: Prometheus Book.

Foucault, M. (1995). *Discipline and punish: The birth of the prison.* Harmondsworth: Penguin, Peregrine Books.

Fowler, F. C. (2004). *Policy Studies for Educational Leaders: An Introduction* (2nd ed.). Pearson Education, Inc.

Gates, B. (1994). Information at your finger tips. 콤덱쇼에서의 연설.

Gerstner, L. V., et al. (1994). *Reinventing education: Entrepreneurship in America's public schools.* A Dutton Book.

Getzels, J. W., & Guba, E. G. (1957). Social Behavior and the Administrative Process. *School Review, 65,* 423-441.

Giddens, A. (1990). *The consequences of modernity.* Cambridge: Polity.

Goldhaber, G. M. (1996). *Organizational Communication* (7th ed.). Madison, WI: Brown and Benchmark.

Goldhammer, K., & Becker, G. (1971) *Elementary school principals and their schools; beacons of brilliance & potholes of pestilence.* Eugene: Center for the Advanced Study of Educational Administration, University of Oregon.

Goldhammer, K., Becher, G., Withycombe, R., Doyel, F., Miller, E., Morgan, C., DeLoretto, L., Aldridge, B. (1971). *Elementary School Principal and Their Schools.* Eugene: University of Oregon, Center for the Advanced Study of Educational Administration.

Goleman, D., et al. (2002). *Primal leadership: Learning to lead with emotional intelligence.* Boston: Harvard Business School Press.

Gorton, R. A. (1983). *School administration and supervision: Leadership challenges and opportunities.* Dubuque, IA: W. M. C. Brown Co.

Gorton, R. A., & McIntyre, K. E. (1978). *The Senior High School Principalship. Vol. II: The Effective Principal.* Reston, VA: National Association of Secondary School Principals.

Greenfield, W. D. Jr. (1995). "Toward a Theory of School Administration: The Centrality of

Leadership." *Educational Administration Quarterly, 32*(1), 61-85.

Griffiths, D. E. (1959). *Administrative theory.* NY: Applention-Century-Crofts.

Griffiths, D. E. (1964). Behavioral Science and Educational Administration. *Sixty-Third Yearbook, National Society for the Study of Education, Part II.* University of Chicago Press.

Griffiths, D. E., et al. (1962). Organizing schools for effective education. Danville, III: The interstate printers and publishers, cited by S. P. Hencley, L. E. McCleary & J. H. McGrath (Eds.), *The elementary school principalship.* NY: Dodd, Mead & Co., 1970.

Gruenberg, B. C. (1972). "Some Economic Obstacles to Educational Progress." *American Teacher, Vol. 1,* 90.

Guthrie, J. W., & Reed, R. (1986). *Educational administration policy.* Englewood Cliffs, NJ: Prentice-Hall Inc.

Guthrie, J., Garms, W. I., & Pierce, L. C. (1988). *School finance and education policy* (2nd ed.). Englewood Cliffs: Prentice Hall.

Hack, W. J. A., Rameyer, W. J. G., & Heck, J. B. (Ed.). (1965). *Educational administration: Selected readings.* Boston: Allyn & Bacon.

Hackman, J. R., & Oldham, G. R. (1980). *Work redesign.* MA: Addison-Wesley.

Haire, M., Chiselli, E., & Poter, L. (1966). *Managerial thinking: An international study.* NY: Wiley.

Hale, E., & Moorman, H. (2000). *Preparing School Principals: A National Perspective on Policy and Program Innovations.* Washington, DC: Institute for Educational Leadership.

Halpin, A. W. (1955). The leader behavior and leadership ideology of educational administrators and aircraft commanders. *Harvard Educational Review, 25,* 18-32.

Halpin, A. W., & Croft, D. B. (1963). *The organizational climate of schools. Chicago: Midwest Administration Center.* The Univ. of Chicago.

Harbermas, J. (1989). (Thomas Burger trans). *The structural transformation of the public sphere: An inquiry into a category of bourgeois society.* Cambridge: Polity.

Harris, B. M. (1985). *Supervisory behavior in education.* Prentice-Hall.

Hemphill, J. K., & Coons, A. E. (1950). *Leader Behavior Description.* Ohio: Ohio State University.

Hersey, P., & Blanchard, K. H. (1977). *Management of organization behavior: utilizing human resources* (3rd ed.). Englewood Cliff, New Jersey: Prentice Hall Inc.

Herzberg, F., Bernard, M., & Barbara, S. (1959). *The motivation to work.* NY: Wiley.

Hodgkinson, C. (1978). *Towards a philosophy of administration* (6th ed.). NY: St. Martin's Press.

House, R. J. (1977). A 1976 theory of charismatic leadership. In J. G. Hunt & L. L. Larson (Eds.), *Leadership: The cutting edge* (pp. 189-207). Carbondale, IL: Southern Illinois University Press.

Hoy, W. K., & Brown, B. L. (1988). Leadership behavior of principals and the zone of acceptance of elementary teachers. *The Journal of Educational Administration, 26*(1), 22-38.

Hoy, W. K., & Miskel, C. G. (1878, 1987, 1996, 2003). *Educational adminstration: Theory, Research, and Practice.* NY: Random House.

Jacobs, R. L. (2000). Determining the boundaries of HRDQ and HRD, *Human Resource Development Quarterly, 11*(1), 1-3.

James, C. (1969). *Supervision in today's elementary schools.* NY: Macmillan Co.

Jamieson, D. W., & Kenneth, W. T. (1974). Power and Conflict in the Student-Teacher Relationship. *Journal of Applied Behavioral Science, 10.*

Janis, I. L. (1982). *Groupthink: A psychological study of policy decisions and fiascoes* (2nd ed.). Boston: Houghton Mifflin Company.

Johnson, L. V., & Bany, M. A. (1970). *Classroom management: Theory and skill training.* NY: Macmillan Co.

Katz, D., & Kahn, R. L. (1978). *The social psychology of organizations* (2nd ed.). NY: John Wiley & Sons Inc.

Keefe, J. W., & Jenkins, J. M. (1987). *Handbook of instructional leadership.* National Association of Secondary School Principals, Reston, Va., ERIC, ED 251-936.

Kimbrough, R. M., & Nunnery, M Y. (1976). *Educational Administration: An Introduction.* NY: Macmillan Publishing Co.

Kozol, J. (1981). *On Being a Teacher.* Tin Drum Publishing Co. 김명신 역(2011). 교사로 산다는 것. 서울: 양철북.

Kunz, D. W., & Hoy, W. K. (1976). Leadership style of principals and the professional zone of acceptance of teachers. *Educational Administration Quarterly, 12*(3), 60-61.

Lasswell, H. D., & Kaplan, A. (1970). *Power and society.* New Haven: Yale University Press.

Leithwood, K., Day, C., Sammons, P., Harris, A., & Hopkins, D. (2006). *Successful School Leadership: What It Is and How It Influences Pupil Learning* (Report Number 800), NCSL/Department for Education & Skills, Nottingham.

Lemlech, J. K. (1979). *Classroom management*. NY: Harper & Row.

Lewin, K., Lippitt, R., & White, R. K. (1939). Patterns of Aggressive Behavior in Experimentally Created 'Social Climate'. *Journal of Social Psychology, 10*, 271-299.

Lunenburg, F. C., & Allan, C. O. (2000). *Educational Administration: Concepts and Practices* (3rd ed.). Wadsworth, A division of Thomson Learning.

Lunenburg, F. C., & Ornstein, A. C. (2000). *Educational administration: Concepts and practices*. Belmont, CA: Wadsworth/Thomson Learning.

Luthans, F. (1981). *Organizational behavior* (3rd ed.). NY: McGraw-Hill.

Lynch, L. M., & Zemsky, R. (1962). *The production and distribution of knowledge in the united states*. Princeton, NJ: Princeton University Press.

Lynch, L. M., & Zemsky, R. (1995). *EQW National employers survey: First results*. EQW, mimeo.

Machlup, F. (1980). *Knowledge: Its creation, distribution, and economic significance, Vol. I: Knowledge and knowledge production*. Princeton, NJ: Princeton University Press.

Machlup, F. (1984). *Knowledge: Its creation, distribution, and economic significance, Vol. III: The economics of information and human capital. Princeton*. NJ: Princeton University Press.

Manz, C. C., & Sims, H. P., Jr. (1989). *Superleadership*. NY: Berkley Books.

Marzano, R. J., Frontier, T., & Livingston, D. (2011). *Effective Supervision: Supporting the Art and Science of Teaching*. ASCD. Alexandria, VA 22311-1714 USA.

Maslow, A. H. (1965). Eupsychian management. Homework IL: Irwin. *Motivation and personality* (2nd ed.). NY: Harper & Row.

McCleary, L. E., & Thomson, S. D. (1979). *The Senior High School Principalship, Vol. III: The Summary Report*. Reston, VA: National Association of Secondary School Principals.

McCormick, E. J., & ILgen, D. R. (1980). *Industrial psychology*. NJ: Prentice-Hall.

Meyer, J., & Rowan, B. (1977). Institutionalized Organizations: Formal Structure as Myth and Ceremony. *American Journal of Sociology, 83*, 340-363.

Miles, M. B. (1975). Planned Change and Organizational Health; Figure and Ground In J. Victor Baldridge and Terrence E. Deal. *Managing Change in Educational Organizations: Sociological perspectives. Strategies and Case Studies*. Berkely, California: McCuthan Publishing Corporation.

Miles, R. (1965). Human Relations or Human Resources? *Harvard Business Review, 43*(4), 148-157.

Mintzberg, H. (1973). *The nature of managerial work*. NY: Harper & Row.

Monge, P. R., & Contractor, N. S. (2001). "Emergence of Communication Networks", In F. M. Jablin & L. L. Putnam (Eds.), *The New Handbook of Organizational Communication* (pp. 440-502). Thousand Oaks, CA: Sage.

Murphy, J. (2002). How the ISLLC Standards Are Reshaping the Principalship. *Principal, 82*, 22-27.

Musgraves, P. (1984). *Public finance in theory and practice*. In J. M. Buchanan (1968). The demand and supply of public Goods.

Newell, C. A. (1978). *Human Behavior in Educational Administration*. NJ: Prentice-Hall.

Nigro, F. A., & Nigro, L. G. (1976). *The new public personnel administration*. Itasca, Illinois: F. E. Peacock Publishers, Inc.

OECD (1996a). *Employment and growth in the knowledge-based economy*.

OECD (1996b). *Information technology and the future of post-secondary education*.

OECD (1996c). *Technology, productivity, and job creation, 1 & 2*.

OECD (1997). *Literacy skills for the knowledge society*.

Ordiorne, G. S. (1965). *Management by Objective*. New York: Pitman Publishing Co.

Ornstein, A. C., & Levine, D. U. (1981). *Foundation of education*. Boston: Houghton Mifflin Co.

Owens, R. G. (1975). *Organizational behavior in schools*. NJ: Englewood Cliffs: Prentice-Hall, Inc.

Owens, R. G. (1995). *Organizational Behavior in Education* (5th ed.). Needham Heights, MA: Allyn & Bacon.

Owens, R. G. (1998). *Organizational Behavior in Education* (6th ed.). Boston: Allyn & Bacon.

Pace, C. R. (1973). *College & University Environment Scales*. New Jersey: Educational Testing Service, Princeton.

Peacock, A. T., & Weisman, J. (1961). *The growth of public expenditure in the United Kingdom*. Princeton, NJ: Princeton Univ. Press.

Pfeiffer, J. W. (Ed.). (1991). *Theories and Models in Applied Behavioral Science, 3: Management/Leadership*. San Diego: Pfeiffer & Company.

Pondy, L. R. (1967). Organizational Conflict: Concepts and Models. *Adminstrative Science Quarterly*, 296-320.

Porter, L., Lawler, W., & Edward, E. III. (1968). *Managerial Attitudes and Performance*. Homewood, IL: Dorsey.

Putnam, R. (2000). *Bowling alone: the collapse and revival of American community*. New

York: Simon & Schuster.

Rebore, W. (1982). *Personnel administration in education.* Englewood Cliffs, NJ: Prentice-Hall, Inc.

Reddin, W. J. (1967). The 3-D Management Style Theory. *Training and Development Journal,* *21,* 8-17.

Reitz, H. J. (1989). *Behavior in Organizations* (3rd ed.). Homewood, IL: Dow Jones-Irwin.

Robbins, S. P., & Judge, T. A. (2010). *Organizational behavior* (14th ed.). NJ: Pearson Prentice-Hall. 이덕로, 김태열, 박기찬, 박원우 공역(2011). **조직행동론.** 서울: 한티미디어.

Rochberger, K. D. (1995). Computer based and multi-media integrated learning (CoBaMMIL) in the classroom: Public school lanes on the information highway. Senior honors thesis. Public policy studies, Duke University.

Roe, W. H., & Drake, T. L. (1980). *The principalship* (2nd ed.). NY: MacMillan Publishing Co., Inc.

Roger, R. M., & Roger, R. A. (1976). *Communication in Organizations.* NY: Free Press.

Ross, K. N., & Levacic, R. (1998). *Needs-based resource allocation in education.* Unesco Publishing.

Rutherford, W. L. (1985). *Organizational culture and leadership: A dynamic view.* San Francisco: Jossey-Bass.

Schein, E. H. (1980). *Organizational psychology* (3rd ed.). Englewood Cliffs. NJ: Prentice-Hall Inc.

Schiller, H. I. (1981). *Who knows: Information in the age of the fortune 500.* Norwood, NJ: Ablex.

Schiller, H. I. (1984). *Information and the crisis economy.* Norwood, NJ: Ablex.

Schiller, H. I. (1987). The Theoretical Basis for Cultural Leadership. In *Leadership: Examining The Elusive* (Eds.), L. T. Sheive & M. B. Schoenheit. ASCD.

Schiller, H. I. (1990). Advances Leadership Theory and Practice. *Advances in Educational Administration, 1* (Eds.), Paul W. Thurston and Linda S. Lotto. Connecticut: Jai Press Inc.

Senge, P. M., Cambron-McCabe, N., Lucas, T., Smith, B., Dutton, J., & Kleiner, A. (2000). *Schools that Learn: A fifth discipline fieldbook for educators, parents, and everyone who cares about education.* New York: Doubleday.

Sergiovanni, T. J. (1984). *Leadership and Excellence in Schooling.* Educational Leadership. February.

Sergiovanni, T. J. (1990). *Value-added Leadership: How to get extraordinary performance in school.* New York: Harcourt Brace Jovanovich.

Sergiovanni, T. J. (1992). *Moral Leadership: Getting to the Heart of School Improvement.* San Francisco: Jossey-Bass Publishers.

Sergiovanni, T. J. (2001). *The Principalship: A Reflective Practice Perspective* (4th ed.). Fourth Edition. Allyn & Bacon.

Sergiovanni, T. J., & Starratt, R. J. (1983). *Supervision: Human perspectives* (3rd ed.). NY: McGraw-Hill Book Co.

Sergiovanni, T. J., et al. (1987). *Educational governance and administration* (2nd ed.). Englewood Cliffs, NJ: Prentice-Hall, Inc.

Sergiovanni, T. J., Kelleher P., McCarthy, M. M., & Fowler, F. C. (2009). *Educational Governance and Administration* (6th ed.). Boston, MA: Pearson. 한유경, 나민주, 김이경, 박상완, 반상진 공역(2011). **교육행정(6판).** 서울: 학지사.

Severin, W. J., & Tankard, J. W. (1979). *Communication theories: Orgins, methods, uses.* New York: Hastings House.

Shaw, J. J. (1990). *A comparison of elementary and high school organizational cultures.* Ph. D. University of Wisconsin-Madison.

Silver, P. (1983). *Education administration: Theoretical perspectives on practice and research.* NY: Harper & Row, Publishers.

Simon, H. A. (1958). *Administrative behavior* (2nd ed.). NY: Mcmillan Co.

Simon, H. A. (1960). *The new science of management decision.* NY: Harper and Row.

Simon, H A , Smithburg, D, W,, & Thompson, V. C. (1950). *Public Administration.* New York: Alfred A. Knopf.

Smith, W. F., & Andrews, R. L. (1989). *Instructional Leadership: How Principals Make a Difference. Alexandria: How Principals Make a Difference.* Alexandria, VA: Association for Supervision and Curriculum Development.

Smoot, B. (2010). *Conversations with great teachers.* Indiana University Press. 노상미 역 (2011). 가르친다는 것은. 이매진.

Spaulding, F. E. (1913). *Improving School Systems Through Scientific Management.* Washington, DC: NEA

Spillance, J. P., & Sherer, J. Z. (2004). A Distributed Perspective on school leadership: Leadership Practice as stretched over people and place. paper prepared for presentation at the Annual Meeting of the American Educational Research Association, San Diego, April.

Spring, J. (1994). *American School, 1642-1993*. New York: McGraw-Hill.

Stahl, O. G. (1983). *Public personnel administration*. NY: Harper & Row.

Steers, R. M. (1984). *Introduction to organizational behavior* (2nd ed.). Scott: Foreman & Company.

Stogdill, R. M. (1948). Personal Factors Associated with Leadership: A Survey of the Literature. *Journal of Psychology, 25*(1), 35-71.

Stogdill, R. M., & Coons, A. E. (1957). *Leader Behavior: Its Description an Measurement*. Columbus, Ohio: Bureau of Business Research, Ohio State University.

Stohl, C. (1995). *Organizational Communication*. Thousand Oaks, CA: Sage.

Swanson, A. D. C. (1989). Restructuring educational governance: A challenge of the 1999s. *Educational Administration Quarterly, 25*(3), 268-293.

Thelem, H. A. (1981). *The classroom society: The construction of educational experience*. NY: John Wiley & Sons, Inc.

Thobani, M. (1984). Charging user fees for social services: Education in Malawi. *The Journal of Education Finance, 28*(3), 402-423.

Thomas, K. W. (1976). Conflict and Conflict Management, in M. D. Dunnette (Ed.), *Handbook of Industrial and Organizational Psychology* (p. 900). Chicago: Rand McNally.

Van Hoye, G., & Lievens, F. (2009). Tapping and Grapevine: A Closer Look at Word-of-Mouth as a Recruitment Source. *Journal of Applied Psychology, 94*(2), 341-352.

Vroom, V. H. (1964). *Work and motivation*. NY: Wiley.

Vroom, V. H., & Artlun, G. J. (1988). *The New Leadership: Managing Participation in Organizations*. Englewood Ciffs, NJ: Prentice-Hall.

Waldo, D. (1959). *The Study of Public Administration*. New York: Random House.

Wallace, M., & McMahon, A. (1994). Ethnic minority support staff in primary schools: a deprofessionalised semi-profession? *School Organization, 13*(3), 303-317.

Weick, K. E. (1976). Educational Organizations as Loosely Coupled Systems. *Administrative Science Quarterly, 21*(1), 1-19.

Weick, K. E. (1982). Administering Education in Loosely Coupled Schools. *Phi Delta Kappan, 63*(10), 673-676.

Whitaker, T. (2020). *What great teachers do differently: Nineteen things that matter most*. CRC Press.

Whitaker, T. (2021). *What Great Principals Do Differently*. Taylor & Francis Distribution.

Wholeletter, V., Kirk, A., Robertson, P. J., & Mohrman, S. A. (1997). *Successful schoolbased management: A report with cases.* Alexandria, VA: ASCD.

Wirt, F. M. L. (1987). National Australia-United states education: A commentary. In W. L. Boyd & D. Smart (Eds.), *Educational policy in Australia and America: A Comparative Perspective* (pp. 129-137). NY: Falmer.

Yukl, G. A. (1989). *Leadership in Organization* (2nd ed.). Englewood Cliffs, NJ: Prentice-Hall.

동아일보. 1999. 4. 6(화). 23면.

대구광역시교육청 http://www.dje.go.kr
보평중학교 http://www.bopyung.ms.kr
조현초등학교 http://johyeon.es.kr
한국교육개발원 교육통계 DB http://kess.kedi.re.kr
흥덕고등학교 http://www.hd.hs.kr

찾아보기

내용

저자 소개

주삼환(Joo Samhwan)

미국 University of Minnesota 교육행정학 전공(Ph.D.)

서울시내 초등교사 약 17년 재직

충남대학교 교수 약 27년 재직

한국교육행정학회 회장 역임

현 충남대학교 명예교수

〈주요 저서〉

교육행정학(공저, 학지사, 2022)

감동영화 감동교육(교육과학사, 2022)

감동의 영화로 배우는 교육(교육과학사, 2021)

21세기 한국교육: 진단과 처방(학지사, 2016)

대한민국 한 교사의 삶과 생각: 주삼환 교육 75(학지사, 2016)

〈주요 논문〉

교육행정학의 지식구조와 범위(한국교육행정학회 제34차 연차학술대회자료집, 2006)

교육행정학 관련 발간 저서로 본 지식기반: 그 실상과 과제(한국교육행정학회 제33차 연차학술
대회자료집, 2005)

교육행정학의 과제: 한국교육행정학의 연구 방향(교육행정학연구, 1987)

신봉섭(Shin Boongseop)
충남대학교 대학원 교육학과 교육행정학 전공(교육학 박사)
전 대전과학기술대학교 교수
현 나사렛대학교 중등특수교육과 교수

〈주요 저·역서〉
교육행정학(공저, 학지사, 2022)
학교문화 리더십(공역, 학지사, 2019)
교직으로 가는 논리 논술(2판, 학지사, 2023)
교육행정 및 교육경영(5판, 공저, 학지사, 2015)

〈주요 논문〉
대학교육에서 플립러닝 연구의 경향: 수업 과정을 중심으로(교육종합연구, 2023)
플립러닝에서 대학핵심역량 향상과 학습경험의 인식 연구(교육종합연구, 2022)
대학 핵심역량 향상을 위한 백워드 설계 기반의 플립 러닝 설계 사례(고등교육, 2020)
초임기 기간제특수교사의 교직생활과 개선 요구에 관한 질적 연구(직업교육연구, 2013)
신규교사 멘토링제의 운영 실제와 개선 방안: 충청남도교육청의 사례(한국교원교육연구, 2006)

이석열(Lee Sukyeol)
충남대학교 대학원 교육학과 교육행정학 전공(교육학 박사)
한국대학교육협의회 선임연구원
한국교육행정학회 사무국장, 이사
미국 Carson-Newman University 방문교수
현 남서울대학교 교양대학 교수

〈주요 저·역서〉
교육행정학(공저, 학지사, 2022)
학생성공을 위한 대학교육 성과관리(학지사, 2021)
학교문화 리더십(공역, 학지사, 2019)

〈주요 논문〉
대학교수의 전문직적 정체성 진단 및 분석(교육행정학연구, 2022)
교사정체성 척도 개발 및 타당화(교육행정학연구, 2021)
교사의 전문학습공동체 진단 척도 개발 및 적용(교육행정학연구, 2018)

정일화(Jeong Ilhwa)

충남대학교 대학원 교육학과 교육행정학 전공(교육학 박사)

현 충남대학교 강사

〈주요 저서〉

교육정책과 교육행정 탐구(한국학술정보, 2021)

새내기 교사론(한국학술정보, 2020)

수업분석과 수업코칭(공저, 학지사, 2020)

〈주요 논문〉

수업관찰 연수에 관한 사례 연구(한국교원교육연구, 2020)

교육전문대학원 교원양성체제의 탐색(한국교원교육연구, 2017)

교육의 정치적 중립성의 헌법재판소 판례에 기반한 지방교육자치제 방향 탐색(교육행정학연구, 2015)

김용남(Kim Youngnam)

충남대학교 대학원 교육학과 교육행정학 전공(교육학 박사)

현 한국교육개발원 연구위원

〈주요 저서〉

교육행정학(공저, 학지사, 2022)

교육행정 및 교육경영(5판, 공저, 학지사, 2015)

교육행정철학(공저, 학지사, 2007)

〈주요 논문〉

2020년 유·초·중·고·특수학교 표준교육비 연구(한국교육개발원, 2021)

초·중등 교육투자 영향분석: 경제·사회분야를 중심으로(한국교육개발원, 2021)

단위학교 재정 운영의 쟁점 및 개선방안 연구(교육재정연구, 2017)

특별교부금 국가시책사업 구조 및 변동추이 분석(교육재정경제연구, 2017)

교육행정 및 교육경영(6판)
Educational Administration & Management (Sixth Ed.)

2000년   3월 10일 1판   1쇄 발행
2002년 10월 25일 1판   6쇄 발행
2003년   1월 10일 2판   1쇄 발행
2004년   9월 20일 2판   4쇄 발행
2005년   3월   5일 3판   1쇄 발행
2008년   8월 10일 3판   8쇄 발행
2009년   3월 10일 4판   1쇄 발행
2014년   8월 20일 4판 10쇄 발행
2015년   3월 20일 5판   1쇄 발행
2023년   3월 20일 5판 14쇄 발행
2023년   9월 15일 6판   1쇄 발행

지은이 • 주삼환 · 신붕섭 · 이석열 · 정일화 · 김용남
펴낸이 • 김진환
펴낸곳 • ㈜ 학지사

　　　　04031 서울특별시 마포구 양화로 15길 20 마인드월드빌딩
대표전화 • 02-330-5114　　팩스 • 02-324-2345
등록번호 • 제313-2006-000265호

홈페이지 • http://www.hakjisa.co.kr
인스타그램 • https://www.instagram.com/hakjisabook

ISBN 978-89-997-2954-6 93370

정가 25,000원

저자와의 협약으로 인지는 생략합니다.
파본은 구입처에서 교환해 드립니다.

이 책을 무단으로 전재하거나 복제할 경우 저작권법에 따라 처벌을 받게 됩니다.

출판미디어기업 학지사

간호보건의학출판 학지사메디컬 www.hakjisamd.co.kr
심리검사연구소 인싸이트 www.inpsyt.co.kr
학술논문서비스 뉴논문 www.newnonmun.com
교육연수원 카운피아 www.counpia.com